Karin Leukefeld

Syrien zwischen Schatten und Licht

Karin Leukefeld

Syrien zwischen Schatten und Licht

Menschen erzählen von ihrem zerrissenen Land

Rotpunktverlag.

www.rotpunktverlag.ch

Umschlagbild: Altstadt von Homs, Mai 2014. Foto: Karin Leukefeld
Fotos: Karin Leukefeld
Bildbearbeitung: Widmer & Fluri GmbH, Zürich
Druck und Bindung: Friedrich Pustet, Regensburg

ISBN 978-3-85869-689-2
1. Auflage 2016

Inhalt

»Die Menschen machen ihre eigene Geschichte, aber sie machen sie nicht aus freien Stücken, nicht unter selbstgewählten, sondern unter unmittelbar vorgefundenen, gegebenen und überlieferten Umständen. Die Tradition aller toten Geschlechter lastet wie ein Alp auf dem Gehirne der Lebenden. Und wenn sie eben damit beschäftigt scheinen, sich und die Dinge umzuwälzen, noch nicht Dagewesenes zu schaffen, gerade in solchen Epochen revolutionärer Krise beschwören sie ängstlich die Geister der Vergangenheit zu ihrem Dienste herauf, entlehnen ihnen Namen, Schlachtparole, Kostüm, um in dieser altehrwürdigen Verkleidung und mit dieser erborgten Sprache die neue Weltgeschichtsszene aufzuführen.«

(Marx/Engels 1885)

Einleitung

Frühsommer 2011. Auf dem Dach eines Hotels in Beirut wird gefeiert. Michael Jansen, langjährige Korrespondentin der *Irish Times* im Mittleren Osten, hat Freundinnen und Freunde eingeladen, die sie persönlich und beruflich ein halbes Jahrhundert begleitet haben. So lange lebt und arbeitet sie schon in der arabischen Welt. Die Diskussionen drehen sich um den »Arabischen Frühling« und besonders um die Ereignisse in Syrien, wo seit März eine Protestbewegung das Land und die ganze Region in Atem hält. Alle Gäste haben familiäre und/oder berufliche Verbindungen mit Syrien. Bald gehen die Erinnerungen zurück in eine Zeit, als noch keine Grenzen den Libanon und Syrien trennten, als es den Staat Israel noch nicht gab. Als man noch von Damaskus auf einen Besuch nach Jerusalem fahren konnte und Eltern in Bagdad, Damaskus oder Bethlehem ihre Kinder, auch ihre Töchter, zum Studium an die Amerikanische Universität (AUB) nach Beirut schickten, wenn sie es sich leisten konnten.

Michael Jansen – ihr Vater hatte sie »Michael« genannt, weil er eigentlich einen Jungen haben wollte – war 1961 als junge Politikstudentin aus den USA nach Beirut gekommen, um beim UN-Hilfswerk für palästinensische Flüchtlinge (UNWRA) ein Praktikum zu machen. Die Organisation war am 8. Dezember 1949 vom UN-Sicherheitsrat gegründet worden, um palästinensische Flüchtlinge zu unterstützen. 700 000 Palästinenser waren heimatlos geworden, als der Staat Israel 1948 gegründet wurde.

Michael schloss ihr Grundstudium in den USA ab und kehrte nach Beirut zurück, an die AUB. Sie lernte ihren Ehemann kennen, der Korrespondent des *Economist* war, eine Tochter wurde geboren. Den Beginn des libanesischen Bürgerkrieges 1975 erlebte die Familie in einem kleinen Dorf in den Bergen östlich von Beirut. Mörsergranaten flogen aus allen Richtungen mal über das Dorf hinweg, mal in das Dorf hinein. Die Fahrt nach Beirut, von wo ihr Mann und sie ihre Berichte verschicken mussten, wurde lebensgefährlich. 1976 floh die Familie nach Zypern. Nach dem Tod ih res Mannes blieb sie dort und bereist bis heute unermüdlich den »Muddle East«, wie sie manchmal scherzhaft sagt: den verworrenen Osten.

Anfang der 1960er-Jahre war die Zeit der Ost-West-Konfrontation, aber auch der politischen Aufbrüche. In Berlin wurde die Mauer gebaut, Europa wurde geteilt. USA und UdSSR, die NATO und der Warschauer Block rüsteten auf. Auch in der arabischen Welt waren die Auswirkungen dieser Konfrontationen zu spüren. Der arabische Nationalismus begeisterte die Massen, die den Verrat von Briten, Franzosen und den USA nicht vergessen hatten: Die Teilung der Region nach dem Ersten Weltkrieg, die französische und die britische Mandatsherrschaft, die Verweigerung der selbstständigen Entwicklung einer arabischen Nation und die westliche Hilfe bei der Gründung des Staates Israel, die Hunderttausende Palästinenserinnen und Palästinenser heimatlos gemacht hatte. Doch es gab auch politische und wirtschaftliche Eliten, die nicht ihre Rechte durch Israel, sondern ihren Besitzstand durch den Aufbruch der arabischen Massen gefährdet sahen. Die christliche Gemeinschaft der Maroniten hatte seit Langem einen eigenen Staat gewollt und nicht nur in Frankreich ihre Schutzmacht gefunden. Für sie schien der arabische Nationalismus eine Bedrohung.

Die junge Generation in den arabischen Ländern aber war begeistert, es herrschte Aufbruchstimmung. Die AUB in Beirut brodelte. Ständig wurde gelesen und diskutiert, kaum ein Ort in der Levante, wo die unterschiedlichen Interessen von Ost und West so sehr aufeinanderprallten. Doch jenseits des politischen Blockdenkens entstand ein dichtes, buntes Gewebe von Menschen, die von den großen Ideen der damaligen Zeit überzeugt waren: dem nationalen Unabhängigkeitskampf kolonisierter Völker, Gleichberechtigung der Frauen und von der Überwindung der Grenzen zwischen dem reichen Norden und dem abhängig gehaltenen Süden, vom gerechten Frieden.

Die meisten Gäste an diesem Frühsommerabend 2011 haben sich in dieser Zeit an der AUB in Beirut kennengelernt.

Sofia Saadeh, die Tochter von Antoun Saadeh, der in den 1930er-Jahren gegen das französische Mandat, für ein Großsyrien und die Gleichberechtigung aller dort lebenden Menschen eingetreten war, ungeachtet ihrer Herkunft und Religion.

Sawsan Jabri, deren Vater Rashad Jabri Anfang der 1950er-Jahre Gouverneur von Damaskus war. Ihr Elternhaus, ein geräumiges altes Damaszener Haus mit einem großen Innenhof, Orangenbäumen und einem Brunnen, steht im Herzen der Altstadt und ist heute ein viel besuchtes Restaurant.

Rosemary Sayigh, die mit ihrem Ehemann, dem Wirtschaftswissenschaftler Yusif Sayigh, zu den genauesten Chronisten palästinensischer Politik und palästinensischen Lebens gehört.

Anni Kanafani, die mit einer Stiftung für Kinder an den palästinensischen Schriftsteller Ghassan Kanafani erinnert. Das Paar hatte 1961 geheiratet, Ghassan Kanafani wurde 1972 durch eine Autobombe in Beirut ermordet.

Nora Shawwa, Palästinenserin aus Gaza, vertrieben 1967. Sie lebte in Kuwait mit ihrer Familie und wurde 1991 infolge des Irakkrieges aus dem Emirat vertrieben. Auf Zypern konnte sie mit einem Verlag eine neue Existenz gründen. Mit Romanen und Büchern zum Zeitgeschehen, mit Kinder- und Kunstbüchern hält sie die Erinnerung an ihre palästinensische Heimat, Geschichte, Kultur des Mittleren Ostens und des östlichen Mittelmeerraumes lebendig.

Da ist Ma Radi aus Bagdad, die nach Beirut gekommen war, als ihr Mann in den 1950er-Jahren irakischer Botschafter im Libanon war. Sie hat einen Korb voller süß duftender Gardenien mitgebracht, die sie an alle verteilt, während sie sich selbst einige ins Haar gesteckt hat.

Nicht gekommen sind andere Freundinnen aus Bagdad, aus der Familie Gailani, Nachfahren des Islamgelehrten, Sufi und Gründers des Qadiriya-Ordens im 12. Jahrhundert. Amal Gailani, die Tochter von Rashid Ali, der in den 1940er-Jahren eine Revolte gegen die britische Mandatsmacht im Irak führte. Und Lamia Gailani, Archäologin, die nach der Plünderung des irakischen Nationalmuseums in Bagdad 2003 geholfen hatte, die Schäden zu dokumentieren.

Und auch George Jabbour und seine Frau Mariya aus Damaskus haben sich entschuldigt. Sie wollten in der Zeit der Unruhe ihre Heimat nicht verlassen.

Syrien, Irak, Libanon, Palästina – für die Festgesellschaft an diesem Abend sind diese Länder ihre Heimatländer, auch für die Zugereisten, die nach ihrer Ankunft in der Levante blieben. »Jeder Mensch hat zwei Zuhause«, so ein syrisches Sprichwort, »das erste ist das Geburtsland, das zweite ist Syrien.« Gemeint ist damit vielleicht am ehesten ein Gespür, eine Offenheit, Distanz und Freundlichkeit zugleich, die dem Fremden in Syrien begegnet, wenn er dafür offen ist.

Jeden willkommen zu heißen, ist Tradition in dieser Region, die man einst den »Fruchtbaren Halbmond« genannt hat. Dieses Gebiet erstreckt sich vom Nildelta entlang der östlichen Mittelmeerküste über Palästina und Syrien nach Norden, zieht sich über die beiden großen Wasserläufe Euphrat und Tigris nach Osten und Süden durch Mesopotamien, das »Land zwischen den zwei Strömen«, den heutigen Irak, bis dorthin, wo beide Flüsse vereint als Schatt al-Arab (Küste der Araber) in den Golf fließen. Das Gebiet hat die Form eines Halbmondes und war wegen seines Wasserreichtums Ursprung menschlicher Zivilisation und Hochkulturen. Handelsstraßen verbanden das Mittelmeer mit dem fernen Osten (Seidenstraße) und den Süden der Arabischen Halbinsel mit dem Mittelmeer (Gewürzstraße). Altertümer, die in Jahrzehnten in mühsamen Ausgrabungen zutage gefördert wurden, legen Zeugnis über die Entstehung und den Untergang großer Reiche ab. Das über Jahrtausende entstandene Wissen in Medizin, Astronomie, Architektur, Schrift, Kunsthandwerk, Wasserwirtschaft und Rechtswesen eigneten sich Römer, Griechen und schließlich auch die Europäer an. In der Kultur des »Fruchtbaren Halbmondes« sind die Erfahrungen tief verankert.

Jeder neue Griff nach der Region – ob durch Krieg, Plünderung, Besiedlung oder Besatzung, durch Grenzen, die gezogen oder wieder aufgehoben werden – droht, diese Erfahrungen, diese Kultur zu zerstören. Die Gäste an diesem Abend 2011 haben es an sich selbst oder in ihrer Familie erlebt. Keiner lebt mehr in seiner ursprünglichen oder – als Zugereiste – in der gewählten »zweiten« Heimat, durch Gewalt haben sie Angehörige und Freunde verloren. Fast alle wurden durch neue und willkürliche Grenzen, Krieg und Verfolgung vertrieben. Sie haben Aufbrüche, Umbrüche und viel Ungerechtigkeit erlebt, das Gegenteil von dem, wofür sie als junge Studierende angetreten waren. Doch alle sind geblieben. Ob im Herzen, in Gedanken, durch die Arbeit oder weil sie hier wohnen: Hier ist ihr Zuhause, solange sie leben. Und – wenn ihre Geschichte erzählt wird – auch darüber hinaus. Wer die Vergangenheit kennt, hat eine Zukunft.

Die Sommernacht entfaltet ihr unendliches Sternenzelt über der Festgesellschaft und ihren Geschichten, die mit dem leichten Nachtwind hin- und herwehen. Freude und Traurigkeit sitzen zwischen den Freunden am langen Tisch. Als die Zeit zum Abschiednehmen gekommen ist, steht der Mond hoch über der Stadt. Niemand weiß, ob und wann man sich wiedersehen wird. Manche sind alt und krank, viele leben weit von ihrer Heimat entfernt auf anderen Kontinenten. Angst vor einem neuen Krieg in und um Syrien begleitet sie alle.

Das große Sterben

Eine Frau trägt ein Bündel auf den Armen. Ihr Kopf ist mit einem Tuch bedeckt, ihrem Gesicht ist die Anstrengung anzusehen, die ihr der Weg bereitet. Sie geht auf einer unbefestigten Straße, es ist staubig. Ihr folgen eine weitere Frau mit einem weißen Kopftuch, ein Kind, ein Mann und dahinter noch eine dritte Frau. Im Hintergrund sind weitere Menschen zu sehen, es sind Kinder. Ein Reiter scheint den Zug der erschöpften Menschen zu bewachen. »Armenische Vertriebene, Frauen, Kinder, ältere Menschen«, lautet die Unterschrift dieses Schwarz-Weiß-Fotos aus dem Jahre 1915. »Die Frau im Vordergrund trägt ihr Kind in den Armen, sie schützt es vor der Sonne mit einem Schal. Der Mann zur Linken trägt Bettzeug, keine anderen Habseligkeiten oder Nahrungsmittel sind zu sehen. Alle gehen in der Sonne, auf einer unbefestigten Straße, sie haben nichts, um sich vor den Elementen zu schützen.« Als Ort der Aufnahme wird angegeben: »Osmanisches Reich, Region Syrien«. Ein weiteres Schwarz-Weiß-Foto zeigt zwei am Boden liegende Kinder. Barfuß liegen sie da, als schliefen sie. Die Füße sind bandagiert. Der Fotograf, der die Aufnahme vor einhundert Jahren machte, weiß mehr als der Betrachter dieser Tage. »1915–1916« datiert die Bildunterschrift die Aufnahme. »Zwei Jungen mit bloßen und bandagierten Füßen sind in der offenen Wüste verhungert.« Als Ort der Aufnahme wird auch hier »Osmanisches Reich, Region Syrien« angegeben.

Fotograf dieser Bilder war der deutsche Schriftsteller Armin T. Wegner, der während des Ersten Weltkrieges als Unteroffizier einer Deutsch-Ottomanischen Sanitätsmission in Ostanatolien am Euphrat und in der mesopotamischen (syrisch-arabischen) Wüste stationiert war. Er dokumentierte die Ströme armenischer Flüchtlinge, die zwischen 1915 und 1917 aus dem Südosten der Türkei in die syrische Wüste verjagt wurden. Bis zu 1,5 Millionen Armenierinnen und Armenier fanden auf diesen Märschen den Tod.

Ein armenisches Reich wird in den Geschichtsbüchern erstmals im Jahre 70 vor unserer Zeitrechnung westlich des Urmiasees im heutigen Iran bekannt. Die armenischen Siedlungsgebiete dehnten sich nach Westen über den Vansee hinaus. Seit dem 8. Jahrhundert nach unserer Zeitrechnung erstreckt sich das Siedlungsgebiet der Armenier zwischen dem Kaspischen Meer im Osten, dem Schwarzen Meer im Norden und dem Mittelmeer im Westen. Zwischen 1080 und 1375 festigten sie ihre Macht im Königreich Kilikien, das geografisch im Südosten der heutigen Türkei und in der Levante, dem heutigen Syrien, Libanon und Israel/Palästina, lag.

Als Augenzeuge des osmanischen Vernichtungsfeldzuges gegen die Armenier war Wegner entsetzt. Weil die osmanischen Behörden es verboten hatten, von den Gräueln Fotos zu machen, fotografierte Wegner heimlich. »Unter der Leibbinde versteckt« habe er die Bilder später »über die Grenze geschmuggelt.« Nach seiner Rückkehr (1919) hielt Wegner Vorträge in Deutschland, Österreich und in der Schweiz über das, was er gesehen hatte. Dabei zeigte er hundert Schwarz-Weiß-Bilder, die das Geschehen dokumentierten. In einem offenen Brief mit dem Titel: »Über die Austreibung des armenischen Volkes in die Wüste« wandte er sich an den amerikanischen Präsidenten Woodrow Wilson. »Verschließen Sie Ihre Ohren nicht, weil ein Unbekannter zu Ihnen redet«, beginnt der Brief, der mit »Berlin, Januar 1919« datiert ist und am 23. Februar 1919 im *Berliner Tageblatt* veröffentlicht wurde. Wegner bezog sich auf eine Rede Wilsons, die dieser bereits ein Jahr zuvor, am 8. Januar 1918, vor dem US-Kongress gehalten hatte. Darin hatte der US-Präsident in 14 Punkten eine »Friedensordnung für das vom Krieg zerstörte Europa« formuliert. Vorschläge, die die USA dann auch auf der Pariser Friedenskonferenz (1919/20) einbrachten.

In diesen 14 Punkten plädierte Wilson unter anderem für Offenheit und Transparenz internationaler Abmachungen und Diplomatie, Freiheit der Schifffahrt, internationale Kontrolle der Dardanellen, Aufhebung wirtschaftlicher Schranken und gleichberechtigte Handelsbedingungen aller Staaten, die den Friedensvertrag unterzeichnen würden, Beschränkung der

Rüstung. Es ging um die Bildung eines »allgemeinen Verbandes der Nationen«, um das Verhältnis zu Russland, die Wiederherstellung der staatlichen Souveränität Belgiens und Frankreichs, Grenzfestlegungen für Italien und die nationale Autonomie der »Völker Österreichs und Ungarns«. Auch Rumänien, Serbien und Montenegro müssten von Besatzungstruppen geräumt werden, und ein »unabhängiger polnischer Staat« solle geschaffen werden.

Bezugnehmend auf die ehemaligen Provinzen des zerbrochenen Osmanischen Reiches und die dort lebenden nichttürkischen Völker, schlug Wilson (Punkt 12) vor: »Den türkischen Teilen des jetzigen Osmanischen Reiches sollte eine unbedingte Selbstständigkeit gewährleistet werden. Den übrigen Nationalitäten dagegen, die zurzeit unter türkischer Herrschaft stehen, sollte eine zuverlässige Sicherheit des Lebens und eine völlig ungestörte Gelegenheit zur selbstständigen Entwicklung gegeben werden.«

Wegner bezog sich in seinem offenen Brief an Woodrow Wilson auf diesen Punkt und schrieb: »Zu diesen Völkern gehört ohne Zweifel auch das armenische. Diese Nation ist es, für die ich rede.« Mit drastischen Worten beschreibt Wegner dann das Versagen der europäischen Staaten angesichts des »unfassbaren Planes« der türkischen Regierung, »zwei Millionen Armenier vom Erdboden auszurotten«. Ein ganzes Volk, »Männer, Frauen, Greise, Kinder, schwangere Mütter, unmündige Säuglinge«, sei in die arabische Wüste getrieben worden, »mit keiner anderen Absicht als der, sie verhungern zu lassen«. Das alles sei aber »nur ein Bruchteil von dem, was ich selbst gesehen habe«. Wilson solle die »erhabene Idee, den unterworfenen Völkern Hilfe zu bringen, in der Tat zur Richtschnur« seiner Politik machen und sich für die Armenier einsetzen. Den Armeniern müsse ein eigener Staat zugestanden werden, der in den traditionellen Siedlungsgebieten der Armenier liegen solle.

In dem Brief verweist Wegner auch auf die Interventionen des deutschen Theologen Johannes Lepsius, der bereits im Juli 1916 den »Bericht über die Lage des armenischen Volkes in der Türkei« an die deutsche Regierung und das Parlament verfasst hatte; dieser Bericht war kurz darauf, im August 1916, von der deutschen Militärverwaltung verboten und beschlagnahmt worden. Lepsius hatte schon die Massaker an Armeniern

(1894–1896) im Osmanischen Reich erlebt und damals das Armenische Hilfswerk gegründet. Mit Anlaufstellen in der Türkei, Persien und Bulgarien ermöglichte das Hilfswerk den Verfolgten Unterstützung und Transit nach Westeuropa. 1914 gründete Lepsius in Berlin die Deutsch-Armenische Gesellschaft. Nach dem Ersten Weltkrieg unterstützte das Hilfswerk Flüchtlingsheime und Waisenhäuser in Syrien und im Libanon. Als im Norden Syriens erste Siedlungen für die vor der Vernichtung geflohenen Armenier entstanden, half Lepisus ebenfalls.

Eine Reaktion von US-Präsident Woodrow Wilson auf den Brief Wegners ist nicht bekannt. Doch mit seiner unermüdlichen Öffentlichkeitsarbeit für die Sache der Armenier weckte Wegner das Interesse vor allem von Intellektuellen und Schriftstellern in Deutschland. Der Schriftsteller Franz Werfel, der mit Wegner befreundet war, reiste 1930 mit seiner Frau Alma Mahler-Gropius nach Syrien, wo er Armenier in Flüchtlingslagern und Waisenhäusern traf und ihre Geschichten notierte. Unter Verwendung von Protokollen und Augenzeugenberichten aus der damaligen Zeit, die ihm sowohl Wegner als auch Lepsius zur Verfügung gestellt hatten, verfasste Werfel den Roman *Die vierzig Tage des Musa Dagh*, der im November 1933 erschien. In Österreich und in der Schweiz wurde der Roman gefeiert, in Deutschland hingegen wenige Monate nach Erscheinen verboten. Die Bücher Werfels ebenso wie die von Armin T. Wegner wurden von den Nationalsozialisten verbrannt.

Heiliger Krieg für den Deutschen Kaiser

Während Wegner, Lepsius und andere vergeblich versucht hatten, auf den Völkermord an den Armeniern aufmerksam zu machen, und Hunderttausende Menschen aus dem Südosten der Türkei nach Syrien und bis in den südlichen Irak flohen, führte das Deutsche Reich zusammen mit dem verbündeten Osmanischen Reich Krieg gegen Frankreich und Großbritannien. An der deutschen Botschaft in Konstantinopel war zu dieser Zeit der Sohn einer bekannten Kölner Bankiersfamilie beschäftigt. Max von Oppenheim hatte seit Ende des 19. Jahrhunderts in Syrien als Archäologe gearbeitet und im Norden Syriens die historische Siedlung Tell Halaf gefunden. Bei seinen Grabungen hatte von Oppenheim enge Kontakte zu Beduinenstämmen geknüpft und sprach teilweise auch deren Sprachen. Schon mit dem Bau der Berlin-Bagdad-Bahn (ab 1898) hatte der deutsche Kaiser Wilhelm II. seine kolonialen Ambitionen im Mittleren Osten und darüber hinaus deutlich gemacht. Die Region, die auch von Frankreich und Großbritannien beansprucht wurde, hatte für Berlin eine strategische Bedeutung. Um Briten und Franzosen zu destabilisieren, sollten die Muslime in den britisch-französischen Einflussgebieten zu Aufständen angestachelt werden. Wegen seiner engen Kontakte zu den Beduinenstämmen erschien Max von Oppenheim dem Auswärtigen Amt dafür der richtige Mann zu sein. 1914 wurde er an die Botschaft in Konstantinopel geschickt, wo er die »Nachrichtenstelle für den Orient« aufbaute und leitete, einen deutschen Geheimdienst für den Mittleren Osten.

Von Oppenheim wollte die tiefe Gottesgläubigkeit der Muslime militärisch nutzen und schlug vor, den »Heiligen Krieg«, den Jihad der Muslime, gegen Großbritannien und Frankreich anzufachen. In seinem Strategiepapier »Denkschrift betreffend die Revolutionierung der islamischen Gebiete unserer Feinde«, das er im Oktober 1914 vorlegte, führt von Oppenheim aus, dass den Muslimen im Gegenzug für ihren Kampf gegen Frankreich und Großbritannien die Unabhängigkeit der arabischen, islamischen Gebiete angeboten werden sollte. Das Konzept von Oppenheims war, den Krieg mit Truppen an der Front und durch völkisches Aufbegehren »in der Tiefe« des gegnerischen Terrains zu führen. Die neu gegründete »Nachrichtenstelle für den Orient« erhielt die Aufgabe, entsprechendes Propagandamaterial zu erstellen und zu verbreiten. Das Projekt scheiterte aus verschiedenen Gründen. Es fehlte an Personal, es mangelte an der Bereitschaft zum Aufstand bei den möglichen Bündnispartnern, den Stämmen, und schließlich verhandelten auch die Briten mit den Anführern der arabischen Nationalbewegung, die sie in ihre Kriegspläne gegen die Osmanen und die Deutschen einspannen wollten.

Das Sykes-Picot-Abkommen

Die Aufteilung des Osmanischen Reiches in französische und britische Interessensgebiete.

Während Wegner die Gewalttaten an den Armeniern dokumentierte und von Oppenheim Pläne für einen islamistischen Aufstand entwarf, trafen sich im Dezember 1915 in London heimlich zwei Männer, um über die Interessen ihrer Nationen in der Region zu verhandeln. Der Brite Sir Mark Sykes war Diplomat der britischen Krone, der Diplomat François Georges-Picot vertrat die Interessen Frankreichs. Beide Staaten sahen sich bereits als

Sieger des Ersten Weltkrieges, der mit dem Zerfall des Osmanischen Reiches enden würde. Sykes und Georges-Picot verhandelten über den künftigen Grenzverlauf, der die jeweils britische und französische Interessenzone markieren sollte.

Mark Sykes war bereits als Kind mit seinen Eltern Ende des 19. Jahrhunderts durch Ägypten und Palästina gereist. Die Reisen setzte er zeit seines Lebens fort, und er verfasste verschiedene Bücher. Es folgte eine Karriere als Offizier und Honorarattaché an der britischen Botschaft in Konstantinopel. Als Konservativer wurde er ins Unterhaus gewählt und übernahm Aufgaben im »Kriegsamt« (heute Verteidigungsministerium) der britischen Regierung und später im »Arabischen Büro« in Kairo. Während des Ersten Weltkrieges war Sykes für »Aufklärung und Propaganda« zuständig. Der Zerfall des Osmanischen Reiches zeichnete sich rasch ab, und Mitte Dezember 1915 forderte die britische Regierung Sykes auf, Vorschläge zu unterbreiten, wie ein Konflikt mit Frankreich bei der Aufteilung des Osmanischen Reiches nach dem Krieg vermieden werden könne.

Sykes war um eine Antwort nicht verlegen. »Ich würde eine Linie vom e in Acre bis zum letzten k in Kirkuk ziehen«, so sein Plädoyer. Nördlich der Linie könne Frankreich seine Interessen definieren, südlich davon Großbritannien. Die Briten – die bereits in Ägypten saßen – waren aus strategischen Gründen als Kolonialmacht an der Kontrolle von Palästina, Transjordanien, dem Jordantal und den arabischen Anrainerstaaten des Persisch-Arabischen Golfs und Bagdad interessiert. Dabei ging es vor allem um die Kontrolle wichtiger Häfen und Meerengen: Haifa, Basra, Suezkanal, Persisch-Arabischer Golf. Die Straße von Hormus kontrollierten die Briten bereits indirekt durch ihre Stützpunkte im Sultanat Oman, zu dem sie über Jahrzehnte gute Beziehungen aufgebaut hatten. Die Stadt Jerusalem sollte unter internationale Kontrolle gestellt werden. Die britische Regierung stimmte dem Vorschlag von Mark Sykes zu und beauftragte ihn, mit den Franzosen zu verhandeln.

Sykes' französischer Verhandlungspartner war François Georges-Picot. Er stammte aus einer Familie, die dem französischen Kolonialismus zutiefst verbunden war. Der Vater hatte das Comité de l'Afrique Française gegründet, das sich bereits Ende des 19. Jahrhunderts für französische Einflussgebiete in Afrika eingesetzt hatte, die »noch herrenlos waren«. François Georges-Picot und sein Bruder Charles waren Mitglieder des Comité de l'Asie Française, das sich vor allem dafür einsetzte, dass Syrien, Libanon und Kilikien (Sanjak Alexandrette) unter französische Kontrolle kommen sollten. Palästina und Jerusalem sollten unter internationale Kontrolle gestellt werden.

Und so kam es. Schon im Januar 1916 hatten die beiden Diplomaten sich geeinigt, im Mai wurde das Geheimabkommen in London und Paris ratifiziert. Acre oder Akko ist eine kleine palästinensische Hafenstadt, die am nördlichen Ufer der Bucht von Haifa im heutigen Israel liegt. Schon die Kreuzfahrer hatten den Hafen von Acre wegen seiner strategischen Lage zur Levante geschätzt. Kirkuk war damals eine unscheinbare Handelsstadt, unweit der Grenze zu Persien. In der Stadt lebten Muslime und Christen, Kurden, Araber und Turkmenen. 1902 hatten erste Ölbohrungen begonnen, die allerdings erst 1927 zum Fund des zweitgrößten Ölfeldes im Irak führten. Heute ist Kirkuk eine umkämpfte Ölmetropole im Nordirak und liegt unweit der Grenze zum heutigen Iran.

Großbritannien spielte ein doppeltes Spiel im Mittleren Osten. Einerseits wurde das geheime Sykes-Picot-Abkommen mit Frankreich unterzeichnet, andererseits verhandelte London mit dem arabischen Haschemitenstamm aus dem Hejaz, den es als Bündnispartner im Kampf gegen die deutschen und osmanischen Truppen gewinnen wollte. In einem als »Hussein-McMahon-Korrespondenz« bekannt gewordenen Briefwechsel (1915/16), stellte der damalige Hochkommissar Großbritanniens in Kairo, Henry McMahon, dem Führer der Araber im Hejaz und Hüter der Heiligen Stätten (Sherif) von Mekka, Hussein ibn Ali, die Gründung eines unabhängigen arabischen Staates in Aussicht, sollten sie an der Seite Großbritanniens kämpfen. Abdullah, der Sohn von Hussein ibn Ali, stimmte im Namen seines Vaters zu. Kontaktperson der Briten zu den arabischen Stämmen wurde T. E. Lawrence, der im Laufe seiner Mission als »Lawrence von Arabien« ein engagierter Verfechter der arabischen Unabhängigkeit wurde.

Britische Waffen, Munition und Geld begannen in den Hejaz zu fließen. Wenige Wochen nach der Unterzeichnung des geheimen Sykes-Picot-Abkommens begann im Juni 1916 die arabische Revolte, die – mit Unterstützung von Kämpfern des Drusenführers Atrash – schließlich die osmanische Armee und ihre deutschen Verbündeten aus Palästina und Syrien vertrieb. Die Briten nutzten bei ihren Vereinbarungen mit den arabischen Stämmen eine Tendenz aus, die in den letzten Jahren des Osmanischen Reiches verschiedene Gesichter erhalten hatte. Nationales Bewusstsein und nationale Bewegungen in der Region waren im Aufschwung. In der Türkei waren die Jungtürken entstanden, in Paris hatten arabische Nationalisten sich zu al-Fatat zusammengeschlossen. Auch unter den Kurden regte sich nationales Bewusstsein, was in den 1920er-Jahren zu Aufständen führen sollte.

Besonders stark trat die zionistische Nationalbewegung auf, die in Palästina einen jüdischen Staat gründen wollte. Der Zionismus war als Reaktion auf einen in Europa weitverbreiteten Antisemitismus entstanden. Die Einwanderung jüdischer Siedler nach Palästina hatte bereits 1882 begonnen. Auf dem ersten Zionistenkongress 1897 in Basel wurde beschlossen, die jüdische Einwanderung nach Palästina institutionell zu organisieren, die Zionistische Weltorganisation wurde gegründet. Diese betrieb intensive Lobbyarbeit für einen jüdischen Staat in Palästina und konnte bei den Briten 1917 einen wichtigen Erfolg verzeichnen. Am 2. November 1917 erhielt der Repräsentant der Zionistischen Weltorganisation in London, Lord Lionel Walter Rothschild, einen Brief des britischen Außenministers Sir Arthur James Balfour. Darin hieß es: »Lieber Lord Rothschild, ich freue mich, Ihnen im Namen der Regierung Seiner Majestät die folgende Sympathieerklärung für die jüdisch-zionistischen Bestrebungen mitteilen zu können, die dem Kabinett vorgelegt und von diesem gebilligt wurde. Die Errichtung einer nationalen Heimstätte in Palästina für das jüdische Volk wird von der Regierung Seiner Majestät mit Wohlwollen betrachtet. Sie wird ihr Bestes tun, um das Erreichen dieses Zieles zu erleichtern, wobei unmissverständlich zu betonen ist, dass nichts getan werden darf, was die Bürgerrechte und religiösen Rechte der in Palästina lebenden nicht jüdischen Bevölkerung oder die Rechte und den politischen Status der Juden irgendeines anderen Landes nachteilig betrifft.«

Die britische Regierung hatte Land, das ihr nicht gehörte, gleich mehrfach an verschiedene Akteure des Ersten Weltkrieges verteilt. Mit dem

Sykes-Picot-Abkommen bedienten sie sich und die Franzosen. Die Balfour-Erklärung machte der Zionistischen Weltorganisation ein Versprechen. Den Arabern, die ihnen geholfen hatten, den Krieg gegen die Osmanen zu gewinnen, versprachen sie einen unabhängigen arabischen Staat.

Ende September 1918 standen englische (australische) und französische Truppen vor den Toren von Damaskus. Um den Schein zu wahren, ließ man den Arabern den Vortritt und erlaubte am 1. Oktober 1918 zunächst T. E. Lawrence und Emir Faisal, in Damaskus einzuziehen. Emir Faisal, ein weiterer Sohn des Haschemitenführers Hussein ibn Ali, hatte die Revolte militärisch angeführt. Nun wurde er in Damaskus zum »König der Araber« ausgerufen. Eine provisorische Regierung wurde gegründet, und eine Verwaltung entstand, in der Muslime, Christen und Juden vertreten waren.

Faisal hatte sich unmittelbar nach seiner Ankunft in Damaskus mit den Vertretern der drei großen Buchreligionen – Muslime, Christen und Juden – getroffen und ihnen versichert, dass alle die gleichen Rechte und Pflichten hätten. Im November wandte er sich in Aleppo an die religiösen und politischen Führer und an die Händlerklasse und erläuterte, dass Säkularismus Kern des arabischen Nationalismus sei, für den er eintrete. Die Araber seien Araber vor Moses, vor Jesus und vor Mohammad gewesen, so Faisal. Alle diese Religionen seien in Brüderlichkeit verbunden, und »wer Streit zwischen Muslimen, Christen und Juden sät, ist kein Araber.«

Zuallererst sei er Araber, wird Faisal zitiert. Das brachte ihm die Unterstützung aller arabischen Nationalisten ein, die in den großen Städten Aleppo, Homs, Damaskus, Beirut und Jerusalem vertreten waren und die vor allem eines wollten: einen unabhängigen arabischen Staat in Syrien und Palästina. Faisal verfügte über rund 10 000 bewaffnete Männer, die gezeigt hatten, dass sie kämpfen konnten, aber keine klassische Armee darstellten. Die Abhängigkeit von den Briten wurde ihm zum Verhängnis.

Nicht nur, dass die Briten Palästina und Jerusalem eingenommen und unter ihre Kontrolle gestellt hatten, sie sorgten – in Absprache mit den Franzosen – auch dafür, dass Faisal und seine politischen Pläne für arabische Unabhängigkeit bei der Pariser Friedenskonferenz ausgegrenzt wurden. Obwohl er bereits in Damaskus residierte und dort als König und politischer Führer anerkannt worden war, wurde er in Paris nicht als Leiter der arabischen Delegation akzeptiert, sondern als Vertreter des Hejaz. Seine Rede an die Versammlung hielt er in arabischer Sprache. Er schlug vor, dass ein arabischer Staat südlich einer Linie entstehen sollte, die von der Hafenstadt Alexandrette bis zur persischen Grenze gezogen werden sollte. (Das entspricht etwa dem 36. Breitengrad und der heutigen Grenze der Türkei zu Syrien und dem Irak). In diesem Gebiet sollten die Araber ihre politische Zukunft selbst bestimmen, forderte Faisal. Das sei der Wunsch der dort lebenden Menschen, und die Briten hätten die arabische Unabhängigkeit seinem Vater, König Hussein ibn Ali, versprochen, als sie um Unterstützung für den Kampf gegen die Osmanen gebeten hatten. Technische und politische Beratung anderer Staaten für den Aufbau des arabischen Staates werde dankend angenommen, man könne auch dafür bezahlen, so Faisal. Aber »wir können kein Stück unserer Freiheit aufgeben, die wir uns gerade erst erkämpft haben.« Jüdische Präsenz in Palästina werde akzeptiert, sofern die Juden mit den Palästinensern zusammenarbeiteten. Auf keinen Fall dürfe das Gebiet der Araber als Kriegsbeute unter den Siegermächten aufgeteilt werden.

Faisal fand kein Gehör in Paris. Frankreich und Großbritannien hatten ihre Pläne bereits gemacht, und Italien war eher an den ehemaligen osmanischen Provinzen in Nordafrika (Libyen) interessiert als an Syrien und Palästina. Der Druck der Zionistischen Weltorganisation war enorm. Ihre Delegierten bei der Konferenz legten eine Karte vor, die die Ausdehnung der angestrebten »jüdischen Heimstätte in Palästina« zeigte. Das beanspruchte Gebiet reichte im Norden bis zur Hafenstadt Sidon, im Nordosten umfasste es die Golanhöhen und die Stadt Kuneitra. Das gesamte Westufer des Jordan, die Hafenstadt Akaba, Gaza und ein großer Teil der Sinaihalbinsel sollten einbezogen werden.

Frankreich und Großbritannien unterstützten die Zionisten mit ihren Plänen. Die Balfour-Erklärung war auch von US-Präsident Woodrow Wilson befürwortet worden. Mit dem Sykes-Picot-Abkommen zeigte sich der US-Präsident allerdings nicht einverstanden.

King-Crane-Kommission

Wilson hatte erst nach dem Ende des Krieges von dem britisch-französischen Geheimabkommen erfahren. Das dürfte wohl auch der Grund für den ersten Punkt seiner 14-Punkte-Erklärung gewesen sein, in dem er Transparenz von Verträgen und Diplomatie eingefordert hatte. Als Vertreter der nationalen Selbstbestimmung von Völkern kritisierte Wilson, dass die von der osmanischen Besatzung befreite Bevölkerung in Syrien und Palästina von den Franzosen und Briten nicht zu ihrer eigenen Vorstellung über ihre politische Zukunft befragt worden waren. Er schlug vor, eine Kommission zu entsenden, die in den betroffenen Gebieten die Meinungen der Bevölkerung erfragen und der Pariser Friedenskonferenz einen Bericht darüber vorlegen sollte. Gefragt werden sollte, ob Unabhängigkeit oder eine Verwaltung unter einem Mandat des Völkerbundes gewünscht war, wie es für Frankreich und Großbritannien vorgesehen war, oder ob sie eine ganz andere Vorstellung hatten. Wilson wollte, dass die Kommission aus Vertretern aller Siegermächte bestehen sollte, und ernannte einen US-Wissenschaftler und einen US-Geschäftsmann für die amerikanische Delegation. Henry Churchill King war Präsident des Oberlin College, und Charles R. Crane war ein Geschäftsmann aus Chicago und ein Treuhänder des Robert College in Konstantinopel.

Frankreich und Großbritannien lehnten das Vorhaben ab, ernannten ihrerseits keine Delegierten und unternahmen alles, um die Kommission, wenn nicht zu torpedieren, so doch zu bremsen. Schließlich machten die beiden Amerikaner sich mit technischen Beratern, einem Sekretär, einem Schatzmeister, einem Arzt und zwei Übersetzern auf die Reise. Als »Augen und Ohren« offizieller US-Unterhändler der Pariser Konferenz fuhren William Yale als technischer Berater für die Südregion (Palästina) und George R. Montgomery als technischer Berater für die Nordregion (Türkei) mit. Yale hatte vor dem Ersten Weltkrieg in Konstantinopel für die Standard Oil Company gearbeitet. Während des Krieges trat er in den Dienst des US-Außenministeriums und wurde »Sonderagent«. Bis zu seinem Tod 1972 sei er »ein Mann mit vielen Hüten« gewesen, heißt es in einem Artikel des *Saudi Aramco World Magazine*.

Die Reise durch die Levante dauerte vom 10. Juni bis zum 21. Juli 1919. Die Kommission reiste von Jaffa über Jerusalem, Jenin, Nazareth, Amman nach Damaskus, von wo es über Beirut, Tripoli, Homs und Aleppo nach Alexandrette und Lattakia ging. Man sprach mit den Briten und den Franzosen, um deren Einschätzung vor Ort zu hören. Doch die Hauptgespräche wurden mit politischen und religiösen Führern geführt, mit Vertretern verschiedener Volksgruppen, mit Ärzten, Lehrern, Professoren, Bauern und Stammesführern.

Während die Briten sich in den von ihnen kontrollierten Gebieten Palästinas zurückhielten, versuchten die Franzosen in Syrien und im Libanon, die Befragung zu beeinflussen. Manche Delegationen, die mit der Kommission sprechen wollten, wurden von den Franzosen gestoppt. Wiederholt wurden Demonstrationen gegen die Franzosen organisiert. 1875 Petitionen wurden der Kommission überreicht, und nach Auswertung der dort geäußerten Meinungen war klar, dass eine überwältigende Mehrheit sich für ein unabhängiges Syrien und gegen ein französisches Mandat aussprach. 72 Prozent waren gegen den Plan, in Palästina eine »jüdische Heimstätte« zu errichten. Am 14. Juli 1919 war die King-Crane-Kommission mit ihrer Jacht »Maid of Honour« in Lattakia vor Anker gegangen und wertete die Recherchen aus. Am 19. Juli wurden die ersten Eindrücke knapp zusammengefasst:

1. Die Syrer werden kein französisches Mandat akzeptieren.
2. Das zionistische Programm kann nur mit Gewalt durchgesetzt werden.
3. Die arabische nationale Bewegung unter angelsächsischer Schirmherrschaft ist es wert, unterstützt zu werden.
4. Der allgemeine Wille der Bevölkerung ist ein Vereinigtes Syrien.

Die Reise der Kommission ging weiter durch die Türkei, im August wurde die Mission in Konstantinopel beendet. Die US-Medien lobten den Bericht und bedauerten, dass er politisch ignoriert wurde. Die europäischen Medien ignorierten Bericht und Mission weitgehend, in Frankreich und in zionistischen Kreisen wurde er als »voreingenommen« verurteilt. Ägyptische Medien hingegen begrüßten den Bericht, wie Charles R. Crane im Januar 1923 an Woodrow Wilson schrieb, als »ernsthaft, umsichtig und ein Versuch, die Prinzipien, wegen deren Amerika in den Krieg eingetreten war, umzusetzen«.

Bei den Pariser Friedensverhandlungen wurde der Bericht der King-Crane-Kommission nicht berücksichtigt. Entgegen ihrer Empfehlung wurde die Aufteilung der Levante in einen französischen und einen britischen Interessenbereich bestätigt. In San Remo (April 1920) einigten sich Großbritannien, Frankreich und Italien offiziell auf die Umsetzung des Sykes-Picot-Abkommens, was im Vertrag von Sèvres (August 1920) bewilligt wurde. Frankreich wurde die Kontrolle über Syrien und Kilikien zugesprochen. Großbritannien übernahm die Kontrolle über Zypern, Ägypten, Palästina und den Irak. Kurdistan erhielt einen Autonomiestatus, Armenien wurde für unabhängig erklärt. Der Völkerbund bekräftigte das Sykes-Picot-Abkommen 1922 und beauftragte Frankreich mit dem Mandat über Syrien, Libanon und Kilikien (heute türkische Provinz Hatay). Großbritannien erhielt das Mandat über Palästina und den Irak. Im Vertrag von Lausanne (Juli 1923) wurden die Autonomierechte für die Kurden und für die Armenier in der Türkei aberkannt.

Die Pariser Friedenskonferenz hatte die Forderung nach einem arabischen Staat und das Recht auf Selbstbestimmung ignoriert. Neue Grenzen wurden gezogen, jahrhundertealte familiäre, kulturelle und wirtschaftliche Verbindungen wurden getrennt. Der britische Feldmarschall Archibald Wavell, der als Offizier im Ersten Weltkrieg in Palästina und auf dem Sinai eingesetzt war, kommentierte die Ergebnisse der Konferenz mit den Worten: »Nach dem ›Krieg, um den Krieg zu beenden‹, waren sie jetzt wohl ziemlich erfolgreich in Paris, einen ›Frieden zu schaffen, der den Frieden beendet‹.«

»Kreuz gegen Halbmond«

Französische Truppen waren bereits 1919 unter Führung von General Henri Gouraud in der Levante gelandet und sahen sich einem bewaffneten Aufstand von Alawiten gegenüber. Emir Faisal, der sich mit seinem Plädoyer für ein unabhängiges Syrien auf der Pariser Friedenskonferenz nicht hatte durchsetzen können, war nach Damaskus zurückgekehrt, wo er im März 1920 vom neu gebildeten syrischen Nationalkongress zum König gekrönt wurde. Der Kongress bekräftigte die Empfehlungen der King-Crane-Kommission und rief die Unabhängigkeit Syriens in seinen »natürlichen Grenzen« aus. Gemeint waren die Grenzen Großsyriens, Syrien, Libanon und Palästina. Sowohl Großbritannien als auch Frankreich forderten die Rücknahme der Entscheidungen, im ganzen Land kam es zu bewaffneten Auseinandersetzungen.

Eine provisorisch aufgestellte Armee von Freiwilligen des syrischen Königreichs stellte sich im Juli 1923 bei Maysalun in den Libanonbergen den französischen Truppen entgegen und wurde in nur einem Tag vernichtend geschlagen. Gouraud zog mit seinen Soldaten nach Damaskus weiter, wo er – so ist es überliefert – zum Grab des syrischen Sultans Saladin gegangen sein soll, der im 11. Jahrhundert Jerusalem von der Besatzung der Kreuzritter befreit hatte. Er habe gegen das Grab getreten und gerufen »Wach auf, Saladin. Wir sind wieder da. Meine Anwesenheit hier heiligt den Sieg des Kreuzes über den Halbmond.«

Gouraud löste die syrische Armee auf und zwang König Faisal, das Land zu verlassen. Er wurde zum Hochkommissar für Syrien ernannt und begann umgehend mit der Aufteilung des Landes. Als Erstes wurde ein Staat »Großlibanon« gegründet, es folgte die Aufteilung in einen Staat von Aleppo, einen Alawiten- und einen Drusenstaat und einen Rumpfstaat Damaskus. Ziel der Aufteilung war, die verschiedenen ethnischen und religiösen Minderheiten mit ihren eigenen Interessen zu beschäftigen und von den arabischen Nationalisten, die in Beirut, Aleppo und Damaskus stark waren, zu trennen. Ein Mordanschlag auf Gouraud im Juni 1921 im Südlibanon schlug fehl.

In den folgenden Jahren versuchten die Syrer – mal mit, meist gegen die französische Mandatsmacht –, ihre Unabhängigkeit zu erstreiten. Eine Universität wurde gegründet, Parteien entstanden, die für staatliche Unabhängigkeit eintraten. 1925 kam es zu einem großen Aufstand gegen die Franzosen, der vom Süden des Landes ausging und von dem Drusenführer Sultan Atrash angeführt wurde. Die syrischen Parteienführer und große Teile der Bevölkerung auf ihre Weise unterstützten den Aufstand, der sich rasch ausweitete.

Yusif Sayigh

Kindheit zwischen Mittelmeer und Berg der Drusen

Ein Leben für die Freiheit Palästinas. Yusif Sayigh wurde 1916 in al-Bassa (Palästina) geboren. Der Ort liegt bei Akko (Acre), dem westlichsten Punkt der Sykes-Picot-Linie. Der Ökonom erlebte die Zerteilung der Region.

Als der Erste Weltkrieg 1914 begann, kannten die Menschen in Syrien und Palästina keine Grenzen. Händler zogen von Bagdad über Damaskus nach Beirut oder Haifa, um ihre Waren in den Häfen der Levante nach Europa zu verschiffen. Eltern sandten ihre Kinder von Damaskus nach Beirut, wo die 1866 gegründete Amerikanische Universität (AUB) ein hervorragendes

Studium garantierte. Es herrschte reger Austausch zwischen den muslimischen Gelehrten von Bagdad, Damaskus und Kairo, christliche Schulen wurden von Missionaren aus Europa und den Vereinigten Staaten von Amerika gegründet und boten sowohl christlichen als auch muslimischen Kindern aus umliegenden Dörfern Unterricht und Wohnung an. Internatsschulen waren häufig, weil der tägliche Schulweg für die Kinder aus den abgelegenen Dörfern zu weit gewesen wäre.

Yusif Sayigh wurde am 26. März 1916 im Dorf al-Bassa in Palästina geboren, an der Küste der Levante. Das Dorf liegt etwa zwanzig Kilometer nördlich von Acre, dem Ort, von dem der britische Diplomat Sir Mark Sykes eine Linie durch Täler und über Hügel, über Flüsse und Seen, durch die schwarze Basaltwüste und über die fruchtbaren Felder des Hauran und durch die endlosen, sandigen Weiten der syrischen Wüste bis nach Kirkuk gezogen hatte (siehe Karte, Seite 17). In al-Bassa lebten damals etwa tausend Menschen, Muslime und Christen verschiedener Strömungen. Es gab zwei Kirchen, Schulen und Ärzte.

Der Ort war wie der »Garten Eden«, erzählte Yusif Sayigh Jahrzehnte später seiner Frau Rosemarie, die ein Buch über ihn schrieb. Die Menschen seien offen und aufgeschlossen gewesen, in den Abendstunden hätten sie auf den Dächern gesessen, musiziert und gesungen. Im Herbst wurden die Dächer zum Treffpunkt der Frauen, die dort Früchte zum Trocknen aufhängten. Sie nutzten die Gelegenheit dazu, ihre fast erwachsenen Kinder, Jungen und Mädchen, mitzubringen, es wurde gegessen und getrunken, viel erzählt, und so manch eine Ehe wurde angebahnt.

Einer von Yusifs Lieblingsplätzen war unter einem großen Johannisbrotbaum, der auf dem Grundstück der Familie stand und zu jeder Tageszeit Schatten spendete. Die aus Steinen gebauten Häuser waren von Feigen- und Apfelsinenbäumen, Blumen aller Art, üppig grünen Sträuchern und Bäumen umgeben. Wasser sprudelte aus einer eigenen Quelle, Olivenhaine umgaben das Dorf und sorgten für Wohlstand. Al-Bassa war das Zentrum des Tabakanbaus in Galiläa, sowohl die christlichen als auch die muslimischen Bewohner waren gute Händler. An den Wochenenden zogen die Familien an den nahe gelegenen Strand, wo sie ihr Picknick ausbreiteten und die Weite des Meeres genossen.

Auch Yusifs Mutter war in al-Bassa geboren und aufgewachsen. Afifeh Barouni Sayigh, die – wie es in arabischen Ländern üblich ist – von allen nur Umm Yusif (Mutter von Yusif) genannt wurde, kam aus einem wohlhabenden Haus. Ihr Vater handelte zwischen Beirut und Jerusalem mit Antiquitäten, ihr Großvater war ein katholischer Priester gewesen. Als Kind hatte sie in einem Internat bei Sidon – ungewöhnlich für die Jahrhundertwende – eine gute Schulbildung erhalten. Unter den Fittichen einer amerikanischen Missionarin arbeitete sie bis zu ihrer Heirat als Lehrerin.

Diese Missionarin, die Presbyterianerin Mary Ford, war es auch, die Afifeh mit ihrem späteren Mann, Abdallah Sayigh, zusammenführte. Erstmals begegneten die beiden sich 1914 in dem Dorf Kharaba in Syrien. Abdallah Sayigh, oder Abu Yusif (Vater von Yusif), war selber in der Nähe von Damaskus geboren worden, in Khirbet al-Sha'ar. Die ursprünglich aus Homs stammende Familie hieß eigentlich Zakhour Kabbash. Weil aber Abdallahs Vater ein Goldschmied war, machte er die Bezeichnung für seinen Beruf »Sayegh« zu seinem Familiennamen. Das war damals in der arabischen Welt üblich. Abdallah verlor früh seine Eltern und wuchs bei einer seiner drei Schwestern in Kharaba auf. Alle drei hatten Männer aus dem christlichen Dorf Kharaba geheiratet, eine vierte Schwester heiratete einen Drusen in Salkhad. Der kleine Ort Kharaba liegt an der Grenze zwischen dem drusischen Siedlungsgebiet von Sweida, dem Jabal al-Druze (Berg der Drusen) und dem Hauran mit der Provinzhauptstadt Deraa.

Als Abdallah Sayigh oder Abu Yusif zu Beginn des Ersten Weltkrieges von der osmanischen Armee für den Kriegsdienst verpflichtet werden sollte, kaufte er sich frei – was damals für Christen möglich war – und ging nach al-Bassa, wo er 1915 Afifeh heiratete und ein Jahr später Yusif geboren wurde. Weitere sechs Kinder folgten. Nach dem Ende des Krieges, 1918, zog die Familie Sayigh wieder nach Kharaba, wo Yusifs Vater – in Absprache mit der Mission in al-Bassa - die protestantische Kirche aufbauen sollte. Westlich von ihrem Dorf lag Deraa, das schon im Alten Testament erwähnt wird und als Handelsplatz den Nabatäern, Hellenen und Römern diente. Südlich lag al-Qurayya, der Sitz des mächtigen Drusenstammes Atrash, und östlich lag die Hauptstadt der Drusen, Sweida, am Fuße des Jabal al-Druze, dem Berg der Drusen. Kharaba war ein christliches Dorf, in dem es

Orthodoxe, Katholiken und Protestanten gab; zu Letzteren gehörten die Eltern von Yusif. Zwischen 1921 und 1923 holte der Vater seine theologischen Studien in Jerusalem nach, wo die Familie ihn auch einmal besuchte, obwohl das Reisen beschwerlich war. Yusif war noch klein, wusste aber noch genau, dass er auf dem Weg nach Jerusalem zum ersten Mal ein Auto gesehen habe. Auf dem Rückweg begleitete sie der Vater, der seine Studien abgeschlossen hatte. Sie fuhren zunächst nach al-Bassa, wo die Familie von Umm Yusif lebte. Von dort ging es der Küste entlang nach Sidon und Beirut und schließlich über Damaskus zurück nach Kharaba.

Während die Familie unterwegs war, gerieten sie 1923 im Südlibanon in eine Volkszählung. Die Bekannten, bei denen sie damals wohnten, gaben sie einfach als Libanesen an, obwohl sie Syrer waren. Viele Jahre später, 1958, half ihnen dieser Zufall, die libanesische Staatsangehörigkeit zu bekommen.

Der Vater hatte den Umweg gemacht, um finanzielle Unterstützung für den Bau einer Kirche zu erhalten, die er in Kharaba plante. Bisher hatte er in einem Zimmer ihres Hauses gepredigt, während die Orthodoxen und Katholiken schon Kirchen hatten. Der Vater war erfolgreich mit seinen Bittgesuchen. Deutlich erinnerte sich Yusif daran, dass die protestantische Kirche in Beirut die Kommunionsbecher an die Kirche in Kharaba spendete. »Die Kirche in Beirut bekam einen neuen Satz Becher, also spendeten sie uns zwanzig oder dreißig ihrer alten Becher, und sie schickten uns noch Gesangsbücher dazu.« Der Vater baute die Kirche fast allein auf. Er war ein gelernter Zimmermann und ließ sich von Bauarbeitern in Deraa im Mischen von Zement unterrichten. Alle Kirchenbänke baute der Vater selber, erzählte Yusif. Weil die protestantische Gemeinde kein Geld hatte, konnte Yusifs Vater kein weiteres Grundstück kaufen und baute daher die Kirche auf seinem eigenen Grund und Boden. Im unteren Bereich der neuen Kirche wurde neben den Wohnräumen der Familie auch eine Schule eingerichtet, die Yusif besuchte. Die Kirche wurde vermutlich 1925 eingeweiht.

Leben in Kharaba

Einer seiner Onkel war Arzt und hatte sich auf »arabische Medizin« spezialisiert, was Patienten von weit entfernt liegenden Dörfern anzog. Diese »arabische Medizin« wurde aus Kräutern der Region hergestellt, die nach traditionellen islamischen Rezepten getrocknet, gemixt und gemischt, zu Pulvern oder Flüssigkeiten verarbeitet wurden. Alle paar Monate schickte der Arzt seinen Sohn nach Sweida oder Damaskus, um Pulver und Tropfen zu kaufen, die er für das Mischen seiner Medikamente brauchte. Manche Medikamente, die der Onkel nach Rezepten aus alten Büchern selber herstellte, wickelte er in dünnes Zigarettenpapier ein, um sie zu portionieren. Das Wissen über diese Medizin war von Generation zu Generation innerhalb der Arztfamilien überliefert worden. Daher war das Vertrauen der Landbevölkerung größer als der Glaube an moderne Medikamente, die aus Europa geliefert oder von fahrendem Volk angeboten wurde.

Eine Bank habe es nicht gegeben, so Yusif Sayigh. Die Menschen hätten Goldmünzen benutzt, um Einkäufe auf den Märkten der Städte zu bezahlen. Sie hätten sich die Münzen auch gegenseitig geborgt. Zurückgezahlt wurde, wenn die Männer in Bosra, Deraa oder Sweida ihre Waren verkauft und etwas eingenommen hatten.

Das Leben der Familie war karg. Der Vater erhielt ein kleines Gehalt für seinen Einsatz als Pfarrer, ansonsten bearbeitete er eigenes Land, wie die anderen Bauern auch. Yusif erinnerte sich, dass es öde und langweilig im Dorf gewesen sei. Ihr Haus und die Kirche hätten auf einem Hügel gelegen, und von dort aus habe er in alle Richtungen in die endlose Weite blicken können, ohne einen Baum zu sehen. Nur zwei Mal hätten er und seine Brüder mit den Eltern einen Ausflug nach Deraa gemacht. Dabei ritten sie auf zwei Eseln und der Vater auf einem Pferd. Transportmittel gab es in Kharaba nicht. Keinen Bus, keine Eisenbahn, keine befestigten Straßen. Der Vater habe ein Fahrrad gehabt, auf dem zu fahren er erst habe lernen müssen. »Vater wollte zu einem unserer Felder, das etwas entfernt lag«, schmunzelte Yusif. »Er fuhr und fiel hin, stieg wieder auf, fuhr und fiel hin, bis er es konnte.« Das Fahrrad brauchte der Vater auch, um zum etwa zwanzig Minuten entfernt liegenden Dorf Jubayb zu fahren, wo er jede Woche die Predigt hielt. Manchmal begleitete ihn Yusif, der hinten auf dem Gepäckträger saß.

Die Schule an der protestantischen Kirche war die erste im Ort. Die Kinder lernten Lesen und Schreiben, Mathematik und Englisch. Eine orthodoxe Schule wurde später gebaut. Von der Regierung gab es keine Schule. Er habe mit den Kindern im Dorf gespielt, obwohl er merkte, dass er anders war, erinnerte sich Yusif. Sie trugen keine Schuhe und hatten lange Gewänder. Er kam sich in seinen kurzen Hosen und den Schuhen ziemlich albern vor. Die Schuhe ließ er oft vor dem Tor des Hauses stehen und lief barfuß, wie die anderen. Seine Mutter nähte ihm auf sein Drängen hin auch ein langes Hemd, eine Ghalabiya.

Einmal wurde die Sprache zum Problem gemacht. Gemäss Yusif wollte der Sohn des orthodoxen Priesters immer, dass die Kinder Englisch sprächen, was für ihr Spiel sehr hinderlich gewesen sei. Also habe er sich eines Tages auf eine Mauer gestellt und in Arabisch zu dem Jungen herüber gerufen: »Verflucht sei dein Vater«. Das war für Yusifs Vater inakzeptabel; als er davon erfuhr, folgte die Strafe auf dem Fuß, so Yusif. »Er verpasste mir eine kräftige Abreibung.«

Schlimmer sei die Strafe aber gewesen, als er mit seiner Ghalabiya, entgegen der Anordnung seines Vaters, versucht habe, auf einen Trecker zu steigen. Es war das erste Mal, dass eine solche Maschine im Dorf aufgetaucht war, um den Bauern bei der Ernte zu helfen. Bei dem Versuch, aufzusteigen, habe sein langes Hemd sich in den Rädern verheddert und habe ihn heruntergezogen. Der Fahrer habe gerade noch rechtzeitig gebremst, sodass er mit Schürfwunden an den Beinen davonkam. Der Vorfall hatte sich schnell herumgesprochen, und als er nach Hause kam, ließ die Strafe nicht lange auf sich warten. Mit Peitschenhieben auf die nackten Fußsohlen fiel sie schlimmer aus, als er befürchtet hatte. Die Eltern seien sehr unterschiedlich gewesen, so Yusif. Der Vater immer distanziert, diszipliniert und streng, die Mutter immer verständnisvoll und nachgiebig. Oft setzte sie sich beim Vater für die Kinder ein, doch die Peitschenhiebe hatte sie nicht verhindern können. Es blieben die einzigen.

Mit Wasser wurde das Dorf vom benachbarten Era versorgt, einem drusischen Dorf, das eine eigene Quelle hatte. In Era residierte Hussein al-Atrash, ein weiterer Führer des weitverzweigten Drusenstammes der Atrash. Zweimal die Woche wurde der Staudamm geöffnet, und das Wasser schoss durch einen natürlichen Kanal in die zwei großen Reservoirs in Kharaba. Das erste Reservoir war ein Teich, aus dem die Tiere tranken und das Wasser zum Wäschewaschen geholt wurde. Aus dem zweiten Reservoir, das sie Ain, die Quelle nannten, schöpften die Frauen das Wasser in große Steingutkrüge, die sie auf dem Kopf in ihre Häuser trugen. Die Herstellung von Steingut war in der Gegend Tradition, nicht aber im Elternhaus. Die Mutter verbot den Kindern, direkt aus der Quelle zu trinken. Yusif hätte es aber ohnehin nicht getan: »Manchmal schwammen kleine Schildkröten darin herum.«

In dem Teich, aus dem die Tiere trinken konnten, sollte Yusif das Schwimmen lernen. Ein Bauer, der auf dem Feld des Vaters arbeitete, wofür er einen Teil der Ernte als Lohn behalten konnte, hob Yusif eines Tages auf seinen Rücken und wies ihn an, sich an seinen Schultern gut festzuhalten. Dann schwamm er mit ihm durch den Teich hin und her, bis der Vater kam und rief: »Es reicht.«

Je älter er wurde, desto mehr fühlte Yusif sich eingesperrt in dem Dorf. Er war mit den Eltern in Jerusalem und Damaskus gewesen, hatte Straßenbahnen und Geschäfte gesehen. Er wollte lesen, er wollte lernen, doch in Kharaba gab es keinen Buchladen, keine Bibliothek, nichts, nur zwei kleine Geschäfte für Süßigkeiten. Die Mutter habe dem Vater immer wieder vorgeschlagen, in eine Stadt zu ziehen, um den Kindern eine gute Schulbildung zu ermöglichen. Der habe aber abgelehnt, weil er die kleine protestantische Gemeinde, die er gegründet hatte, nicht aufgeben wollte.

Die Dorfbewohner schienen nichts zu vermissen. Sie ernährten sich von ihrer Hände Arbeit und waren mit dem Getreideanbau und dem Versorgen des Viehs immer beschäftigt. Weizen wurde gesät und geerntet, Gemüse angebaut, Ziegen und Schafe gehütet, die die Menschen mit Fleisch, Käse, Butter, Milch und mit Leder versorgte.

Etwa dreimal im Jahr fuhr der Vater nach Deraa, Sweida oder Damaskus, von wo er viele Dinge mitbrachte. Schuhe und warme Jacken für den Winter, Schmuck oder Bücher und seltene Süßigkeiten, die es in Kharaba nicht gab. Händler kamen ins Dorf, um Kleidung zu verkaufen. Sie brachten auch Früchte aus Sweida mit: Feigen, Aprikosen, Granatäpfel und die guten Weintrauben, aus denen auch Rosinen gewonnen wurden – eine bekannte Spezialität, die auch in Geschäften in Damaskus und Deraa angeboten wurde. Kharaba hatte nicht genug Wasser für eigenen Obstanbau. Um die Häuser herum aber wuchsen Trauben und Wassermelonen für den eigenen Bedarf.

Das Familienleben war intensiv. Die Kinder verbrachten viel Zeit zu Hause. Sie lernten und spielten, die Eltern waren sehr kreativ und für die Kinder immer da. Die Mutter bastelte aus Stoffresten Bälle, der Vater zimmerte aus Holzresten Autos, die sie stolz an einer Leine hinter sich herzogen. Es wurde gelesen und erzählt und natürlich auch gestritten. Dreimal am Tag – vor jeder Mahlzeit – wurde das Vaterunser gebetet. Als er älter wurde, begleitete Yusif den Vater oder die Eltern bei Besuchen im Dorf. Dort wurde das Essen mit den Händen vom selben Teller oder Topf geschöpft, alle tranken aus derselben Tasse, was für ihn sehr fremd war. Bei Yusif zu Hause gab es Besteck, und jeder hatte eine eigene Tasse.

Die Leute von Kharaba ernährten sich von dem, was das Land hergab: Weizen und Gemüse, vor allem aber das fette Fleisch der Schafe kam auf ihren Tisch. Bei Yusif zu Hause gab es auch Huhn, Reis und viel Gemüse. Am liebsten aber aß er das frisch gebackene dünne Brot, das die Mutter selber buk.

Die Häuser von Kharaba hatten keine Bäder, anders als die Häuser in den Städten. Yusifs Familie hatte eine Toilette im ersten Stock, von wo alles hinunter in den Hof fiel und von der Sonne entsorgt wurde. Hände und Gesicht wurden im Hof mit Wasser aus Blechkanistern gewaschen, die der Vater mit einem Kran versehen hatte, um das Wasser zu portionieren. Einmal die Woche wurde Badewasser in einem großen Boiler erhitzt und in einen Bottich geschüttet, der in einem Raum neben der Küche stand.

Sie aßen im Wohnzimmer, saßen auf Matratzen auf dem Boden rund um einen niedrigen Holztisch, den der Vater gezimmert hatte. Betten gab es nicht, sie schliefen auf Matratzen, die tagsüber in einer Zimmernische gestapelt wurden. Strohmatten in allen Größen gehörten zum täglichen Leben. Sie wurden als Teppiche oder Tabletts benutzt und waren mit Mustern verziert. Die Weberinnen färbten das getrocknete Stroh mit Naturfarben. Diese Matten waren und sind bis heute eine handwerkliche Spezialität in den Drusengebieten und im Hauran.

Die Frauen trugen meist schwarze Kleidung und unterschieden sich dabei nicht nach ihrem Glauben. Christliche und muslimische Frauen trugen Kopftücher, aber keine Gesichtsschleier. An Feiertagen, auch bei Hochzeiten, wurde Schwarz oder vielleicht auch einmal Dunkelrot getragen, dann aber war der Stoff mit Stickereien verziert. Der Schmuck wurde unter dem Mantel getragen. Die Mutter von Yusif nähte den Kindern und sich selbst die Kleidung. Sie alle waren westlich gekleidet.

Yussif erzählte von der Hochzeit des Hausmädchens Huda, das bei ihnen gewohnt und der Mutter geholfen hatte. Als es heiratete, wurde es auf ein Pferd gesetzt und zum Haus des Bräutigams gebracht. Ihr Gesicht war verhüllt mit einem Schleier. Yusif, weil er der älteste Sohn war, durfte das Pferd führen, auf dem die Braut davonritt. Bevor sie losgingen, hob er ihren Schleier, weil er neugierig war und das Mädchen noch einmal sehen wollte, bevor es das Haus verließ. Sie weinte. Später fragte er die Mutter, warum Huda geweint habe, die Hochzeit sei doch etwas Schönes. Die Freude wird sich schon noch einstellen, erhielt er zur Antwort.

Die Flucht aus Kharaba

Als im Juli 1925 der Aufstand der Drusen ausbrach, war der Vater nicht in Kharaba, sondern in Damaskus. Vielleicht besuchte er dort den Bischof und versuchte, Schutz für die christlichen Dörfer zu organisieren. Doch Yusif erinnerte sich nicht genau daran. Auslöser des Aufstandes sei gewesen, dass eine Delegation der Drusen bei ihrer Vorsprache in Damaskus vom französischen Gouverneur verhaftet worden war. Es gibt auch andere Versionen. Fest steht, dass es zum Aufstand kam. Daraufhin schickten die Franzosen Kampfflugzeuge, die mit Maschinengewehren die drusischen Dörfer im Jabal al-Druze angriffen. Die Drusen wiederum griffen vor allem nachts Militärposten der Franzosen an und fügten den verhassten Mandatsherren schweren Schaden zu.

In der angespannten Lage sahen manche Drusen die christlichen Dörfer als Verbündete der Franzosen an, was zumindest für Kharaba nicht zutraf. Dennoch wurde das Dorf angegriffen. Einer der christlichen Würdenträger in Kharaba, der an der Seite der Drusen kämpfte, informierte die Mutter von Yusif, dass es möglicherweise zu einem Angriff auf Kharaba kommen könnte. Sie war allein mit den vier Kindern zu Hause und fasste schnell einen Entschluss. In kürzester Zeit hatte sie das Nötigste gepackt, die Kinder auf einen Esel gesetzt und das Haus Richtung Busra verlassen. Ihre Schwägerinnen, die auch in Kharaba lebten, kritisierten die Mutter und lachten sie aus, weil sie davonlaufe und noch »ohne ihren Ehemann«! Und erstmals hätten sie die Mutter auch als »Shmaliyeh« bezeichnet, als »Frau aus dem Norden« Palästinas, die nicht aus Kharaba sei und einfach davonlaufe. Doch Yusifs Mutter ließ sich nicht beirren.

Immer wieder habe er sich umgesehen, rief sich Yusif später ins Gedächtnis. Plötzlich sahen sie, wie auf dem Hügel, auf dem ihr Haus und die vom Vater gebaute Kirche stand, ein riesiges Feuer in den Himmel loderte. Er und die jüngeren Brüder hätten geweint. Doch die Mutter habe sie in die Arme geschlossen und gesagt: »Allah bi-awwid, Gott wird es wiedergutmachen.«

Nach mehreren Tagen traf die Familie den Vater in Deraa wieder. Vermutlich per Telegraf hatte er erfahren, dass seine Frau und die Kinder sicher über Bosra dorthin gelangt waren. Dann begann eine lange Reise. Zunächst ging es per Eisenbahn nach Damaskus, wo sie bei Verwandten wohnten. Dann ging es mit der Eisenbahn vom Damaszener Hejaz-Bahnhof nach Beirut und von dort weiter nach Sidon und Tyrus. Schließlich fuhren sie mit einem Auto hoch in die Berge über Alma al-Chaab, von wo es wieder hinunter nach al-Bassa ging. So umgingen sie den neuen Grenzposten, der von der französischen und britischen Mandatsmacht bei Naqoura errichtet worden war und nur mit einem Pass hätte überquert werden können. Pässe hatten sie nicht vorzuweisen, doch in al-Bassa hatte die Mutter das von den Eltern geerbte Haus, und sie hatten Olivenhaine. Die Geschwister der Mutter und deren Familien lebten dort. Yusif Sayigh, seine Brüder und Eltern konnten ein neues Leben beginnen.

Al-Bassa, Tiberias und falsche Versprechen

In al-Bassa lebte die Familie von Yusif Sayigh bis 1930. Dann zogen sie nach Tiberias am Westufer des Tiberiassees, wo der Vater eine neue Stellung als Pastor aufnahm. Alle Kinder der Familie wurden in christlichen Internatsschulen erzogen, studierten und fanden gute Anstellungen. Doch 1948 änderte sich wieder alles.

In Tiberias hatten Muslime, Christen und Juden seit Jahrhunderten zusammengelebt. Doch weder die arabischen Revolten (1938/39) gegen das französische Mandat und gegen die zunehmende Besiedlung durch zugewanderte jüdische Siedler noch der jüdische Unabhängigkeitskampf gegen die Briten und gegen die Araber machten vor Tiberias' Toren halt. Die jüdischen Kampfverbände wurden unter anderem von Frankreich unterstützt, eine späte Abrechnung mit dem alten Erzrivalen Großbritannien. Geschwächt vom Zweiten Weltkrieg, versuchten die Briten derweil selber, sich aus Palästina zu retten.

Am 29. November 1947 beschloss die Vollversammlung der Vereinten Nationen mit der Resolution 181 (II) gegen den erklärten Willen der arabischen Bevölkerung, Palästina zu teilen. Das »britische Mandatsgebiet Palästina sollte in einen ›jüdischen Staat‹, einen ›arabischen Staat‹ und die Stadt Jerusalem als *corpus separatum*, gestellt unter UN-Verwaltung« aufgeteilt werden. Von 56 UN-Mitgliedsstaaten stimmten 33 dafür, 13 Staaten – darunter alle arabischen Länder – stimmten dagegen, 10 Staaten enthielten sich. Unmittelbar darauf begann ein ungleicher Bürgerkrieg um Palästina. Den rund 10 000 arabischen und palästinensischen Soldaten der Arabischen Befreiungsarmee standen 50 000 zionistische Kämpfer der Haganah oder Irgun gegenüber, die teilweise als Soldaten in der britischen Armee während des Zweiten Weltkrieges Erfahrung gesammelt hatten. Ziel der jüdischen Angriffe war, die von der UNO genannten Teilungsgrenzen möglichst weit auszudehnen. Es begann »die Zerstörung der städtischen Gemeinden, die die organisiertesten und politisch bewusstesten Teile des palästinensischen Volkes waren«, schrieb David Ben Gurion, der erste israelische Ministerpräsident, in sein Kriegstagebuch (15.1.1948). Die ländlichen Siedlungen und Gebiete wurden erobert und zerstört, um die Städte von den Transportwegen, Lebensmitteln und Rohstoffen abzuschneiden.

Im April 1948 wurde von den Zionisten der Plan D (Dalet) umgesetzt, der »die Vertreibung der lokalen palästinensischen Bevölkerung« vorsah. Wegen seines Wasserreichtums und seiner Fruchtbarkeit war das Gebiet von Acre bis nach Tiberias besonders begehrt und sollte – die UNO-Resolution missachtend – dem geplanten Staat Israel eingegliedert werden. Die Dörfer wurden niedergebrannt, Häuser gesprengt und vermint, um eine Rückkehr der Bevölkerung zu verhindern. Bei einem Massaker in Deir Yassin, westlich von Jerusalem, wurden am 9. April 254 Männer, Frauen und Kinder von zionistischen Milizen ermordet. Es war wie ein Startsignal, das die Vertreibung der gesamten arabisch-palästinensischen Bevölkerung – Christen und Muslime – aus dem westlichen Galiläa in Gang setzte. Zwischen dem 28. April und 14. Mai verbreiteten die zionistischen Milizen in den Dörfern und Städten Westgaliläas, auch in Tiberias, Angst und Schrecken. Danach war die ursprüngliche, die arabische Bevölkerung verschwunden.

Die Eltern von Yusif Sayigh und seine Schwester Mary verließen Tiberias am 17. April und flohen nach Nazareth. Noch auf dem Weg hörten sie, dass Tiberias von den Zionisten eingenommen worden war. Wieder waren sie Flüchtlinge geworden. Der Vater zog sich nun häufig zurück und betete für Palästina, wie er sagte. Sein Sohn Yusif war zu dem Zeitpunkt in Jerusalem, wo er in den Reihen der SSNP (Syrische Sozial-Nationalistische Partei) für Palästina kämpfte und in zionistische Gefangenschaft geriet. Erst im Mai 1949 wurde er entlassen. Im Oktober 1950 starb seine Mutter Afifeh im Alter von 57 Jahren in Beirut. Der Vater Abdallah wurde 89 Jahre alt und starb 1974.

Der SSNP, die von dem charismatischen Politiker Antoun Saadeh gegründet worden war, hatten sich Yusif und fast alle seine Brüder nach 1938 angeschlossen. Die Geschichte von Antoun Saadeh und seinem Lebenswerk, der SSNP, erzählt seine Tochter Sofia Saadeh im nächsten Kapitel (siehe Seite 62).

Nachbetrachtung

Rosemary Sayigh mit ihrem Mann Yusif Sayigh (hinten im Lehnstuhl).
Foto: Borre Ludvigsen

Die Geschichte von Yusif Sayigh, der 2004 in Beirut starb, wurde von seiner britischen Frau Rosemary aufgezeichnet und 2015 in dem Buch *Yusif Sayigh: Arab Economist, Palestinian Patriot: A Fractured Life Story* veröffentlicht. Die beiden hatten sich in Beirut kennengelernt, wo Rosemary an der Amerikanischen Universität (AUB) Anthropologie studierte. 1953 hatten sie geheiratet. Rosemary arbeitete eine Zeitlang als Journalistin für den britischen *Economist,* den sie aber aus Protest gegen dessen Berichterstattung über den Vietnamkrieg wieder verließ. Yousif Sayigh wurde ein international anerkannter Ökonom und Kämpfer für die Sache der Palästinenser. Sein Engagement brachte ihm ein unstetes Leben und auch israelische Militärhaft ein. Ihr Leben lang hat Rosemary Sayigh über die Vertreibung und Flucht der Palästinenser berichtet. Ein Leben, das sie geteilt hat.

51 Jahre lebte Rosemary an der Seite ihres Mannes. Seit Langem hatte sie, die Anthropologin und Journalistin, seine Geschichte dokumentieren wollen. Beide waren zutiefst überzeugt von der Bedeutung der Bildung für sich entwickelnde Gesellschaften. Gleichzeitig war Yusif Betroffener und Zeitzeuge des sich ständig verändernden Mittleren Ostens, der – wegen seiner Lage und des Reichtums an Rohstoffen – historisch und strategisch von internationaler Bedeutung war und ist. Seine Erinnerungen waren ihrer Meinung nach wertvoll, denn sie »beschrieben die Geschichte einer Region, die rasanten politischen, sozialen und kulturellen Veränderungen« unterworfen war und ist.

»Die Menschen von heute erinnern sich kaum daran, wie das Leben in einem Dorf im Jabal al-Druze oder in Galiläa damals war«, sagt sie. »Welche Kleidung trugen die Leute, was aßen sie, wie sahen ihre Häuser aus, wie wurden die Kinder erzogen, welche Spiele spielten sie«, zählt die Anthropologin die Fragen auf, die sie mit der Biografie ihres Mannes beantworten will. »Wie wurden die Kinder gelobt, wie bestraft« in der damaligen Zeit? Und wie war es für das Kind Yusif, als er das christliche Internat besuchte? Wenige Menschen leben heute noch, die die Nakba durchlebt haben, die Katastrophe von Flucht und Vertreibung der Palästinenser 1948. Kaum jemand kann noch Zeugnis ablegen, wie ihr Leben war und was durch die fortwährenden Fremdeingriffe und die Gewalt daraus wurde. Yusif Sayigh war nicht begeistert von der Idee seiner Frau Rosemary, sein Leben in einem Buch zu beschreiben. Er hielt sich nicht für wichtig genug. Jassir Arafat und Gamal Abdel Nasser hätten Geschichte geschrieben, er nicht. Doch Rosemary Sayigh überzeugte ihn, dass »ganz normale Leute« wie er mit ihren Erinnerungen und Beschreibungen die Geschichte viel besser vermitteln könnten als bekannte Staatsleute.

Der Geburtsort von Yusif Sayigh, al-Bassa, wurde 1938 von jüdischen Siedlern überfallen. Etwa zwei Dutzend Menschen, die in der Kirche Zuflucht gesucht hatten, wurden ermordet. Als der Staat Israel 1948 gewaltsam gegründet wurde, flohen die verbliebenen Einwohner nach Norden, in den Libanon, jüdische Kampfverbände besetzten das Land. Zochrot, eine israelische Menschenrechtsorganisation, hat eine Landkarte der zerstörten palästinensischen Orte erstellt, um an das einstige Leben dort zu erinnern.

Al-Bassa findet man auf der Landkarte im Verwaltungsbezirk Aka (Acre). Israel hat die ursprünglich arabischen Namen durch hebräische Namen ersetzt.

Kharaba, das syrische Dorf, in dem Yusif seine Kindheit verbrachte, wurde 2012 nach der Eskalation bewaffneter Auseinandersetzungen in der syrischen Provinz Deraa für viele Familien zum Zufluchtsort. Die mittlerweile vier Kirchen des Ortes und die Kirchhöfe waren überfüllt mit Frauen, Kindern und Alten, die versuchten, den Kämpfen in ihren Dörfern auf dem Hauran zu entfliehen. Es waren Muslime, die bei den Christen von Kharaba Schutz suchten und fanden. 2013 wurde der Ort von der Al-Nusra-Front, einem Al-Qaida-Ableger in Syrien, übernommen. Die meisten christlichen Familien waren zu dem Zeitpunkt bereits nach Sweida oder ins Ausland geflohen. Der letzte Pfarrer aus Kharaba verließ unter Zwang und Drohungen seine Kirche im Frühjahr 2015. Familien, wie die von Gabriele und Schafik Hamzé, die im nahe gelegenen Ort Era selber Flüchtlinge aus Deraa aufgenommen hatten, gerieten ins Fadenkreuz der Kämpfer. (Zur Geschichte der Entführung von Schafik Hamzé siehe Seite 262.)

1926–1946: Das französische Mandat in Syrien

Teilen und herrschen

Als im September 1923 der Völkerbund Frankreich offiziell mit dem Mandat über Syrien beauftragt hatte, waren französische Truppen bereits seit fünf Jahren im Land. Ihre Legitimation war das Sykes-Picot-Abkommen, ihr Auftreten entsprach dem einer Kolonialmacht. Vom Text her sollte das Mandat nicht den Status Frankreichs als Kolonialmacht festigen oder gar legitimieren. In der Umsetzung geschah aber genau das. Mandatsauftrag war, Syrien auf die Unabhängigkeit vorzubereiten. Der Prozess von Parteiengründungen sollte gefördert, der Aufbau von Verwaltungsinstitutionen unterstützt werden. Die wirtschaftliche Entwicklung, eine verfassunggebende Versammlung, Parlamentswahlen und die Bildung einer Regierung waren das Ziel.

Doch die praktische Umsetzung des Mandats sah anders aus. Frankreich hatte bereits Fakten geschaffen, die der syrischen Nationenbildung entgegenstanden. Die Aufteilung Syriens, die der französische General Henri Gouraud bereits 1920 vorgenommen hatte, widersprach dem Mandatsauftrag. Sechs Kleinstaaten mit eigener Administration unter französischer Kontrolle hatte Gouraud aus Syrien gebildet: Damaskus, Aleppo, einen Staat der Alawiten, einen Staat der Drusen, ein Verwaltungsgebiet Alexandrette und einen Staat Großlibanon. Jeder dieser Kleinstaaten erhielt eine eigene Fahne, die jeweils in der oberen Ecke auch die französische Nationalflagge abbildete. Nach dem Motto »Teilen und herrschen« wollte Frankreich das Land kontrollieren, dafür wurde die Bevölkerung regional voneinander getrennt und zudem ethnisch und nach Religionen unterteilt. Neben dem Arabischen wurde Französisch zur Amtssprache erklärt.

Die französische Strategie ging auf: In keinem dieser Kleinstaaten konnte sich eine Regierung entwickeln, die den Gedanken der arabischen Unabhängigkeit hätte befördern können. Stattdessen entstanden politische und wirtschaftliche Konkurrenzen und bewaffnete Gruppen in verschiedenen Gebieten des Landes. Die meisten verübten Nadelstiche gegen die Franzosen, die man als Nachfolger der osmanischen Besatzer ansah. Manche Kämpfer waren aber auch als Schmuggler oder Diebe zur eigenen Bereicherung unterwegs.

Kasernen für die französischen Soldaten wurden in den einzelnen Kleinstaaten eingerichtet; ihre Aufgabe lag in der Sicherung von Verkehrswegen, Häfen und administrativen Zentren. Weil es immer wieder Gegenwehr der syrischen Bevölkerung gab, die zu viele französische Ordnungskräfte band, wurden Damaskus, Aleppo und das Gebiet der Alawiten in der Küstenregion 1922 zu einem »syrischen Bundesstaat« verbunden. Doch schon zwei Jahre später verabschiedeten sich die Alawiten wieder aus dem Verbund. Die beiden Staaten Damaskus und Aleppo wurden nun mit dem ostsyrischen Deir ez-Zor zusammengeschlossen, doch auch das brachte nicht die politische Ruhe, die die Franzosen sich wünschten. Die ständigen Teilungen und neuen Zusammenschlüsse sorgten allerdings dafür, dass die Syrer sich voneinander entfernten. Während die syrischen Politiker den Franzosen politische Rechte für ganz Syrien abkämpfen wollten, orientierten sich die einflussreichen Händlereliten in Aleppo und Damaskus in ganz andere Richtungen. Weil für sie vor allem der Handel, also ihr Geschäft, wichtig war, suchten sie nach den nächsten großen Handelsplätzen. Für die Aleppiner waren das Diyarbakır (heute Türkei) und Mossul (heute Irak), für die Damaszener war es Amman (heute Jordanien).

Der Gedanke von Unabhängigkeit war aber nicht verschwunden. Vereinigungen und Parteien entstanden und übten sich in der politischen Agitation, die von den Franzosen mit Repression beantwortet wurde. Bewaffnete Gruppen, die schon gegen die Osmanen gekämpft hatten, tauchten in allen Ecken des Landes wieder auf. Manche, die ihre Waffen für Schmuggel und Überfälle zur eigenen Bereicherung einsetzten, wurden von den Franzosen angeworben, um gegen diejenigen anzutreten, die für Freiheit und Unabhängigkeit kämpften.

Einer der Ersten, der sich 1919 den französischen Truppen entgegenstellte, war Scheich Saleh al-Ali in den Alawitenbergen zwischen Lattakia und Tartus. Einflussreiche Familien aus verschiedenen Dörfern unterstützten Ali und seine kleine Armee mit Geld. Auch König Faisal, der sich auf der Pariser Friedenskonferenz deutlich gegen die französische Anwesenheit in Syrien ausgesprochen hatte, unterstützte den Aufstand mit Waffen und Munition. Der Kampf war zunächst erfolgreich, wiederholt wurden französische Soldaten vertrieben oder gefangen genommen. Ein französisches Militärgericht verurteilte Ali wegen Hochverrats zum Tod. Ali ging in den Untergrund und wurde von der Bevölkerung in den Dörfern unterstützt, die ihm Schutz gewährten. Aus der Illegalität heraus konnte er weitere zwei Jahre Angriffe auf die Franzosen organisieren. Seine Ausdauer und sein Mut fachten Aufstände in anderen Teilen des Landes an.

Konkrete Unterstützung kam aus Aleppo, wo sich mit Ibrahim Hananu ein distinguierter Jurist und Anwalt gegen die Franzosen erhob. Der 1869 in einem Dorf westlich von Aleppo als Kind kurdischer Eltern geborene Hananu hatte Jura in Konstantinopel studiert und war dann mit seiner türkischen Frau nach Aleppo zurückgekehrt. Als Beamter des Osmanischen Reiches erlebte er hautnah die Unterdrückung und schloss sich der von den Osmanen verbotenen arabischen nationalistischen Partei al-Fatat an. Er kämpfte in der ersten arabischen Revolution 1914 unter Emir Faisal gegen die Osmanen, und so war sein Widerstand gegen die französische Besatzung nur konsequent. 1918 wurde er als Abgeordneter von Aleppo in den syrischen Nationalkongress nach Damaskus entsandt, der Syrien als unabhängig erklärte und Emir Faisal zum König ernannte. Sein Aufruf, sich bewaffnet der französischen Besatzung entgegenzustellen, wurde in Damaskus nicht geteilt, also ging er zurück nach Aleppo, wo er die Liga der nationalen Verteidigung gründete, in der er Kämpfer aus Aleppo, Idlib und Antiochien (heute Antakya, Türkei) zusammenbrachte. Seine Entschlossenheit wurde von Zeitzeugen mit Erzählungen untermauert, deren Wahrheitsgehalt sich nur schwer überprüfen lässt. So war Hananu ein großer Verehrer von Tarig bin Ziyad, ein General in der Umayyadenzeit, im 8. Jahrhundert, der die islamische Eroberung von Andalusien (Spanien) anführte. Dieser General soll, so die Geschichte, nach der Landung in Andalusien alle Schiffe verbrannt haben, um zu zeigen, dass es kein Zurück für ihn gebe. Ahmad Nizar Assarma, ein Cousin von Ibrahim Hananu, erzählte (*Syria Today*, Nr. 71, April 2011), er habe als Kind mit eigenen Augen gesehen, wie Hananu seine Möbel vor dem Haus verbrannt habe, um gegen die Anwesenheit der Franzosen zu protestieren. »Die Leute liefen zusammen und begannen noch am gleichen Tag, gegen die Franzosen zu kämpfen«, so Nizar Assarma.

Die Hananu-Armee wuchs auf 5000 Kämpfer an. Unterstützung kam aus der Türkei, wo Mustafa Kemal Atatürk – ebenfalls ein erklärter Gegner der Franzosen in der Region – Hananu mit Geld, Waffen, Munition und schließlich auch mit Offizieren unterstützte. Die Franzosen stationierten 20 000 Soldaten in und um Aleppo und schlugen den Aufstand nieder. Hananu floh (1921) nach Palästina, wo die Briten ihn festnahmen und den Franzosen auslieferten. Er wurde inhaftiert und – zur Überraschung aller Beobachter – von einem französischen Militärtribunal freigesprochen.

Hananu blieb politisch aktiv und gründete 1928 mit Hashim al-Atassi den Nationalen Block. Der sollte bis 1946 die wichtigste politische und diplomatische Kraft in Syrien für Unabhängigkeit und gegen die Franzosen bleiben. 1928 gehörte Hananu der ersten verfassunggebenden Versammlung in Syrien an und blieb zeit seines Lebens einer der schärfsten Gegner der Franzosen. 1933 wurde Hananus Sohn Tarig, den er nach dem Umayyaden-General benannt hatte, bei einer Demonstration gegen die Franzosen so schwer verletzt, dass er bleibende Schäden davon trug. Hananu zog sich in die Azzawiya-Berge bei Idlib zurück und starb 1935.

Die Große Syrische Revolution

Auch im Süden des Landes, in der Provinz Sweida, wo Drusen und Christen zusammenlebten, kam es zu Angriffen auf die französischen Soldaten. Drusenführer Sultan al-Atrash, der in Amman im Exil lebte, führte wiederholt Angriffe auf die französische Besatzungsmacht durch, nach denen er über die Grenze nach Transjordanien entkam, wo die Franzosen ihn

Die ehemaligen Provinzen des Osmanischen Reiches mit den vom Völkerbund verordneten Mandatsgebieten Syrien, Libanon (französisches Mandat) sowie Irak und Transjordanien (britisches Mandat). Karte: *Le Monde diplomatique,* Berlin

nicht fangen konnten. Um eine bessere Kontrolle über ihn ausüben zu können, wurde ihm 1923 die Rückkehr nach Qurayya erlaubt. Dort war Sultan al-Atrash 1885 geboren worden, Qurayya war Stammsitz der angesehenen, wirtschaftlich und politisch einflussreichen Atrash-Familie. Zur Zeit des Osmanischen Reiches wurde der junge Atrash an der Militärakademie in Konstantinopel ausgebildet und trat in den Dienst der osmanischen Armee.

Als sein Vater 1913 wegen arabisch-nationalistischer Betätigung von den Osmanen gehängt wurde, übernahm Sultan al-Atrash die Führung der Familie. 1915 desertierte er aus der osmanischen Armee und schloss sich den arabischen Nationalisten an. Zunächst fungierte er als Vermittler zwischen ihnen und dem Haschemitenkönig Hussein ibn Ali in Mekka. Als dieser, in Absprache mit den Briten, Truppen gegen die Osmanen aufstellte, schloss Sultan Atrash sich ihnen an. Er unterstützte Emir Faisal, der 1918 nach dem Sturz der Osmanen in Damaskus Atrash für seine militärischen Verdienste den Ehrentitel »Pascha« verlieh. Nachdem Faisal 1920 von den Franzosen gezwungen worden war, Syrien zu verlassen, ging Atrash nach Amman, wo er sich dem Bruder von Faisal, dem Haschemitenkönig Abdullah, anschloss. Amman war nicht weit von al-Qurayya und den Drusengebieten entfernt, Atrash hielt dorthin enge Kontakte.

Warum es im Juli 1925 zu dem Aufstand kam, der in die syrische Geschichte als »Große Syrische Revolution« einging, wird unterschiedlich erklärt. Einmal heißt es, Atrash habe zwei Syrern Schutz gewährt, die von den Franzosen verfolgt worden seien. Der französische Hochkommissar Maurice Sarrail habe ihre Auslieferung verlangt, was Atrash verweigert habe. Daraufhin habe Sarrail einen Luftangriff auf die Drusengebiete angeordnet. Atrash habe eine Verteidigungsarmee aufgestellt und sei finanziell von König Abdullah in Amman unterstützt worden. Dann habe er die »Große Syrische Revolution« gegen die französische Mandatsmacht ausgerufen und sich an die Spitze gestellt.

Nach einer anderen Version sollen die Drusen unter Führung von Atrash ein französisches Aufklärungsflugzeug südlich von Sweida, bei Salkhat, abgeschossen und die zwei Insassen gefangen genommen haben. Die Franzosen forderten deren Freilassung und schickten einen Trupp Soldaten aus der Garnison Sweida auf den Weg. Es kam zu einer Begegnung bei al-Kafr, einem kleinen Ort. Die Emissäre von Atrash forderten den Rückzug der Soldaten nach Sweida, dann werde verhandelt. Die Franzosen weigerten sich. Es kam zum Kampf, bei dem die französischen Soldaten den drusischen Kämpfern unterlagen, es soll mehr als hundert Tote gegeben haben. Die Überlebenden zogen sich nach Sweida zurück. Die Drusen setzten nach, nahmen Sweida ein und belagerten die Garnison der Franzosen zwei Monate lang. Hochkommissar Sarrail ordnete Luftangriffe an und schickte militärische Verstärkung nach Sweida.

Wie immer er begonnen hatte, der Aufstand von Atrash weitete sich rasch nach Norden aus. Der Gründer der Volkspartei, Abdul Rahman Shahbandar, schloss sich an und wurde zum Stellvertreter von Atrash ernannt. Sowohl Atrash als auch Shahbandar wurden von den Haschemiten in Amman unterstützt. In und um Damaskus, Homs und Hama erhoben sich die Menschen. Bei Hama setzten die Franzosen die Luftwaffe ein. Nach Angaben der Bevölkerung wurden 344 Menschen getötet, die Mehrheit Zivilisten. Die Franzosen räumten die Tötung von 76 Aufständischen ein. Lokale Persönlichkeiten vermittelten schließlich erfolgreich zwischen den Franzosen und den Aufständischen, um weitere Kämpfe zu verhindern.

Andernorts gingen die Kämpfe weiter. Die Orte um Deraa (Hauran) – traditionell von Muslimen bewohnt mit einigen christlichen Dörfern – schlossen sich dem Aufstand an. Unter Führung von Atrash marschierten Drusen, Christen und Muslime auf Damaskus. Die Unzufriedenheit über die politische Bevormundung, wirtschaftliche Ausbeutung und die Besetzung syrischer Städte brachte das Glas zum Überlaufen. In Damaskus tauchten Flugblätter auf, die den Aufstand mit der Französischen Revolution verglichen. Die Teilung Syriens und ebenso Großsyriens (Syrien, Alexandrette, Libanon, Palästina) wurde verurteilt. Vier Forderungen wurden erhoben:

1. »Die volle Unabhängigkeit eines arabischen Syriens, vereint und unteilbar, Küste und Landesinneres.
2. Einrichtung einer Volksregierung und die freie Wahl einer verfassunggebenden Versammlung, die ein Grundgesetz ausarbeiten soll.
3. Abzug der fremden Besatzungsarmee und Aufbau von nationalen Streitkräften zum Erhalt der Sicherheit.
4. Umsetzung der Prinzipien der Französischen Revolution und der Menschenrechte.«

Unterschrieben waren die Flugblätter mit: »Auf zu den Waffen! Gott ist mit uns. Lang lebe das unabhängige Syrien! Sultan al-Atrash, Kommandant der Syrischen Revolutionären Truppen«. (Nach Mettugo 2014)

Schwerpunkt der Kämpfe bei Damaskus wurde die Ghouta, die Oase östlich der Stadt. Dutzende Dörfer und einzelne Höfe lagen dort zwischen Obstplantagen und Gemüsefeldern. Durch die bewaldete und dicht bewachsene Landschaft flossen viele kleine Nebenflüsse des Barada, der Damaskus mit frischem Wasser versorgte.

Die Aufständischen in der Ghouta hatten großen Zulauf. Hunderte Männer jeden Alters schlossen sich den Kämpfern an und wurden von der Bevölkerung unterstützt. In der unübersichtlichen Landschaft waren sie mit ihrer unkonventionellen Taktik den französischen Soldaten weit überlegen. Wenn Soldatentrupps in die Ghouta zogen, verschwanden die Rebellen auf wundersame Weise, um sich nach dem Durchzug der Soldaten gleich wieder zu sammeln. Scharfschützen fanden Deckung hinter kleinen Mauern, die Plantagen und Felder abgrenzten, unter dem dichten Blätterdach fand die französische Luftwaffe keine Ziele. In Damaskus kam es zu Demonstrationen, bei denen die Unabhängigkeit und der Abzug der Franzosen gefordert wurden. Viele junge Leute verloren ihre Angst und schlossen sich an.

Aufbruch der Frauen

Selbst junge Frauen gingen bei den Demonstrationen mit, was für die damalige Zeit geradezu ungeheuerlich war. Beschrieben wird das beispielsweise in dem Roman *Dimashq ya Basimat el Huzn* (engl. *Sabriya Damascus Bitter Sweet*). Erzählt wird die Geschichte von Sabriya, die 1925 mit ihren drei Brüdern in Damaskus aufwächst und den Aufstand miterlebt. Entsprechend der Tradition, kann sie am öffentlichen Leben nur begrenzt teilnehmen, erobert sich aber mithilfe ihres Bruders Sami einen kleinen Freiraum. In der Schule erlebt sie die fortschrittliche Gesinnung von Lehrern, die sie ermuntern, Texte und Bücher von bekannten arabischen Nationalisten zu lesen. Einmal nimmt sie auch an einer Demonstration teil, wird von ihrem Vater dafür aber mit schwerem Hausarrest bestraft. Ihr ältester Bruder ist gegen die Revolutionäre, und straft Sabriya mit Verachtung. Ihr Bruder Samir dagegen und sein Freund Adil – der sich in Sabriya verliebt hat und umgekehrt – schließen sich dem Aufstand in der Ghouta an. Samir wird getötet, Adil wird verletzt und versteckt sich bei Verwandten in Amman, damit die Franzosen ihn nicht gefangen nehmen können. Jahre später kann Adil aufgrund einer Amnestie zurückkehren. Er und Sabriya wollen heiraten und gemeinsam in den Norden des Landes gehen, wo Adil als Lehrer arbeiten kann. Doch weil Adil an der Revolution beteiligt war, will der älteste Bruder von Sabriya die Heirat verhindern. Durch einen Verrat erfährt er von dem Fluchtplan der beiden und lässt Adil umbringen. Sabriya verbringt den Rest ihres Lebens mit der Pflege der kranken Eltern. Erst stirbt die Mutter, dann der Vater. Die Brüder wollen das Haus verkaufen, und Sabriya, die keine Rechte hat, erhängt sich im Innenhof des Elternhauses. »Meine Landsleute wollen Freiheit«, schreibt sie in dem Tagebuch, das sie im Roman führt. »Aber sie können sich nicht einmal gegenseitig in Freiheit leben lassen. Die Hälfte der Nation wird von euch Männern in Ketten gezwungen.«

Der Roman wurde von der 1912 in Damaskus geborenen Schriftstellerin Ulfat Idilbi geschrieben, die selber als Schülerin den Aufstand 1925 erlebt hatte. Mit siebzehn Jahren wurde sie mit einem Arzt verheiratet, der in Deutschland studiert hatte. Sie bestand darauf, ihren Namen zu behalten, was in der damaligen Zeit in Syrien revolutionär war. Gefördert von ihrem Mann, begann sie zu schreiben, erst Kurzgeschichten, dann Romane. Die Geschichte von Sabriya wurde für das Fernsehen verfilmt und ist bis heute eine der beliebtesten Fernsehserien in Syrien.

Eine andere bekannte Frauenrechtsaktivistin und Widerstandskämpferin in der »Großen Syrischen Revolution« war Naziq al-Abid, die sich sogar an der verlorenen Schlacht von Maysalun 1920 beteiligt hatte. Die 1898 in Damaskus geborene Abid war Tochter einer reichen Händlerfamilie, die beste Kontakte mit dem Osmanischen Reich hatte und politische Posten besetzte. Sie wurde in Konstantinopel unterrichtet, lernte Französisch und Deutsch und schloss eine höhere Frauenschule mit dem Doktor in Landwirtschaft ab. Abid lebte und arbeitete auf einer Farm in der Ghouta und schloss sich den arabischen Nationalisten an. Mit sechzehn Jahren engagierte sie sich mit Gleichgesinnten für Frauenrechte. Der Verein wurde von den Osmanen verboten. Abid ging nach Kairo ins Exil und kehrte 1918 nach Damaskus zurück, als die Osmanen vertrieben waren. 1919 gründete sie mit Nur al-Fayha (Licht von Damaskus) die erste Frauenorganisation und traf im Sommer des gleichen Jahres mit einer Frauendelegation die King-Crane-Kommission, die im Auftrag von US-Präsident Woodrow Wilson herausfinden sollte, welche Vorstellungen die Bevölkerung von ihrer politischen Zukunft hatte (siehe Seite 23). Bei der Begegnung mit den Kommissionsmitgliedern nahm Abid ihren Schleier ab, um deutlich zu machen, dass sie ein säkulares und liberaleres Syrien wünschte. Während der »Großen Syrischen Revolution« 1925 unterstützte sie die Kämpfer in der Ghouta. Sie schmuggelte Brot und Munition und versorgte Verletzte. Für die von den Kämpfen vertriebenen Frauen und Witwen organisierte sie Näh- und Englischkurse und ermunterte die Frauen, zu lernen. Als sie 1927 von den Franzosen per Haftbefehl gesucht wurde, floh Naziq al-Abid nach Beirut, wo sie sich bis zu ihrem Tod (1959) für die Rechte der Frauen und – nach 1948 – für die palästinensischen Flüchtlinge engagierte.

Das blutige Ende

Um den Aufstand niederzuschlagen, griffen die Franzosen 1926 und 1927 zu immer schärferen Maßnahmen. Dorfbewohner in der Ghouta wurden erschossen, weil sie den Aufständischen halfen. Besonders grausam war die öffentliche Hinrichtung von Aufständischen durch den Strang oder die Zurschaustellung getöteter Syrer auf dem Marjah-Platz, unweit der Altstadt von Damaskus. Mehrfach wurden Gefangene auf dem Marjah-Platz exekutiert und die Leichen liegengelassen. Weil die Familien wissen wollten, ob ihre Söhne unter den Toten waren, gingen sie zum Platz und mussten das Grauen ansehen. Die Franzosen organisierten Sondereinsatzkommandos, die sich aus syrischen Minderheiten und nordafrikanischen Söldnern zusammensetzten und die gegen die Rebellen vorgingen. Diese zahlten mit gleicher Münze zurück und exekutierten gefangene Söldner, die sie in mehr als einem Fall unweit des Bab Sharqi, des Osttors der Altstadt, liegen ließen.

Als die Aufständischen Teile der Damaszener Altstadt einnahmen, schickten die Franzosen Kampfflugzeuge und legten weite Teile des Viertels in Schutt und Asche. 1500 Menschen sollen dabei ums Leben gekommen sein, die überwiegende Zahl Zivilisten. Die Rebellen zogen sich nach Midan und Qadam, südlich des Zentrums von Damaskus, zurück. Im Mai 1926 folgte ein weiterer Angriff französischer Kampfflugzeuge, dieses Mal auf Midan, wo zu dem Zeitpunkt etwa 30 000 Menschen lebten. Mehr als tausend Häuser und Geschäfte wurden von Brandbomben zerstört, bis zu tausend Personen, vor allem Frauen und Kinder, und nur wenige Kämpfer, wurden getötet.

Die Aufständischen und ihre Unterstützer gaben auf. Die Altstadt von Damaskus nahm Tausende Vertriebene auf. Die Franzosen verurteilten Atrash und Shahbandar wegen Hochverrats zum Tod. Beide flohen nach Amman, wo König Abdullah sie als Gäste aufnahm. Sie gründeten eine Exilregierung. Shahbandar ging nach Europa, die Franzosen konfiszierten in Damaskus sein Eigentum, verboten die Volkspartei und verhafteten seine Anhänger. 1937 wurden beide von den Franzosen amnestiert und kehrten nach Syrien zurück. Atrash widmete sich vorrangig der Bewirtschaftung seiner Ländereien in Qurayya und hielt sich politisch zurück. Shahbandar übernahm in Damaskus erneut eine führende politische Rolle.

Der lange Weg zu Unabhängigkeit

Nach der Niederschlagung der Aufstände versuchten die syrischen Politiker, die Unabhängigkeit ihres Landes und den Abzug der Franzosen auf politischem und diplomatischem Weg zu erreichen. Die Kämpfe hatten Land und Menschen erschöpft, Infrastruktur und Wirtschaft waren schwer beschädigt. Die Männer, die in den folgenden Jahren die Politik in Syrien bestimmen sollten, waren allesamt hochgebildet. Frauen waren kulturell und sozial stark engagiert, blieben der Politik aber weitgehend fern oder wurden ferngehalten. Die führenden Köpfe des Nationalen Blocks waren überwiegend sunnitische Muslime aus Damaskus, Aleppo, Homs und Hama, wie eine Studie zeigt (siehe Shukry Khoury 1987).

Sie kamen aus den reichsten Familien des Landes, waren Juristen, Händler und Landbesitzer. Die Mehrheit war in säkularen, modernen Schulen unterrichtet worden, etliche hatten in Konstantinopel, in Europa oder an der Amerikanischen Universität Beirut studiert, die damals noch das Syrisch-Protestantische College war. Sie waren glühende Anhänger der syrischen Unabhängigkeit, die Verfasstheit des Staates jedoch – ob Republik oder Monarchie – war umstritten. In jedem Fall vertraten sie eine aufgeklärte, elitäre Klasse. Zur eigenen Landbevölkerung, den Bauern und Beduinen in der Jazira, in den Alawitenbergen oder in den Gebieten der Drusen, hatten sie ein distanziertes Verhältnis.

1928 erlaubten die Franzosen – außer in den Gebieten der Alawiten und der Drusen – erstmals Wahlen für eine verfassunggebende Versammlung, aus denen der neu gegründete Nationale Block als deutlicher Sieger hervorging. Weil die Versammlung aber nicht den Vorstellungen Frankreichs entsprechend debattierte, wurde sie wieder aufgelöst. 1930 akzeptierte die französische Mandatsmacht eine vorgelegte syrische Verfassung mit der Einschränkung, dass über der Verfassung die Autorität Frankreichs Bestand haben müsse. Begründet wurde das mit dem Mandatsauftrag. Der französische Hochkommissar erklärte Syrien zur Syrischen Republik. 1932 erhielt Syrien von den Franzosen eine neue Fahne. Sie zeigte die islamischen Farben Grün, Weiß, Schwarz und Rot, das in Form von drei Sternen im weißen Balken zu sehen war. Die Sterne symbolisierten die drei Distrikte Damaskus, Aleppo und Deir ez-Zor. Die Alawitenberge und das Drusengebiet, Libanon und Alexandrette blieben davon abgetrennt.

Streit gab es unter den politischen Akteuren und Parteien darüber, ob und, wenn ja, wie eng man mit der französischen Mandatsmacht kooperieren sollte. Im einflussreichen Nationalen Block gab es eine Fraktion die für eine »ehrenhafte Zusammenarbeit« mit den Franzosen plädierte, andere waren für offene Konfrontation. Ein anderer Konflikt war, welche Staatsform Syrien haben solle. Die Franzosen versuchten ihrerseits auf die Syrer zuzugehen, und schlugen 1933 eine Vereinbarung vor, die die syrisch-französischen Beziehungen regeln sollen. Weil aber das Drusengebiet und die

Alawitenberge, Libanon und Alexandrette von der Vereinbarung ausgenommen werden sollten, lehnte der Nationale Block ab. Erst 1936 kam es zu einer Vereinbarung, in der Frankreich Syrien die Unabhängigkeit nach 25 Jahren garantierte. Erste Anzeichen deuteten zu dem Zeitpunkt bereits auf einen neuen Krieg in Europa hin. Die Franzosen setzten durch, dass sie im Falle eines Krieges den syrischen Luftraum nutzen und die Militärbasen im Land behalten konnten.

Möglich geworden war diese Vereinbarung, weil es in Paris einen Regierungswechsel gegeben hatte. Der Front Populaire, ein Bündnis linker Parteien, kam an die Macht. Premierminister wurde der Sozialist Léon Blum. Gegenüber den syrischen Unabhängigkeitsbestrebungen nahm die neue französische Regierung eine gelassenere Haltung ein. In einem neu verhandelten Vertrag wurde das französische Mandat in Syrien als »vorübergehend« bezeichnet, und die syrische Einheit wurde von Frankreich akzeptiert. Im Gegenzug akzeptierte der Nationale Block die Trennung der syrischen Distrikte Tripoli, Baalbek, Sidon und Tyros, die fortan einen neuen Staat Libanon bildeten. Für Drusen und Alawiten war ein Autonomiestatus vorgesehen.

Das angespannte Verhältnis unter den syrischen Nationalisten verschärfte sich. Ministerpräsident Jamil Mardam Bey, ein Vertreter derjenigen Fraktion im Nationalen Block, die für eine »würdige Zusammenarbeit« mit den Franzosen eintrat, plädierte für die Annahme des Abkommens. Abdul Rahman Shahbandar, der aus dem Exil in Europa zurückgekehrt war, kritisierte die Haltung von Mardam Bey und beschuldigte ihn, ein Agent der Franzosen zu sein. Der wiederum warf Shahbandar vor, Agent der Briten zu sein und ein Königreich anstelle einer Republik in Syrien errichten zu wollen. Tatsächlich arbeitete Shahbandar eng mit den Haschemiten und den Briten zusammen und plädierte dafür, Großsyrien (Alexandrette, Syrien, Libanon, Palästina) unter dem Haschemitenkönig Abdullah von Jordanien zu vereinen. Die Briten unterstützten den Plan, Shahbandars Volkspartei konnte die Zustimmung einflussreicher Familien (Stämme) in den Drusengebieten, den Alawitenbergen und in der Jazira, nordöstlich des Euphrat für den Plan gewinnen. Nachdem die Franzosen Alexandrette der Türkei überlassen hatten, eskalierte der Konflikt bis zur gewaltsamen Auseinandersetzung zwischen Anhängern von Mardam Bey und Shahbandar. Die Franzosen ordneten die polizeiliche Überwachung Shahbandars an.

Die Vereinbarung wurde nie umgesetzt, weil 1937 in Frankreich erneut ein Regierungswechsel stattfand. Die Vereinbarung war zwar in Damaskus ratifiziert worden, nie aber in Paris. Unter dem Druck Großbritanniens und der USA und enormer Finanzprobleme versuchte Frankreich eine Position gegenüber Nazi-Deutschland zu finden. Ein neuer Krieg kündigte sich an, und Frankreich wollte zum Schutz seiner Interessen in der Levante den ehemaligen Verbündeten Deutschlands, die Türkei, beschwichtigen. Dafür überließ es Ankara sukzessive mehr Einfluss im Sanjak Alexandrette und verletzte erneut den Mandatsauftrag des Völkerbundes. Im Juli 1939 wurde das Gebiet völlig der Türkei zugeschlagen. Im Gegenzug sagte Ankara zu, im Kriegsfall Neutralität zu wahren. Die Hafenstadt Alexandrette wurde in Iskenderun umbenannt, das Gebiet wurde als Provinz Hatay der Türkei eingegliedert. Kurz darauf brach der Zweite Weltkrieg aus. In Syrien wurde die Verfassung aufgehoben. Das französische Hochkommissariat erweiterte die Autonomie für Drusen und Alawiten und übernahm die Kontrolle über die östlichen Gebiete der Jazira.

Hashim al-Atassi, Mitbegründer des Nationalen Blocks und damaliger Präsident Syriens, trat aus Protest von seinem Amt zurück, Shahbandar erhöhte den Druck auf Minsterpräsident Mardam Bey und warf ihm öffentlich vor, den Plan zur Abtrennung Alexandrettes mit ausgearbeitet zu haben. Mardam Bey musste zurücktreten, nur wenige Monate später wurde Shahbandar in Damaskus ermordet. Sein Ansehen unter den Damaszenern war so hoch, dass er neben dem Grab von Sultan Saladin beerdigt wurde, dem Befreier Jerusalems im 12. Jahrhundert.

Kritik an der Regierung Mardam Bey und dem Kurs der »würdigen Zusammenarbeit« mit den Franzosen kam auch von Shukri al-Quwatli, einem arabischen Nationalisten der ersten Stunde. Als Beamter der osmanischen Regierung hatte Quwatli die Vereinigung al-Fatat mitbegründet. Während des Ersten Weltkrieges hatte er sich dem arabischen Widerstand gegen die Osmanen unter dem Haschemitenkönig Hussein angeschlossen. 1916 hatten die Osmanen ihn verhaftet, nach der Befreiung 1918 kam er frei und unterstützte Emir Faisal, König von Syrien zu werden. Die Franzosen verfolgten ihn, und Quwatli ging nach Europa, um Geld für den Kampf um die Unabhängigkeit Großsyriens, Palästina inklusive, zu sammeln. Er gründete einen Syrisch-Palästinensischen Kongress, um der massiven Lobbyarbeit der Zionisten entgegenzutreten, und arbeitete eng mit Abdul Rahman Shahbandar zusammen. Als 1925 die »Große Syrische Revolution« ausbrach, rekrutierte Quwatli Geld und Kämpfer in Europa und wandte sich für finanzielle Unterstützung an den saudischen König Abdul Aziz ibn Saud. Der hatte kurz zuvor den Haschemitenkönig Hussein nicht nur aus seinem Land, sondern auch von seinem Amt als Sherif (Hüter) von Mekka vertrieben, das die Haschemiten seit dem 10. Jahrhundert innegehabt hatten. Mit der Quwatli-Familie verbanden den saudischen König geschäftliche und freundschaftliche Interessen.

Shahbandar, der Drusenführer Atrash und das Königshaus der Haschemiten, die den syrischen Aufstand 1925 unterstützten, kritisierten Quwatli dafür, dass er den saudischen König als Verbündeten für die Unabhängigkeit Syriens ansprach. Einerseits hatte der Saudi die Haschemiten aus ihrem angestammten Land auf der Arabischen Halbinsel und aus Mekka vertrieben. Andererseits vertrat das saudische Königshaus seit dem 18. Jahrhundert einen dogmatischen Islam, den Wahhabismus, den der Islamgelehrte Muhammad ibn Abdul Wahhab begründet hatte. Diese Auslegung des Islam wurde von den moderaten Muslimen Syriens rigoros abgelehnt. Vermutlich weil Quwatli von der Haltung der Briten und der Haschemiten im Kampf um die großsyrische Einheit enttäuscht war, trennte er sich von seinen bisherigen Verbündeten und baute mit saudischer Unterstützung – innerhalb des Nationalen Blocks – eine weitere Fraktion für die großsyrische Unabhängigkeit auf, die auch Palästina umfasste.

Kurz vor dem Ausbruch des Zweiten Weltkrieges waren die syrischen Nationalisten in den Sog ausländischer Interessen geraten. Eine Fraktion strebte nach einer »würdigen Zusammenarbeit« mit der Mandatsmacht Frankreich, um eine syrische Republik – ohne Libanon und ohne Alexandrette – zu errichten. Eine andere Fraktion wollte Großsyrien unter die Herrschaft des von den Briten unterstützten Königshauses der Haschemiten bringen. Eine dritte Fraktion suchte die Unterstützung des saudischen Königshauses, um die europäischen Einflüsse zu stoppen.

Hunger und Not

Der politische Streit zwischen Mandatsmacht und Nationalem Block wie auch innerhalb der syrischen politischen Elite fand vor dem Hintergrund massiver wirtschaftlicher Probleme statt. Die Bevölkerung wuchs, aufgrund mangelnder Arbeitsmöglichkeiten, Schulen, Krankenhäuser zogen die Menschen in die Städte. Die waren dem Ansturm nicht gewachsen, es fehlte an Wohnungen, Strom, Wasser, Arbeit und Bildungsmöglichkeiten. Die Bevölkerung in Damaskus verdoppelte sich, das traditionelle Familienleben in den Damaszener Häusern der Reichen veränderte sich. Während früher die Generationen unter einem Dach zusammengelebt hatten, zogen die jüngeren Generationen, sobald sie Beruf, Arbeit und Familie hatten, in neue Wohnviertel um, die um das Stadtzentrum herum entstanden, begleitet von einer boomenden Zementproduktion. Europäische Standards waren gefragt, wohlhabende Kreise schickten ihre Kinder – auch die Töchter – auf Universitäten ins Ausland. Bevorzugte Berufe waren Arzt, Ingenieur und Jurist. In Arbeiter-, Handwerker- und Bauernfamilien blieben die Töchter von Schul- oder Universitätsbildung weitgehend ausgeschlossen.

Trotz der weltweiten Wirtschaftskrise und der Inflation Anfang der 1930er-Jahre, die auch Syrien erreichten, entstand mit syrischem Kapital, mit Kreativität und Können eine Mittelschicht. Betriebe in der Landwirtschaft (Konservenfabriken), Seifenproduktion (Oliven), in der Leder- und Textilbranche machten weit über die syrischen Grenzen hinaus von sich reden. So bestellte beispielsweise der türkische Machthaber Mustafa Kemal Atatürk seine Anzüge immer in Damaskus. Das englische Königshaus orderte Damaszener Seidenbrokat. Hotels und Restaurants wurden gebaut, Theater, das erste Kino, Zeitungen wurden gegründet. Die Franzosen unterstützten den Bau einer Straßenbahn, des Nationalmuseums und neuer Schulen. Besonders stolz war man auf den Bau einer Wasserleitung, die die Figeh-Quelle in den Libanonbergen mit Damaskus verband, erstmals gab es fließendes Wasser in den Damaszener Haushalten.

So ansehnlich die Erfolge waren, sie reichten nicht für alle. Es gab Streiks und Unruhen, es wurde zum Boykott französischer Geschäfte aufgerufen. Im Januar 1936 wurden vor der Umayyaden-Moschee in der Damaszener Altstadt vier Männer getötet, als sie gegen die französische Mandatsherrschaft protestierten. Tags darauf erschienen 20 000 Menschen zur Beerdigung der Männer. Ein Generalstreik wurde ausgerufen.

Mandatsauftrag verfehlt, Abzug nach 28 Jahren

Im Juni 1940 wurde Paris von der Armee des nationalsozialistischen Deutschland besetzt. Mit der Vichy-Regierung hatten die Nazis eine französische Kollaborationsregierung, die von den französischen Verwaltungen im Libanon und in Syrien anerkannt wurde. Die Westalliierten – Großbritannien, USA und die Freien Französischen Streitkräfte um General Charles de Gaulle – versuchten, Vichy-Frankreich und Deutschland in der Levante zu schwächen. Dafür mussten die Statthalter der Vichy-Regierung in Damaskus gestürzt werden. 1941 war es so weit. Mit massiver Unterstützung britischer Truppen marschierten die Freien Französischen Streitkräfte in Syrien ein. Um den Widerstand gering zu halten, hatten sie zuvor von britischen Flugzeugen Flugblätter über dem Süden Syriens und um Damaskus herum abgeworfen, in denen sie den Syrern »das Ende des französischen Mandats […] und Freiheit und Unabhängigkeit« versprachen. In einem bei al-Nabk am 8. Juni 1941 gegen 18 Uhr abgeworfenen Flugblatt heißt es weiter, dass die Syrer als »freies und souveränes Volk« über ihre eigene Zukunft, Größe und Form des Staates bestimmen sollten. »Edle Syrer und Libanesen, diese Erklärung zeigt euch, dass die Freien Französischen Streitkräfte und die britischen Streitkräfte nicht in euer Land einmarschieren, um Eure Freiheit zu kontrollieren, sondern um sie zu garantieren«. Als Streitkräfte, »die im Namen der Freiheit der Völker« kämpften, sei es »unmöglich für uns zuzulassen, dass der Feind weiterhin euer Land dominiert, euch seine Aufsicht aufzwingt, euren Reichtum stiehlt und euch zu Sklaven macht«, heißt es weiter in dem Flugblatt. Eine großartige Zeit stehe Syrien bevor, so das Versprechen: »Mit den Stimmen seiner Söhne, die um ihr Leben kämpfen, und zum Segen der weltweiten Freiheit erklärt Frankreich eure Unabhängigkeit« (zitiert nach: Neep 2012).

Doch es kam anders. Zwar wurden die Vertreter der Vichy-Regierung entmachtet, doch de Gaulle hatte nicht vor, Syrien und dem Libanon uneingeschränkte Unabhängigkeit zu gewähren. In jedem Fall sollte Frankreich Sonderrechte behalten und Truppen stationieren können. Frankreich zögerte die Anerkennung der syrischen Unabhängigkeit hinaus, war allerdings nun auf die Unterstützung der Briten angewiesen, ohne deren militärische Stärke die Truppen de Gaulles zu schwach waren. In einer ersten Unabhängigkeitserklärung für Syrien (1941) beharrten die Franzosen darauf, die Kontrolle über die Streitkräfte, die Polizei, alle öffentlichen Ämter, Kommunikation und Wirtschaftsbeziehungen zu behalten. Der Nationale Block lehnte ab, die Franzosen setzten einen Präsidenten ein, der mit ihnen kooperierte. Erst 1943 wurden Parlamentswahlen zugelassen, bei denen der Nationale Block eine deutliche Mehrheit erhielt. Dieses Mal war der starke Mann Shukri al-Quwatli, der vom Parlament zum Präsidenten gewählt wurde. Der Abzug der Franzosen war beschlossene Sache. Doch die Franzosen waren nicht dazu bereit.

Eine ähnliche Entwicklung zeigte sich im Libanon; religiöse und wirtschaftliche Eliten, Christen und sunnitische Muslime zogen an einem Strang. Zwar verlor Syrien die Bezirke von Tripoli, Sidon, Baalbek und Tyros, doch es wurde eine andere Vereinbarung gefunden: Die christlichen Händler beteiligten ihre sunnitisch-muslimischen Kollegen an Geschäften in Europa, die öffneten umgekehrt den syrischen Markt für europäische Produkte. Gemeinsam informierte man im Herbst 1943 die französische Mandatsbehörde, dass man die Unabhängigkeit nun praktisch vorbereite und die Franzosen zum Abzug auffordere. Doch die weigerten sich auch hier und inhaftierten die Regierungsspitze in Beirut. Auch die Festnahme von Shukri al-Quwatli in Damaskus war geplant, konnte aber nicht umgesetzt werden. Massive Demonstrationen im Libanon und in Syrien waren die Folge, die libanesischen Politiker wurden freigelassen.

Die folgende Entwicklung in Syrien wurde wesentlich von der internationalen Entwicklung und dem Verlauf des Zweiten Weltkrieges bestimmt. Die Briten – selber mit klaren Interessen in der Region unterwegs – ermahnten Frankreich, einzulenken, Washington und Moskau erkannten die Unabhängigkeit Syriens an. Syrien erklärte Deutschland und dessen Verbündeten den Krieg und sicherte sich so einen Platz bei der Gründungsversammlung der Vereinten Nationen.

Von der UN-Gründungsversammlung wird eine Begebenheit berichtet, die auf sehr typische Weise den ungebrochenen Stolz der Syrer beschreibt. Das Land wurde von Faris al-Khoury vertreten, dem ersten und einzigen christlichen Ministerpräsidenten. Khoury setzte sich bei der Versammlung auf den Stuhl, der für Frankreich reserviert war. Der französische Vertreter forderte ihn auf, den Stuhl freizugeben, doch Khoury ignorierte ihn und blickte auf seine Uhr. Der Franzose verlor die Geduld und wurde zornig, doch Khoury blieb sitzen, sagte nichts und sah nur ab und zu auf seine Uhr. Nach 25 Minuten schließlich stand er auf und sagte: »Sie konnten es nicht ertragen, dass ich 25 Minuten auf ihrem Stuhl gesessen habe, aber Frankreich besetzt mein Land seit mehr als 25 Jahren. Ist es nicht endlich Zeit, dass Ihre Truppen abziehen?«

Doch die Franzosen wollten Syrien noch immer nicht verlassen. Zumindest sollte ein Sonderstatus für Frankreich in einem Abkommen geregelt werden, der syrische Präsident Shukri al-Quwatli weigerte sich. Insbesondere wollte Paris die Kontrolle über die Spezialkräfte behalten, Milizen die man gegen den großen Aufstand 1925 aus religiösen und ethnischen Minderheiten rekrutiert hatte. Der britische Ministerpräsident Winston Churchill versuchte Quwatli zu bewegen, ein Abkommen mit den Franzosen zu unterzeichnen. Bei einem Treffen der arabischen Führer in Ägypten Anfang 1945 habe er zunächst mit Engelszungen auf ihn eingeredet, heißt es in Protokollaufzeichnungen (der syrischen Delegation). Als Quwatli nicht nachgab, habe Churchill es mit Druck versucht. Daraufhin habe Quwatli die Geduld verloren und erklärt, selbst wenn das Wasser sich rot färben sollte, werde man keinen Vertrag mit Frankreich unterzeichnen. Churchill habe dem Syrer daraufhin vorgeworfen, ihm zu drohen: »Wissen Sie, wer ich bin?«, wird er zitiert. »Ich bin der Oberkommandierende der alliierten Streitkräfte, und ich lasse nicht zu, dass irgendjemand in der Welt mir droht oder mich einschüchtert.« Tatsächlich sollte aber Quwatli eingeschüchtert werden, der seine Meinung indessen nicht änderte. (Nach Moubayed 2013)

Unmittelbar nach dem Ende des Krieges im Mai 1945 kam es in allen Teilen Syriens und auch in Beirut zu großen Demonstrationen, den Abzug der Franzosen forderten. In Damaskus ließ Frankreich Truppen aufziehen und schickte die Luftwaffe. Zwei Tage lang wurden die Zitadelle am Rande der Altstadt und das Parlament bombardiert und beschossen. Hunderte Menschen kamen ums Leben, das Parlament lag in Schutt und Asche. Die Briten griffen ein und drängten die Franzosen zurück in die Kasernen. Es sollte noch ein Jahr dauern, bis sich die französischen Truppen endlich aus Syrien und aus dem Libanon zurückzogen. Am 17. April 1946 war es dann endlich so weit. Die französischen Truppen verließen Syrien – nach 28 Jahren. Souad al-Ali, die Tochter von Scheich Saleh al-Ali, der 1919 in den Alawitenbergen den ersten Aufstand gegen die Franzosen angeführt hatte, war an diesem Tag sechs Jahre alt. Ihr Vater habe geweint, als er die Franzosen abziehen sah, erinnerte sie sich viele Jahre später. »Er konnte nicht glauben, dass Syrien diese ausländischen Truppen endlich los war.«

Der Völkerbund löste sich einen Tag später, am 18. April 1946, auf. Sein Versprechen, nach dem Ersten Weltkrieg den Frieden unter den Völkern zu erhalten, hatte er nicht erfüllt.

Antoun Saadeh

Der Traum von Bilad ash-Sham

Gleichberechtigung für alle in Bilad ash-Sham. Sofia Saadeh vor der Statue ihres Vaters Antoun Saadeh in Dhour ash-Shweir (Libanonberge). Saadeh wurde 1904 in ash-Shweir geboren und gründete die Syrische Sozial-Nationalistische Partei (SSNP), die für Großsyrien (Bilad ash-Sham) kämpfte. Saadeh wurde 1949 in Beirut hingerichtet.

Aufrecht steht er da, breitbeinig und standfest. Hoch hinauf ragt die drei Meter hohe Bronzestatue des Mannes, und der schwere Granitsockel hebt ihn noch weiter empor. Die Hände sind auf dem Rücken verschränkt, die Stirn ragt kühn in den Wind der Levante, der in den Bergen immer vom Meer herüberweht. Das Jackett ist vom Wind geöffnet und die Krawatte leicht angehoben. Der Mann wirkt entschlossen, wie einer, der den Aufbruch in eine bessere Zukunft wagen will. Hinter ihm spannen sich schützend eine Mauer und Stufenbeete mit Rosen, Zypressen und Mandelbäumen.

Die Statue wurde 2014 zur Erinnerung an den 65. Todestag von Antoun Saadeh, dem großen Sohn der kleinen Gemeinde Dhour ash-Shweir in den Libanonbergen, errichtet. Der Bürgermeister des Ortes sei auf die Idee gekommen, erzählt Sofia Saadeh, die älteste Tochter von Antoun Saadeh. Sie habe Fotos ihres Vaters zu dem Bildhauer gebracht und ihn beauftragt, ihrem Vater dieses kühne Aussehen zu geben: »Mein Vater war ein Revolutionär. Er war kein gewöhnlicher Mann aus dem Mittelstand, er wollte die Gesellschaft verändern.«

Klein und zerbrechlich wirkt Sofia Saadeh, als sie sich für ein Foto vor der gewaltigen Statue ihres Vaters aufstellt und in die Kamera lächelt. Seit frühester Kindheit hat sie an ihrem geliebten Vater gehangen, der mit seiner Idee von einem Großsyrien – Bilad ash-Sham –, in dem alle Menschen, unbesehen ihrer Herkunft oder Religion, gleichberechtigt miteinander leben sollten, bis heute bei den Menschen in der Levante großen Respekt genießt. »Ich wollte immer bei ihm sein, weil das Leben mit ihm immer einen Geschmack von Abenteuer hatte«, erzählt die quirlige 75-Jährige, die an Denkkraft und Wortgewaltigkeit ihrem Vater in nichts nachsteht. »Mit großen Schritten« sei er unterwegs gewesen, »furchtlos in allen Gefahren«. Das habe sie geprägt und »meine Energien immer bis an die Grenze und darüber hinaus getrieben«. Schon als Kind lernte Sofia reiten und schwimmen und wie sie mit der Schaukel hoch in den Himmel hinauffliegen konnte. Keine ihrer Fragen blieb ohne Antwort, immer durfte sie sagen, was ihr in den Sinn kam. »Die Welt lag wie ein großes Geheimnis vor mir, das ich mit Freude entdecken wollte.«

Die Geschichte von Antoun Saadeh

Antoun Saadeh war 1904 in Dhour ash-Shweir in eine christlich-orthodoxe Familie geboren worden. Der Ort gehörte zum Verwaltungsbezirk Metn im Libanongebirge. Der Bezirk wiederum gehörte zum Vilayet, der großen Provinz Beirut, und lag im Osmanischen Reich. Zur Schule ging Antoun Saadeh in Shweir, später wurde er in eine Klosterschule nach Kairo geschickt. Den Abschluss machte er in Broumana, etwa fünfzehn Kilometer von Shweir entfernt.

Sein Vater Khalil, ein Arzt, war während des Ersten Weltkrieges aus der Levante emigriert. Wie viele Männer wollte er nicht für das osmanische Heer rekrutiert werden, das an der Seite des Deutschen Reiches Krieg gegen Frankreich und Großbritannien führte. Letztere hatten der Bevölkerung in der Levante Unabhängigkeit versprochen, wenn sie an ihrer Seite gegen die Osmanen und Deutschen kämpfen würden. Das Versprechen wurde nie eingelöst.

In der großsyrischen Provinz herrschte zudem große Armut. Die Briten setzten mit einer Blockade der Häfen am Roten Meer das Osmanische Reich unter Druck und verhinderten deren Seehandel. Eine Heuschreckenplage hatte ganze Ernten vernichtet, die Versorgung der osmanischen Armee hatte Vorrang vor der Versorgung der Bevölkerung. Der Preis für Brot stieg um ein Vielfaches, die Menschen konnten es sich nicht mehr leisten. Auf der Suche nach Nahrung verließen Zehntausende ihre Orte und Wohngebiete, doch sie fanden nichts. Mehr als 170 000 Menschen sollen allein im Libanon während des Ersten Weltkrieges verhungert sein, in Syrien waren es mehr als doppelt so viele (nach: Schulze 2016).

Wer konnte, verließ das Land und reiste mit Schiffen nach Marseille und von dort hinüber in die »neue Welt«, nach Amerika.

Antoun Saadeh landete 1919 in New York, wo Brüder seines Vaters lebten. 1921 zog er nach Brasilien zu seinem Vater, wo sie gemeinsam die Tageszeitung *Al-Jarida* und das Magazin *Al-Majalla* in arabischer Sprache herausgaben. Saadeh war nach Angaben seiner Tochter Sofia sehr wissbegierig und ein begnadeter Autodidakt. Durch eine glückliche Fügung lernte er einen Professor kennen, der ihm sowohl Deutsch als auch Russisch beibrachte; anschließend baute er seine Kenntnisse in diesen Sprachen mit großem Eifer aus.

1930 kehrte Antoun Saadeh erstmals wieder in das Dorf seiner Vorväter, nach Shweir, zurück. Die Gegend gilt bis heute traditionell als das Kernland der christlichen Maroniten, einer der ältesten christlichen, römisch-katholischen Gemeinden in der Levante.

Das Land war in Aufruhr. Frankreich hatte die Provinz Syrien in verschiedene kleine Staaten aufgeteilt. Aufstände gegen die Mandatsmacht wurden blutig niedergeschlagen. Ende der 1920er-Jahre fand eine intensive Debatte über den richtigen politischen Umgang mit Frankreich statt; als politische Vertretung gegenüber der Mandatsmacht war in Syrien der Nationale Block ins Leben gerufen worden. Um näher am Geschehen sein zu können, ging Saadeh 1931 nach Damaskus, wo er für die Tageszeitung *Al Ayyam* arbeitete. Doch bald kehrte er zurück nach Beirut, wo er Studenten an der Amerikanischen Universität (AUB) in deutscher Sprache unterrichtete.

Saadeh lehnte die Mandatsherrschaft der Franzosen ebenso ab wie die der Briten. Die Sykes-Picot-Aufteilung Syriens und Palästinas war für ihn Unrecht, die Kooperation mit Franzosen oder Briten war Verrat. Das Gerangel der syrischen Eliten war ihm fremd, und eine Kooperation mit den Königshäusern der Arabischen Halbinsel kam nicht infrage, weil dort eine völlig andere Kultur und Tradition herrschte als in der Gesellschaft der Levante. Saadeh träumte von einem geeinten, unabhängigen Großsyrien, in dessen Grenzen alle Bürger die gleichen Rechte und Pflichten haben sollten. Zuerst musste eine Nation geschaffen werden, dafür war nationales Bewusstsein erforderlich. Um das zu erreichen, musste das Klassen- und Stammesdenken der Bevölkerung überwunden werden. Das war nur möglich, wenn soziale Gerechtigkeit herrschte. Dafür aber war ein starker Nationalstaat erforderlich. Saadeh respektierte die verschiedenen Religionen und Ethnien, warnte aber davor, sie politisch zu instrumentalisieren. Saadeh war in den USA und in Lateinamerika gewesen, wo ganz andere politische Diskussionen an der Tagesordnung waren und Säkularismus herrschte. Wie vielen jungen Leuten damals erschien ihm der Sozialismus als der beste Weg, um ungerechte Verhältnisse zu beseitigen.

Am 16. November 1932 gründete Antoun Saadeh mit fünf weiteren Kampfgefährten die Syrische Sozial-Nationalistische Partei (SSNP). Die politische Lage zwang zu einer geheimen Gründungsphase, und so waren es nur wenige, die Antoun Saadeh die Gefolgschaft schworen. Doch bald wurde die SSNP unter den AUB-Studierenden bekannt und fand viele Anhänger bei den Intellektuellen in Palästina, im Libanon und in Syrien. Lehrer und Studierende trafen sich in den Aufenthaltsräumen der AUB, um Saadeh zu hören und zu diskutieren.

Die SSNP verstand sich als säkulare Partei und baute einen militärischen Arm auf. Die von den Franzosen und Briten mit dem Segen der Pariser Friedenskonferenz neu gezogenen Grenzen nach dem Ende des Osmanischen Reiches lehnte die Partei vehement ab. Saadeh sprach von einer syrischen Identität, die es bis dahin nicht gegeben hatte. »Syrien gehört den Syrern, die in der syrischen Nation leben«, so Saadeh, ethnische oder religiöse Zugehörigkeit sollten keine Rolle spielen. Die »natürlichen Grenzen« Syriens seien »das Taurusgebirge im Nordwesten, das Zagrosgebirge im Nordosten, der Suezkanal und das Rote Meer im Süden. Syrien umfasst die Sinaihalbinsel und den Golf von Akaba. Im Westen ist die natürliche Grenze das Mittelmeer (Syrisches Meer), einschließlich der Insel Zypern. Es erstreckt sich bis zum Bogen der Arabischen Wüste. Und im Osten bis zum Persischen Golf.« Saadeh nannte diese Region den »Syrischen Fruchtbaren Halbmond mit der Insel Zypern als seinem Stern«.

Das von Saadeh geträumte Großsyrien umfasste die ehemaligen arabischen Provinzen des Osmanischen Reichs südlich des 36. Breitengrades. Dieses Gebiet hatte auch Faisal auf der Pariser Friedenskonferenz für einen unabhängigen arabischen Staat eingefordert. Heute gibt es in diesem Gebiet Syrien, Libanon, Israel, die besetzten palästinensischen Gebiete, ein palästinensisches Autonomiegebiet, den Gazastreifen, Jordanien, Irak und Kuwait. Und Zypern, das seit der türkischen Invasion 1974 geteilt ist.

Viele Menschen, die in dem von Saadeh skizzierten Gebiet lebten, fühlten sich tatsächlich der Region zugehörig. Jahrhunderte hatten sie zusammengelebt und – jenseits der Kultur der Wüste, die von den Beduinen und Nomadenstämmen geprägt war – ein gemeinsames gesellschaftliches Gefüge entwickelt: die Kultur des »Fruchtbaren Halbmondes«.

1935 fand in Beirut der öffentliche Gründungskongress der SSNP statt. Die Ideen über die syrische Identität und Großsyrien waren wie eine Kriegserklärung an die von der französischen Mandatsmacht eingesetzte libanesische Regierung unter Charles Debbas. Diese strebte einen unabhängigen Staat Libanon an, ganz im Interesse Frankreichs. Die SSNP forderte den Zusammenschluss des Libanon mit Syrien und stellte damit die Legitimität der libanesischen Regierung infrage. Im Dezember 1935 wurde Saadeh festgenommen und wegen Verrats angeklagt. Saadeh nutzte den Prozess – angestrengt von der französischen Mandatsmacht vor einem französischen Mandatsgericht – für eine offensive politische Verteidigung. Nicht er sei der Verräter, sondern die Franzosen und die Briten, die mit dem 1916 getroffenen geheimen Sykes-Picot-Abkommen Syrien untereinander aufgeteilt hätten, um dort ihre jeweiligen Mandatsgebiete zu installieren.

Saadeh wurde zu sechs Jahren Haft verurteilt, mehrmals frühzeitig entlassen, nur um wieder inhaftiert zu werden. Im Gefängnis schrieb er einige seiner grundlegenden politischen Texte über Nationen, Nationenbildung, seine Vorstellung der syrischen Nation und politische Prinzipien, die bis heute in Syrien und Libanon gelesen werden. 1938 wurde Saadeh ins Exil abgeschoben und ging nach Brasilien, wo eine große syrisch-libanesische Gemeinde lebte. Er gründete verschiedene Exilzeitungen, für die er schrieb. Nach einer kurzzeitigen Inhaftierung und der Verweigerung eines Aufenthaltsstatus ging Saadeh nach Argentinien. Während seiner Abwesenheit wurde Antoun Saadeh von einem Militärgericht der französischen Mandatsmacht im Libanon zu einer zwanzigjährigen Haftstrafe und zusätzlich zu zwanzig Jahren Verbannung verurteilt.

Erst nach dem Zweiten Weltkrieg, im März 1947, kehrte Saadeh nach Beirut zurück. Die Mandatsmacht, die ihn verurteilt hatte, war abgezogen. Libanon war nun ein souveräner Staat, doch noch war unklar, ob er politisch ungestört würde arbeiten können. Der Empfang war überwältigend. Filmaufnahmen aus der damaligen Zeit zeigen einen großen Menschenauflauf, als er aus einer kleinen Maschine steigt, die auf dem Flughafen von Beirut gelandet war. Wie ein Staatsmann wird er begrüßt, schreitet durch die Menge und spricht zu den Menschen. Dann fährt er mit einer Limousine in einem von Motorrädern begleiteten Konvoi davon.

Während seiner Zeit im Exil war die Idee eines säkularen Großsyrien an den Rand gedrängt worden. Der Libanon hatte im November 1943 seine Unabhängigkeit erklärt, die französischen Truppen waren aber erst 1946 abgezogen. Präsident Béshara al-Khoury und Ministerpräsident Riad as-Solh hatten einen Pakt über konfessionelle Koexistenz geschlossen, wonach die politische Macht zwischen Christen und Muslimen aufgeteilt werden sollte. Saadeh nahm sich nicht zurück und warf den beiden Politikern vor, die Idee von Großsyrien zu zerstören. Al-Khoury und as-Solh beschuldigten ihrerseits Saadeh, die Regierung stürzen zu wollen. Die Spannungen nahmen zu. Saadeh untersagte der SSNP, eine Kooperation mit der libanesischen Regierung einzugehen. Sein Motto war: »Entweder sie oder wir.«

Nach der Gründung des Staates Israel im Mai 1948 plädierten Antoun Saadeh und seine SSNP für den bewaffneten Kampf für die Befreiung Palästinas und forderten die Wiedervereinigung von Libanon, Syrien und Palästina zu Bilad ash-Sham, wie es gewesen war, bevor die Briten und Franzosen das Gebiet am Ende des Ersten Weltkrieges unter sich aufgeteilt hatten. Viele Palästinenser schlossen sich der Partei an.

Im Juni 1949 kam es in Beirut zu bewaffneten Auseinandersetzungen. Im Beiruter Stadtteil Jemmayzeh, wo die Druckerei lag, in der die SSNP-Zeitung *Al-Jil Al-Jadid* gedruckt wurde, kam es zu Gefechten zwischen SSNP-Milizen und Kämpfern der phalangistischen Kataeb-Organisation (Pierre Gemayel). Letztere hatte sich nicht nur die Unabhängigkeit Libanons auf die Fahnen geschrieben, sondern kämpfte auch für den Libanon als christlichen Staat und war mit Präsident as-Solh verbündet. Die Druckerei ging in Flammen auf, und Saadeh beschuldigte Gemayel und as-Solh, SSNP-Mitglieder gezielt ermordet zu haben. Ein Gericht untersuchte die Vorwürfe, beschuldigte und verurteilte aber die SSNP, einen bewaffneten Aufstand angezettelt zu haben. Die Partei wurde verboten, die rund 700 Mitglieder sollten verhaftet werden, setzten sich aber noch rechtzeitig nach Syrien ab.

Auch Antoun Saadeh ging nach Damaskus, wo er von Präsident Husni al-Za'im begrüßt wurde, der mit Unterstützung des US-Geheimdienstes CIA erst kurz zuvor ins Amt geputscht worden war. Das wurde allerdings erst später bekannt. Al-Za'im bot Saadeh Unterstützung an, um die Regierung in Beirut zu stürzen und Libanon und Syrien wieder zu vereinen. Am 4. Juli 1949 rief Antoun Saadeh in Damaskus zur ersten nationalen sozialen Revolution im Libanon auf, um »die Herrschaft der Tyrannei, der Korruption und Fälschungen zu zerstören«. Über die Parteistrukturen verbreitete sich der Aufruf, die ersten Kommandos bewaffneten sich und machten sich auf den Weg. Doch Saadeh war in eine Falle geraten, denn al-Za'im hatte insgeheim eine Vereinbarung mit dem libanesischen Präsidenten Riad as-Solh getroffen. Dieser hatte sich bereit erklärt, die Regierung von al-Za'im anzuerkennen, wenn der ihm im Gegenzug Antoun Saadeh auslieferte. Am 6. Juli 1949 wurde Saadeh in den Libanon verschleppt, wo er zwei Tage später, am 8. Juli, exekutiert wurde. Al-Za'im fiel nur einen Monat später (August 1949) einem Attentat zum Opfer. As-Solh wurde im Juli 1951 ermordet.

Antoun Saadeh wurde am Strand von Beirut hingerichtet, unweit des Hotels Beau Rivage, heute eine der teuersten Wohngegenden der Stadt. Ein Denkmal zu seiner Erinnerung wurde an dieser Stelle nicht gestattet. »Selbst das historische Gedenken wird nach Religionen separiert«, sagt Sofia Saadeh.

Und so steht der Christ Saadeh, der immer für einen säkularen Staat eingetreten war, heute überlebensgroß oben in den Bergen in seinem christlichen Heimatort. »So ist das hier im Libanon bis heute! Und nun sollen der Irak und Syrien genauso konfessionell zerbrochen werden wie der Libanon.«

Eine kurze, glückliche Kindheit

Sofia Saadeh war als älteste von drei Töchtern von Antoun Saadeh 1941 in Argentinien geboren worden. Dort hatte ihr Vater Juliette al-Mir geheiratet, die ebenfalls aus dem Libanon stammte. Die Mutter, die als Krankenschwester arbeitete, habe die Erziehung der Töchter gern dem Vater überlassen, erinnert sich Sofia Saadeh. Immer sei er zu Hause gewesen, »erzählte mir Geschichten, brachte mir das klassische Arabisch bei und sang mich in den Schlaf«. Saadeh arbeitete von zu Hause aus für die Partei und schrieb für die Zeitung *Al-Zouba'a*. Sein Buch *Der Kampf um den Ver-*

stand in der syrischen Literatur wurde in Buenos Aires veröffentlicht. Als er dachte, er müsse auf lange Zeit in Argentinien bleiben, öffnete er einen Buchladen.

Er habe sie oder ihre Schwester Elissar nie anders erzogen als einen Jungen, so Sofia Saadeh. »Wenn wir Fahrrad fahren oder auf etwas hinaufklettern wollten, hat er nie gesagt, wir sollten das lassen, weil es sich für Mädchen nicht gehöre.« Fotos aus ihrer Kindheit zeigen sie hoch zu Ross, mal mit, mal ohne die Eltern. Ihre glückliche Kindheit in Argentinien kam zu einem abrupten Ende, als der Vater Anfang 1947 entschied, in den Libanon zurückzukehren, der inzwischen die Unabhängigkeit von Frankreichs Mandatsherrschaft erlangt hatte. »Bei einer Abschiedsparty, die die arabische Gemeinschaft für uns veranstaltete, schenkte man ihm ein goldenes Halsband mit einem Anhänger, der die Symbole der Partei darstellte: das Kreuz der Christen, das mit dem Halbmond der Muslime verbunden war«, erinnert sich seine Tochter. Ohne zu zögern, habe er das Halsband der kleinen Sofia umgelegt. »Ich habe es als kostbare Erinnerung an meinen Vater immer aufgehoben, doch in den Wirren des libanesischen Bürgerkrieges 1975 wurde es mir aus der Wohnung gestohlen.«

Der Vater flog nach Beirut. Die Mutter Juliette, Sofia und ihre Schwester Elissar folgten ihm per Schiff. »Als das Schiff in den Hafen von Beirut einlief, stand eine große Menschenmenge am Kai, winkte und rief uns etwas zu.« Doch vergeblich hielt die kleine Sofia Ausschau nach dem Vater, »der aus Sicherheitsgründen in Shweir auf uns wartete, in seinem Geburtsort«. Als der Sommer vorbei war, ging es zurück nach Beirut, wo die Familie eine Wohnung unweit der Amerikanischen Universität (AUB) mietete. Hier wurde Sofias jüngste Schwester Raghida geboren. »Mein Großvater hatte hier als einer der ersten Studenten Ende des 19. Jahrhunderts Medizin studiert.« Ende der 1950er-Jahre schrieb Sofia Saadeh sich hier selbst als Studentin (Politik und Geschichte) ein. Ihren Doktortitel erwarb sie an der Harvard-Universität (USA).

Die erste Zeit in Beirut bedeutete eine große Umgewöhnung für die Saadehs. Anders als Buenos Aires war Beirut eine kleine, ruhige Stadt. »Wenn ich meine Augen schließe, erinnere ich mich heute noch an den Duft der Kakteen, der Zitronen- und Orangenbäume, die die Straßen säumten. Und auf den vielen freien Flächen zwischen den Häusern wuchsen im Frühling wilde Blumen.« Die Familie wohnte im ersten Stock eines Hauses, in dem unten die Parteizentrale untergebracht war. Ihre Möbel hatten sie in Argentinien verkauft, und es dauerte ein halbes Jahr, bis Stühle und Tische, Schränke und Betten angeschafft waren. »Es gab keine Einkaufszentren und Geschäfte wie in Buenos Aires«, lacht Sofia Saadeh. »Alles wurde von Handwerkern hergestellt.«

Trotz des dichten Terminkalenders habe der Vater darauf geachtet, jeden Morgen mit der Familie zu frühstücken, erinnert sie sich: »Es gab Haferflocken mit Milch, Honig oder Marmelade. Nicht das typische libanesische Frühstück, das aus Ziegenkäse, Joghurt, Thymian und Olivenöl besteht. Und manchmal gebratene Eier.«

Wie ihre Schwestern ging auch Sofia in einen Kindergarten, der nahe beim Elternhaus lag. »Die Schule von Fräulein Amina« war eine Art Vorschule, in der die Kinder auch Lesen und Schreiben lernten. Weil der Vater den Töchtern das klassische Arabisch beigebracht hatte, die Kinder in Beirut aber eher das umgangssprachliche Arabisch sprachen, fühlte sie sich als Außenseiterin. »Meine Mitschülerinnen brachten mir ihr Lieblingsspiel bei«, erinnert sie sich. »Es bestand aus Ziegenknochen. Vier Knochen wurden in die Luft geworfen, und je nachdem, wie sie fielen, wurde der nächste Spielschritt bestimmt.« Die Mädchen malten die Knochen rot oder rosa an, um bunte Spielsteine zu haben. »Wir benutzten dafür den Nagellack, den unsere Mütter zu Hause hatten.« Sofia konnte zwar nicht mehr reiten oder Fahrrad fahren, dafür lernte sie Seilspringen, spielte Verstecken, und besonders liebte sie das Murmelspiel: »Ich legte eine Sammlung von durchsichtigen, farbigen Murmeln an, die ich in einem Schuhkarton aufhob. Meine Schwester machte das Gleiche, und wir wetteiferten darum, wer von uns die schönsten Murmeln hatte.«

Um dem heißen, oft unerträglich schwülen Sommer von Beirut zu entgehen, verbrachte die Familie die Sommermonate 1948 in den Bergen, in Shweir. Feigen, Weintrauben und Beeren wurden geerntet. Das Mädchen kletterte mit den Jungen in den Bäumen um die Wette, obwohl die Mutter das nicht gerne sah, weil sie Angst hatte, Sofia könnte sich verletzen. Der Vater nahm sie mit in sein geliebtes Baumhaus, in das er sich gern zum

Schreiben zurückzog. Bei Wanderungen durch die Pinienwälder ließ er sie manches Mal in einiger Entfernung von sich warten. Dann rief er herüber, sie solle zu ihm kommen. »Ich traute mich nicht, weil der Weg zu ihm voller Dornen und Gestrüpp war. Doch mein Vater rief, ich solle einen Zweig suchen, um den Weg vor mir freizufegen und es gelang.« Erst Jahre später, als sie sich als junge Frau an diese unerfreulichen Wanderungen erinnerte, wurde ihr klar, dass der Vater ihr hatte beibringen wollen, Angst und Hindernisse zu überwinden und unabhängig ihren Weg zu gehen. »Das habe ich mein Leben lang getan.«

Viel Zeit verbrachte Sofia in dem Sommer auf der Baustelle, wo das Fundament für das neue Familienhaus gelegt wurde. Antoun Saadeh hatte vom benachbarten Kloster noch etwas Land hinzukaufen können, sodass sie aus ihrem zukünftigen Heim einen wunderbaren Blick über das Meer und bis zum Berg Sannine haben würden, dessen Spitze das ganze Jahr über mit Schnee bedeckt war.

Der Umzug in das Haus in den Bergen sollte Ende Juni 1949 stattfinden. Sofia war acht Jahre alt und freute sich auf die neue Zeit. Doch eines Nachts wurde sie plötzlich von lauten Stimmen aus dem Schlaf gerissen. »Soldaten standen in meinem Zimmer, durchsuchten das Bad und fragten mich, wo mein Vater sei. Von dem Tag an wurde mein Leben zu einem kleinen Boot ohne Ruder, das von hohen Wellen im Sturm herumgeschleudert wurde. Unser Leben war nicht mehr selbstbestimmt, die Polizei durchsuchte unser Haus wieder und wieder, Tag und Nacht.«

Nach dem Verbot der Partei im Juni 1949 hatte der Vater Beirut fluchtartig verlassen, als er gehört hatte, dass die Regierung eine große Verhaftungswelle begonnen hatte. Natürlich kannten die Kinder keine Einzelheiten, doch sie wussten sehr wohl, dass die Familie in Gefahr war. »Ich war voller Angst, dass meinem Vater etwas zustoßen könnte. Mein Fels in der Brandung, mein Beschützer wurde verfolgt, und ich wusste nicht, ob ich ihn jemals wiedersehen würde.« Eines Nachts weckte die Mutter die Töchter und sagte, dass sie das Haus verlassen müssten. »Sie hatte einige Sachen gepackt und war von Kopf bis Fuß in Schwarz gekleidet. Über ihrem Gesicht trug sie einen schwarzen Schleier.« Sofia und ihre Schwestern wurden angewiesen, sie auf keinen Fall Mutter zu nennen, egal, was geschehe. Sofia hatte das Gefühl, nach dem Vater nun auch die Mutter zu verlieren. Sie erinnert sich daran, dass sie eine Grenze passierten, die Soldaten hatten unterschiedliche Uniformen an. Die Fahrt durch die Nacht war vor allem von Angst geprägt. »Es war, als sei mein Leben im freien Fall.« Schließlich erreichten sie Lattakia, eine Hafenstadt im Norden Syriens. Schlaf habe es kaum gegeben, denn rasch kamen Männer des syrischen Geheimdienstes, die sie von Lattakia nach Damaskus brachten. Dort wurden sie in einem Hotel untergebracht: »Meine Mutter, ich und meine beiden Schwestern waren in einem Raum. Zwei Polizisten hielten vor der Tür Wache. Am nächsten Morgen begleitete Sofia die Mutter zu einem Geschäft, wo sie etwas für das Frühstück einkaufen wollten. Sofias Blick fiel auf eine Zeitung, auf der ein großes Bild ihres Vaters abgebildet war. »Papi, Papi«, habe sie geschrien, als sie das Bild gesehen habe, erinnert sich Sofia Saadeh. Die Mutter habe ihr den Mund zugehalten und gewarnt, auf keinen Fall ein Wort zu sagen. Dann kehrten sie rasch ins Hotel zurück.

Einen Tag später sahen sie den Vater wieder. Er war im Haus eines Freundes und studierte mit anderen Männern eine Karte, die auf dem Esstisch ausgebreitet war. »Ich rannte zu ihm, küsste ihn und hielt seine Hand«, erinnert sich Sofia. »Er trug Khaki-Shorts, aber er sah so müde aus. Das war unsere letzte Begegnung.« Kurz darauf wurde Sofia mit den Schwestern zurück ins Hotel gebracht, die Mutter und der Vater zogen sich zurück. Zwei Tage später klopfte erneut die Polizei an die Zimmertür und forderte uns auf, unsere Sachen zu packen. Mit zwei Militärjeeps rasten sie durch die Nacht und stoppten erst vor dem Kloster von Sednaya. Die Nonnen wiesen ihnen einen Raum auf dem Dach des Klosters zu, Sofia, ihre Schwestern und ihre Mutter standen unter Arrest.

Es war Juli 1949, und Sofia erinnert sich, dass sie am nächsten Morgen nach dem Aufwachen durch das Kloster gestreift sei und die herrliche Aussicht genossen habe: »Endlose Felder erstreckten sich vom Kloster aus, die Sonne schien warm und hell, und ich konnte die Bauern beobachten, wie sie zur Arbeit gingen.« Auch am nächsten Morgen stand sie wieder früh auf und machte sich auf eine Erkundungstour. Dieses Mal entdeckte sie die riesige Küche, und sie sah sich um. »Auf einem kleinen Tisch lag eine Zeitung, und weil ich immer begierig war zu lesen, beugte ich mich über die Zeitung und buchstabierte die Schlagzeile. In großen schwarzen Buchstaben stand da, dass mein Vater exekutiert worden war.« Sofias Kindheit war schlagartig vorbei.

Libanon – Insel wider Willen

Die Statue in seinem Geburtsort Dhour ash-Shweir sei sehr gelungen, sagt Sofia Saadeh, als sie mir im Sommer 2015 einige der Stätten zeigt, wo die Familie die kurze gemeinsame Zeit mit dem Vater gelebt hatte. Die vorgesehene Inschrift in dem Denkmal fehle noch, erklärt sie. Auch der Brunnen, der das Denkmal mit Wasser umfließen soll, warte noch auf die Verwirklichung. Die Arbeit gehe langsam voran, im Winter liege der Schnee in den Bergen meterhoch.

Was mag Antoun Saadeh von seinem hohen Ausblick sehen? Vermutlich sieht er Bikfaya, lacht Sofia Saadeh. »Es ist wie eine späte Genugtuung für ihn, sein Anblick wird Bikfaya immer mahnen.« Die Leute von Bikfaya wollten einen nichtarabischen Staat Libanon, der vom Ausland abhängig gewesen wäre. Genauer gesagt, war es die (maronitisch-christliche) Gemayel-Familie, die 1936 die Phalangistische Partei gegründet hatte. »Mein Vater dagegen wollte ein Großsyrien als Teil der arabischen Welt aufbauen.« Bis heute stehen sich die beiden Ideologien unversöhnlich gegenüber.

»Sie sagen heute beispielsweise, wir müssten uns um ISIL (den selbsternannten ›Islamischen Staat im Irak und in der Levante‹) keine Sorgen machen. Libanon habe damit nichts zu tun, nichts werde geschehen.« Aber der Libanon sei keine Insel. Es gebe Krieg in Syrien, die libanesische Wirtschaft sterbe ab, weil alle Landwege aus Libanon hinaus abgeschnitten seien, fährt Sofia Saadeh fort. »Unser einziger Zugang zu anderen Ländern auf dem Landweg ist durch Syrien. Mit dem Krieg ist das nicht mehr möglich.«

Als emeritierte Professorin für Politik und Moderne Geschichte des Mittleren Ostens kennt Sofia Saadeh jedes Detail der Turbulenzen, die Syrien und Libanon seit Jahrzehnten erschüttern. Was würde ihr Vater angesichts des anhaltenden Krieges in Syrien sagen? »Für ihn wäre es eine Katastrophe. Als 1935 Kämpfe zwischen den Phalangisten und verschiedenen muslimischen Einheiten in Beirut ausbrachen, schickte er Mitglieder der Partei (SSNP) dorthin, um zwischen den Streitenden zu vermitteln. Ein Bürgerkrieg war für ihn das Schlimmste, was geschehen konnte.« Heute gebe es in Syrien natürlich einen Stellvertreterkrieg. Doch die inneren Konflikte, die die Kämpfe ausgelöst hätten, dürften nicht übersehen werden, meint Sofia Saadeh. »Meinem Vater war klar, wenn die Maroniten (Christen) und sunnitische Muslime sich bekämpften, würde das Ausland intervenieren. Er tat alles, um eine solche Auseinandersetzung von Anfang an zu stoppen.« Weil die Angehörigen der Partei aus allen Teilen der Gesellschaften gekommen seien, hätten sie bei Konflikten wie eine »Pufferzone« agieren können.

Sofia Saadeh seufzt, das Konzept ihres Vaters für die Region konnte nicht verwirklicht werden. Er wollte keine Grenzen zwischen Irak, Syrien, Libanon und Palästina. Wäre das Konzept umgesetzt worden und wäre Großsyrien als Staat entstanden, hätten die Religions- und ethnischen Gruppen nie so gegeneinander ausgespielt werden können, wie es während des libanesischen Bürgerkrieges (1975–1990) und des Krieges in Syrien geschehen sei. »Heute sind die Grenzen zwischen Irak, Syrien und Libanon de facto nicht mehr existent. Aber es gibt keine politische Ordnung, darum kann der ›IS‹ von einem Land zum anderen vorrücken. Das war nicht, was mein Vater wollte. Er wollte Einheit, nicht Zerstörung.«

Die Ursachen für die nicht enden wollenden Konflikte sieht die emeritierte Professorin in politischen und wirtschaftlichen Plänen der imperialistischen Großmächte seit dem 19. Jahrhundert: »Mit der Industrialisierung brauchte Europa neue Absatzmärkte für Produkte, mit denen der europäische Markt bereits gesättigt war. Darum ging es in Europa beim Ersten und beim Zweiten Weltkrieg. Wir hier sind Dritte Welt, also war es einfach, Land im Mittleren Osten und in Nordafrika zu erobern. Und genau das geschah, um für Europa neue Märkte zu öffnen. Dann kam aber auch die USA ins Spiel, und was wir hier sehen, ist das Ergebnis eines globalisierten Wettkampfes um neue Märkte. Daher haben wir auch China hier, das seine Produkte verkaufen will. Aber im Zuge dieser Politik entstanden auch Gruppen wie der ›Islamische Staat im Irak und in der Levante‹. Die USA hatten das wohl nicht beabsichtigt, aber es ist Ergebnis ihrer Politik. Die USA produzieren ohnehin kaum noch etwas anderes als Rüstungsgüter, und die können sie sehr gut verkaufen. Waffen aus den USA und aus Europa finden hier reißenden Absatz. Und neuerdings verkauft auch Russland auf diesem Markt seine Waffen. Das ist das Ergebnis davon, dass die USA, Europa, Saudi-Arabien und die Türkei die islamistischen Gruppen bewaffnet haben, darum liefert Russland jetzt Waffen an den Irak, an Iran und an Syrien. Sie wollen das Gleichgewicht wiederherstellen. Wenn der Krieg in Syrien und Irak anhält, wird es ein neues Wettrüsten geben.«

Sofia Saadeh verweist auf Papst Franziskus, der 2015 – im Erinnerungsjahr zum Gedenken an das Ende des Zweiten Weltkrieges vor siebzig Jahren – vor Aufrüstung und neuen Kriegen gewarnt hatte: »Für mich ist völlig klar, dass wir einen neuen Kalten Krieg haben. Wenn keine Lösung gefunden und Syrien aufgeteilt wird, kann es zu einem direkten Krieg kommen, der Jahre lang andauern kann.« Doch was kann das Ziel eines solchen Krieges sein? »Wenn die USA und ihre Verbündeten Syrien nicht kontrollieren können, dann geht es um Destabilisierung und Zerstörung. Und wir – Libanesen, Syrer, Palästinenser –, wir alle bezahlen den Preis.«

Nachbetrachtung

Im März 2001 veröffentlichte Sofia Saadeh in Absprache mit ihren Schwestern den zehnjährigen Briefwechsel ihrer Eltern. 120 Briefe schrieben sich die Eheleute zwischen 1939 und 1949, alle sind in klassischem Arabisch geschrieben. *Briefe an Diaa'* ist der Titel des Buches. Antoun Saadeh spricht seine Frau Juliette mit Diaa' an, mein Licht –ein Licht, das ihn durch die dunkelsten Stunden seines Lebens begleitet hatte. Die arabische Muttersprache nicht zu vergessen, sei ihm stets wichtig gewesen, so Sofia Saadeh. Mehrmals ermahnt er in den Briefen seine Frau, mit den Töchtern immer Arabisch zu sprechen, auch wenn er nicht da sei.

In den Briefen geht es um den Alltag der Familie, um Krankheiten und Sorgen ebenso wie um die politischen Unruhen der damaligen Zeit, die die beiden hochgebildeten und politisch engagierten Eheleute Juliette al-Mir und Antoun Saadeh sehr intensiv erlebten.

Juliette stammte aus einer libanesischen Händlerfamilie, die im 19. Jahrhundert nach Argentinien ausgewandert war. Als sich Antoun und Juliette 1939 in Buenos Aires trafen, arbeitete sie in einem Krankenhaus und studierte Medizin, weil sie Ärztin werden wollte. Saadehs Gesundheit war nach Gefängnisaufenthalten und wiederholter Flucht angeschlagen. Seine unsichere ökonomische Lage und das Leben im Exil machten ihm zusätzlich zu schaffen, wie aus den Briefen der ersten Jahre hervorgeht. In seinem letzten Brief an Diaa' schrieb Antoun Saadeh: »Ich mache mir keine Sorgen darüber, wie ich sterbe, sondern vielmehr, wofür. Ich zähle nicht die Jahre, die ich gelebt habe. Ich zähle die Arbeit, die ich erfolgreich beenden konnte.«

Nach seiner Hinrichtung ging der politische Konflikt weiter. Dieses Mal zwischen der syrischen Baath-Partei und der SSNP. Juliette, die ebenfalls SSNP-Mitglied war, verbrachte zehn Jahre in syrischen Gefängnissen. Sie war die erste weibliche politische Gefangene und wurde erst nach der Diagnose einer Krebserkrankung aus der Haft entlassen.

Ihr Vater habe an die Menschen der Region geglaubt, ist Sofia Saadeh überzeugt. »Er glaubte fest daran, dass sie ebenso intelligent und talentiert sind wie Menschen überall auf der Welt. Aber man hat ihnen nie eine Chance gegeben.« So wie auch Antoun Saadeh keine Chance hatte, seinen Traum von einer selbstbestimmten, säkularen, multiethnischen und multireligiösen Gesellschaft in Bilad ash-Sham zu realisieren.

1947–1963: Von der Unabhängigkeit zur Vereinigten Arabischen Republik

»Einheit, Freiheit und Sozialismus«

Nach dem Ende des Ersten Weltkrieges hatten weniger als eine Million Menschen in Syrien gelebt. Als die Franzosen 1946 das Land verließen, wurden mehr als 3,4 Millionen Einwohner gezählt. Die Versorgungslage für die wachsende Bevölkerungszahl war schlecht, die Syrer hatten mit einer Inflation von mehr als 800 Prozent zu kämpfen. Die Transportwege waren unzureichend, die einzigen Häfen, die für Frachtschiffe mit großem Tiefgang geeignet waren, waren Tripoli und Beirut, die aber im Libanon lagen. Die politischen und wirtschaftlichen Herausforderungen waren enorm.

Die Franzosen waren zwar abgezogen, doch sie hatten ihre Spuren hinterlassen. Sichtbar waren Gebäude, die sie errichtet hatten, moderne Stadtviertel in Damaskus und in Aleppo waren entstanden, die sogar über Abwassersysteme verfügten. Das Nationalmuseum in Damaskus, Parkanlagen und Brücken, wie die berühmte Fußgänger-Hängebrücke über den Euphrat in Deir ez-Zor hatten die Franzosen gebaut. In den 1920er-Jahren waren zur Abwehr der Aufstände und zur Sicherung von Damaskus – und dem dort residierenden Diplomatenkorps aus aller Welt – um die Stadt neue Straßen gebaut worden, die später zu Neuansiedlungen beitrugen. Die einst dicht bewachsene Ghouta im Süden und Osten von Damaskus hatten die Franzosen nach und nach »erschlossen«. Der Wiederaufbau von Gebäuden, die bei den Bombardierungen der Damaszener Altstadt 1926/27 ganz oder teilweise abgebrannt waren, wurde genutzt, um neue, gut kontrollierbare Plätze anzulegen.

In Palmyra (arabisch: Tadmur) war in den 1930er-Jahren die Bevölkerung umgesiedelt worden, um Platz für Ausgrabungsarbeiten zu haben, so die Begründung. Neben der Antikenstadt war eine neue Stadt, ein Garnisonsstandort, gebaut worden. Hier wurden sowohl die umgesiedelten Bewohner als auch die französischen Truppen untergebracht. Und es wurde ein Gefängnis gebaut. Die neue Stadt bot Arbeit und wirkte wie ein Magnet auf die Menschen. Zwischen 1932 und 1934 hatte sich die Einwohnerzahl verdoppelt.

Auch im Nordwesten Syriens war mit Qamischli eine neue Stadt an einem Ort entstanden, wo es zuvor nur wenige Höfe gegeben hatte. 1920 hatte der für die Jazira verantwortliche französische Offizier erklärt, Frankreich brauche ein Verwaltungszentrum und eine Garnisonsstadt in unmittelbarer Nähe der Stadt Nusaybin, die nur wenige Kilometer weiter nördlich auf der türkischen Seite der neuen Grenze lag. Der ausgewählte Ort bei dem Weiler al-Qamishli eignete sich auch, weil es reichlich Wasser gab. 1926 waren die ersten Straßen und Gebäude errichtet worden, Geschäfte, Verwaltungsgebäude, Hotels, ein Elektrizitätswerk, Schulen und Krankenhäuser folgten. 1937 zählte Qamishli mehr als 100 000 Einwohnerinnen und Einwohner und war die sechstgrößte Stadt Syriens geworden. Viele der Einwohner waren Christen aus der Türkei. Ähnliche Entwicklungen hatte es in Hasakeh und im Umland von Damaskus sowie auf den syrischen Golanhöhen gegeben: Wo immer die französischen Truppen sich niedergelassen hatten, war eine mehr oder weniger große neue Stadt entstanden. (Neep 2012)

Weniger sichtbar waren die französischen Einflüsse im Schulsystem, in der Administration, in der Armee, in der Rechtsprechung. Das Ausnahmezustandsgesetz, das später jahrzehntelang in Kraft sein sollte, basierte auf dem Kriegszustand, der während des französischen Mandats wiederholt verhängt worden war. Auch die Geheimdienste, die später immer neue Gestalt annehmen sollten, hatten ihr Handwerk bei den Vorgängerdiensten der Osmanen und Franzosen gelernt.

Geblieben waren sichtbare und unsichtbare Narben, die das Mandat verursacht hatte: Einschusslöcher in den Überdachungen der Märkte in der Damaszener Altstadt zeugten von der Brutalität, mit der Frankreich die Aufstände niedergeschlagen hatte. Die Syrer waren immer wieder und auf vielfältige Weise erniedrigt worden. Die französische Politik des »Teilens und Herrschens« hatte zu Verwerfungen und neuen Trennlinien in der Gesellschaft geführt.

Die unterschiedlichen religiösen und ethnischen Gruppen in Stadt und Land, Stämme und einflussreiche Familien hatten bis dato zwar nicht konfliktfrei, aber doch nach akzeptierten, traditionellen Regeln miteinander gelebt. Dieses Zusammenleben hatten die Franzosen zur Absicherung ihrer Herrschaft durchbrochen. Sondereinsatzkommandos aus den religiösen und ethnischen Minderheiten waren rekrutiert und gegen die eigene Bevölkerung eingesetzt worden. Tausende afrikanische Söldner aus den Kolonien in Marokko und Algerien wurden eingesetzt. Entsprechend groß war das Misstrauen, das die verschiedenen Religionsgruppen und die Minderheiten, städtische und ländliche Bevölkerung einander entgegenbrachten.

Auch die Lebens- und Denkweise hatte sich unter dem französischen Mandat verändert. In den Städten waren nach französischem und europäischem Vorbild Theater und Kinos entstanden, Radios und Zeitungen wurden gegründet. Es wurde über Religion und Staat, Reformen und Moderne, Rechte von Frauen und Männern diskutiert. Diese Debatten waren eher den Kreisen der politischen, kulturellen und wirtschaftlichen Eliten in den Städten vorbehalten, wo sich eine neue Mittelschicht entwickelte. Doch der Wohlstand, der in den Städten heranwuchs, reichte nicht für alle im Land. Der Abstand zur ländlichen Bevölkerung, die in traditionellen Stammesverbänden und von den Neuerungen der (westlichen) Moderne weit entfernt lebte, vergrößerte sich.

Auf der Suche nach der syrischen Identität

Zwar waren unter dem Mandat staatliche Institutionen wie ein Parlament, Gerichte und eine Armee entstanden, doch die Nation Syrien und ein dafür erforderliches nationales Bewusstsein der Bevölkerung musste sich erst noch entwickeln. International war Syrien anerkannt, es war Gründungsmitglied der Vereinten Nationen und der Arabischen Liga und diplomatisch in aller Welt vertreten. Politiker des Landes hatten während der Mandatszeit ihre Unterschiede zugunsten eines gemeinsamen Auftretens gegenüber der Mandatsherrschaft weitgehend zurückgestellt. Bei bewaffneten Aufständen hatten städtische und ländliche Führer aller Ethnien und Religionen gegen die Franzosen gekämpft, und es schien, als sei durch den Kampf um Unabhängigkeit und für den Abzug ausländischer Truppen eine syrische Nation entstanden.

Doch während die Syrer miteinander gegen die Franzosen gekämpft hatten, traten nun, da die Franzosen weg waren, die Unterschiede zutage. Die einen strebten ein Königreich Syrien unter der haschemitischen Krone an. Die anderen orientierten sich an Europa und wollten eine säkulare Republik aufbauen. Wieder andere wollten Syrien in den Grenzen Großsyriens erhalten, mit Palästina, und dann gab es die, die sich mit dem saudischen Königshaus verbündet hatten, um den westlich-europäischen Einfluss zu stoppen. Neu war das starke Auftreten sozialistischer und kommunistischer Ideen, denen sich die Vorstellungen der Muslimbruderschaft entgegenstellten, die aus Syrien einen religiösen Staat unter dem Recht der Scharia machen wollte. Die jeweilige Positionierung war zumeist mit finanzieller Unterstützung durch die ausländischen Interessen verbunden, an die man sich anlehnte.

Bei der Suche nach der syrischen nationalen Identität orientierten sich die Eliten in den Städten zumeist an der Moderne, ein Begriff, der eng mit dem Westen und Europa verbunden war. Gleichzeitig wollte man die orientalischen, von der islamischen Kultur geprägten Wurzeln keineswegs aufgeben. Die überwiegende Mehrheit der Syrer waren sunnitische Muslime, doch die städtischen Muslime schickten ihre Kinder auf westlich geprägte, nicht selten auch christliche Schulen. Zum Studium gingen die Kinder – auch die Töchter – nach Beirut, Europa oder in die USA, weil man für sie die bestmögliche Ausbildung garantieren wollte.

Anders war es in den ländlichen Gebieten. Hier herrschte häufig Abhängigkeit von den Großgrundbesitzern, und es fehlte das Geld, um den Kindern überhaupt den Schulbesuch, geschweige denn eine westlich geprägte Ausbildung zu bieten. Die Landbevölkerung war sozial und wirtschaftlich von den Strukturen in Großfamilien und Stämmen abhängig, die wenig mit einer Regierung, sehr viel aber mit Aghas, Fürsten und Scheichs zu tun hatten. Religion spielte hier eine große Rolle, und so war es kein Wunder, dass der Islam nicht nur als Kultur und Tradition, sondern auch als religiöses Ordnungssystem eingefordert wurde. Das Misstrauen gegenüber westlich geprägten politischen Eliten und der Regierung in Damaskus war groß und wurde nicht selten mit den erniedrigenden Erfahrungen während der französischen Mandatszeit begründet. Besonders abgelehnt wurden die jungen sozialistischen und kommunistischen Bewegungen, die mit Atheismus in Verbindung gebracht wurden. Wenn es eine Identität in Bilad ash-Sham, in dem »Land links« der arabischen Wüste gab, dann war es die Religiosität, sei es die jüdische, christliche oder muslimische.

Mit dem arabischen Nationalismus, der sich nach dem Zweiten Weltkrieg entwickelte, entstand eine neue Verbindung zum Islam. Diese politische Richtung konnte mit der islamischen Kultur, Tradition und Religion verbunden werden, ohne dass die Religion zu viel Gewicht bekam. Säkularismus wurde damit begründet, dass Politik eine Sache zwischen den Menschen und dem Staat ist, Religion (und der Glaube) eine Sache zwischen den Menschen und Gott. Für die Jugend dieser Zeit hatte das eine große Anziehungskraft. Neue Parteien entstanden, die sich für einen säkularen Staat stark machten. Doch die Debatte über die Verfassung 1950 zeigte, dass die Trennung von Religion und Staat – wie sie auch die Franzosen vertreten hatten – in Syrien nicht so leicht umzusetzen war. Die Muslimbruderschaft forderte, den Islam als Staatsreligion in der Verfassung festzuschreiben, was abgelehnt wurde. Doch in der Verfassung stand, dass der Präsident Syriens ein Muslim sein müsse. Bemühungen um eine Verfassungsänderung, mit der die Möglichkeit geschaffen werden sollte, dass auch die anderen Religionsgruppen das höchste Amt im Staat besetzen könnten, scheiterten.

Die ersten Jahre der Unabhängigkeit waren von Parteigründungen und Machtkämpfen geprägt. Die bereits 1943 gegründete Baath-Partei versammelte 1947 auf einem ersten Nationalkongress in Damaskus Baath-Vertretungen aus Libanon, Palästina, Jordanien und dem Irak. Die Gründer der syrischen Baath-Partei waren Michel Aflaq, ein 1910 in Damaskus geborener orthodoxer Christ, und Saladin al-Bitar, der 1912 ebenfalls in Damaskus als Kind einer sunnitisch-muslimischen Familie geboren wurde. Beide gaben der Partei eine strikt säkulare Ausrichtung. Für die arabischen Staaten wurde eine gemeinsame Politik formuliert, um die arabische Einheit zu schaffen. Umgesetzt werden sollte die Politik in den jeweiligen Ländern durch regionale Baath-Parteien. Man verstand sich als antiimperialistisch und distanzierte sich von den ehemaligen Kolonial- und Mandatsmächten Türkei, Frankreich und Großbritannien. Kritik gab es auch an den USA, die sich zu sehr in die Angelegenheiten der Region einmische, wie es hieß. Bei einem zweiten nationalen Kongress 1954 in Homs wurde der Zusammenschluss mit der Arabischen Sozialistischen Partei beschlossen, die von Akram al-Haurani gegründet worden war. Damit gelang der syrischen Baath-Partei der Zugang zu den Bauern und der Landbevölkerung – mehr als den anderen Parteien. Die meisten Mitglieder der Baath-Partei in Syrien waren sunnitische Muslime, gefolgt von Alawiten, Drusen, Christen und Ismailiten.

Die Syrische Sozial-Nationalistische Partei (SSNP) von Antoun Saadeh erhielt viel Zulauf, als der Parteigründer 1947 aus dem Exil zurückkehrte und schon bei seiner Ankunft auf dem Flughafen von Beirut eine flammende Rede für die Einheit Großsyriens hielt. Saadeh war orthodoxer Christ und trat entschieden für den Säkularismus ein. Noch mehr Zulauf erhielt die SSNP, als die Vereinten Nationen Ende 1947 den Teilungsplan für Palästina verabschiedeten, was in Syrien und Palästina zu wütenden Reaktionen führte.

Die führenden Politiker des Nationalen Blocks gingen nach der Unabhängigkeit ihre eigenen Wege. Shukri al-Quwatli gründete die Nationale Partei für die Interessen der Damaszener Händler, Juristen und sonstigen Oberschicht. Scharf kritisiert wurde er für seine Nähe zum saudischen Königshaus. Als Gegengewicht dazu entstand 1948 in Aleppo die Volkspartei, die einen Zusammenschluss mit dem Irak anstrebte. Die in den 1920er-Jahren entstandene kurdisch-nationale Bewegung Hoybun wurde 1946 aufgelöst. Nach dem Vorbild der irakischen Kurden – die im Nordirak einen Aufstand vorbereiteten – entstand 1957 in Syrien eine Demokratische Partei Kurdistans. Die Kommunistische Partei Syriens, die bereits 1924 als Syrisch-Libanesische Kommunistische Partei entstanden war, hatte sich 1944 in eine KP Libanon und eine KP Syrien getrennt. Als säkulare Partei übte sie auf Minderheiten große Anziehungskraft aus und erhielt Zulauf von Christen in den städtischen und ländlichen Gebieten und von Kurden.

Machtkämpfe der frühen Jahre blockierten einen wirklichen Neuanfang in Syrien. Allein 1949 wurde innerhalb weniger Monaten dreimal geputscht und die Regierung gestürzt. Parlament und Parteien wurden aufgelöst, um wenige Monate später wieder rehabilitiert zu werden. Die Politik wurde mehr durch Persönlichkeiten als durch Parteiprogramme bestimmt. Wenn eine Person mit Gewalt aus dem Amt gedrängt war, änderte sich die politische Richtung. Da alle Politiker der ersten Jahre Verbindungen ins Ausland hatten, waren der regionalen und internationalen Einmischung Tür und Tor geöffnet.

Regionale und internationale Einmischung

Die Begehrlichkeiten der Nachbarländer bezüglich Syriens waren groß. Unter den regionalen Königshäusern und Herrschern – auch in Israel und bei dessen westlichen Verbündeten – galt Syrien als Schlüssel für die Vorherrschaft in der Region. Besonders deutlich wurde das am Bau der Transarabischen Pipeline 1947.

Auf- und Ausbau der Ölproduktion am Golf und im Iran waren nach dem Zweiten Weltkrieg in der Hochphase, US-amerikanische Firmen liefen den britischen Konkurrenten den Rang ab. Begonnen hatte die Konkurrenz zwischen den ehemaligen Verbündeten USA und Großbritannien unmittelbar nach der Jalta-Konferenz (Krim, Februar 1945), auf der sich die Alliierten (USA, Großbritannien, Sowjetunion) auf eine geheime Nachkriegsordnung, insbesondere die Teilung Deutschlands in Besatzungszonen, geeinigt hatten. Über Europa hinaus ging es auch um die Auf- und Verteilung von Interessensphären der »Großen Drei«, wie man sie nannte. Nach Abschluss der Beratungen reiste US-Präsident Franklin D. Roosevelt direkt in den Mittleren Osten, wo er sich im Februar 1945 mit dem saudischen König Abdul Aziz an Bord des US-Kriegsschiffes Quincy traf, das im Suezkanal kreuzte. Roosevelt wollte die Zustimmung des saudischen Königs für die Gründung eines jüdischen Staates in Palästina erreichen, was ihm nicht gelang. Mehr Erfolg hatte er bei einem anderen Handel. Vereinbart wurde der militärische und politische Schutz Saudi-Arabiens durch die US-Armee, was mit dem Bau von Militärbasen bekräftigt wurde. Im Gegenzug erhielten US-amerikanische Ölfirmen Zugriff auf die saudischen Ölquellen. Die Auslandsinvestitionen der US-Ölfirmen schossen daraufhin um mehr als 500 Prozent in die Höhe.

Nun wurde der Bau einer Pipeline für Rohöl geplant, die von Saudi-Arabien mehr als 1200 Kilometer durch die Wüste in Richtung Mittelmeer führen sollte. Ziel war die Belieferung des europäischen Marktes. Die Transarabische Pipeline (Tapline) war ein gemeinsames Projekt der vier US-amerikanischen Ölfirmen Standard Oil New Jersey (heute Exxon Mobil), Standard Oil Kalifornien (heute Chevron), Texas Company (heute Texaco) und Socony-Vacuum Oil Company (heute Mobil Oil). Den Hut bei dem Projekt hatte Aramco auf, die Arabisch-Amerikanische Ölfördergesellschaft. Der Bau erforderte die Zustimmung der jeweiligen Regierungen, durch deren Länder die Pipeline geführt werden sollte. Ursprünglich war Haifa (Palästina) als Endstation und Verladehafen geplant, doch die Gründung Israels (1948), die von den arabischen Staaten rigoros abgelehnt worden war, erforderte eine neue Trassenführung über die syrischen Golanhöhen in den Libanon. Sidon sollte zu einem Hafen für Öltanker ausgebaut werden, die das schwarze Gold nach Europa transportieren sollten. Der Libanon stimmte dem Bau der Pipeline zu, doch der damalige syrische Präsident Shukri al-Quwatli sagte Nein. Die US-Administration beauftragte die gerade gegründete Central Intelligence Agency (CIA) damit, einzugreifen und einen kooperationsbereiten Politiker in Damaskus an die Macht zu bringen. Die CIA unterstützte General Husni al-Za'im, der die Regierung von Quwatli stürzte und selber die Macht übernahm. Innenpolitischer Vorwand für den Putsch war die Niederlage im Krieg gegen den 1948 neu gegründeten Staat Israel. Die US-Ölfirmen bauten die Pipeline und nahmen 1950 den Betrieb auf. Der Hafen in Sidon wurde nie ausgebaut, stattdessen endete die Pipeline weiter nördlich im Hafen von Tripoli. Nach der Besetzung der Golanhöhen durch Israel (1967) wurde der Betrieb der Pipeline in Jordanien gestoppt.

Nach dem Putsch-Intermezzo in Syrien war die CIA zunächst in den Iran gegangen. Dort hatte Präsident Mohammad Mossadegh 1953 die iranischen Ölquellen verstaatlicht, was den US-Interessen widersprach. Mossadegh, ein großer Bewunderer des propagierten Freiheitsgedankens der USA, wurde gestürzt. Ihm folgte Reza Schah Pahlavi, der die Verstaatlichung des Ölsektors nicht vollzog.

Die 1950er-Jahre im Mittleren Osten waren zunehmend durch den Kalten Krieg und die eskalierende Ost-West-Konfrontation gekennzeichnet, die ihre Stellvertreterkonflikte in verschiedenen Regionen der Welt hervorbrachte. Die Sowjetunion plädierte dafür, den Mittleren Osten von der Konfrontation auszunehmen und als »neutrale Zone« zu definieren. Ohne Erfolg. Großbritannien und die USA versammelten die Türkei, Irak, Pakistan und den Iran hinter einem Bagdad-Pakt (1955), um den Einfluss der UdSSR an ihrer südwestlichen Peripherie einzudämmen. Syrien und Ägypten, wo mit Gamal Abdel Nasser 1952 ein viel umjubelter Führer des arabischen Nationalismus an die Macht gekommen war, weigerten sich, dem Pakt beizutreten. Als Nasser 1956 den Suezkanal verstaatliche, sorgte das sowohl in der arabischen Welt als auch international für Unruhe. Syrien reagierte begeistert, Präsident Quwatli reiste nach Moskau, um sich für Syrien und für Nasser der sowjetischen Unterstützung zu versichern. Die UdSSR sagte beiden Ländern ebenso wie dem Irak wirtschaftliche und militärische Aufbauhilfe zu. Großbritannien, Frankreich und Israel erklärten Ägypten den Krieg, zogen allerdings schon nach wenigen Monaten wieder ab, nachdem sich die USA und die Sowjetunion im UN-Sicherheitsrat auf ein Ende der militärischen Konfrontation geeinigt hatten.

1957 kehrte die CIA nach Syrien zurück, wie der *New York Times*-Reporter und Pulitzerpreisträger Tim Weiner in seiner CIA–Geschichte *Legacy of Ashes* (dt. *CIA-Die ganze Geschichte*) beschreibt. Shukri al-Quwatli war dort seit 1955 zum dritten Mal Präsident, seine säkulare Regierung war durch das Parlament legitimiert. Mit viel Geld – verschiedene Quellen nennen eine Summe von drei Millionen US-Dollar – finanzierten die CIA-Agenten islamistische Gruppen wie die Muslimbruderschaft und versuchten, syrische Militärs anzuwerben, mit dem Ziel, die Regierung erneut zu stürzen und führende Politiker zu ermorden. Die Destabilisierung Syriens sollte durch »bewaffnete Provokationen« in den Nachbarländern Irak, Libanon und Jordanien einhergehen, um eine ausländische Intervention aus dem Irak und oder aus Jordanien auszulösen. Der vom syrischen Geheimdienst aufgedeckte Plan führte dazu, dass drei Mitarbeiter der US-Botschaft in Damaskus, darunter auch der Botschafter, ausgewiesen wurden.

Die Vereinigte Arabische Baath-Partei nahm an Popularität und politischer Bedeutung zu, und Akram al-Haurani (Arabische Sozialistische Partei) übernahm den Posten des Parlamentssprechers. Ein Kommunist wurde Generalstabschef der Streitkräfte. Politiker und Militärs, die der Kooperation mit den USA verdächtigt wurden, wurden aus dem Amt getrieben oder exekutiert. Die USA verlegten die 6. Flotte ins Mittelmeer und spornten die Türkei an, in Syrien militärisch zu intervenieren. 50 000 türkische Soldaten wurden an die Grenze zu Syrien verlegt. Die Arabische Liga verurteilte die Drohgebärden und stärkte Syrien den Rücken. Die CIA und der britische MI6 (Military Intelligence, damals: Secret Intelligence Service, SIS) setzten die Unterstützung der Muslimbruderschaft fort und riefen ein Free Syria Committee (Komitee zur Befreiung Syriens) ins Leben. Bei einem Treffen im Weißen Haus mit dem CIA-Planungschef Frank Wisner und Außenminister John Foster Dulles soll der damalige Präsident Dwight D. Eisenhower 1957 gesagt haben: »Wir sollten alles Erdenkliche tun, um den Aspekt eines ›Heiligen Krieges‹ zu betonen.« Diese Idee war bereits während des Ersten Weltkrieges entwickelt worden, um feindliche Regierungen durch religiöse Aufstände zu schwächen. Nun wurde diese Strategie in der arabischen und muslimischen Welt erneut ausgiebig verfolgt und bedeutete den Schulterschluss der USA und ihrer Partner mit den sunnitisch-muslimischen Predigern gegen einen fortschrittlichen arabischen Nationalismus. Den schätzte man wegen seiner vermeintlichen Nähe zur Sowjetunion als gefährlicher ein denn religiöse Eiferer.

In Syrien wurde die Einmischung der USA und Großbritanniens als Bedrohung der Unabhängigkeit und der nationalen Einheit eingestuft, die zwölf Jahre nach dem Abzug der Franzosen noch nicht erreicht war. Die 4,5 Millionen Syrer waren – bis auf die Kurden, die Kurmanci sprachen – durch die arabische Sprache vereint. Doch Damaskus hatte sich als politisches Machtzentrum noch nicht durchgesetzt. Die Handelsstadt Aleppo suchte eher den Anschluss an Mossul und Bagdad, nicht wenige favorisierten einen Zusammenschluss mit dem Irak. Auch in Homs und im weit im

Osten gelegenen Deir ez-Zor war man gegenüber Damaskus skeptisch. Die Drusen im Süden des Landes waren ebenso glühende Verfechter des arabischen Nationalismus wie ihrer eigenen Unabhängigkeit. Die von Frankreich und Großbritannien im Sykes-Picot-Abkommen gezogenen Grenzen wurden nicht akzeptiert, ebenso wenig die Abtrennung von Alexandrette an die Türkei und die Gründung des Staates Israel. Doch die politische Macht war nicht gefestigt, und so suchten Baath-Partei und Armeeführung den Schulterschluss mit Gamal Abdel Nasser, der in Ägypten erfolgreich ein System des arabischen Nationalismus aufgebaut hatte. Neben dem Irak war Ägypten das politische Schwergewicht in der Arabischen Liga, an dem die anderen arabischen Staaten nicht vorbeikamen.

Doch auch in Ägypten gab es Probleme. Im Oktober 1954 war Nasser knapp einem Attentat entkommen, wofür er die Muslimbruderschaft verantwortlich machte. Die Organisation wurde verboten, es kam zu Massenverhaftungen. Die Spannungen zwischen den Kräften des politischen Islam und säkularen nationalistischen Parteien nahmen zu.

Die Vereinigte Arabische Republik (VAR)

Der politische Zusammenschluss mit Ägypten war von der Baath-Partei und Militärs eingefädelt worden, ohne dass sie die politische Zustimmung von Präsident Shukri al-Quwatli eingeholt hatten. Ohne Auftrag und ohne Mandat waren sie nach Kairo gefahren, um die Union auszuloten, und sie trafen Entscheidungen. Möglicherweise befürchteten sie eine ausländische Intervention in Syrien, der sie aufgrund innerer Zerrissenheit politisch und militärisch nichts hätten entgegensetzen können.

Quwatli repräsentierte die alte politische Elite der Mandatszeit, die Baath-Partei stand für eine neue Zeit. Sie hatte keine politische Erfahrung, aber sie hatte die Jugend hinter sich. Der Siegeszug nationaler Befreiungsbewegungen in Afrika und Lateinamerika schien mit dem ägyptischen Führer Nasser auch in der arabischen Welt angekommen zu sein. Nasser war international bekannt und eine selbstbewusste, starke Persönlichkeit.

Er nahm es mit den USA und den Briten auf, und Ägypten war das bevölkerungsreichste arabische Land, durch das der strategisch wichtige Suezkanal verlief. Die Bedingungen, die Nasser für den Zusammenschluss formulierte, gefielen den Syrern nicht. Dennoch stimmten sie zu. Die Vorteile der Union überwogen ihre Skepsis.

Im Februar 1958 wurde Gamal Abdel Nasser Präsident der Vereinigten Arabischen Republik und bestimmte fortan sowohl die Außen- als auch die Wirtschaftspolitik Syriens. Wie in Ägypten wurden in Syrien die Parteien verboten, in einem Parlament wurden 400 ägyptische und 200 syrische Abgeordnete versammelt. In Damaskus wurde eine VAR-Regionalregierung etabliert, die Nasser untergeordnet war. Der syrische Präsident Shukri al-Quwatli, der aufgrund seiner Nähe zum saudischen Königshaus ein kritisches Verhältnis zu Nasser und seinen Ideen hatte, zog sich zurück.

Die Baath-Partei löste sich freiwillig auf, die Führer der Kommunistischen Partei, die den Zusammenschluss ablehnten, gingen ins Exil. Ihre Anhänger wurden verhaftet. Das gleiche Schicksal erlitten die anderen Parteien, die im Zuge der Unabhängigkeit nach 1946 gegründet worden waren. Syrien war kein Mitglied der Vereinten Nationen mehr. Stattdessen war es Teil eines Staates geworden, der nicht über ein gemeinsames Gebiet verfügte. Libanon, Israel und Jordanien trennten Syrien und Ägypten.

Die Händlerklasse in Aleppo und Damaskus reagierte wie die Oberschicht um Shukri al-Quwatli skeptisch auf den Zusammenschluss. Seit der Unabhängigkeit hatten sie Geschäftsbeziehungen mit Jordanien, Saudi-Arabien und den USA entwickelt. Jüngere Unternehmen und die Mittelklasse hingegen hofften mit dem Zusammenschluss auf neue Märkte und besseren Umsatz. Die Reaktionen der ländlichen Bevölkerung und der armen Leute waren dagegen enthusiastisch, die Erwartungen waren hoch. Nasser erließ eine Landreform. Privatbesitz wurde eingeschränkt, Großgrundbesitzer verloren Rechte, das Land wurde an die Arbeiter und Bauern verteilt. Banken und Industrieunternehmen, private Fabriken und Betriebe wurden verstaatlicht. Die Händlerelite wurde zunehmend nervös, der Unmut gegen den syrisch-ägyptischen Zusammenschluss wuchs.

Auch innerhalb der Baath-Partei regte sich Widerspruch gegen das rigorose Auftreten Nassers. Parteigründer Michel Aflaq hatte sich wie Mitbegründer Saladin al-Bitar für die Union ausgesprochen, in der Hoffnung, den ideellen Einfluss der Baath-Bewegung zu erhalten und ausbauen zu können. Das hatte Nasser ihnen zugesagt. Doch mangels legaler Strukturen entfernte sich die Parteiführung zunehmend von den Mitgliedern, die für Entscheidungen nicht mehr konsultiert wurden. Zerwürfnisse wurden auch zwischen den städtischen und ländlichen Gruppen sichtbar. Militärs der Baath-Partei und anderer Parteien, die in Kairo geblieben waren, gründeten einen geheimen Militärrat. Sie wollten im Falle weiterer Zerwürfnisse den Erhalt der VAR in Syrien sichern.

Das Militär, in dem – dank des französischen Mandats – die Alawiten Syriens mittlerweile eine starke Präsenz hatten, gewann an Bedeutung. Alawiten hatten unter den Osmanen keinen Zugang zu Schule, Studium und beruflicher Karriere gehabt. Unter den Franzosen – die die Minderheiten und Landbevölkerung gegen die Idee der nationalen Unabhängigkeit für ihre Interessen instrumentalisiert hatten – war ihnen der Weg in die Schulen, später in die Universitäten geöffnet worden. Vor allem aber konnten sie in der Armee und im administrativen Bereich aufsteigen. Die Bedeutung des Militärs nahm auch infolge des Kalten Krieges zu. Die Sowjetunion unterstützte sowohl Syrien als auch Ägypten beim Aufbau, bei der Ausrüstung und der Ausbildung ihrer nationalen Armeen.

Drei Jahre hatte die Vereinigte Arabische Republik Bestand, bis im September 1961 die Regierung in Damaskus gestürzt wurde. Der Putsch wurde von Vertretern der noch immer einflussreichen Damaszener Oberschicht und des Landadels durchgeführt. Finanzielle Unterstützung kam aus Saudi-Arabien, politisch war die regionale Lage im Umbruch. Im Irak waren seit 1958 verschiedene Regierungen gestürzt worden, auch in Bagdad wandte man sich nun gegen Nasser.

Der neue Regierungschef in Damaskus, Ministerpräsident Ma'aruf al-Dawalibi, sorgte dafür, dass die politischen und ökonomischen Veränderungen der vergangenen Jahre rückgängig gemacht wurden. Das verstaatlichte Land wurde den ursprünglichen Besitzern zurückgegeben, auch Fabriken und Unternehmen gingen wieder in Privatbesitz über. Unterstützung kam aus den USA, wo Präsident John F. Kennedy die neue Regierung in Damaskus anerkannte. Während die städtischen Eliten Syriens von der neuen Entwicklung profitierten, gingen Bauern und die ärmeren Bevölkerungsschichten, die von der Landreform und der Verstaatlichung unter Nasser profitiert hatten, in die Opposition. Für die syrischen Baathisten war es wie ein Signal, als im Februar 1963 im Irak Offiziere der Baath-Partei die Macht übernahmen. Syrien folgte dem Beispiel. Bauern, Arbeiter und die städtische Unterschicht stellten das Gros der Soldaten in der Armee. Sie boten die Grundlage für einen erneuten Putsch am 8. März 1963. Angeführt wurde der Umsturz dieses Mal von einem Militärrat, den syrische Offiziere drei Jahre zuvor in Kairo gebildet hatten. Das Ziel, die VAR mit Nasser zu erhalten, stand allerdings nicht mehr oben auf der Agenda.

Die Baath-Partei stand erstmals im Zentrum der neuen politischen Macht in Damaskus. Auch die SSNP war stark vertreten, vor allem in der Armee. Der Ausnahmezustand wurde verhängt, die Regierung entmachtet, verhaftet oder des Landes verwiesen. Das Parlament wurde aufgelöst, Zeitungen wurden verboten, die Banken verstaatlicht. Schnell entwickelte sich ein Machtkampf zwischen Baath-Partei und Nasser-Getreuen in Politik und Militär. Die Baath-Partei setzte Entlassungen durch und zögerte auch nicht, gewaltsam gegen die andere Seite vorzugehen. Ein Putschversuch von Pro-Nasser-Offizieren wurde blutig niedergeschlagen, die Männer wurden hingerichtet. Nasser reagierte zornig, machte aber deutlich, dass eine militärische Intervention in Syrien zum Erhalt der VAR nicht geplant war. Ende 1963 hatte die Baath-Partei ihren Machtanspruch weitgehend durchgesetzt. In der Armee schworen die Offiziere nun ihren Eid auf Syrien mit einer Baath-Parole: »Einheit, Freiheit und Sozialismus«.

George Jabbour

Das Zeitalter 2254

Nie die Bodenhaftung verlieren. Mariya und George Jabbour in ihrer Wohnung in Damaskus (2010). George Jabbour wurde 1938 in Safita geboren und trat als Schüler der Baath-Partei bei. Der Jurist und Geschichtsphilosoph beriet zwei Präsidenten und war Abgeordneter im Parlament.

»Willkommen in Syrien!« Doktor George Jabbour öffnet die Tür zu seiner bescheidenen Wohnung am Westrand von Damaskus. Hier lebt er mit Mariya Anis Chebat, seiner Frau, einer Apothekerin. »Willkommen, hatten Sie eine gute Reise? Möchten Sie Kaffee oder Tee?«, bietet sie an, um gleich darauf in der Küche zu verschwinden. Wenig später bringt sie Kaffee und Süßigkeiten, verteilt sie auf die kleinen Beistelltische, die sie nah an die geschnitzten Sessel heranschiebt.

Die Fensterfront im Salon, wo die Jabbours ihre Gäste begrüßen, gibt den Blick frei über Damaskus: Auf die Stadtteile Mezzeh, Dareya, bis Zaida Zainab kann man an klaren Tagen blicken. Hier das Minarett einer Moschee, dort ein Kirchturm. An diesem Tag ziehen dunkle Wolken über die Stadt. Schwarze Rauchsäulen steigen in der Ferne empor. Es ist November 2012, und seit einem Jahr wird Syrien von bewaffneten Auseinandersetzungen erschüttert. Jabbour tritt auf den Balkon und runzelt die Stirn, Unruhe und Sorge ist ihm anzumerken. Alle Versuche, mit der Opposition ins Gespräch zu kommen, schlugen fehl. Der innere Konflikt, den Jabbour lange schon hatte kommen sehen, ist längst zu einem regionalen und internationalen Konflikt geworden. »Sie wollen Waffen, aber wir brauchen Dialog«, sagt er auf die Frage, ob und wie die Regierung mit der syrischen Auslandsopposition ins Gespräch kommen könne. Diejenigen, die heute im Vorstand der »Nationalen Koalition der syrischen Revolutions- und Oppositions-Kräfte« (Ikhtilaf, Sitz in Istanbul) das Sagen hätten, sollten für einen friedlichen Übergang eintreten. »Wie sie es früher getan haben, als sie noch in Syrien waren«, meint Jabbour, der viele der Oppositionellen persönlich kennt. Die Regierung genieße weiterhin Unterstützung von vielen Syrern, nicht zuletzt von der Armee, ein militärischer Sieg sei nicht möglich. »Sie werden Syrien mit ihren Waffen vernichten«, ist Jabbour überzeugt und meint die Gruppen der Opposition, die zu einem bewaffneten Aufstand aufrufen. Er frage sich, ob die Koalition tatsächlich Einfluss auf alle bewaffneten Gruppen habe. »Haben sie Kontakt mit der Al-Nusra-Gruppe, die für die meisten Anschläge verantwortlich ist?«

Als die USA im September 2013 ankündigten – wegen eines vermeintlich von der syrischen Armee verübten Giftgasangriffs –, Damaskus zu bombardieren, packen die Eheleute wenige Dinge ein und siedeln in die Wohnung eines Verwandten im Stadtinneren um. Ihre Wohnung liegt am Stadtrand, unterhalb einer Militärbasis, die sicherlich Ziel von US-Raketen wäre, sollte es zum Angriff kommen, erklärt er. »Wir leben jetzt in einem dicht von Muslimen besiedelten Viertel«, meint er, als ich ihn wenige Tage später das erste Mal in dem neuen Heim in Alt-Mezzeh besuche. »Alle sind sehr freundlich und respektvoll zu uns – das syrische Gewebe ist hier noch intakt.«

An einem frühen Januarmorgen 2016 sind wir wieder verabredet. Frau Jabbour will Gewürze für ihre Schwester einkaufen, die im Libanon lebt. Ich möchte sie begleiten. George bietet an, uns im Auto zu dem Gewürzladen zu fahren. Während seine Frau und ich die Einkäufe erledigen, widmet er sich im Auto seiner Zeitungslektüre. Das Gewürzgeschäft ist eines der ältesten in Damaskus. Für Männer und Frauen gibt es zwei verschiedene Eingänge, die Regale sind vom Boden bis zur Decke mit Gewürzen aller Art gefüllt, auch Seifen und unzählige Teesorten kann man kaufen. Reichlich mit Tüten bepackt, geht es zurück in die Wohnung. Auf einen Tisch im Salon hat George bereits einen braunen Umschlag mit Fotos gelegt. Heute will er über seine Jugend berichten. Wie kam er zu seinem Studium, wann und warum schloss er sich der Baath-Partei an, wie war das Leben damals? Fast seit der Unabhängigkeit Syriens am 17. April 1946 gehört George Jabbour zu den Personen, die Syrien politisch geformt haben. Damals war er zwar erst acht Jahre alt, doch »die Umstände zwangen der Jugend die Politisierung geradezu auf. Nur ein Jahr nach der Unabhängigkeit, im November 1947, wurde von der UNO die Teilung Palästinas beschlossen. Überall gab es Demonstrationen gegen diesen Teilungsplan, und natürlich liefen meine Brüder und ich mit.«

Nie die Bodenhaftung verlieren, nie zu große Schritte machen

Geboren wurde George Jabbour im Dezember 1938 in der kleinen Stadt Safita, 35 Kilometer östlich der Hafenstadt Tartus. Umgeben von Obstgärten und Olivenhainen, gehört Safita zu den idyllischsten Orten Syriens. Nicht weit entfernt liegt Dreikish, das für seine Seidenproduktion bekannt ist, den kostbaren Grundstoff des Damaszener Seidenbrokats. Anfang des 12. Jahrhunderts gehörte Safita zur Grafschaft Tripoli, der heute im Libanon liegenden Hafenstadt. Wiederholt wurde die Stadt durch Erdbeben, aber auch im Zuge von Eroberungskriegen zerstört, jedes Mal wurde sie wieder aufgebaut. Der »Weiße Turm« (Chastel Blanc) wurde von den Tempelrittern erbaut und war Teil eines Informationsnetzes, das die europäischen Eroberer entlang der Küste der Levante installiert hatten. Vom »Weißen Turm« bestand Blickkontakt zu Wehrtürmen der Johanniter in Tartus und Areima, mit denen man sich mit Feuern oder Rauchzeichen verständigte.

Der »Weiße Turm« ist bis heute erhalten, doch die ihn umgebende Burganlage ist weitgehend zerstört. Lediglich die historische Kapelle wird von der griechisch-orthodoxen Gemeinde Safitas bis heute als Kirche genutzt. Sie trägt den Namen Sankt Michael.

Die Familie von George Jabbour väterlicherseits war in der lokalen Politik nicht unbekannt. »Ein Onkel, ein Rechtsanwalt, kandidierte schon 1937 bei den ersten Parlamentswahlen Syriens für Safita«, erzählt George Jabbour. Auch mütterlicherseits engagierte sich die Familie in der Lokalpolitik. »Einer meiner Onkel mütterlicherseits war Mitglied im libanesischen Parlament. Er war aus Akkar und fiel später einem Attentat zum Opfer.«

Bald nach der Teilung Palästinas begann der Krieg, der 1948 mit der Gründung Israels endete. Der UN-Sicherheitsrat akzeptierte den neuen Staat – alle arabischen Länder lehnten ihn ab. Bis heute ist die Teilung Palästinas für George Jabbour eines der wichtigsten politischen Probleme der Region. »Die Teilung Palästinas war natürlich nicht nur ein syrisches, sondern ein internationales Ereignis. Doch 1949 geschah etwas, was für uns Syrer von großer innenpolitischer Bedeutung war. Im März 1949 gab es den ersten Putsch, und ein Militär kam an die Macht, der vor dem einen Auge ein Monokel trug, Husni al-Za'im. Es war damals üblich – wohl nicht nur in Safita –, dass alle Geschäfte das Foto des neuen Präsidenten aufhängten. Und weil ich Bester in der Schule war und dachte, die Schulbesten würden automatisch Präsident werden, hatte ich diese Idee, Präsident von Syrien zu werden. Dann würde auch mein Foto in allen Geschäften ausgehängt.« Doch das weitere Geschehen gab George Jabbour zu denken. »Es war etwas, was zwei bekannten christlichen Politikern widerfuhr. Der Gründer und Führer der Baath-Partei, Michel Aflaq, wurde von Za'im verhaftet und erst wieder freigelassen, nachdem er die Auflösung der Partei erklärt und von allen Posten zurückgetreten war. Der andere christliche Politiker war Antoun Saadeh, aus dem Libanon. Er hatte die SSNP gegründet und zu einer Revolution gegen die libanesische Regierung aufgerufen, die mit den Franzosen kooperierte. Doch Saadeh wurde von Za'im an den Libanon ausgeliefert, wo er exekutiert wurde. Für uns war er ein Märtyrer.« Die Jungen in der Schule diskutierten heftig darüber, welcher der beiden Politiker der bessere gewesen sei: »Der, der am Leben bleibt, aber nach einem Gerichtsverfahren seine Partei aufgibt, oder der, der bis zum Ende gekämpft hat und für seine Ideen stirbt? Und beide waren Christen, wie wir, die Schuljungen in Safita.« Diese Frage habe ihn viel beschäftigt. Sollte er an einer Linie festhalten und gegebenenfalls mit seinem Leben dafür bezahlen? Oder sollte er lieber flexibel sein und manövrierfähig bleiben? »Ich habe mich dafür entschieden, manövrierfähig zu bleiben, aber meine Sympathien waren beim Märtyrer.«

Sicherlich war George Jabbour auch beeinflusst von seinem Vater. Der hatte den Sohn schon früh ermuntert, sich politisch zu engagieren. Aber er solle dabei auch vorsichtig sein, Politik sei riskant: »Spring nicht zu hoch, verlier nie die Bodenhaftung, gehe immer bedächtig voran«, habe der Vater ihm einmal gesagt. »Ich habe seinen Rat immer geachtet.« Vater Jabbour war Inspektor bei der PTT, dem von den Osmanen gegründeten Post- und Telegrafenunternehmen. »Er war Generaldirektor in der Provinz Lattakia, in der Region, in der die Alawiten lebten. Diese Provinz hatte während des französischen Mandats einen Sonderstatus. Mein Vater war ein Anhänger der Einheit Syriens, er sympathisierte mit der Nationalbewegung, die sich gegen die Franzosen erhob. Als die Franzosen das mitbekamen, warfen sie ihn ins Gefängnis. Vier Wochen war er inhaftiert, und er erzählte mir später, das seien die schlimmsten vier Wochen in seinem Leben gewesen. Wegen dieser Erfahrung sagte er zu mir, ich solle nie die Bodenhaftung verlieren, ich müsse es unbedingt vermeiden, jemals ins Gefängnis zu kommen. Sei klug, sagte er. Und dann haben wir darüber diskutiert, wie man klug genug ist, nicht verhaftet zu werden und gleichzeitig seine politischen Überzeugungen nicht zu verraten. Er meinte: Wenn du den Eindruck hast, unter einer despotischen Regierung zu leben, halte dich zurück, gib ihr keinen Vorwand, dich zu festzunehmen.«

1950 zog die Familie von Safita nach Damaskus um. Einen Monat zuvor war die neue Verfassung verabschiedet worden, in der festgelegt war, dass der Präsident Syriens immer ein Muslim sein müsse. Die Pläne des ambitionierten Schülers waren dahin. »Ich war immer Klassenbester gewesen und sollte also wirklich geeignet sein, Präsident zu werden«, meint George Jabbour. »Aber die Verfassung verhinderte das. Ich habe damals die Parlamentsdebatten über die Verfassung intensiv verfolgt. Ich hob alle Zeitungsartikel darüber auf, alles, was ich in die Hände bekam.«

Bevor sie umgezogen waren, hatte der Vater einen Kollegen gefragt, wo in der Hauptstadt sie sich am besten eine Wohnung suchen sollten. Er fragte zurück, ob wir denn in einem der christlichen Stadtteile wohnen wollten, dann wäre es am ehesten Bab Touma oder Qassa. Oder ob wir ein moderneres Viertel vorziehen würden. Mein Vater fragte den Kollegen, wo er denn wohne, und er antwortete, er wohne in einem modernen Viertel von Damaskus. »Gut, sagte mein Vater. Wir werden uns in eurer Nähe eine Wohnung suchen. So zogen wir in die Rawda-Straße, die vom Italienischen Krankenhaus Richtung Abu Rumaneh verläuft. In dem Haus waren sechs Wohnungen. In zwei Wohnungen wohnten muslimische Scheichs. In einer Wohnung wohnte ein Sportlehrer, der Whisky trank und zu seinen Partys ausländische Diplomaten einlud. In einer Wohnung wohnte ein Mann aus Weißrussland, und dann waren wir da, Christen aus Safita. Die Ersten, die uns nach unserem Einzug besuchten, waren die beiden Scheichs. Sie saßen im Salon mit meinem Vater und unterhielten sich mit ihm über den Koran, über die Christen, die so eng mit den Muslimen zusammenleben, und so weiter. Es war also eine sanfte Landung für uns in Damaskus.«

George Jabbour wurde in die Jawdad-al-Hashimi-Schule eingeschrieben, die er leicht zu Fuß von der Rawda-Straße aus erreichen konnte. Diese Schule galt als bestes staatliches Gymnasium in ganz Syrien, und »es herrschte eine säkulare Atmosphäre«, erinnert er sich. »Die christliche und muslimische Mittel- und Oberschicht schickte ihre Kinder dorthin. Die meisten Schüler waren Muslime, in meiner Klasse waren wir zwanzig Schüler, und außer mir waren da noch zwei, drei andere Christen.«

1954, im Alter von sechszehn Jahren, fasste George Jabbour eine grundlegende Entscheidung, die sein weiteres Leben prägen sollte. »Es war der 30. April 1954, als ich der Baath-Partei die Treue schwor, es war ein Freitag. Nach dem Sturz von Shishakli Ende Februar war es das erste Treffen der Baath-Partei, bei dem neue Mitglieder aufgenommen wurden. Den Vorsitz führte Saladin al-Bitar, der ehemalige Ministerpräsident und die Nummer zwei der Partei.« Unter Adib ash Shishakli waren alle Parteien und viele Zeitungen in Syrien verboten gewesen. Bitar und Aflaq, die Gründer der Baath-Partei, hatten sich in dieser Zeit in den Libanon abgesetzt.

»Nach der Aufnahmezeremonie ging ich zu meinem Vater und erzählte ihm alles. Ich hatte ihn nicht um Erlaubnis gefragt. Er meinte: Gut, ich hätte es besser gefunden, wenn du mich um Rat gefragt hättest. Aber ich unterstütze es, wenn du dich politisch engagierst. Eigentlich hatte er mich immer dazu ermuntert, wenn wir geredet hatten. Er wollte, dass meine beiden älteren Brüder in den Staatsdienst gehen sollten, um eine sichere Laufbahn zu haben. Sie machten aber was anderes. Der eine studierte Medizin, der andere wurde Ingenieur. Also sollte ich nun diesen Weg einschlagen und Staatsbeamter werden. Mein Vater war der Meinung, dass eine politische Laufbahn das Vornehmste sei, was ein Mann im Leben erreichen könne.« Er habe sich immer an den Rat seines Vaters gehalten, sagt George Jabbour nachdenklich: »Ich war nie im Gefängnis. Ich wurde nie von der Polizei befragt, und ich habe immer an meinen Ideen festgehalten. So friedlich wie möglich und manchmal auch, indem ich schwieg.«

Die Baath-Partei habe damals die Jugend angesprochen und besonders 1954, nach dem Sturz von Shishakli, sei die Partei mit ihren drei Prinzipien – Freiheit, Einheit, Sozialismus – im Aufwind gewesen. »Jeder war für Freiheit, jeder war für Einheit, und jeder war für Sozialismus im Sinne sozialer Gerechtigkeit.« Niemand habe die Forderung nach der arabischen Einheit damals infrage gestellt »außer vielleicht die SSNP zu dem Zeitpunkt. Selbst mein Vater mit seinen Ideen war wie ein Baathist, eine Art ›Früh-Baathist‹ vielleicht. Er achtete darauf, dass bei uns zu Hause immer ein Bild der arabischen Führer hing. Es war ein bestimmtes Bild, auf dem die Könige und Präsidenten bei ihrem ersten arabischen Gipfeltreffen zu sehen sind, das war 1946 in Anshas in Ägypten. Er zeigte uns das Foto und sagte: Hier sind die arabischen Führer, und wir sind Araber. So zu denken, gehörte damals in Syrien zur allgemeinen arabisch-nationalen Ideologie. Und die aufgeklärten Christen wollten unbedingt der Mehrheitsbevölkerung, den arabischen Muslimen, ihre Verbundenheit mit den Prinzipien des arabischen Nationalismus beweisen. Für unseren Vater war das sehr wichtig, und er forderte uns Kinder auf, den Islam zu studieren, uns als Araber zu fühlen und stolz auf unsere arabische Herkunft zu sein, unsere familiäre und unsere kulturelle arabische Herkunft.«

Vater Jabbour war ein stolzer Araber, und er erzählte den Kindern, dass die Familie von einem alten arabischen Geschlecht abstamme, dem Stamm

Kahtan, der im Jemen zu Hause war. »Wir hatten einen Stammbaum, und demzufolge war ich der 45. Nachfahre von Kahtan, dem Urvater der Araber. Dafür gibt es natürlich keine Beurkundung, aber immer wenn ich darauf angesprochen werde, sage ich, die Angabe ist genauso glaubwürdig wie die Angabe über die Stammbäume des Propheten.« Er habe auf seine Abstammung von Kahtan einmal hingewiesen, als er bei einem Treffen der Arabischen Liga auf seine Herkunft angesprochen wurde. »Man dachte, ich sei französischer Kolonialist und in Syrien übrig geblieben, weil ich George heiße.« Dabei habe es mit seinem Namen eine ganz andere Bewandtnis.

»Während meine Mutter mit mir schwanger war, ging es ihr gesundheitlich nicht sehr gut. Sie war in Sorge, dass ich krank geboren werden könnte, und so ging sie zum Kloster des Heiligen Georg, das nicht weit von Safita entfernt ist. Sie betete dort und versprach, Spenden zu geben, wenn ich gesund zur Welt käme. Und sie würde mich George nennen. Und so kam es. Ich war gesund, als ich zur Welt kam, und sie tauften mich auf den Namen George. Wir waren zu Hause vier Jungen, und unsere Eltern gaben uns folgende Namen: Der älteste wurde nach dem Großvater benannt, das war ein Familienname. Der nächste wurde Kahtan genannt, das war, um unsere Zugehörigkeit zu den Arabern zu zeigen. Es war in der Zeit des französischen Mandats, also war diese Namensgebung auch eine politische Entscheidung. Ein Araber gegen die Franzosen. Ich wurde George genannt, und mein jüngerer Bruder hat wiederum einen arabischen Namen. Wir haben also zwei christliche Namen und zwei arabisch-muslimische Namen in unserer Familie.« Er und seine Frau Mariya haben es übrigens ebenso gemacht. Ihr ältester Sohn trägt einen arabisch-muslimischen Namen, der jüngere einen christlichen Namen.

»Die Araber sind von ihrer Herkunft her in zwei arabische Stämme geteilt. Die Nachfahren von Kahtan und die Nachfahren von Adnan. Die Nachfahren von Kahtan stammen aus dem Jemen, von wo sie als Händler über Jordanien nach Syrien und bis nach Safita kamen. Und die Nachfahren von Adnan kamen aus Mekka. Die Kahtani gehörten zu den Unterdrückten, während die Adnani dominierten. Sie hatten den Propheten, das gab ihnen Macht. Diese Rivalität ist sehr wichtig in der arabischen Geschichte, bis heute ist sie eine Quelle ewiger Dispute. Wir bezeichnen uns als Ghassaniden, das war der christliche Zweig der Kahtani. So wird es jedenfalls erzählt.«

Während George Jabbour sich an seine Jugendzeit erinnert, fallen ihm immer wieder Begebenheiten ein, die ihn zum Lachen bringen. Zum Beispiel die Geschichte von ihm und seinem älteren Bruder Kahtan. Der hatte an der St.-Josephs-Universität im Libanon studiert und war dann als Ingenieur in die Vereinigten Staaten gegangen, um sich zu qualifizieren. Er war in den Staaten geblieben und unterrichtete an Universitäten. Nach etlichen Jahren beantragte Kahtan die US-amerikanische Staatsangehörigkeit und wurde akzeptiert. Mit der Zusage, dass er nun US-Bürger sei, erhielt er auch einen höflichen Brief, dass er, wenn er wolle, auch seinen Namen ändern und einen Namen annehmen könne, der in den USA üblicher sei. Er antwortete, dass er seinen Namen Kahtan behalten wolle, um seine arabische Herkunft zu betonen. An seinen Bruder George in Damaskus, den er über den Vorgang auf dem Laufenden gehalten hatte, schrieb er: »Du verteidigst die Menschenrechte in der arabisch-muslimischen Welt in Syrien mit deinem christlichen Namen George. Und ich verteidige die Menschenrechte in den USA mit meinem arabisch-muslimischen Namen Kahtan.«

Zeit des Aufbruchs

1956 schloss George Jabbour das Abitur als Bester ab in ganz Syrien. Es war üblich, dass die Regierung die Jahrgangsbesten mit einem Stipendium unterstützte, um zu studieren. »Man wollte mich nach England schicken, damals war ich achtzehn Jahre alt.« Doch der junge George hatte andere Pläne. Mit Unterstützung des Präsidenten der 1913 gegründeten Damaskus-Universität durfte er sich ausnahmsweise für zwei Fächer einschreiben: Philosophie und Jura. Als er gefragt wurde, warum er zwei Fächer studieren wollte, sagte er: »Ich möchte Jura studieren und Anwalt werden, um mein Geld zu verdienen.« »Und warum Philosophie? Willst du uns etwas vorphilosophieren«, fragte der Universitätsleiter. Damit meinte er, ob der junge Mann, der da vor ihm stand, lange Vorträge zu halten gedenke, um anderen zu sagen, wo es langgehen solle. »Nein«, antwortete George: »Ich will nicht, dass jemand mir etwas vorphilosophiert, also studiere ich Philosophie – als Abwehrmaßnahme.«

George Jabbour legte eine Bilderbuchkarriere hin. 1960 schloss er Jura und Philosophie an der Damaskus-Universität ab. Es folgten der Magister in Politikwissenschaften an der Universität von Colorado (USA) 1963 und ein Jahr später die Promotion. 1973 folgte eine weitere Promotion in Politik an der Universität von Kairo. Zwischen 1963 und 1973 vertiefte Jabbour sein Wissen in Den Haag und in Beirut, dann folgte die erste Anstellung als syrischer Staatsbeamter bei der Internationalen Atomenergiebehörde (IAEA) in Wien. Professuren in Kairo und Aleppo (1989–2008) und verschiedene Aufgaben bei der UNO machten aus George Jabbour einen international bekannten Experten und Diplomaten, der – nicht zuletzt dank seiner Sprachkenntnisse in Arabisch, Französisch und Englisch – bei Journalisten viel gefragt war.

»In der Baath-Partei habe ich keine Karriere gemacht. Als ich 1954 Mitglied wurde, war ich jung und ambitioniert. Doch die Parteiversammlungen fand ich langweilig, und ich nahm bald nicht mehr daran teil. Zwischen 1954 und 2003 habe ich nie irgendeine Parteifunktion innegehabt. 2003 bekam ich von der Partei grünes Licht, für das Parlament zu kandidieren, und ich wurde gewählt. Das war alles.«

Die Zeit zwischen 1954 und 1958 erlebte George Jabbour als »politisch stabil«. Davon habe vor allem die Baath-Partei profitiert, der die jungen Leute, besonders an den Universitäten und in der Armee, in Scharen zuströmten. »Die SSNP brach zusammen, als man sie 1955 für die Ermordung von General Adnan al-Malki verantwortlich machte«, erinnert er sich. Ihre Mitglieder und Anhänger wurden verhaftet, davon profitierte die Baath-Partei. »Sie war 1955 konkurrenzlos unter den Studenten. Die Einzigen, die vielleicht ähnlich populär waren damals, waren die Kommunisten. Aber die traditionellen Parteien, die aus dem Nationalen Block entstanden waren, fanden nicht mehr viel Zustimmung. Für uns junge Leute hatten die traditionellen Parteien keine Anziehungskraft. Wir wollten Ideologie, etwas, was unsere Weltanschauung, unsere Träume und politischen Ziele benannte. Und da gab es in den 1950er-Jahren vier Parteien in Syrien, die das vermittelten: die Muslimbruderschaft, die Kommunisten, die Baath-Partei und die SSNP.«

Die Kommunistische Partei hatte in den 1950er-Jahren stark gegen den Antikommunismus anzukämpfen, der sich mit zunehmendem Einfluss der USA und ihrer Medien im Mittleren Osten breitmachte, so George Jabbour. »Die amerikanische Propaganda stellte die Kommunisten als Atheisten dar, das machte sie suspekt. Richtig ist, dass viele Mitglieder der KP Christen waren, das lag aber vor allem daran, dass die Christen sich von einer säkularen Partei angezogen fühlten. Sie konnten sich nicht der Muslimbruderschaft anschließen, also kamen für sie nur die Baath-Partei, die SSNP oder eben die KP infrage. Gläubige Christen fühlten sich von der KP nicht angezogen, weil die Religion dort keinen Platz hatte. Ein bisschen anders war das bei der SSNP, die aber nach 1955 mit dem Verbot zu kämpfen hatte. Die Baath-Partei war zwar erklärtermaßen säkular, wies aber dennoch eine große Nähe zum Islam auf. Wenn wir also den Säkularismus als Maßstab nehmen, dann war davon in der Baath-Partei weniger zu spüren als in der SSNP oder eben bei den Kommunisten. Die Baath-Partei war eine Kombination aus arabischem Nationalismus und Islam. Wenn man sich als Araber versteht, ist die arabische Sprache der Schlüssel für die eigene nationale und politische Identität, die arabische Sprache ist aber auch die Sprache des Islam. Hier finden wir die Baath-Partei, sie war säkular, aber mit einer islamischen Tönung.«

Jabbour führt das auf die Haltung von Michel Aflaq, den christlichen Parteigründer der Baath-Partei, zurück. »Im Vorfeld der Wahlen 1943 hatte er immer wieder über den Propheten Mohammad und den arabischen Nationalismus gesprochen. Die Zielgruppe seiner Ausführungen war die islamisch geprägte Wählerschaft in Damaskus.« Und tatsächlich werde der Geburtstag des Propheten von bekannten christlichen Politikern bis heute zum Anlass genommen, sich zu Wort zu melden. Sie wollten sich bei den Muslimen einschmeicheln. Doch für die syrischen Christen sei der Säkularismus von größter politischer Bedeutung. »Darum waren sie zwischen diesen drei säkularen Parteien, der Baath, der SSNP und den Kommunisten, hin- und hergerissen.« Er selber habe eigentlich »mehrere Zugehörigkeiten« gehabt: »Ich fühlte mich als syrischer Araber, gleichzeitig aber auch als Christ aus Safita. Und ich gehörte zur islamischen Kultur. Juristisch gesehen, war ich Syrer, vom Intellekt her war ich Araber, der aus der islamischen Kultur stammte, und politisch gehörte ich zu einer Partei, die sich die arabische Einheit auf die Fahne geschrieben hatte.« Wie es Leuten in anderen Teilen Syriens gegangen sei, könne er nicht sagen. Sein Leben habe sich bis zum Ende der Schulzeit und während des Studiums zwischen Damaskus und Safita abgespielt. »Aleppo erschien uns immer als sehr fortschrittlich und aufgeklärt. Das lag sicherlich daran, dass die Christen dort eine beträchtliche Minderheit darstellten.«

Rund 35 Prozent der gesamten Bevölkerung von Aleppo – die bis 1960 weniger als 500 000 Menschen betrug – waren nach Angaben des Zentralen Syrischen Statistikbüros Christen. Die Mehrheit von ihnen waren Armenier, die 1915 vor den Massakern geflohen waren. Sie hatten familiäre Beziehungen in aller Welt, vor allem in Europa und in den USA, wo viele Armenier Zuflucht gefunden hatten.

»Die Christen von Aleppo hatten viel mehr internationale Kontakte als wir Christen aus dem syrischen Kernland. Das kam auch daher, dass christliche Einrichtungen, Klöster und Missionare in Beirut stationiert waren, und die hatten wiederum engere Kontakte nach Europa als die Bewohner von Damaskus. Überhaupt waren die Beziehungen zwischen den Intellektuellen von Aleppo und Beirut beispielsweise sehr viel enger als zwischen Damaskus und Beirut in der Zeit. Aber wir fühlten uns alle als Teil des syrischen Gewebes, egal, ob in Aleppo, Homs oder Damaskus. Nur mit Hama war schon damals etwas anders, es war sehr stark von dogmatischen, strengen Islamisten geprägt, ganz anders als die anderen syrischen Städte.«

Die arabischen Farben

Das Ende der 1950er-Jahre brachte große Veränderungen für George Jabbour. Einerseits schloss er sein Studium ab und ging bald darauf in die USA. Andererseits erlebte er enthusiastisch den Zusammenschluss von Syrien und Ägypten unter Gamal Abdel Nasser. »Als Mitglieder der Baath-Partei waren wir begeistert über diesen Zusammenschluss – der übrigens von den Kommunisten abgelehnt wurde. Umso mehr begeisterten wir uns dafür.«

Doch damals schon war Jabbour eher Kommentator als Akteur, wie eine Begebenheit zeigt, an die er sich gut erinnert. »Es war 1958, als die Einheit gerade beschlossen worden war. Die Regierung war noch nicht ernannt. Nasser war Präsident, und wir fragten uns alle, wer Außenminister in der neuen Regierung werden würde. Die Ägypter hatten einen ausgezeichneten Außenminister, den Diplomaten Mahmoud Fawzi. Er war schon ägyptischer Botschafter in Großbritannien gewesen, und er sprach Japanisch. Es heißt, er habe bei der UNO-Vollversammlung 1960 sogar zwischen dem japanischen Ministerpräsidenten und dem US-amerikanischen Präsidenten gedolmetscht. Jedenfalls war er ein hervorragender Diplomat. Wir in Syrien hatten Außenminister Saladin Bitar, den Vorsitzenden der Baath-Partei. Eines Tages kam ein ägyptischer Journalist zu uns an die Universität und machte eine Umfrage unter den Studierenden. Er fragte auch mich, wen ich denn als Außenminister der neuen Einheitsregierung vorschlagen würde? Wenn Nasser die arabische Einheit zur Grundlage seiner Entscheidung machen würde, müsse er Saladin Bitar zum Außenminister machen, sagte ich dem Journalisten. Aber Mahmoud Fawzi sei zweifelsohne der erfahrenere Diplomat. Und, fragte der Journalist, wäre es eine Niederlage für die Baath-Partei, wenn Fawzi Außenminister würde? Ich erwarte von Nasser, dass er Bitar ernennt, sagte ich dem Journalisten. Als Zeichen der arabischen Einheit. Aber es wurde eine Niederlage für uns. Fawzi wurde Außenminister.«

Dennoch dämpfte das die anfängliche Begeisterung des jungen Jabbour kaum. Bis zum 14. Juli 1958, dem Tag, an dem im Irak der König gestürzt wurde. Die syrische Baath-Partei dachte, der Putsch im Irak sei Sache der irakischen Baath-Partei gewesen. Michel Aflaq ging nach Bagdad, um sich am Aufbau einer Baath-Regierung zu beteiligen, die umgehend den Zusammenschluss mit Syrien und Ägypten angehen würde. Nasser hingegen war der Meinung, der Putsch sei Ergebnis seiner eigenen erfolgreichen Politik gewesen und die Baath-Partei wolle sich in den Vordergrund drängen. »Damals trat das erste Mal ein deutlicher Riss in den Beziehungen zwischen Baath und Nasser auf. Der Riss vertiefte sich, als die irakische Regierung unter Abdul Karim Qasim sich in Richtung Sowjetunion orientierte und eine engere Zusammenarbeit mit der Baath-Partei und den Nasseristen ablehnte. Nasser löste die syrische Baath-Partei offiziell auf, und wir als Studenten suchten nach etwas, um unseren Zusammenhalt zu stärken. Anfang 1959 gründeten wir das Studentenmagazin *Leyla,* das aber nur einmal erschien. Wir hatten darin eine vorsichtige Linie gegenüber der Einheitsregierung eingeschlagen. Nicht gegen Nasser, nicht gegen die Einheit. 1960 gründeten wir *Arabischer Nationalismus,* die offizielle Zeitung des Studentenverbandes. Ich wurde von den Studenten zum Chefredakteur gewählt.«

George Jabbour entschuldigt sich und geht in einen Nebenraum. Kurz darauf kommt er mit einer Zeitschrift in der Hand zurück, die deutliche Altersspuren aufweist. Die Blätter sind vergilbt und ausgefranst. Ein Exemplar der Zeitung habe er aufbewahrt, sagt er und präsentiert mir den Titel in den »arabischen Farben« Rot, Schwarz, Weiß und Grün. »Grün ist die Farbe des Propheten, Weiß ist die Farbe der Umayyaden, Schwarz ist die Farbe der Abassiden, und Rot ist die Farbe der Märtyrer, es steht für Blut.«

Der irakische Dichter Safi al-Din al-Hilli schrieb bereits im 14. Jahrhundert: »Weiß [und rein, kl] sind unsere Taten, schwarz unsere Schlachten, grün unsere Felder und rot unsere Schwerter.« Seit der Arabischen Revolution (1916) trugen arabische Nationalfahnen diese Farben in der einen oder anderen Version. Während der Einheitsregierung zwischen Ägypten und Syrien (1958–1961) zeigte die gemeinsame Fahne die Farben Rot, Weiß und Schwarz (von oben nach unten) und zwei grüne Sterne auf dem weißen Balken in der Mitte. Die zwei Sterne standen für die zwei Staaten der Vereinigten Arabischen Republik. Nach der Trennung von Ägypten folgten zwei andere Flaggenversionen, 1980 wurde die heutige Flagge angenommen, die der Flagge der Vereinigten Arabischen Republik (1958–1961) entspricht.

Für George Jabbour und seine Freunde waren die arabischen Farben auf ihrem Magazin selbstverständlich, wichtiger aber war für sie der Inhalt. Der bestand vor allem aus kurzen Artikeln, Diskussionen der Studenten, Gedichten und Cartoons. Jabbour schlägt eine Seite auf und weist auf die Kurznachrichten. Da heißt es beispielsweise: »Es wurden verschiedene Vorschläge eingereicht, wie der Studentenverband international aktiv werden könnte, um den Studenten in aller Welt zu erklären, worum es den Arabern geht. Darüber sollte man ernsthaft nachdenken. Es ist zwar richtig, dass unsere Studenten wenig Erfahrung in der Verbandsarbeit haben, aber solche Erfahrungen müssen erworben werden, man kann sie nicht vorschreiben. Anderseits können sie ihre Qualifikation und Kompetenz nur erwerben und entwickeln, wenn sie selbst Verantwortung übernehmen.« Unten auf der Seite ist ein Cartoon zu sehen. »Der zeigt eine Redaktionssitzung. Die Studierenden sitzen oder stehen um den Tisch, den Vorsitz hat der Professor, links im Bild. Sie streiten darüber, welche Themen in welchen Verantwortungsbereich fallen, und einer sagt: Protest! Gedichte sind eine Spezialität des Militärkomitees.« Denn das Militärkomitee fühlte sich dazu berufen, darüber zu entscheiden, welches Gedicht abgedruckt werden durfte. In der damaligen Zeit drängte das Militär in jeden Alltagswinkel, was in dem Cartoon auf scherzhafte Weise kritisiert wurde.

George Jabbour lacht, als er sich an die Zeit erinnert. Der Zeichner der Cartoons, Samir Kahale, sei ein guter Freund gewesen, heute lebe er in Paris. Jabbour versinkt kurz in Gedanken, dann zeigt er auf ein Gedicht am linken Rand der Seite, überschrieben mit »Die Muschel«. Der Text lautet ungefähr so:

Hier ist eine Muschel
Vom Meer ans Ufer gespült
Wir zögerten, schon so viele Muscheln haben wir gesammelt
Leere Muscheln, und doch reizte uns diese schöne Muschel,
die wir gefunden haben
Wir haben sie geöffnet, und sie war voller Wasser
Diese Muschel war wie die anderen, die wir gefunden haben
Wir warfen sie fort.

»Dieses Gedicht wurde als Gedicht gegen Nasser interpretiert«, erinnert er sich. »Es war von einem Studenten, der schon ein recht bekannter Dichter war. Und weil ich der Chefredakteur war, war ich natürlich für die Veröffentlichung verantwortlich und hatte prompt meine erste Begegnung mit dem Mukhabarat, dem Geheimdienst. Es war aber interessant, wie man an mich herantrat. Die Universität war damals so etwas wie ein heiliger Ort. Kein Geheimdienst hätte jemals zugegeben, dort präsent zu sein. Also merkte ich eines Tages, wie mir jemand folgte, als ich von der Universität nach

Hause ging. Der Mann sprach mich an, stellte sich als Geheimdienstler vor und sagte: Ich habe Fragen zu diesem Gedicht, das sich gegen Nasser richtet. Ich erklärte ihm meine Sicht der Dinge: Es sei ein Gedicht und richte sich weder gegen die Regierung noch gegen Nasser, noch gegen sonst jemanden. Er hörte zu und sagte irgendwann ›in Ordnung‹ und ließ mich allein weitergehen. Aber einige Zeit später wurde der Student, der das Gedicht geschrieben hatte, verhaftet.« Jabbour schweigt, blickt eine Weile vor sich hin und fährt dann fort: »Wir hatten nie wirkliche Freiheit, auch wenn es unter Nasser und der Einheitsregierung etwas besser war als unter der Baath-Regierung. Zur Zeit der Einheitsregierung hatten die Baathisten den Ruf, nicht wirklich loyal zur Regierung zu sein. Weil ich aber eine Position in der Studentenvereinigung hatte und der Direktor der Universität Mitglied der Baath-Partei war, stand ich sozusagen unter seinem Schutz. Aber es gab schon Spannungen zwischen den Baathisten und der Einheitsregierung.«

Auch der Westen ist nicht rein sekulär

Gesellschaftlich sei Syrien in den 1950er-Jahren im Umbruch gewesen. Ein Teil der Gesellschaft sei offener und freier gewesen. In seinem Freundeskreis waren die Mädchen meist mit dabei. Sie diskutierten, gingen wandern, machten Ausflüge. Die Mädchen kleideten sich modern, westlich. Sie studierten und fingen an zu arbeiten, man orientierte sich in Richtung Europa und sah das als fortschrittlich an. »Doch es gab einen anderen Teil der Bevölkerung, den ich selber damals gar nicht richtig wahrgenommen habe. Je offener wir wurden, desto mehr schotteten sie sich ab.« Er meine die Muslimbruderschaft, die in offener Konkurrenz zur Baath und allen säkularen Parteien gestanden habe. »Je mehr wir uns nach dem Westen orientierten, umso mehr wurden sie Muslime. Wir müssen darüber sprechen, denn schon damals entstand ein tiefer Riss unter den Syrern.« Er erinnere sich an einen Vorfall Anfang der 1960er-Jahre. Er sei damals im Vorstand des Kulturausschusses des Studentenverbandes gewesen, und sie wollten eine Delegation zusammenstellen, die zu einem Dichterwettbewerb mit anderen

Universitäten nach Kairo fahren sollte. »Einer unserer Dichter war Mitglied der Muslimbruderschaft. Ich fand das kein Problem, weil er wirklich hervorragende Gedichte schrieb. Aber die anderen, die Mitglieder der Baath-Partei waren, stimmten dagegen, dass er mit der Delegation fahren sollte. Also kam er nicht mit. Um wenigstens etwas gerecht zu sein, veröffentlichte ich ein Gedicht von ihm in unserer Zeitschrift.«

45 Jahre später traf er den ehemaligen Studenten in Aleppo wieder. »Es war 2006, und wir feierten Aleppo als Hauptstadt der islamischen Kultur. Da trafen wir uns wieder, und das Erste, wonach er mich fragte, war, wer damals in der Sitzung dagegen gestimmt hatte, dass er mit der Delegation nach Kairo kam. Nach 45 Jahren war das das Erste und Einzige, was ihn interessierte! Das hat mich verletzt. Aber andererseits – es ist auch sein Recht, genau darüber reden zu wollen.«

In den 1950er-Jahren habe zunächst der moderate Islam in Syrien dominiert. Er erinnere sich an die Debatte darüber, welche Rolle der Islam in der syrischen Verfassung spielen solle. Es ging um den Artikel 3 des Verfassungsentwurfs von 1950 und die Frage, ob der Islam als Staatsreligion für Syrien festgeschrieben werden solle. »Ein Verfechter war Mustafa as-Sibai, der Gründer und Führer der Muslimbruderschaft. Er unterrichtete Islamisches Recht und Familienrecht an der juristischen Fakultät in Damaskus; später studierte ich bei ihm. Am Anfang der Debatte war Sibai der Meinung, dass der Islam als Staatsreligion in der Verfassung verankert werden müsse. Doch am Ende der Debatte hatte er seine Meinung geändert. Ich dachte damals, in diese Richtung würden sich die syrischen Muslime – auch die Anhänger der Muslimbruderschaft – weiterentwickeln. Dass sie sich gegenüber dem Säkularismus öffnen und die Rechte der Christen und anderer Religionen akzeptieren würden. Doch as-Sibai konnte nicht verhindern, dass seine Partei sich spaltete, und so kam es später zu bewaffneten Aufständen der Muslimbrüder. As-Sibai hatte das verhindern wollen, aber er konnte sich nicht durchsetzen.«

Als Beispiel für die Debatte, wie groß der Einfluss des Islam in der Gesellschaft sein dürfe, nennt George Jabbour die öffentliche Auseinandersetzung darüber, ob es an der Universität eine Moschee geben solle oder nicht. »Das war Ende der Fünfziger. Die Muslimbrüder wollten eine Moschee an der Uni, die Baathisten wollten sie nicht.« Am 7. Juli 1961 sei er in die USA zum Studium gegangen und habe die Diskussionen in Syrien einige Jahre nicht mehr so verfolgt. Doch er habe einige Erlebnisse mit einem Kommilitonen gehabt. »Wir waren Freunde, als wir Damaskus damals verließen. Der Kollege hatte eine islamische Neigung, die er nicht versteckte. Er hatte beispielsweise immer ein Stück Papier in seiner Tasche, auf dem in vielen Sprachen die verschiedenen Gerichte aus Schweinefleisch standen, das er nicht essen sollte und wollte. Einmal saßen wir in einem Restaurant, und er holte dieses Stück Papier hervor, um es dem Kellner zu zeigen. Aber der verstand das Problem nicht. Also gingen wir einfach in die Küche und sahen nach, was sie dort hatten. Wir sahen eindeutig ein Huhn, das in der Pfanne brutzelte, und das bestellten wir.«

Worüber er aber eigentlich erzählen wollte, war der erste Tag an der Universität in den USA: »Man zeigte uns den Campus und führte uns zuerst zu einer Kirche. Diese Kirche sei der Ursprung der Universität gewesen, sagte uns der Verantwortliche, und mein Freund schaute mich an. Da siehst du es, sagte er zu mir. An der Uni in Damaskus warst du immer gegen eine Moschee auf dem Campus, und hier siehst du, dass die Kirche sogar der Ursprung der Universität war.« Immer wenn er diese Geschichte erwähne, sagten die Kollegen von der Baath-Partei: »Hier kommt er wieder, George Jabbour, der Muslim!« Jabbour lacht, und es ist ihm anzumerken, welches intellektuelle Vergnügen ihm die Sache bereitet. »Eine Kirche als Ursprung der Universität zeigt doch ganz deutlich, dass es zwischen der Kirche und den staatlichen oder öffentlichen Einrichtungen im Westen keine Trennung gibt. Der Westen ist christlich, das lässt sich nicht ignorieren! Er ist nicht so säkular, wie man ihn gerne darstellt und wie er sich gerne oft sieht.«

Er müsse einräumen, dass er sich getäuscht habe, als er in den 1950er-Jahren dachte, der Islam mache Fortschritte. Das sei die Atmosphäre gewesen, in der er aufgewachsen sei. Tatsächlich habe aber der andere, der religiöse Islam mehr Fortschritte gemacht als der moderate Islam. Mit der Auseinandersetzung zwischen Nasser und der Muslimbruderschaft sei das offen zutage getreten. Die Muslimbrüder hatten schon 1954 versucht, Nasser zu ermorden, woraufhin er sie gnadenlos verfolgen ließ. Das zeigte Wirkung in Damaskus, »wo wir Ende der 1950er-Jahre merkten, dass es eine starke Islamisierung gab. Wir dürfen nicht darüber hinwegsehen, dass der Kampf zwischen den Muslimbrüdern und den Säkularisten eine lange Geschichte hat, und zwar nicht nur in Syrien. Der Hauptwiderspruch ist, wie man sich der Moderne gegenüber verhält. Der Moderne, wie sie vom Westen verstanden und dargestellt wird. Das ist eine alte Geschichte, der müssen wir uns stellen.«

Das Zeitalter 2254

Er hoffe, dass die Ereignisse seit 2011 dazu beitrügen, dass die islamische Kultur »reifer« werde, seufzt George Jabbour und signalisiert, dass der lange Ausflug in die Vergangenheit dem Ende zugeht. »Den islamischen Glauben und seine Praxis dürfen wir nicht mit der islamischen Kultur verwechseln. Viele, die ihre Wurzeln in der islamischen Kultur haben, sind keine praktizierenden Muslime. Oder sie sind Muslime, die einen Teil der religiösen Vorschriften einhalten, aber nicht alle. Sie sind freier geworden, selbstbewusster vielleicht.« In den 1950er-Jahren habe eher Unklarheit darüber geherrscht, was islamische Kultur wirklich sei. »Damals haben wir nicht genau hingesehen, heute wissen wir viel mehr und haben jahrzehntelang Erfahrungen gesammelt, haben Diskussionen und Dialoge geführt.« Ja, Syrien befinde sich in Unordnung, alles sei unsicher. Doch er sei zuversichtlich. »Wir leben im Zeitalter 2254, dem Zeitalter der UN-Sicherheitsratsresolution. Mir gefällt das. Mit dieser Resolution 2254 gibt es immerhin einen internationalen Konsens darüber, dass Syrien nicht aufgespalten wird. Dass Syrien kein Religionsstaat ist und souverän. Das Volk soll über die Zukunft des Landes bestimmen. Hoffen wir, dass dieser Weg zum Erfolg führt.«

Nachbetrachtung

Für den Historiker und Journalisten Sami Moubayed ist George Jabbour ein Mann, der Syrien zwischen 1900 und 2000 mit geformt hat (Moubayed 2005). Als Jurist, Historiker und Geschichtsphilosoph wirkte Jabbour an Universitäten, in Zeitungen, Funk und Fernsehen, auf Konferenzen und ganz allgemein im öffentlichen Raum. Er forschte und reiste, hielt sich oft im Ausland zu längeren Forschungsaufenthalten auf. In Den Haag war er an der Akademie für Internationales Recht, in Beirut im Zentrum für Palästinakunde. Dort entstand sein Buch über den »Siedlerkolonialismus in Südafrika und im Mittleren Osten«, das gleichzeitig in Khartum und in Beirut veröffentlicht wurde.

Jabbour war sein Leben lang im Staatsdienst tätig. Er vertrat Syrien bei der Internationalen Atomenergiebehörde (IAEA) in Wien und beim UN-Menschenrechtsrat in Genf. Als er 1970 als Berater in den Präsidentenpalast berufen wurde, arbeitete er zunächst für Präsident Nureddin al-Atassi, dann für Hafiz al-Assad. Nie hätte er diese Laufbahn genommen, wäre er nicht als Student schon in die Baath-Partei eingetreten. Als Mitglied der christlichen Minderheit war ihm unter Hafiz al-Assad ein hochrangiger Posten sicher, doch hatte er auch Einfluss auf das Geschehen?

Während Jabbour Anfang 2016 in Damaskus darüber sprach, warum er sich als Student in den 1950er-Jahren der Baath-Partei anschloss, lagen viele Fotos vor uns auf dem Tisch: Jabbour neben Präsident Atassi, als er 1969 einen afrikanischen Politiker empfängt. Jabbour neben Hafiz al-Assad, als er den US-Präsidenten Jimmy Carter empfängt. Jabbour in Japan, bei einer Gedenkfeier zum Atombombenabwurf in Hiroshima, mit dem Biografen von Hafiz al-Assad, Patrick Seale, im Gespräch, mit Prinz Hassan von Jordanien. Jabbour war bei den Treffen der Großen dabei, nie aber bei den Verhandlungen. Die Präsidenten ließen sich durch ihn informieren und auf zentrale Themen hinweisen, die für den Verlauf eines Gesprächs wichtig sein konnten. Er konnte beraten, und das habe er ausführlich und genau getan. Entscheidungen treffen konnte er nicht.

Bei jedem Foto erinnerte sich Jabbour an das Jahr, den Grund des Treffens und hatte eine Geschichte zu erzählen. Patrick Seale traf er beispielsweise im Januar 2002 bei einer Konferenz der Islamischen Kulturorganisation (ISESCO) in Casablanca. Sie sprachen über die Rede von Präsident Bashar al-Assad, die er anlässlich des Besuchs von Papst Johannes Paul II. ein Jahr zuvor in Damaskus gehalten hatte. Assad hatte sich darin sehr kritisch über Israel geäußert, was westliche Medien ihm als Antisemitismus vorwarfen. In britischen Medien wurde darüber spekuliert, wer dem syrischen Präsidenten diese Rede geschrieben habe, und es hieß, George Jabbour sei es gewesen. Patrick Seale habe sich in Leserbriefen zu diesen Spekulationen geäußert und gesagt, George Jabbour spreche nicht über Religionen, und wenn er sage, der Zionismus sei Rassismus, habe das nichts mit der jüdischen Religion zu tun, sondern mit der Ideologie einer Siedlerbewegung.

Schon als Student hatte Jabbour einen Brief an UN-Generalsekretär Dag Hammarskjöld geschrieben, als dieser 1956 Syrien besuchte. Darin kritisierte er die Teilung und Besetzung Palästinas, was in seinem Leben ein zentrales Thema werden sollte. Mit der Zeit entwickelte sich Jabbour zu einem scharfen und scharfsinnigen Kritiker der israelischen Besatzungspolitik. Keine Gelegenheit ließ er aus, auf das Unrecht, das den Palästinensern mit der Teilung und Besetzung ihres Landes angetan wurde, hinzuweisen. Wieder und wieder verwies er auf die Erklärung des britischen Außenministers Lord Balfour, in der er 1917 der zionistischen Weltbewegung Unterstützung für die Gründung einer »jüdischen Heimstätte in Palästina« zugesichert hatte. Niemals dürfe man das vergessen, so Jabbour, und er wandte sich an die britische Regierung und forderte diese auf, sich bei den Palästinensern wenigstens zu entschuldigen. Er schrieb darüber, sprach darüber in Vorträgen, forderte die Gremien der Vereinten Nationen auf, am Jahrestag der Balfour-Erklärung eine Debatte zu führen.

Genau unterschied Jabbour allerdings zwischen den politischen Zielen des Zionismus und der jüdischen Religion. Er war so sehr Verfechter der Religionsfreiheit, dass Kollegen in der Baath-Partei ihn sogar »Muslim« nannten, um ihn zu necken. Für den Präsidentenpalast war er der Botschafter religiöser Toleranz. Er traf muslimische Scheichs im Jemen, schiitisch-muslimische Geistliche im Iran. Regelmäßig beriet er sich mit dem Großmufti von Syrien und traf das geistliche Oberhaupt der Kopten in Ägypten, Vater Shenouda. Als orthodoxer Christ war Jabbour auch häufiger Kritiker der Kirche in Rom. Papst Benedikt kritisierte er, dass er die Ostkirchen wie Christen zweiter Klasse abtue, ein alter Streit zwischen den Kirchen.

Eine weitere Aufgabe, die Jabbour allerdings seltener übertragen wurde, war es, Versöhnung zu suchen mit solchen, die von der syrischen Führung in der Vergangenheit missachtet worden waren. Am fünfzigsten Jahrestag der Ermordung des SSNP-Vorsitzenden Antoun Saadeh traf er 1999 in Beirut mit dessen Töchtern zusammen, die allerdings auf dem Foto wenig Begeisterung zeigten. Saadeh war 1949 von dem damaligen Präsidenten Syriens, Husni Za'im, an den Libanon ausgeliefert worden, wo er am nächsten Tag exekutiert wurde. Seine Frau, Juliette al-Mir, hatte in den 1950er-Jahren zehn Jahre lang in syrischen Gefängnissen gesessen, weil man ihr und der SSNP den Mord an einem hochrangigen General vorgeworfen hatte. George Jabbour führte den Auftrag darauf zurück, dass die Frau von Hafiz al-Assad, Anissa Makhlouf, sich dafür eingesetzt hatte, die Kluft zwischen der Baath-Regierung in Damaskus und der Familie von Antoun Saadeh zu überbrücken.

1989 hatte Jabbour in London sein Buch »Über die aktuellen politischen Ideen in Syrien« (auf Arabisch) veröffentlicht, das in Syrien auf dem Index landete. Er wurde vom Präsidentenpalast in das Amt des Ministerpräsidenten versetzt, wo er eine Beraterfunktion »ohne spezifische Aufgabe« hatte. »Meine Meinung wurde gehört, manchmal erörtert, manchmal nicht beachtet. Ich war ein Beobachter der Lage und verfasste kurze Berichte, Memos, für den Ministerpräsidenten. Manchmal sprachen wir darüber, manchmal nicht.« Häufig wurde er in den folgenden Jahren von Botschaften zu Essen oder Gesprächen eingeladen. Er erinnert sich an einen Abend beim kanadischen Botschafter. »Als ich dort ankam, waren alle uns heute bekannten Oppositionellen dort versammelt. Ich wäre nie auf die Idee gekommen, dass diese Leute zu einem solchen Abendessen kommen würden. Es wurde über Politik gesprochen, und ich merkte bald, dass mir die Aufgabe zugefallen war, die Regierung zu vertreten. Sie waren die Opposition. Es war wie bei einer Verhandlung zwischen Regierung und Opposition, sehr merkwürdig. Ich war von der Regierung gar nicht autorisiert zur Diskussion mit der Opposition. Also kritisierte ich die Regierung, wenn ich es richtig fand, und erklärte ihren Standpunkt und verteidigte ihn auch, wenn ich es richtig fand. Aber die dort sitzenden Oppositionellen waren entschieden gegen die Regierung, sie waren nicht offen für meine Argumente.«

Zweimal wurde er vom Goethe-Institut in Damaskus eingeladen. »1998 hielt ich dort einen Vortrag zum hundertsten Jahrestag des Besuchs von Kaiser Wilhelm II. in Damaskus. Das andere Mal, 1996, war ich zu einem Gespräch am runden Tisch über die »Regierungsführung im Mittleren Osten« eingeladen. Und dort habe ich zum ersten Mal gehört, dass Syrer über ›Regime Change‹ sprachen. Sie redeten darüber, dass es notwendig sei, die ›regierende Elite‹ auszutauschen.«

Jabbour verfasste für den Ministerpräsidenten ein Memo über das Treffen: »19. März 1996. Das Treffen hat bei mir Zweifel aufkommen lassen, wie wir mit der kulturellen Anpassung an Europa und Amerika in unserem Land umgehen. Ich werde die Fragen hier nicht auflisten und auch nicht, was ich geantwortet habe, aber ich möchte mit Ihnen darüber diskutieren. Eine Stunde, wenn es Ihre Zeit erlaubt. Um zu betonen, was ich mit diesem Memo meine, möchte ich Folgendes ausführen. In diesem Forum habe ich zum ersten Mal bei einem Treffen, Vortrag oder einer Diskussion, an der ich in Syrien teilgenommen habe, gehört, dass offen über die Notwendigkeit gesprochen wurde, die regierende Elite auszutauschen.« Ein Gespräch kam nicht zustande, das Memo wurde zu den Akten gelegt.

Jabbour sah sich als »Liberaler, der die Menschenrechte ebenso verteidigt wie die Meinungsfreiheit.« Doch das Treffen im deutschen Goethe-Institut irritierte ihn. »Wir befanden uns in einem von der deutschen Regierung finanzierten Kulturzentrum. Es war beim syrischen Außenministerium akkreditiert und hatte Oppositionelle eingeladen, um über einen ›Regime-Change‹ zu diskutieren? Das widerspricht den diplomatischen Regeln.« Er hätte sich gefreut, »wenn ein Syrer über diese Dinge in einer syrischen Einrichtung geredet hätte«. Die Enttäuschung bei Jabbour war umso größer, als derjenige, der das Wort geführt hatte, ein guter Freund von ihm gewesen sei. Er kannte Sadiq al-Azm als bekannten Philosophieprofessor an der AUB in Beirut. Als scharfer Kritiker der Religion wurde der sunnitische Muslim Azm damals in Beirut als Abtrünniger bedroht und kam nach Damaskus an die Universität, wo er Professor für Philosophie wurde.

Später habe er Syrien verlassen. Nach Beginn der Unruhen 2011 habe Azm sich der Auslandsopposition angeschlossen und sei maßgeblich an dem Plan »The Day After« für Syrien beteiligt, sagte Jabbour. »Wenn jemand meint, er bekommt in seinem Land nicht das, was ihm zusteht, dann sieht er sich nach einem anderen Land um, das seine Ambitionen unterstützt.«

Als Hafiz al-Assad im Juni 2000 starb und sein Sohn Bashar zum Nachfolger ernannt wurde, war Jabbour in Tunesien. Als Journalisten einen Kommentar von ihm haben wollten, kritisierte er die Entscheidung. Ein politischer Prozess wäre für das Land besser gewesen, als im Stil einer Dynastie die Nachfolge zu entscheiden. In der Baath-Partei galt Jabbour als Liberaler, 2003 wurde er ins Parlament gewählt, wo er mit einem unabhängigen Abgeordneten ein »Islamisch-Christliches Aktionskomitee« gründete – das allerdings weitgehend ineffektiv blieb, weil seine Anträge im Labyrinth der Bürokratie versickerten. Als Vorsitzender einer Arbeitsgruppe »Internationale Organisationen« innerhalb der Baath-Partei beantragte Jabbour nach Beginn der Unruhen 2011, gemeinsam mit dem UN-Menschenrechtsrat eine Untersuchungskommission einzurichten, um die Menschenrechtsverletzungen und Gewalt in Syrien zu untersuchen. Ohne Erfolg. Um zivilgesellschaftliches Engagement zu stärken, gründete Jabbour die »Syrische Gesellschaft der Vereinten Nationen«. Die Diskussionen blieben theoretisch, die junge Generation erreichte er nicht. Im August 2011 nahm Jabbour an der von Vizepräsident Faruk ash-Sharaa organisierten Konferenz für den nationalen Dialog zwischen Regierung und Opposition teil, ohne Erfolg.

Er könne verstehen, dass die Unzufriedenheit groß sei, zu lange seien die vielen Probleme im Land nicht gelöst worden. Die Kurden stünden ohne Rechte da, die Versöhnung mit der Muslimbruderschaft sei nicht vollzogen, nun werde die soziale Frage von anderen ausgenutzt. Das Land brauche dringend Veränderungen, doch mit Gewalt sei das nicht zu machen, so Jabbour. Und die Gewalt nahm weiter zu. Jabbour suchte nach Bündnispartnern, um in der Öffentlichkeit Position zu ergreifen. Doch mit ihm, »einem Mann des Regimes«, war die Zusammenarbeit nicht gewünscht. Jede Oppositionsgruppe versuchte, eigene Standpunkte zu formulieren, im Bündnis und dennoch unabhängig zu arbeiten, hatte niemand gelernt. Bei der älteren Generation fand er schließlich einige Gleichgesinnte, die sich bereit erklärten, mit ihm einen Sitzstreik vor den Regierungsgebäuden in Kafar Sousa zu organisieren. Stühle sollten mitgebracht, die Presse informiert werden. Die Forderungen waren ähnlich wie die, die die Opposition im Sommer 2011 beschlossen hatte: Ende der Gewalt, Abzug der bewaffneten Kräfte auf beiden Seiten, Freilassung der Gefangenen und nationaler Dialog. Doch die Gleichgesinnten meldeten sich nicht wieder, der Plan wurde nie umgesetzt. Was ihm blieb, waren Interviews in Funk und Fernsehen, als ehemaliger Präsidentenberater standen ihm weiterhin täglich internationale Zeitungen zu, die er sorgfältig studierte.

»Dieses ist in meinem Büro im Präsidentenpalast, 1971«, sagte Jabbour bei der Durchsicht von Fotos und hielt mir ein Bild hin, das ihn lächelnd auf einem mit grünem Polster ausgeschlagenen Lehnsessel aus Holz zeigte. Rechts neben ihm standen zwei Telefone, hinter ihm war eine weiße, blanke Wand. Der breite Rahmen des Holzsessels war mit Holzschnitzereien verziert, am oberen Teil, direkt hinter seinem Kopf, war eine Kalligrafie eingeschnitzt. »Das ist Arabisch, es ist ein Vers aus dem Koran«, erklärte Jabbour und übersetzte: »Die täglichen Angelegenheiten sind miteinander in Beratung. Für mich ist das die Bedeutung von Demokratie.«

Ausflug in den Hauran um 1957. George Jabbour (stehend Erster von links) mit Kommilitoninnen und Kommilitonen von der Universität Damaskus.

George Jabbour (rechts) als Berater von Präsident Nureddin al-Atassi (1969) beim Empfang eines afrikanischen Gastes.

1963–1973: Vom Ende der VAR zum zweiten Krieg mit Israel 1973

Kriege und Niederlagen

Mit der Trennung von Ägypten und der gewaltsamen Machtübernahme 1963 durch den Militärrat und die Baath-Partei in Damaskus erreichte die politische Entwicklung eine neue Phase, die von einer großen Härte in der politischen Auseinandersetzung gekennzeichnet war. Die Generation der alten Kämpfer gegen das französische Mandat wurde durch eine junge Garde ersetzt, der es zwar auch um die syrische Unabhängigkeit ging, die sich aber vor allem den arabischen Nationalismus und Sozialismus auf die Fahnen geschrieben hatte. Die Oberschicht der Händler und angesehenen alten Familien der Stadt sahen sich durch das unerbittliche Auftreten der neuen politischen Klasse an den Rand gedrängt, die gesellschaftliche Struktur in der Hauptstadt veränderte sich.

Mit den neuen Machthabern kamen auch deren Familien- und Stammesangehörige und Anhänger aus den ländlichen Gebieten in die Hauptstadt. Sie erhofften sich Vorteile von der politischen Veränderung, erwarteten bessere Wohnungen, Stellen in den Behörden und Ministerien, bei Polizei und Armee. Bisherige Führungskräfte mussten ihre Posten zugunsten der Neuangekommenen räumen, was selten freiwillig geschah. Gewaltsame Auseinandersetzungen nahmen zu, auch innerhalb der Baath-Partei kam es zu Konflikten. Öffentliche Proteste und Demonstrationen wurden von denen organisiert, die mit dem Neuen nicht einverstanden waren. Oft wurden sie gewaltsam niedergeschlagen. Viele politische Aktivisten und Geschäftsleute verließen zornig und entmutigt das Land und suchten in

Beirut oder Kairo, in Jordanien, Saudi-Arabien oder in Europa einen Neuanfang.

Der Unmut gegen die Baath-Regierung wurde geschickt von den Islamisten ausgenutzt, die sich in der Muslimbruderschaft zusammengefunden hatten. Die Muslimbruderschaft (Jamiyat al-Ikhwan al-Muslimin) war 1928 in Ägypten von Hassan al-Banna gegründet worden, um Widerstand gegen die britische Mandatsherrschaft zu organisieren. Schnell entwickelte sich die Bewegung als länderübergreifende Organisation der arabischen sunnitischen Muslime. Der syrische Ableger war 1944 in Aleppo aus dem Zusammenschluss der Shabab Mohammad (Die Jugend von Mohammad) und der Islamischen Sozialistischen Front entstanden. Ihr unumstrittener Führer war der angesehene Gelehrte für Islamisches Recht, Mustafa as-Sibai, der in der Al-Azhar-Universität in Kairo ausgebildet worden war. 1947 hatte die Muslimbruderschaft bei den Parlamentswahlen drei Abgeordnetensitze gewonnen. Sibai galt als moderat, diskussionsfreudig und pragmatisch. Als der von der Muslimbruderschaft 1949 eingebrachte Antrag scheiterte, den Islam als Staatsreligion in der syrischen Verfassung zu verankern, lenkte er rasch ein.

Diese moderate Haltung wurde nicht in der ganzen Organisation geteilt. Es entstand eine Diskrepanz zwischen der städtisch geprägten Bruderschaft in Damaskus und der ländlich geprägten Anhängerschaft in Hama und im Umland von Aleppo. Sibai verfolgte einen nationalistischen, am Islam orientierten Kurs und strebte soziale Reformen an. Sein Nachfolger wurde 1957 Issam al-Attar, der ebenfalls aus einer angesehenen Damaszener Familie stammte. Er führte den moderaten Stil seines Vorgängers fort. 1958 geriet die Organisation in Bedrängnis, als Syrien und Ägypten sich zur Vereinigten Arabischen Republik (VAR) zusammenschlossen. Wie alle anderen Parteien waren auch die Muslimbrüder während der Einheitsregierung mit Ägypten verboten gewesen, doch sie hatten Moscheen und religiöse Institutionen genutzt, um ihren Zusammenhalt zu festigen. Nun, da öffentliche Proteste niedergeschlagen wurden, öffneten sie die Moscheen den Demonstranten und unterstützten Aufrufe der Geschäftsleute zum Streik. In Damaskus dachte die Bruderschaft nicht daran, die Machtfrage zu stellen. Anders in Hama, wo sich weitab von der Hauptstadt eine radikalere Linie entwickelt hatte.

Dazu hatten auch die Ereignisse in Ägypten beigetragen, wo die Organisation von Nasser seit dem Mordanschlag auf ihn 1954 verfolgt und verboten war. Der Cheftheoretiker der Bruderschaft, Sayyid Qutb, hatte die Idee entwickelt, dass die Welt und insbesondere auch die sunnitisch-muslimische Gemeinschaft sich in einer Zeit der Verwirrung befand. Er verglich den Zustand mit der Jahiliya, der »vorislamischen Zeit der Ungewissheit und Ignoranz«, wie es in seinem 1960 veröffentlichten Buch *Ma'alim fi t'tariq* (*Zeichen auf dem Weg*) ausgeführt wird. Die Menschen würden von unzivilisierten Tyrannen unterdrückt, dagegen müsse man sich zur Wehr setzen. Die tyrannischen Regierungen in den muslimischen Gesellschaften sollten durch den Jihad, den Heiligen Krieg, gestürzt werden, so sein Credo.

Bei den Muslimbrüdern in Hama und im Umland von Aleppo fiel der Aufruf zum gewaltsamen Umsturz auf fruchtbaren Boden. 1964 wurde in Hama bei Protesten ein Mitglied der Baath-Partei von den Demonstranten getötet. Die Armee, reagierte hart, ein Aufstand war die Folge. Die Regierung befahl der Armee, eine Moschee, die den Demonstranten als Versammlungsort gedient hatte, zu bombardieren. Hunderte Menschen starben. Eine Art Revolutionsgarde, eine Miliz, wurde aufgestellt, die für Ruhe in Hama sorgen sollte. Doch Proteste und Streiks konnten auch so nicht gestoppt werden und nahmen angesichts eines strammen Verstaatlichungsprogramms der Baath-Partei auch in Damaskus weiter zu. Firmen und Ölgesellschaften, die Baumwoll- und Wollindustrie wurden verstaatlicht. Um Oppositionelle rascher verurteilen zu können, ordnete Präsident Amin al-Hafiz die Bildung von Militärgerichtshöfen an.

Die Enttarnung eines israelischen Spions im Kreis seiner engsten Vertrauten zwangen Hafiz zum Rücktritt. Der Mann, der 1962 nach Syrien gekommen war, hatte sich als Syrer aus Argentinien vorgestellt. Sein wirklicher Name war Eli Cohen, was man herausfand, als man ihn dabei erwischte, wie er geheime Informationen an Tel Aviv übermittelte. Cohen wurde gehängt.

Die Kritik innerhalb der Baath-Partei über den harten Umgang mit den Protesten nahm zu. Prominentester Kritiker war Michel Aflaq, der die Partei gegründet hatte. Er warf dem Militärrat vor, die Partei militarisieren zu wollen. Doch wie alle syrischen Nationalisten der ersten Stunde spielte auch Aflaq keine Rolle mehr in den inneren Richtungskämpfen. Im Februar 1966 kam es erneut zu einem Putsch, der mit General Salah Jadid einen Verfechter der harten Linie an die Macht brachte. Unterstützt wurde er vom Chef der Luftwaffe, Hafiz al-Assad, der Verteidigungsminister wurde. Michel Aflaq zog sich zunächst nach Beirut, später nach Brasilien zurück. Seine letzten Jahre verbrachte Aflaq im Irak, wo die Baath-Partei unter Hasan al-Bakr und Saddam Hussein ihre Macht konsolidierte.

Salah Jadid war 1926 geboren worden und gehörte, wie Hafiz al-Assad, zur ersten Generation junger Alawiten, die – noch zu Mandatszeiten – zur Schule gehen und an der Militärakademie in Homs studieren konnten. Jadid stammte aus einem kleinen Ort bei Jableh in der Küstenprovinz Lattakia. Als Soldat kämpfte er im ersten Krieg gegen Israel 1948, der für die Syrer mit einer Niederlage endete. Kurze Zeit schloss er sich der SSNP an, wechselte dann aber in die Baath-Partei. Jadid gehörte zu den Offizieren, die in Kairo den Militärrat der Baath-Partei gegründet hatten, der 1963 in Syrien die Macht übernommen und sich dann in einem blutigen Kampf gegen die Anhänger von Nasser durchgesetzt hatte. Jadid war Militär durch und durch und überzeugt von der Notwendigkeit, Syrien zu einem sozialistischen Einparteienstaat umzubauen. Der Schulterschluss mit der Sowjetunion war für ihn wichtiger als der Panarabismus, den die Partei ursprünglich verfolgte. Sein Instrument war und wurde immer mehr die Armee, in der er die Ideologie der Baath-Partei verankerte. Welch hohe Bedeutung der Armee zugeordnet wurde, geht aus einem parteiinternen Dokument hervor, das vom Regionalkommando der Baath-Partei 1966 unter dem Titel »Die Krise der Partei und die Bewegung des 23. Februar« vorgelegt worden war. Es beginnt mit den Worten: »Die Armee ist etwas, über das wir uns intensiv und ausführlich Gedanken machen müssen. Der einfache Grund dafür ist, dass die Armee – jede Armee – das Schutzschild ist, das Herrschaftssysteme um sich herum aufrichten, um ihre Ziele zu erreichen, um sich vor – internen oder externen – Überraschungen zu schützen und mit dem sie – sollte es erforderlich sein – gegen diejenigen zuschlagen können, die die Arbeit ihres Herrschaftssystems behindern. In diesem Sinne ist die Armee eine zweischneidige Waffe: Entweder sie ist eine Volksarmee, die die Arbeiterklasse repräsentiert und deren Errungenschaften schützt. Oder sie ist, sollte sie eine Berufsarmee der Bourgeoisie sein, ein Schwert, das gegen diese Klassen gezogen wird« (zitiert nach van Dam 2011, Appendix C).

Die Kommunistische Partei, die seit 1958 im Exil gewesen war, konnte nach Syrien zurückkehren. Jadid übertrug den Kommunisten einen Ministerposten (Telekommunikation), ordnete aber ansonsten an, dass sie öffentlich nicht agitieren sollten. Die Sowjetunion, die Syrien bereits 1944 anerkannt und 1946 mit dem Land diplomatische Beziehungen aufgenommen hatte, baute ihre Unterstützung für Syrien aus, gewährte großzügig Kredite, lieferte Waffen und leistete Militärhilfe. Studenten wurden nach Moskau oder in Länder des Warschauer Paktes eingeladen, wo sie studieren konnten und eine gute Ausbildung erhielten. So konnten sie den Aufbau ihres Landes unterstützen. Die Sowjetunion half Syrien beim Bau von Straßen, beim Aufbau der Industrie und von Fabriken. Zur Stromerzeugung und für die Wasserversorgung der ländlichen Gebiete wurde mit sowjetischer Hilfe ein Staudamm am Euphrat gebaut; ein Ölförderfeld wurde eröffnet.

Jadid wurde für die nächsten vier Jahre der starke Mann in Syrien. Enger Verbündeter wurde der PLO-Führer Jassir Arafat, den Jadid im bewaffneten Kampf für die Befreiung Palästinas unterstützte. Den Palästinensern – die seit ihrer Vertreibung 1948 eine Basis in Damaskus hatten – wurde ein Ausbildungslager in der libanesischen Bekaa-Ebene zur Verfügung gestellt, die von der syrischen Armee kontrolliert wurde. Damaskus vermied es aber, palästinensischen Kommandos Zugang zu den syrischen Golanhöhen zu gewähren. Eine bewaffnete Konfrontation der Palästinenser mit Israel von syrischem Boden aus war in Damaskus nicht erwünscht.

Schon 1950 hatte das syrische Parlament den palästinensischen Flüchtlingen gleiche Rechte zugestanden. Nur vom Wahlrecht waren sie ausgenommen, und die jungen Palästinenser wurden nicht zum Wehrdienst in der Armee herangezogen. Dafür wurde eine palästinensische Befreiungsarmee gegründet, die zwar der syrischen Armee angegliedert war, aber palästinensischem Befehl unterstand. Syrische Schulen und Universitäten öffneten sich für die Palästinenser, die jeden Beruf in Syrien ausüben durften. Binationale Ehen führten zu einer engen gesellschaftlichen Verbindung. Wie schon für die Armenier Jahrzehnte zuvor wurde Syrien für die Palästinenser zur zweiten Heimat.

Gott und Staat

Durch die gewaltsame Auseinandersetzung in Hama 1964 war zwischen Baath-Partei und Armee einerseits und den religiösen Kräften andererseits ein Graben entstanden. Die Differenzen darüber, welche Rolle der Islam in Abgrenzung zum politischen Islam in der Politik des Landes spielen sollte, wurden mehr oder weniger offen, nicht selten gewaltsam und auf vielen Ebenen ausgetragen. Die entschieden säkularen Machthaber entfremdeten sich von der tiefreligiösen sunnitisch-muslimischen Bevölkerung in den ländlichen Gebieten. Die Muslimbruderschaft in Hama und Aleppo brachte radikale Prediger hervor. Der modernen Entwicklung setzten sie Aufrufe entgegen, ein puritanisches, in sich gekehrtes Leben zu führen. Die von Saudi-Arabien beeinflusste Bewegung der Salafisten erhielt Zulauf. Zusammen mit der örtlichen Muslimbruderschaft gingen Salafisten bewaffnet gegen Baathisten und andere linke Gruppen vor.

Ein prominenter Vertreter dieser radikalen Linie war der aus Hama stammende Prediger Said Hawa. Er rief die sunnitisch-muslimischen Gläubigen dazu auf, sich vom modernen Leben fernzuhalten. Radio und Fernsehen, Theater, Kino, Zeitschriften, selbst das Studium der Literatur, Philosophie oder ethischer Fragen seien zu meiden. Gegen die »Unreinen und Ungläubigen« (schiitische Muslime und Sufis, Kommunisten, Nasser-Anhänger, Liberale und Linke) rief er zum Jihad auf, zum Heiligen Krieg. In seinem Buch *Soldaten Gottes, Kultur und Verhalten* propagierte er offen den gewaltsamen Sturz der Regierung, beschreibt Alison Pargeter. Die Bücher seien massenhaft vertrieben worden (Pargeter 2013, S. 78).

Der Werdegang von Said Hawa war exemplarisch für viele Anhänger der syrischen Muslimbruderschaft. Als Kind eines Gemüsehändlers in Hama besuchte er eine Schule, die von Salafisten geleitet wurde. Später wurde er von Predigern unterrichtet, die in Kairo an der Al-Azhar-Universität studiert und von der ägyptischen Bruderschaft beeinflusst waren. Mit achtzehn Jahren (1953) wurde Hawa Mitglied der Bruderschaft, studierte in Damaskus bei Mustafa as-Sibai, dem Dekan der Fakultät für Islamisches Recht. Hawa wurde Religionslehrer in den abgelegenen Gebieten von Hasakeh und in Salamiyya, einem Zentrum der Ismailis, einer liberalen Strömung des schiitisch-muslimischen Islam. Nach der gewaltsamen Niederschlagung des Aufstandes in Hama (1964) floh Hawa nach Saudi-Arabien, wo sich seine Positionen weiter radikalisierten.

Die Entfremdung großer Teile der Gesellschaft von der Regierung – bedingt durch das harte Auftreten der politischen Führung einerseits und angefacht von den Vertretern des politischen Islam andererseits – war eine Gefahr, die von manchen in der Baath-Partei zwar gesehen, der aber nichts entgegengesetzt wurde. Laute Kritik gab es erst, als in der Armeezeitschrift im Frühjahr 1967 ein sehr provozierender Text erschien. Die arabische Nation habe sich bisher immer an Gott gewandt, hieß es, doch es habe nichts gebracht. Die Araber seien weiterhin »unglücklich, resigniert, fatalistisch und abhängig. Wir brauchen keinen Menschen, der betet und niederkniet, der seinen Kopf beugt und Gott um Mitleid und Vergebung bittet. Der neue Mensch ist ein Sozialist, ein Revolutionär«, so der Text weiter. Der einzige Weg, die Kultur der Araber zu festigen, sei es, eine arabische Gesellschaft zu schaffen, die den neuen sozialistischen arabischen Menschen hervorbringen könne. Und dieser neue Mensch werde glauben, »dass Gott, die Religionen, der Feudalismus, Imperialismus, die Bonzen und all die Werte, die in der vorherigen Gesellschaft von Bedeutung waren, nichts sind als einbalsamierte Mumien im Museum der Geschichte« (zitiert nach Lefèvre 2013).

Der Text machte die Nähe des Autors zum radikalen Denken der nationalen Befreiungsbewegungen deutlich, denen die Baath-Partei und viele ihrer Anhänger sich verbunden fühlten. Die Gesellschaften in den USA und Europa waren im Umbruch. Die Jugend der Welt forderte ein Ende des Vietnamkrieges, in Deutschland kehrte die Studentenbewegung »den Muff von hundert Jahren unter den Talaren« der Professoren hervor. Die Revolution in Kuba ergriff ganz Lateinamerika und strahlte bis nach Afrika aus. Die Schriften von Che Guevara, in denen er den »Neuen Menschen« beschrieb, der aus der Welt einen besseren Ort machen werde, wurden in viele Sprachen übersetzt.

Das alles war nur bei wenigen in Syrien angekommen. Religionsgelehrte, aber auch sunnitische Muslime in Politik und Armee empfanden den Text als Provokation. Syrien war die Wiege der großen Religionen, hier war Gottesfürchtigkeit und Glaube seit Jahrhunderten verankert und wurde respektiert. Der Autor wurde entlassen und fand sich vor Gericht mit der Anklage wieder, er habe mit Israel und Amerika konspiriert, um in Syrien Unfrieden zu schaffen und das Volk von der politischen Führung zu entfremden.

Diese innere Auseinandersetzung fand im April 1967 statt. Salah Jadid hatte seit der Machtübernahme 1963 Hunderte Offiziere aus der Armee entlassen, verhaften lassen und gegen neue, unerfahrene Männer ausgetauscht. Achtmal hatte der Verteidigungsminister gewechselt, fünfmal der Generalstabschef, notiert der Historiker Hanna Batatu, der wohl genaueste Chronist der gesellschaftlichen Veränderungen in Syrien und im Irak der damaligen Zeit (Batatu 1999).

Die Armee durchlief einen harten Umstrukturierungs- und Ideologisierungsprozess, als Israel mit der Luftwaffe zwei Scheinangriffe ausführte, um Syrien zu einer militärischen Reaktion zu provozieren. Kurz darauf begann Israel den Sechs-Tage-Krieg.

Die Wunde Palästina

Die Wunde Palästina war nicht verheilt. Immer wieder überlegten die arabischen Staaten – deren anerkannter Führer der Ägypter Gamal Abdel Nasser war –, wie sie gegen den Staat Israel vorgehen könnten, um Palästina und seinen Bewohnern zu ihrem Recht zu verhelfen. Die Palästinenser wurden in den arabischen Staaten finanziell, politisch und mit Waffen für ihren Befreiungskampf unterstützt, doch ohne eine politische Entwicklung blieben die Anstrengungen der Palästinenser ohne Erfolg. In der westlichen Hemisphäre herrschte Schweigen.

Israel ignorierte hartnäckig die Allgemeine Erklärung der Menschenrechte, wo es heißt (Artikel 9, 13.2), dass Menschen aus ihrer Heimat nicht vertrieben werden dürfen und sie das Recht haben, zurückzukehren. Gleiches galt für die UN-Resolution 194 (III) vom 11. Dezember 1948. In Artikel 11 der Resolution beschloss die UN-Generalversammlung, »dass denjenigen Flüchtlingen, die zu ihren Wohnstätten zurückkehren und in Frieden mit ihren Nachbarn leben wollen, dies zum frühestmöglichen Zeitpunkt gestattet werden soll und dass für das Eigentum derjenigen, die sich entscheiden, nicht zurückzukehren, sowie für den Verlust oder die Beschädigung von Eigentum auf der Grundlage internationalen Rechts oder nach Billigkeit von den verantwortlichen Regierungen und Behörden Entschädigung gezahlt werden soll«.

In den arabischen Staaten machte sich die Überzeugung breit, dass nur militärische Konfrontation Israel zum Einlenken zwingen könne. Mit Unterstützung der Sowjetunion rüsteten die Armeen in Syrien, Irak und Ägypten auf, während Jordanien und Saudi-Arabien noch schwankten, ob sie – in Sachen Palästina – bei der UdSSR oder den USA vor Anker gehen sollten. In Europa und in den USA war der Blick auf die Lage im Mittleren Osten durch die Brille des Kalten Krieges getrübt. Man hielt die arabischen Nationalisten für kommunistische Anhänger der Sowjetunion und war an einer differenzierten Herangehensweise an diese Staaten nicht interessiert. So lehnten sich die arabischen Nationalisten an die UdSSR an, weil aus Moskau Unterstützung kam.

Ein neuer Konfliktherd zwischen Israel und seinen arabischen Nachbarn wurde das Wasser, das angesichts eines rasanten Bevölkerungswachstums und des ungebremsten Ausbaus israelischer Siedlungen knapp wurde. Der Westen sah schweigend zu, wie Israel sich immer mehr des Jordanwassers bemächtigte, um Bewässerungsanlagen für die Landwirtschaft und die Siedlungen zu errichten. Die Quellflüsse des Jordan kamen aus dem Libanongebirge und von den syrischen Golanhöhen. Nicht ohne Grund hatten die zionistischen Gründungsväter Israels die Grenzen der jüdischen Heimstätte, die sie auf der Pariser Friedenskonferenz präsentiert hatten, bis nördlich des Litaniflusses im Süden Libanons gezogen. Sie wollten sich Zugang zum »Blauen Gold« der Quellflüsse verschaffen.

Das vom Völkerrecht nicht legitimierte Abzweigen des Jordanwassers war für die arabischen Anrainerstaaten des Flusses eine Provokation. Je mehr Israel die Anlagen ausbaute, mit denen es dem Jordan Wasser entzog, umso mehr wurden diese Anlagen Ziel von Anschlägen palästinensischer Kommandos. Im Mai 1967 drohte der damalige Generalstabschef der israelischen Streitkräfte, Yitzhak Rabin, Syrien anzugreifen, weil es die Palästinenser unterstützte. Er werde Damaskus besetzen und die Baath-Führung stürzen. Die arabischen Staaten waren alarmiert. Nasser, der als ägyptischer Staatschef einen Verteidigungspakt mit Syrien vereinbart hatte, musste handeln. Die Provokation – die mit den beiden Scheinangriffen der israelischen Luftwaffe auf Syrien im April noch ins Leere gelaufen war – ging auf.

Obwohl die arabischen Armeen in einer besseren Verfassung waren als 1948, waren sie den israelischen Streitkräften nicht gewachsen, die von ihren westlichen Partnern hochgerüstet worden waren. Nasser versuchte ein Ausweichmanöver und sperrte den Suezkanal für israelische Schiffe, um in den daraus folgenden Verhandlungen ein Einlenken Israels zu erreichen. Doch Israel hatte nicht vor, einzulenken, es setzte alles auf eine Karte. Am 5. Juni 1967 fiel es in einem Sturm mit seinen Kampfjets über die ägyptischen Militärstützpunkte her und legte Armee und Luftwaffe in Schutt und Asche. Gleichzeitig wurde die syrische Luftwaffe zerstört. Am nächsten Tag stürmte die israelische Armee über die Sinaihalbinsel und machte erst am Westufer des Suezkanals Halt. Dann wurde Jordanien angegriffen und Jerusalem mit dem gesamten Westjordanland besetzt. Der UN-Sicherheitsrat forderte am 6. Juni einen Waffenstillstand, dem Syrien am 8. Juni zustimmte. Israel, das auf die Unterstützung der USA zählen konnte, kämpfte weiter. Am 9. Juni nahm die israelische Armee das Ostufer des Tiberiassees (See Genezareth) und die gesamten syrischen Golanhöhen ein. Der Zugang zu den Quellflüssen des Jordan war gesichert.

Profitiert hatte Israel von einer desorientierten syrischen Truppe. Irritationen und Fehleinschätzungen, Falschmeldungen, mangelnde Kommunikation und Erfahrung der syrischen Offiziere machten es möglich, dass israelische Soldaten in Kuneitra einmarschierten, der Hauptstadt der Provinz Golan, und damit kurz vor Damaskus standen. 130 000 Syrer flohen nach Damaskus. Nur 7000 Menschen, vor allem syrische Drusen, blieben in ihren Dörfern. Der israelische Verteidigungsminister Mosche Dayan präsentierte sich als strahlender Sieger. Hafiz al-Assad, der syrische Verteidigungsminister, hatte eine schwere Niederlage zu verkraften. Der syrische Regierungschef Salah Jadid war geschwächt.

»Wir baten Gott um Hilfe, und er hat uns Hafiz al-Assad geschickt«

Die schwere Niederlage führte zu einem tiefen Zerwürfnis zwischen Hafiz al-Assad und Salah Jadid. Aus den langjährigen Partnern im Kampf um die Macht in Syrien wurden Gegner. Assad hatte seine Machtbasis in der Armee erheblich ausgebaut und dabei sorgfältig darauf geachtet, dass möglichst viele Interessen zwischen Stadt und Land, Region, Stammes- oder ethnischer Zugehörigkeit ausgeglichen wurden. Einer seiner engsten Vertrauten war Generalstabschef Mustafa Tlas, ein sunnitischer Muslim aus der Gegend von al-Rastan, nördlich von Homs. Jadid hatte seine Machtbasis im Parteiapparat, doch hatte er durch sein hartes Vorgehen in den vergangenen Jahren mehr Furcht als Vertrauen erworben. Zwischen den ehemaligen Gefährten entbrannte ein erbitterter Machtkampf. Assad setzte dabei die Armee ein, die ihm gehorchte. Im Februar 1969 machte er seinen Bruder Rifat al-Assad zum Innenminister. Zuvor hatten Panzer die Übernahme von Zeitungen, Rundfunk und Fernsehen abgesichert. Der Sicherheitschef der Baath-Partei nahm sich das Leben, weil es seine Aufgabe gewesen wäre, das zu verhindern. Assad setzte dessen Nachfolger ein.

Die Parteikonferenz im Oktober 1970 stand zunächst ganz im Zeichen des Todes von Gamal Abdel Nasser, der kurz zuvor gestorben war. Jordanien bereitete sich auf einen Krieg mit der PLO vor, die von Syrien unterstützt wurde. Jadid gab den Befehl, dass die syrischen Truppen im Nachbarland den Palästinensern den Rücken stärken sollten. Verteidigungsminister Assad lehnte das ab, um eine Intervention Israels und der USA zugunsten von König Abdullah zu vermeiden, die aller Voraussicht nach für die syrischen Streitkräfte ein weiteres Debakel bedeutet hätte. In dem als »Schwarzer September« bekannt gewordenen Krieg wurde die PLO vernichtend geschlagen, Tausende Palästinenser wurden getötet. Die PLO setzte sich in den Libanon ab, Jassir Arafat bezog im Südlibanon neues Quartier.

Sowohl Assad als auch Tlas wurden von der Parteikonferenz beschuldigt, die PLO-Niederlage verursacht zu haben. Beide wurden ihrer Ämter enthoben. Unmittelbar darauf jedoch holte Assad zum Gegenschlag aus. Die Armee besetzte alle Parteibüros und Sicherheitszentren, Salah Jadid wurde zum Rücktritt aufgefordert und verhaftet. Die Damaszener Oberschicht und die Händler – die unter dem harten Vorgehen Jadids hohe wirtschaftliche Verluste zu verzeichnen hatten – hätten gejubelt, schreibt der syrische Historiker Sami Moubayed. »Sie veranstalteten Freudenparaden durch Damaskus und riefen: Wir baten Gott um Hilfe, und er hat uns Hafiz al-Assad geschickt« (Moubayed 2005).

Assad übernahm den Posten des Ministerpräsidenten, ernannte Ahmad al-Khatib zum Präsidenten und ordnete an, dass das Parlament wieder seine Arbeit aufnehmen solle. 1971 wurde eine neue Verfassung verabschiedet. In Paragraf 8 wurde festgeschrieben, dass die Baath-Partei »die führende Partei in Staat und Gesellschaft« sein solle. In die Geschichte der Baath-Partei ging diese Machtübernahme von Assad als »Korrektur-Bewegung« ein. Die Partei war wieder auf den richtigen ideologischen Pfad gebracht worden, kein Tropfen Blut war geflossen.

Zur Rückgewinnung der von Israel 1967 besetzten Gebiete begannen Ägypten und Syrien 1973 einen neuen Krieg. Die Sowjetunion hatte dafür gesorgt, dass beide Armeen unvergleichbar besser aufgestellt waren als fünf Jahre zuvor. Ägypten konnte einen Teil der Sinaihalbinsel zurückerlangen, Syrien befreite Kuneitra und einen schmalen Streifen der Golanhöhen. Unter Vermittlung der Vereinten Nationen wurde ein Waffenstillstand ausgehandelt, der im Mai 1974 zur Einrichtung einer entmilitarisierten Pufferzone zwischen Syrien und den von Israel besetzten Golanhöhen führte. Der Waffenstillstand wurde fortan von einer UN-Friedensmission gesichert, der United Nations Disengagement Observer Force (UNDOF). Neben Kuneitra wurde von Syrien eine neue Stadt gleichen Namens aufgebaut. Das alte Kuneitra hatten die israelischen Soldaten zerschossen und verbrannt zurückgelassen.

Ali Boray

Die verlorene Heimat auf dem Golan

Wie eine große Familie auf dem Golan. Ali Boray wurde 1932 in Beer-Ajam, einem Dorf auf den Golanhöhen geboren. Während des Sechs-Tage-Krieges 1967 wurde die Familie vertrieben, als die israelische Armee die Golanhöhen besetzte (Foto Damaskus 2009).

»Wie gut, dass es inzwischen einen Bus gibt. So sparen wir uns in der Hitze den langen Weg dort hinauf.« Der 81-jährige Ali Boray geht zügigen Schrittes in Richtung der Präsidentenbrücke im Zentrum von Damaskus. Wie immer staut sich der Verkehr, die Busse kommen nur zögernd voran. Boray hebt die Hand und signalisiert dem Busfahrer, dass er noch zwei Fahrgäste mitnehmen soll. Rasch reicht er dem Fahrer zwei Zehn-Lira-Münzen, umgerechnet etwa fünfzehn Euro-Cent. Die Leute im Gang rücken zusammen, dann geht es los. Es ist Juli 2011, und Ali Boray nimmt mich wieder einmal mit auf einen seiner ausgedehnten Spaziergänge durch Damaskus. Heute geht es zum Qassioun, dem Hausberg von Damaskus.

Wie eine schützende Schulter erhebt sich der Qassioun nordwestlich von Damaskus mehr als tausend Meter über dem Meeresspiegel. An seinem östlichen Ende soll Kain seinen Bruder Abel erschlagen haben, woran eine schlichte Moschee erinnert, die im Zickzack über einen steilen Fußweg zu erreichen ist. Abraham machte hier Station auf seinem Weg nach Palästina, und am Westhang des Berges sollen Josef und Maria genächtigt haben, heißt es bei Ibn Battuta, dem großen arabischen Reisenden des 14. Jahrhunderts. Doch der »Heilige Qassioun« ist nicht nur umgeben von christlichen und alttestamentarischen Mythen. Flüchtlinge aus Palästina, die vor den Kreuzrittern aus Jerusalem geflohen waren, fanden hier Schutz. Diesen Muslimen wird die Gründung des Vorortes Salihiya zugeschrieben. Bald wurde eine Freitagsmoschee gebaut, und muslimische Religionsschulen entstanden. Wohlhabende Kaufleute ließen hier ihre letzten Ruhestätten und Familiengräber bauen. Inmitten von Grün und reichlich mit Wasser versorgt von zwei Nebenflüssen des Barada, wurde Salihiya zu einem islamischen Zentrum, das Reisende, Händler und Gelehrte anzog. Im Laufe der Jahrhunderte entstanden neue, auch prächtige Bauten, die von der einstigen Blütezeit Zeugnis ablegen. Unabhängig vom Stadtkern der Oasenstadt Damaskus, die etwa zwei Kilometer südlich im Baradatal lag, entwickelte Salihiya sich zu einer eigenen Stadt mit einer großen Fülle mittelalterlicher Baudenkmäler.

Zur Zeit der Osmanen verlor der Ort an Attraktivität, die arabischen Muslime gingen zu den osmanischen Herrschern auf vorsichtige Distanz. Es siedelten sich andere Flüchtlinge an: Tscherkessen aus dem Zarenreich und immer mehr Kurden aus dem Norden. Schon mit dem großen Herrscher Saladin, der kurdischer Herkunft war und die Araber von den Kreuzrittern befreite, waren viele Kurden an den Qassioun gezogen, auf der Suche nach Arbeit im Umfeld der Macht in Damaskus. Für viele kurdische Familien ist das Leben heute zweigeteilt in Syrien: Ihre Familien leben in den Dörfern um Afrin oder in der Jazira, dem fruchtbaren Gürtel entlang der Grenze zur Türkei. Die Männer arbeiten in Damaskus in der Gastronomie, als Händler oder in Nähwerkstätten, um die eigenen Familien und die Eltern in den Dörfern zu unterstützen. In Rukn ad-Din oder Sheikh Mouhiddin haben sie ihre kleinen, einfachen Häuser wie Vogelnester dicht übereinander an den Qassioun gebaut. Im Sommer breiten sie auf den Dächern Feigen zum Trocknen aus. Frische Aprikosen werden gewaschen, geschnitten und mit Zucker überstreut auf einem Tablett ausgelegt, mit Tüchern bedeckt und in die Sonne gestellt. In einigen Tagen verwandeln sie sich in schmackhafte Aprikosenmarmelade, die gern zum Frühstück verzehrt wird. In den heißen Sommernächten genießen die Bewohner des Qassioun den kühlen Wind auf ihren Dächern, von wo sie auf die Lichter der Stadt hinübersehen können.

Mit Ali Boray in Damaskus unterwegs zu sein, ist wie eine Reise durch die Zeit. »Egal, wo in Damaskus, wenn wir zehn, fünfzehn Meter in die Tiefe graben, finden wir Zeugnisse früherer Zivilisationen.« 10 000 Jahre alt sind die ältesten Funde, Damaskus gilt – wie Aleppo – zu den am längsten durchgehend besiedelten Städten der Welt.

Boray zeigt mir die Abdul Ghani al-Nabulsi gewidmete Moschee. »Möchten Sie hineingehen? Al-Nabulsi war ein liberaler Geist, für Frauen ist es gar kein Problem.« Wir ziehen die Schuhe aus und gehen langsam durch die große Halle, in der sich einige Männer und Frauen zum Gebet oder zum Ausruhen niedergelassen haben. Er sei noch nie in seinem Leben in dieser Moschee gewesen, für ihn sei die Religion nicht so wichtig, sagt Boray nachdenklich, als wir uns später vor der Moschee wieder treffen. »Al-Nabulsi war ein Sufi und Schriftsteller, das macht ihn mir sympathisch. Und er war für die Aufklärung, die sich leider bei unseren Muslimen noch nicht durchgesetzt hat.«

Langsam gehen wir durch den Markt von Sheikh Mouhiddin, der sich auf einer engen Gasse parallel zum Qassioun den Berg entlangzieht. Geschäfte reihen sich dicht aneinander, wo die eng stehenden Häuser keinen Schatten spenden, haben die Händler bunte Planen gespannt. »Zehn Lira, nur zehn Lira, bitte greifen Sie zu, nur zehn Lira«, bieten die Händler ihre Waren an. Der Duft von frischem Brot kommt irgendwoher, Musik erfüllt die Luft, Rufe, Lachen, Feilschen. Am Ende des Marktes biegen wir oberhalb der Rashid-Straße in die Nazem-Basha-Straße ein, die parallel zum westlichen Qassioun hinaufsteigt. Rechts und links führen breite und steile Treppen hinauf und hinab, die die Wohnviertel von al-Muhajrin verbinden.

»Als ich ein Kind war, fuhr hier eine Straßenbahn entlang«, erzählt Ali Boray. »Und wir Jungen haben uns nach der Schule ein kleines Zubrot verdient, indem wir dem Straßenbahnfahrer halfen, das Fahrgeld von den Fahrgästen einzusammeln.« Heute transportieren Taxis und Minibusse die Fahrgäste hinunter in die Stadt und wieder zurück. Längst ist Muhajrin ein fester Bestandteil von Damaskus geworden, in dem eher wohlhabende Menschen leben. Nach einiger Zeit erreichen wir den Thiqar-Platz, von wo wir einen weiten Blick über Damaskus haben. Es ist spät geworden. Taubenschwärme ziehen unermüdlich ihre Kreise, bald wird die Sonne hinter den Libanonbergen im Westen versinken. Einige Familien sind mit dem Auto hier heraufgefahren und genießen den kühlen Abendwind. Wir stehen schweigend und blicken über die Stadt. »Möge unserem Land der Friede wiedergegeben werden«, sagt Boray leise und seufzt. »Syrien ist so wunderbar!« Dann schlägt er vor, mit einem Minibus wieder hinunter in die Stadt zu fahren. »Meine Frau wird schon mit dem Abendessen warten.«

Nicht viele sprechen im Sommer 2011 in Damaskus über die bewaffneten Unruhen, die andere Teile des Landes schon erschüttern. Doch Ali Boray weiß, wie es ist, seine Heimat durch Krieg zu verlieren. Er wurde 1930 auf den Golanhöhen geboren.

Viel Wasser und eine Schneehaube

Bald nach unserem Ausflug auf den Qassioun folgt ein weiterer Ausflug in die Geschichte mit Ali Boray. »Seit der Generation meiner Großväter lebte unsere Familie auf den Golanhöhen in Beer-Ajam, einem kleinen Dorf, ungefähr hier.« Ali Boray beugt sich über die Karte und sucht nach seinem Heimatort südlich von Kuneitra. In der zweiten Hälfte des 19. Jahrhunderts war die Familie nach Syrien gekommen. Damals hatten viele Tscherkessen im Zuge der Expansion des russischen Zarenreiches ihre kaukasische Heimat verlassen und in den südlichen Provinzen des Osmanischen Reiches, in Syrien und Palästina, Schutz gefunden. Der Golan war damals noch in weiten Teilen mit Steineichen und Ahorn bewaldet. Borays Vorfahren bearbeiteten das fruchtbare, wasserreiche Land und brachten es zu Wohlstand. »Das Klima auf den Golanhöhen war ähnlich wie in unserer kaukasischen Heimat«, sagt Ali Boray. »Schwerer Schneefall im Winter, viel Regen und warme Sommer. Der Golan war für uns Tscherkessen eine ideale neue Heimat.«

Die nächste Generation der tscherkessischen Einwanderer, kurz vor der Jahrhundertwende, besuchte die Schule und studierte. Manche aus der Familie siedelten nach Damaskus über. In der Zeit der französischen Besatzung verdingten sich Tscherkessen als Soldaten in der französischen Armee, andere gingen zur Polizei oder eröffneten Geschäfte in der Hauptstadt. Der Vater von Ali Boray war Polizeibeamter im staatlichen Dienst. Der Sohn lernte in der Schule Arabisch und Französisch, denn die Schulen waren auf Anordnung der französischen Mandatsmacht verpflichtet, Französisch zu unterrichten. Vater Boray war Anfang der 1940er-Jahre in Damaskus auf der Zitadelle eingesetzt, im Gefängnis. Hier erlebte er im Mai 1945 das letzte Aufbäumen der französischen Mandatsmacht. Obwohl die Unabhängigkeit Syriens von der Sowjetunion und den USA bereits 1944 anerkannt worden war, zogen die Franzosen nicht ab. Landesweit gingen die Menschen auf die Straße, die Franzosen setzten die Luftwaffe und Artillerie ein. Im Mai 1945 besetzten sie das syrische Parlament und unterbrachen die Stromversorgung. Auch die Altstadt wurde beschossen, an deren Rand die Zitadelle steht, wo der Vater von Ali Boray Dienst tat. »Mein Vater wusste nicht, was er tun sollte. Wenn die Zitadelle zerstört würde, würden alle Gefangenen sterben. Wenn er sie aber freiließe, würde er gegen die Anordnungen verstoßen.« Schließlich öffnete der Vater die Tore, und die Gefangenen rannten davon. »Ich kann ihn verstehen«, meint Ali Boray. »Er wollte nicht, dass sie von den Franzosen getötet würden. Vielleicht war es ein Fehler, aber mein Vater wollte nur Leben retten.« Dann erzählt er zögernd, was er selber, als Fünfzehnjähriger, an diesem Morgen sah, als er am syrischen Parlamentsgebäude vorbeikam: »Die Franzosen hatten im Parlament Abgeordnete und Wachleute erschossen und ihre Leichen in den Fenstergittern aufgehängt.«

Nach der Unabhängigkeit besuchte Ali Boray die Universität und wurde Ingenieur. Sein Traum war, Pilot zu werden, doch daraus wurde nichts. Letztlich gehörte er zu der Generation, die die Syrische Arabische Luftfahrtgesellschaft (Syrian Arab Airlines) mit aufbaute. Als Ingenieur war er für Syrian Arab Airlines in aller Welt unterwegs. Angebote, im Ausland zu arbeiten, lehnte er ab. Er sei glücklich gewesen in Syrien. Er heiratete, Kinder wurden geboren, das Leben verlief ruhig für die Familie.

»Fünfzehn Prozent der Leute auf den Golanhöhen waren Tscherkessen, die anderen waren Beduinen, Christen, Drusen, Turkmenen. Wir lebten wie eine große Familie«, erinnert sich Ali Boray. Saubere Luft, sauberes Wasser, er kommt ins Schwärmen, wenn er sich an seine Heimat erinnert. Im Frühjahr waren die Bäche, Flüsse und Seen gefüllt mit dem Wasser aus den Libanonbergen; der Golan verbindet Syrien mit dem Libanon, mit Palästina und Jordanien. »Klima und Vegetation sind einzigartig, der Boden ist sehr fruchtbar.« Im Norden des Golan wacht das Bergmassiv Hermon fast 3000 Meter hoch über dem Golan. »Die immer weiße Schneehaube auf der Bergspitze sieht aus wie ein weißes Tuch, wie es von muslimischen Geistlichen, den Scheichs, getragen wird. Darum nennen ihn die Leute vom Golan auch ›Jabal ash-Shaikh‹, den Berg des Scheichs.«

»Der traurigste Tag in meinem Leben«

Am 5. Juni 1967 änderte sich das Leben schlagartig für Ali Boray: »Unsere Familie war beim Abendessen versammelt, als wir im Radio hörten, dass es Kämpfe zwischen syrischen und israelischen Truppen gab. Am nächsten Tag zogen Soldaten durch unser Dorf nach Süden. Sie befahlen uns, nachts kein Licht anzumachen und in den Häusern zu bleiben. Alle hatten Angst.« Einige Familien flohen nach Damaskus. Die meisten Männer blieben, um Haus und Hof zu verteidigen. Auch Ali Boray, damals 37 Jahre alt, blieb mit anderen Männern im Dorf. Doch ohne Waffen waren sie chancenlos. Am Nachmittag des 9. Juni stand die israelische Armee kurz vor Kuneitra, und für Ali Boray brach der »traurigste und schlimmste Tag« seines Lebens an.

Die Soldaten gaben den Einwohnern nur wenig Zeit, ihre Häuser zu verlassen. »Es war Krieg, wir hatten keine Chance, es ging um Leben und Tod.« Israelische Luftwaffe und Artillerie bombardierten vom Tiberiassee her die Dörfer, die Menschen flohen. Ali Boray erinnert sich, dass sie die siebzig Kilometer nach Damaskus zu Fuß liefen, in der Nacht, und sie wagten nicht, Licht anzumachen, um keine Aufmerksamkeit auf sich zu lenken. Die Flüchtlinge von den Golanhöhen lebten zunächst in Schulen und Moscheen in und um Damaskus. Manche, so auch Ali Boray, fanden bei Freunden und Verwandten Zuflucht. Später stellte die Regierung Wohnungen und Häuser zur Verfügung, bis heute werden die Golan-Flüchtlinge von Syriens Regierung unterstützt.

1949 waren 62 293 Einwohner auf den Golanhöhen gezählt worden. Dank infrastruktureller Entwicklungen und neuen Arbeitsstellen war die Zahl bis 1967 auf 153 000 angestiegen. Sie lebten in zwei Städten (Kuneitra und Afik), es gab 164 Dörfer und 146 Höfe, auf denen Landwirtschaft betrieben wurde. Der Vormarsch der israelischen Armee vertrieb 130 000 Menschen, die meisten Dörfer und Höfe wurden zerstört. Rund 7000 Syrer blieben in sechs Dörfern innerhalb des besetzten Golan wie gefangen, die meisten von ihnen Drusen. Die Zahl der syrischen Inlandsvertriebenen vom Golan wird heute mit 346 000 Personen angegeben.

Der UN-Sicherheitsrat forderte in der Resolution 242 vom November 1967 den sofortigen Abzug der israelischen Truppen aus dem Golan und stellte fest, dass »Gebietserwerb durch Krieg unzulässig« sei. Doch nichts geschah. »Bald wurde uns klar, dass die Verhandlungen mit Israel, die durch Vermittlung der Vereinten Nationen begannen, nutzlos waren und nirgendwohin führten«, so Ali Boray. Im Zuge einer syrisch-ägyptischen Militäroffensive gegen Israel – und ausgestattet mit neuen Waffen durch die Sowjetunion – unternahm die syrische Armee 1973 den Versuch, die Golanhöhen zurückzuerobern. Es gelang, vorübergehend etwa 600 Quadratkilometer des besetzten Gebiets zu befreien, darunter die Provinzstadt Kuneitra. Nachdem das Gelände im weiteren Verlauf der Kämpfe wieder aufgegeben werden musste, schlossen Israel und Syrien ein Waffenstillstandsabkommen. Eine Pufferzone unter UN-Kontrolle wurde eingerichtet. 1974 zogen Israels Truppen aus Kuneitra ab. Zurück blieb eine Trümmerwüste: Alle Gebäude, auch Kirchen und Moscheen, das Krankenhaus und die Grundschule, waren Ruinen. Beer-Ajam, der Geburtsort von Ali Boray, lag nun genau auf der »Bravo-Linie«, die die östliche, die syrische Grenze der UN-Pufferzone markierte. Die westliche Grenze hin zu Israel wird »Alpha-Linie« genannt. 1981 annektierte Israel den syrischen Golan westlich der »Alpha-

Erinnerung an das Unrecht. Die ehemalige Grundschule von Kuneitra (2009). Die Provinzhauptstadt der Golanhöhen wurde von der israelischen Armee vor deren Abzug 1974 zerstört. Die syrische Regierung hat den Ort zu einem historischen Denkmal erklärt. In der Nähe entstand das neue Kuneitra.

Linie« bis zum Tiberiassee, ein Gebiet von 1200 Quadratkilometern. Nur drei Tage später – am 17. Dezember 1981 – verabschiedete der UN-Sicherheitsrat die Resolution 497, in der die Annexion als völkerrechtswidrig und illegal verurteilt wird. Doch Israel ignorierte diese Resolution ebenso wie die vorherigen Beschlüsse zur Besetzung des Golan.

»Stellen Sie sich vor, jemand dringt mit Waffengewalt in Ihr Haus ein, zerstört Ihr Leben, Ihr Eigentum, und der UN-Sicherheitsrat – das mächtigste Gremium in der internationalen Politik – tut nichts! Weil eines seiner Mitglieder, die USA, jede Resolution, die Ihnen zu Ihrem Recht und zur Rückkehr in Ihre Heimat verhelfen soll, mit ihrem Veto verhindert. Seit mehr als vierzig Jahren geht das schon so, und die Welt schaut weg.« Höfe, Dörfer, Städte und historische Ausgrabungsstätten wurden von den israelischen Truppen zerstört. Stattdessen entstanden israelische Siedlungen mit ausgedehnter Landwirtschaft, Tourismuszentren und Militärstützpunkten.

»Inzwischen werden neue Generationen auf dem besetzten Golan geboren«, seufzt Ali Boray. »Israelische Kinder lernen, dass sie in ›Gottes gelobtem Land‹ leben, das Jehova ihnen vor 3000 Jahren versprochen hat. Selbst europäische Touristen, die den besetzten Golan besuchen, wissen heute nicht mehr, dass es unser Land, dass es Syrien ist. Heute bin ich achtzig Jahre alt. Meine Söhne, Enkel und Urenkel besuchen mit mir manchmal unseren Heimatort. Aber von unserem Haus ist nichts übrig geblieben als ein Haufen Steine«, sagt Ali Boray. »Die Trümmer legen Zeugnis ab darüber, wie zivilisiert die Israeli mit uns umgegangen sind. Wie sie anderen Menschen ihre Heimat stehlen und zerstören. Und diese Trümmer sind ein Mahnmal für die Unfähigkeit der UNO, die nicht in der Lage war und ist, ihre gerechtfertigten Resolutionen umzusetzen. Bis heute.«

»Israel will das Wasser«, ist Ali Boray überzeugt. Das Wasser des Golan – Regen-, Schmelz- und Grundwasser – ist wichtig für Libanon und Syrien. Dort entspringen die Flüsse Hasbani (Libanon) und Banyias (Syrien), die in den Jordan fließen. Der wiederum soll die südlichen Anrainerländer – Palästina, Jordanien, Israel – versorgen. Doch »Israel ist immer durstig und zweigt jedes Jahr mehr Wasser ab. Und jetzt, wo die Winter nur wenig Schnee und Regen bringen, bleibt für andere kaum etwas übrig.« Tatsächlich veränderte Israel für sich die Wasserversorgungslage von Grund auf, als es 1967 den Golan besetzte. Es hatte den Tiberiassee und kleinere Quellflüsse des Jordan unter seine Kontrolle gebracht. Allein aus dem Tiberiassee, dem tiefstgelegenen Süßwassersee mit einer Größe von 122 Quadratkilometern, pumpt Israel jährlich 320 Millionen Kubikmeter Wasser in die Negevwüste ab. Und durch die Besetzung des palästinensischen Westjordanlandes (1967) kontrolliert Israel zusätzlich das westliche Jordanufer und das Grundwasser.

Nicht alle Menschen aus den besetzten Gebieten im Golan flohen. Knapp 10 000 syrische Drusen leben heute noch dort und verdienen ihren Lebensunterhalt nach wie vor durch Landwirtschaft und Obstanbau. Nach sechsmonatigen Verhandlungen gelang es 2004 dem Internationalen Komitee vom Roten Kreuz (IKRK) erstmals, eine Vereinbarung zu vermitteln, wonach die syrischen Drusen vom Golan ihre Äpfel nach Syrien liefern durften. Israel wollte die Verpackung der Äpfel mit einem Stempel »Made in Israel« markiert wissen, Syrien lehnte das ab. Man einigte sich schließlich auf weiße, nicht beschriftete Kartons, die vom IKRK gestellt wurden. Den Transport übernahmen Lastwagen mit Genfer UN-Nummernschildern, Fahrer wurden aus Kenia eingeflogen. Sie transportierten die Äpfel über etwa 300 Meter »Niemandsland« zwischen dem israelischen und dem syrischen Kontrollposten bei Kuneitra. Dort wurde die Fracht auf syrische Fahrzeuge verladen. Das IKRK half auch bei der Familienzusammenführung; wenn beispielsweise junge Drusinnen vom besetzten Golan nach Syrien verheiratet wurden, begleiteten IKRK-Leute die Braut durch die Sperrzone. Auch Studierende konnten zwischen dem israelisch besetzten Golan und Damaskus mithilfe des IKRK passieren.

Für Ali Boray und seine Familie sind humanitäre Vereinbarungen dieser Art kein Trost. Fast fünfzig Jahre nach dem Verlust ihrer Heimat gibt es – bis zu den Enkeln – kein Vergessen. Das Unrecht, das Israel ihnen angetan hat, ist gegenwärtig. Nach seiner Pensionierung übernahm Ali Boray geschäftsführend die Leitung eines kleinen Hotels, das er – als Altersabsicherung – schon in den 1950er-Jahren mit seinen Brüdern gebaut hatte. Die zentrale Lage unweit des Hejaz-Bahnhofs in Damaskus bescherte dem bescheidenen Haus einen Ansturm von Gästen. Agatha Christie übernachtete hier, deren Ehemann Max Mallowan britischer Archäologe war, und bald galt das Hotel als Geheimtipp für Archäologen aus aller Welt. In den Monaten der Jasminblüte (Juni bis September) war die Hotelrezeption von dem betörenden Duft der Blüten erfüllt, die Boray morgens in seinem Garten pflückte und in Gläsern und auf Tellern verteilte. Wann immer die Zeit es erlaubte, saß er mit Gästen bei einem Kaffee zusammen und philosophierte über Gott und die Welt.

Nachbetrachtung

Mit dem Krieg, der in Syrien 2011 begann, änderte sich das Leben von Ali Boray noch einmal. Lange Zeit stand das Hotel leer, weil die ausländischen Touristen aufgrund des Krieges und der europäischen Wirtschaftssanktionen ausblieben. Ein wochenlanger, einsamer Gast war Anfang 2012 eine christliche Besucherin aus Homs. Ihr Mann arbeitete seit zwanzig Jahren als Arzt in einer Firma in Saudi-Arabien. Das Ehepaar bereitete sich auf den Ruhestand vor, die Frau schwärmte von ihrem schönen Haus, das sie sich von ihrem Ersparten in Homs gebaut hatten. Nun war sie auf dem Weg zur Hochzeit ihrer Tochter in Paris und hatte einen Zwischenstopp in Damaskus eingelegt. Sie wollte das Brautkleid der Tochter und einige Geschenke abholen, die sie in ihrem Haus in Homs aufbewahrt hatte. Dann wollte sie weiter nach Paris reisen. Still saß die Frau jeden Morgen vor den Nachrichten und nippte an einer Tasse Kaffee. Erst hörte sie die arabischen Meldungen verschiedener Sender, anschließend Nachrichten in Französisch und Englisch. Dann beriet sie sich mit Ali Boray, der ein offenes Ohr für ihre Sorgen hatte. Er kannte die Familie gut, die seit Langem zu den Stammgästen des Hauses gehörte. Würde sie bald nach Homs fahren können, würden die Kämpfe dort bald vorbei sein? Schließlich reiste sie ab, ohne Homs wiedergesehen zu haben. Und ohne das Brautkleid.

Danach füllte sich das Haus mit Inlandsvertriebenen und Reisenden aus allen Teilen des Landes. Die syrischen Gäste aus Rakka oder Deir ez-Zor, aus Hasakeh oder Aleppo besuchten Krankenhäuser oder hatten Behördengänge zu erledigen. Studenten kamen, um Prüfungen abzulegen, und Familien aus dem Osten des Landes schickten ihre Kinder in die Stadt, damit sie ihr Studium fortsetzen konnten. An das strikte Rauchverbot in der Lobby, 2010 unter großen Diskussionen durchgesetzt, erinnerten nur noch die damals aufgehängten Schilder. Die Gästebibliothek mit Büchern in vielen Sprachen blieb verwaist. Während die neuen Gäste in den ersten Jahren der »Krise« ständig die Nachrichten der verschiedenen Satellitensender verglichen, blieb der Fernseher schließlich den Kinderprogrammen und den Kindern überlassen. Einige der Hotelangestellten wurden krank, andere verließen Syrien, um in der Türkei oder in Europa ihr Glück zu suchen. Eines Tages kamen wieder Vertriebene. Dieses Mal kamen sie aus dem Heimatdorf von Boray, das von Kämpfen umgeben und besetzt worden war.

Die Nachrichten über die neue Besetzung kamen nur zögernd aus der entmilitarisierten Pufferzone auf dem Golan, der seit 1974 von den UN-Blauhelmen überwacht wurde. Es hieß, Blauhelme seien beschossen, bei ihren Patrouillen von bewaffneten Gruppen gestoppt und zur Herausgabe ihrer Fahrzeuge gezwungen worden. Die UN-Mission auf dem Golan erstattete Bericht an den UN-Sicherheitsrat, doch internationale Medien waren so sehr auf anderes Kriegsgeschehen in Syrien konzentriert, dass über die Vorkommnisse auf dem Golan nicht berichtet wurde. Als im November 2012 ein Konvoi österreichischer Blauhelme auf dem Weg zum Flughafen Damaskus beschossen wurde, drängte Wien auf Maßnahmen des UN-Sicherheitsrates. Doch es wurde schlimmer. Kampfverbände rückten weiter vor, bauten Straßensperren, nahmen UN-Blauhelmen ihre Waffen ab oder entführten sie. Sie stahlen Ausrüstung, Fahrzeuge und Uniformen. Die syrische Armee ging wiederholt von außerhalb der Pufferzone gegen die Kämpfer vor, was zum Eingreifen der israelischen Luftwaffe führte. Ein syrischer Kampfjet wurde abgeschossen. Der UN-Sicherheitsrat forderte beide Seiten auf, die Kämpfe einzustellen. Im Juni 2013 zogen die österreichischen Blauhelme ab, andere rückten nach, die Lage verschlechterte sich weiter.

Im August 2014 wurde ein Stützpunkt philippinischer Blauhelme von sogenannten »oppositionellen moderaten« Kampfverbände gestürmt. 150 Kämpfer – manche Quellen sprachen von 300 Kämpfern auch der Al-Nusra-Front (al-Qaida) – rückten, aus Jordanien kommend, durch die Pufferzone in Richtung Norden vor. Mehr als vierzig Soldaten von den Fidschi-Inseln wurden in Geiselhaft genommen. Die umzingelten UN-Soldaten sollten ihre Waffen und Stellungen verlassen und abziehen, so die Forderung. Ein philippinisches Blauhelmekontingent drohte, militärisch zurückzuschlagen – doch der UN-Sicherheitsrat zog Verhandlungen vor.

Er verurteilte die Entführungen und die militärische Gewalt und forderte die »sofortige und bedingungslose Freilassung« der UN-Soldaten. Länder, die auf die Kampfverbände Einfluss hätten, sollten dazu beitragen, hieß es weiter. Das Golfemirat Katar vermittelte schließlich die »Lösung«. Die UN-Blauhelme wurden aus der Geiselhaft freigelassen, die Kampfverbände erhielten ein Lösegeld, die UN-Blauhelmmission zog sich aus der Pufferzone in Richtung Israel zurück und überließ das syrische Gebiet, das seit 1974 von der UNO erfolgreich bewacht worden war, den Kampfgruppen. Diese übernahmen den UN-Grenzposten bei Kuneitra, die syrische Armee erhöhte ihre Truppenpräsenz in der Provinzstadt. Weder Äpfel noch Studierende oder Bräute können seitdem die Grenze überqueren.

Die islamistischen Kampfverbände versicherten dem israelischen Militär, dass man nicht Israel, sondern »Assad« angreifen werde. Israel schloss eine Art Waffenstillstand mit den Kämpfern, deren Verletzte in israelischen Militärhospitälern auf dem besetzten Golan versorgt werden.

Für die in der UN-Pufferzone lebende syrische Zivilbevölkerung bedeutete der Rückzug der UN-Mission das »Aus«. Ihre Heimat war erneut zu einer Kampfzone geworden. Wer die Dörfer nicht schon nach dem Auftauchen der neuen Kampfgruppen 2012 verlassen hatte, tat es jetzt. Darunter auch die Familie von Omar, die 2012 vor bewaffneten Gruppen aus Haj al-Aswat, südlich von Damaskus nach Beer-Ajam auf den Golan geflohen war, dem Heimatort von Ali Boray. Die Familie von Omar war tscherkessischer Herkunft und 1967 vom Golan vertrieben worden. Damals hatte sie sich in Haj al-Aswat angesiedelt, einem ärmlichen Viertel südlich von Damaskus. 2012 wollten sie zurück nach Beer-Ajam, das an der syrischen Waffenstillstandslinie (Bravo-Linie) lag und wo etliche Häuser wieder aufgebaut worden waren. Viele Tscherkessen, die nach 1967 ihre Heimat auf dem Golan verloren hatten, fuhren gern an den Wochenenden im Sommer und Winter nach Beer-Ajam, Brka und Qahtana, um in der idyllischen Landschaft Picknick zu machen und sich zu vergnügen. Beer-Ajam schien der Familie von Omar damals ein sicherer Ort, deren Einwohner mit den bewaffneten Aufständischen nichts zu tun haben wollten. Sie hofften, dort bleiben zu können, bis die Kämpfe um Damaskus vorbei wären. Doch Omar überlebte den Umzug nicht, bei einem Überfall der Kämpfer im November 2012 wurde er getötet.

Wie aber konnten die Kämpfer durch die Wälder entlang der entmilitarisierten Zone vordringen, die mit Argusaugen von Syrien, von Israel und von der UN-Blauhelmmission überwacht wird? Die israelische Armee habe es früher nicht einmal zugelassen, dass ein Bauer einen Olivenbaum in der entmilitarisierten Zone pflanzte, sagt Ali Boray und schüttelt den Kopf. »Und die vielen Kämpfer die dort aufgezogen sind, hat niemand gesehen?«

Die Leute aus Beer-Ajam versuchten zu fliehen, was die Kämpfer unter Drohungen verhinderten. Die Familien brachten sich schließlich in den

Schutzbunkern in Sicherheit, die der Staat ihnen wegen der Kriegsgefahr, die von Israel aus drohte, gebaut hatte. Die bewaffneten Gruppen richteten Stützpunkte in den Wäldern nahe der Grenze zu Israel ein. Von dort griffen sie mit Granatwerfern und Schnellfeuergewehren die syrischen Truppen an. Die reagierten mit der Entsendung von drei Panzern und nahmen den Kampf auf. Eine Woche lang hielten die Einwohner von Beer-Ajam in den Bunkern aus. Vermittlungen scheiterten, Hilfslieferungen des Syrisch-Arabischen Roten Halbmondes (SARC) wurden von den Kampfgruppen nicht durchgelassen. Busse, die die Bevölkerung evakuieren wollten, wurden beschossen. Die Flucht aus der Belagerung gelang den Leuten von Beer-Ajam erst, als dichter Nebel den Kämpfern die Sicht versperrte. Kilometerweit liefen sie, bis wartende Busse sie aufnehmen konnten. Bauern, die ihre Höfe und ihr Vieh nicht verlassen wollten, blieben zurück.

Fünf Tote hatten die Einwohner von Beer-Ajam zu beklagen, berichtet Ali Boray. Omar und zwei andere junge Männer wurden erschossen, als sie sich vor die Tür des Bunkers wagten, um zu erkunden, ob die Familien entkommen könnten. Ein weiterer Mann wurde von Scharfschützen getötet, als er sich mit dem Auto dem Ort näherte, um seinen Vater zu evakuieren. Der fünfte Tote war Mohammad Said, ein Religionsgelehrter, der an der Universität in Damaskus unterrichtete und das Wochenende in Beer-Ajam verbrachte, als die Kämpfer einfielen. Mohammad Said war der Bruder des Islamgelehrten Jawdat Said, der seit Jahrzehnten als Vordenker und Verfechter eines gewaltlosen Islam gilt. In den 1960er-Jahren hatte er an der Al-Azhar-Universität in Kairo, wo er studierte, ein Gegenkonzept entwickelt zu dem Konzept des Jihad von Sayyid Qutb, das islamistischen Kampfgruppen bis heute als Grundlage dient. Jawdat Said hat seit frühester Jugend den Dienst an der Waffe verweigert, wofür er wiederholt inhaftiert wurde. Bis heute lehrt er sein Konzept der Gewaltlosigkeit. »Ein wunderbarer Mann, dieser Jawdat Said«, sagt Ali Boray. »Leider haben ihn bis heute zu wenige verstanden.« Ali Boray spaziert nicht mehr so oft durch Damaskus. Seine Arbeit im Familienhotel hat er der jüngeren Generation übergeben. Jasminblüten gibt es dort nur noch selten.

Von den Alawitenbergen an die Macht

Als Hafiz al-Assad 1971 per Referendum zum syrischen Präsidenten gewählt worden war, hatte er etwas Unerhörtes erreicht, was ohne die Baath-Partei niemals möglich gewesen wäre. Der Junge aus Qardaha, einem Dorf in den Alawitenbergen, war an die Spitze der Macht in Syrien gelangt. Er war Präsident eines Landes, in dem er und seinesgleichen, die Alawiten, noch zur Zeit seines Vaters ein Nichts waren, verspottet und verachtet.

Die französische Mandatsmacht hatte der Küstenregion mit dem angrenzenden Gebirge einen Sonderstatus verordnet, um die Bevölkerung der Alawiten an sich zu binden oder, mehr noch, von anderen Entwicklungen in Syrien fernzuhalten. Die Städte des Alawitenstaates (1922–1937), vor allem Lattakia, waren tatsächlich aber von sunnitisch-muslimischen Händlern aus Damaskus dominiert. Im Hinterland, in den Bergen, lebten Alawiten und Christen, beides Minderheiten. Ihr sozialer Status hätte unterschiedlicher nicht sein können. Die christliche Bevölkerung von Alexandrette über Aleppo und die Küstenregion, von Hasakeh über Palmyra, Damaskus bis Beirut verfügte zu dem Zeitpunkt bereits über ein Netz christlicher Gemeinden, Bildungs- und Wirtschaftsstrukturen, die ihnen eine gewisse Unabhängigkeit und Einfluss ermöglichten. Die Alawiten dagegen waren seit Jahrhunderten soziale und religiöse Außenseiter und wirtschaftlich von den Großgrundbesitzern und reichen Händlern abhängig.

Religiös gesehen, sind die Alawiten eine Strömung des schiitisch-muslimischen Islam, der infolge eines Streits um die Rechtmäßigkeit der Nachfolge des Propheten Mohammad im 7. Jahrhundert im Irak entstanden war (Kerbala, 680). Die Alawiten in Syrien berufen sich auf Muhammad ibn Nusair an-Numairi, der im 9. Jahrhundert im Irak aufgetreten war. Daher nennt man sie auch Nusairier, die Anhänger von Nusair. Über die großen Handelsrouten der damaligen Zeit – die Seidenstraße in Ost-West-Richtung und die Gewürzstraße in Süd-Nord-Richtung – gelangten seine Ideen und ihre Anhänger nach Norden ans Mittelmeer, wo sie sich ansiedelten.

Schiitische Geistliche, Gelehrte und ihre Schüler pilgerten zu heiligen Orten wie den Gräbern von Zainab, der Enkelin des Propheten, und Ruqayya Sukayna, einer Urenkelin. Schiitisch-muslimische Händler allerdings, die aus Persien, dem Jemen oder Bagdad kamen und sich in Damaskus, Beirut oder Lattakia niederließen, sprachen nicht über ihre Glaubensrichtung, um für ihre Geschäfte und ihr Leben keine Nachteile zu haben. Schiiten dürfen ihren Glauben verbergen, um sich zu schützen (arabisch: Takiye).

Seit dem Streit bei Kerbala (680) lag die politische und militärische Macht bei den Herrschern der sunnitisch-muslimischen Königshäuser, Kalifen und Scheichs in der arabischen Welt und im Osmanischen Reich. Schiitische Muslime und ihre Strömungen (Alawiten, Ismaili und andere) wurden missachtet und gedemütigt. Im 19. Jahrhundert entstand in der saudischen Wüste die Glaubensrichtung des Salafismus, der schiitische Muslime in all ihren Facetten als »Ungläubige« und »Unreine« bezeichnete, die zu töten erlaubt sei.

In den unzugänglichen Alawitenbergen an der syrischen Küste hatten im Laufe der Jahrhunderte viele Völker gesiedelt. Nach Christen und Tscherkessen waren Alawitenstämme geblieben, die über Einfluss und Macht verfügten und sich verteidigen konnten. Doch die einfache Bevölkerung dort und in den Ebenen hatte keine Wahl. Sie verdingten sich als Tagelöhner, Lastenträger, versorgten das Vieh, arbeiteten auf den Feldern und putzten in den Häusern der Reichen. Vom gesellschaftlichen Aufstieg blieben sie ausgeschlossen.

Ein neuer politischer Stil

Hafiz al-Assad wurde 1930 in dem kleinen Ort Qardaha, in den Bergen oberhalb von Lattakia geboren. Seine Mutter – sie war die zweite Frau seines Vaters – brachte ihn als das vierte von fünf Kindern zur Welt. Die Familie wohnte in einem einfachen Haus mit zwei Räumen und einem Flachdach. Vor dem Haus war festgetretene Erde, neben dem Haus Platz für das Vieh. Eine Schule gab es nicht. Als Hafiz al-Assad geboren wurde, war noch kein Kind seines Dorfes in einer Schule gewesen, schreibt der in Syrien aufgewachsene britische Journalist Patrick Seale (Seale 1988).

Als Assad neun Jahre alt war, hatten sich die Verhältnisse schon so weit verbessert, dass seine Eltern ihn in die Schule nach Lattakia schicken konnten, die er mit dem französischen Baccalauréat abschloss, vergleichbar mit dem Abitur. Er schrieb sich an der Militärakademie in Aleppo ein, wo er in der Luftwaffe die Offizierslaufbahn einschlug. Eigentlich hatte er Arzt werden wollen, doch für einen jungen Alawiten aus einer Bauernfamilie war diese Ausbildung unerschwinglich.

Mit siebzehn Jahren wurde Assad Mitglied der Baath-Partei und schloss sich in den 1950er-Jahren auch der Bewegung des arabischen Nationalismus an, die von Gamal Abdel Nasser geführt wurde. Als Syrien und Ägypten sich 1958 zur Vereinigten Arabischen Republik (VAR) zusammenschlossen, war Assad als junger Offizier in Kairo stationiert. Mit vier gleichgesinnten Offizieren gründete er ein (geheimes) Militärkommando der Baath-Partei, um im Falle einer Krise sicherzustellen, dass Syrien den Weg des arabischen Nationalismus beibehielt. Als die VAR-Regierung in Damaskus 1961 aus dem Amt geputscht und alle vorherigen Veränderungen im Land rückgängig gemacht wurden, wurde Assad mit den anderen Offizieren in Kairo zunächst verhaftet. Nasser dachte, sie hätten etwas mit dem Putsch zu tun, was sich als unbegründet herausstellte. Nach einem 45-tägigen Gefängnisaufenthalt wurde Assad nach Damaskus abgeschoben, wo er sich auf die nächste Phase im syrischen Machtkampf vorbereitete. Kern der Vorbereitungen war das in Kairo gegründete geheime Militärkommando, das mit einem erneuten Putsch 1963 die politische Richtung in Syrien erneut umkehrte.

Starker Mann der folgenden Jahre war Salah Jadid. Hafiz al-Assad konzentrierte sich derweil auf die Festigung und den Ausbau seiner Machtbasis im Militär, vor allem in der Luftwaffe. Beim nächsten Putsch 1966 wurde ein interner Richtungsstreit zwischen der Gründergeneration der Baath-Partei und den neuen Machthabern um Salah Jadid und Hafiz al-Assad zugunsten der Letzteren entschieden. Nach dem Sechs-Tage-Krieg (1967), der mit der israelischen Besetzung der Golanhöhen und der Provinzhauptstadt Kuneitra endete, spitzte sich der Machtkampf zwischen Jadid und Assad zu. Während Jadid eher impulsiv, scharf und verletzend auftrat und Hunderte seiner tatsächlichen oder vermeintlichen Gegner in der Partei und im Militär entfernte, war Assad pragmatisch, überlegt und berechnend in seinen politischen Manövern. Er wartete ab. Bei einem Parteitag 1970 sollten er und sein Vertrauter, General Mustafa Tlas entmachtet werden, doch Assad drängte mithilfe der Armee Salah Jadid aus dem Amt.

Jadid und seine Anhänger wurden verhaftet. Um sie aber nicht auf Dauer gegen sich aufzubringen, bot Assad – pragmatisch wie er war – einigen von ihnen an, auf syrischen Botschaften im Ausland tätig zu sein. Salah Jadid habe das Angebot ausgeschlagen und Assad gedroht: »Sollte ich jemals wieder an die Macht kommen, wird man dich durch die Straßen schleifen, bis du tot bist.« Jadid wurde im Militärgefängnis in Mezzeh eingesperrt und blieb dort bis zu seinem Tod 1993.

Die Syrer waren erschöpft von den politischen Ränkespielen der vorherigen Jahre, Assad wurde wie ein Erlöser gefeiert. Die Entmachtung Jadids geschah im Rahmen von Assads »Korrektur-Bewegung«, und wurde von vielen begrüßt. Assad sollte nun zeigen, dass er alle Teile der Gesellschaft miteinander versöhnen und eine nationale Einheit herstellen konnte. Er veränderte den bisherigen politischen Stil und begann, mit den Menschen direkt zu sprechen. Er empfing Delegationen aus allen Teilen des Landes, die ihm ihre Wünsche vortrugen. Er reiste durch die Provinzen Syriens, wo ganze Dörfer ihn empfingen, ihm Petitionen vorlegten und ihre Sorgen und Probleme vorbrachten. In Sweida, der Hauptstadt des Drusengebietes, besuchte Assad Sultan al-Atrash, den Anführer der »Großen Syrischen Revolution« von 1925, und würdigte ihn als syrischen Nationalisten.

Film- und Theaterschaffende erhielten mehr Freiheiten, politische Themen wurden kritisch auf den Bühnen reflektiert. In einem Schreiben an die Schriftstellerunion, die bei der Machtübernahme der Baath-Partei 1963 als elitär und der alten herrschenden Klasse zugehörig isoliert worden war, schrieb Assad, er sei entschlossen, dafür zu sorgen, »dass Sie sich nicht länger als Fremde in Ihrem eigenen Land fühlen müssen«.

Assad streckte jenen Baathisten die Hand hin, die bei den Machtkämpfen der vergangenen Jahre ausgegrenzt worden waren. Sie alle sollten Syrien gemeinsam aufbauen, so seine Aufforderung: »Sollten wir scheitern, werden alle unsere Köpfe auf der Schlachtbank liegen.« Rund 2000 ehemalige Kader und Offizielle kehrten zurück und übernahmen neue Posten. Die Regierung, die den Aufbau umsetzen sollte, wurde von General Abdul Rahman Khalafawi als Premierminister geleitet. Er war ein Baath-Mitglied der ersten Stunde und an der Militärakademie in Homs ausgebildet worden. Assad war an die Macht gelangt, weil er die Armee hinter sich hatte. Das Fundament des Staates, den Assad nun aufbaute, sei die Baath-Partei gewesen, so Patrick Seale: »Als Generalsekretär war seine Kontrolle unangefochten, was aber nicht bedeutete, dass die Partei als solche keinen Einfluss hatte. Die Macht der Partei speiste sich aus dem Respekt, den Assad ihr entgegenbrachte: Er hatte verstanden, dass eine Schwächung der Partei ihn selber schwächen würde.«

Brot und Arbeit

Assad arbeitete hart daran, das Leben für die Syrer zu verbessern, und forderte den ganzen Einsatz von Mitarbeitern und Partei. Auch die Gesellschaft versuchte er in diesen Aufbruch einzubeziehen. Vor allem die Oberschicht aus Damaskus, deren Vertreter das Land enttäuscht und zornig verlassen hatten, ermunterte er zur Rückkehr, weil Syrien sie – und ihr Kapital – für den Aufbau brauchte. Haftbefehle und Enteignungen wurden rückgängig gemacht, Reisebeschränkungen wurden aufgehoben, finanzielle Belastungen für den Handel mit Libanon beseitigt. Viele, die bei den vorherigen Unruhen das Land verlassen hatten, kehrten zurück. Die Preise für

Grundnahrungsmittel wurden um fünfzehn Prozent gesenkt, Löhne wurden erhöht und eine Pension für die Arbeiter eingeführt. Straßen, Häuser, Schulen und Krankenhäuser wurden gebaut, das Aufbauprogramm schuf Arbeitsplätze, das Heer der Arbeitslosen schrumpfte.

Die politische Administration wurde auf die Provinzen ausgedehnt. Provinzräte entstanden, Gouverneure wurden eingesetzt, die – in Absprache mit Damaskus – die Verwaltung führen sollten. Dennoch blieb die politische Teilhabe weitgehend auf die Baath-Partei beschränkt, die meisten anderen Parteien blieben verboten. 1972 bildete die Baath-Partei mit der Nationalen Progressiven Front ein politisches Bündnis mit den Parteien, die ein ähnliches Ziel verfolgten und bereit waren, sich unterzuordnen. Die Kommunistische Partei Syriens arbeitete bereits seit 1966 im Bündnis mit der Baath-Partei. Sie war im Parlament vertreten und mit einem Ministerposten auch in der Regierung. Doch war das öffentliche Agieren für alle anderen Parteien trotz ihrer Einbindung in die Front schwierig, im Militär ganz verboten. Im Laufe der Jahre entstanden Abspaltungen und Untergruppen dieser Parteien, die eigene Zeitungen gründeten und in einem illegalen bis halblegalen Raum tätig waren.

Bei der Entwicklung von Land und Gesellschaft hatte Syrien unter Hafiz al-Assad in den ersten zwanzig Jahren beeindruckende Erfolge vorzuweisen. Fast das ganze Land wurde mit Strom und fließendem Wasser versorgt. Mithilfe des Tabqa-Stausee am Euphrat (heute Assad-Stausee) konnten 1992 95 Prozent der Dörfer mit Strom versorgt werden, vor 1970 hatten nur 5 Prozent der Dörfer Strom. Allerdings hatte der Staudammbau auch seine Schattenseite. Der See überflutete rund 300 Dörfer, mehr als 70 000 Menschen wurden umgesiedelt. Der Plan, mit dem Wasser mehr als 600 000 Hektar Land zu bewässern, ließ sich nicht umsetzen. Hinzu kam, dass Baumwolle entlang des Euphrat angebaut wurde, die sehr viel Wasser verbraucht.

Das Straßen- und Schienennetz wurde ausgebaut, und obwohl die Bevölkerung kontinuierlich um 3,3 Prozent jährlich wuchs, ging die Kindersterblichkeit stetig zurück. Der Erfolg der Alphabetisierung im Land war enorm. 1990 gingen Neun von zehn Jungen in die Schule, vier von fünf zehnjährigen Jungen konnten lesen und schreiben. Allerdings besuchten nur sieben von zehn Mädchen die Schule, wie offizielle Statistiken zeigen. Die Benachteiligung von Mädchen war vor allem in den traditionell lebenden Stämmen weiter präsent.

Die Lage der Bauern aber hatte sich geändert. Ihre Abhängigkeit von den Großgrundbesitzern wurde aufgehoben. Früher konnten sie von ihrer Ernte oft nicht die Familie ernähren und waren auf Kredite des Großbauern angewiesen, für den sie arbeiteten. Der verlangte so hohe Zinsen, dass die Abhängigkeit die Bauern fast zu Sklaven machte. Die Baath-Partei unterband dieses Kreditwesen und bot den Bauern staatliche Kredite an, die sie verkraften konnten. Die Zahl der staatlichen Angestellten allerdings nahm so sehr zu, dass die Bürokratie in den 1990er-Jahren das politische Handeln nahezu erstickte beziehungsweise ineffektiv machte. Die Versorgung der Angestellten wurde zu einer großen finanziellen Belastung des staatlichen Haushalts. 1960 wurden 34 000 Angestellte registriert. 1992 waren es mehr als 700 000.

Ausbau der Kontrolle

Schwierig blieb es, die weitgehend losgelöst agierenden Geheimdienste und Milizen zu kontrollieren. Anfangs wurden Vertreter der harten Fraktion entlassen und die Dienste verkleinert. Manche Maßnahmen wurden der Polizei übertragen und damit kontrollierbarer gemacht. Gleichwohl blieb die innere Sicherheit, die von den Geheimdiensten (Mukhabarat) gewährleistet werden sollte, für Assad eine Priorität, Transparenz wurde der Effektivität untergeordnet. Die Kontrolle blieb beim Präsidenten.

Die Geheimdienste in Syrien, die allgemein als »Sicherheitskräfte« bezeichnet wurden, waren unter dem französischen Mandat entstanden und bildeten die Basis für die Entwicklung der syrischen Dienste nach der Unabhängigkeit. Als Assad 1970 die Macht übernahm und festigte, waren die Geheimdienste ein wichtiges Instrument und könnten gemäß Andrew Rathmell ungefähr folgende Struktur gehabt haben: Dem Präsidenten unterstanden ein Sicherheitsrat, die Spezialkräfte, die Präsidentengarde und Sondereinsatzkräfte. Angeschlossen waren die Allgemeine Sicherheitsdirektion sowie die Geheimdienste des Militärs und der Luftwaffe. Der Allgemeinen Sicherheitsdirektion wiederum waren Polizei und der Grenzschutz sowie eine politische Sicherheitsabteilung angeschlossen. Dieser wiederum waren die Auslands- und die Inlandsgeheimdienste angegliedert. Dem Militär unterstanden die Militärpolizei und das Büro des Aufklärungschefs (Rathmell 1996).

Andrew Rathmell war Mitarbeiter des Department of War Studies am Londoner King's College und forscht seit den 1990er-Jahren über Syrien und den Mittleren Osten. Allerdings räumte er ein, dass seine Darstellung nur eine mögliche, vermutlich aber nicht die wirkliche sei. Auch die Aussage, dass Assad die Geheimdienste vor allem von Familienangehörigen hat führen lassen, kann nicht en détail überprüft werden. Wie für viele Fragen des syrischen Machtapparates bleibt es schwierig, seine tatsächliche Struktur zu ergründen.

Assad versuchte, über die Geheimdienste viele verschiedene Interessen zu bedienen, aber auch einzubinden. Stämme in den verschiedenen Grenzgebieten, Familien in verschiedener Position, die eigene Familie eingeschlossen, sowie verschiedene politische, religiöse und ethnische Interessen sollten zufriedengestellt werden. Die Bevölkerung gehörte zu den Leidtragenden, weil sie sich gegen das Vorgehen der Geheimdienste nicht wehren konnte. Die kontrollierende Instanz war der Präsident, nicht ein unabhängiges Gericht. Zudem führte die Vielzahl der Geheimdienste zu immer größerer Konkurrenz untereinander, was durch die vielen inneren und äußeren Konflikte und Kriege verschärft wurde. Dieses Klima wiederum begünstigte langfristig die Korruption.

Aufstand der Muslimbruderschaft

Der große innenpolitische Konflikt, der sich Mitte der 1970er-Jahre abzeichnete, war erneut der Konflikt mit dem politischen Islam. Der Nährboden war die zunehmende Unzufriedenheit von Geschäftsleuten und Landbesitzern, die durch den Sozialismus der Baath-Partei Verluste hatten hinnehmen müssen. Bürokratie und Vetternwirtschaft, steigende Inflation führten zu einem wirtschaftlichen Abschwung, Unmut wurde laut. Wie in den 1960er-Jahren profitierte die Muslimbruderschaft von der Krise. Während die Eliten in den Städten vor allem den Verlust ihrer früheren Privilegien bedauerten, brachte die staatliche Landverteilung an die Bauern die Großgrundbesitzer gegen die Regierung auf. Hinzu kam bei gläubigen sunnitischen Muslimen in der ländlichen Bevölkerung, dass sie den Kulturschock nicht wirklich verkraftet hatten, den die Revolution der Baath-Partei dem Land beschert hatte.

Die Muslimbruderschaft schürte die Unzufriedenheit, stellte die Baathisten als Ungläubige dar und brachte die politische Führung in Verbindung mit den Alawiten, die tatsächlich auch von den politischen Veränderungen profitiert hatten. Die Prediger beriefen sich auf Sayyid Qutb von der ägyptischen Muslimbruderschaft und seine Theorie des Jihad. Dass Qutb 1966 unter der Nasser-Regierung hingerichtet worden war, machte ihn zum Märtyrer und verlieh seinen Ideen noch mehr Gewicht. Eine andere Autorität brachten sie mit Ibn Taimiya ins Spiel, der als geistiger Stammvater der Wahhabiten Saudi-Arabiens galt, die den Salafismus begründet hatten. Ibn Taimiya hatte im 13. Jahrhundert gelebt und sich abfällig über die Sufis geäußert, die keine richtigen Muslime seien. Die Alawiten bezeichnete er als »Feinde des Islam«, was nun von den Muslimbrüdern aufgegriffen wurde, weil es in ihre Weltanschauung passte. Tatsächlich müssen die Äußerungen Ibn Taimiyas im Kontext des 13. Jahrhunderts interpretiert werden, als die Region den Mongoleninvasionen ausgesetzt war und destabilisiert wurde.

Die Muslimbruderschaft in Damaskus mahnte zur Ruhe und suchte nach politischen Lösungen für die Unzufriedenheit. Die Muslimbrüder in Hama und im Umland von Aleppo dagegen wurden immer radikaler. 1976 begannen Angriffe auf Büros und Mandatsträger der Baath-Partei, einige wurden ermordet, wobei die Opfer immer Alawiten waren. 1979 wurden Aufstände zwischen Aleppo und Hama organisiert, in der fruchtbaren Ebene des Orontesflusses. Geldgeber fand die Muslimbruderschaft bei den Großgrundbesitzern und der Händlerelite in Aleppo. Im Juni 1979 kam es zu einem Angriff auf die Artillerieschule in Aleppo. Ein enttäuschter Hauptmann der Streitkräfte, der mit der Muslimbruderschaft sympathisierte, führte die Attentäter in das Gebäude, wo sie 32 Männer ermordeten, alle waren Alawiten. Viele mehr wurden bei dem Angriff verletzt. Die Armeeführung reagierte mit aller Härte. Hunderte von Menschen in Aleppo wurden erschossen, und fünfzehn Gefangene der Muslimbruderschaft wurden exekutiert. In Armee und Partei folgte eine »Säuberungskampagne«, sunnitisch-muslimische Offiziere wurden entlassen.

Hafiz al-Assad gelang es zunächst, die Lage in Aleppo wieder zu entspannen. Der Gouverneur wurde entlassen, ein Sohn der Stadt, ein angesehener Architekt, übernahm das Amt. Doch ein Jahr später, im Juni 1980, verübte die Muslimbruderschaft in Damaskus ein Attentat auf Assad. Mit Schnellfeuergewehren und Handgranaten wurde er unter Beschuss genommen, als er vor dem Gästehaus der Regierung auf eine Delegation wartete. Das Attentat misslang, allerdings wurde ein Leibwächter von Assad getötet. Die Reaktion war noch härter als im Jahr zuvor. Im Wüstengefängnis Tadmur, das 1932 von der französischen Mandatsmacht bei der Antikenstadt Palmyra gebaut worden war, wurden Hunderte von Gefangenen erschossen. Im Herbst 1981 trugen die Muslimbrüder ihre Angriffe in die Hauptstadt. Überall explodierten Bomben, das Hauptquartier der Luftwaffe und das Büro des Ministerpräsidenten wurden angegriffen. Im Februar 1982 folgte der große Aufstand in Hama. Mit Unterstützung der Muslimbruderschaft hatten sich unter dem Namen »Kämpfende Avantgarde« bewaffnete Kommandos schon seit drei Jahren darauf vorbereitet, im ganzen Land Aufruhr zu stiften und die Regierung zu stürzen. Sie hatten Maschinengewehre und Panzerfäuste gehortet und schlugen los. Mindestens siebzig Baathisten wurden ermordet, von den Minaretten der Moscheen in Hama wurde zum Jihad aufgerufen, zum Heiligen Krieg. Hafiz al-Assad beauftragte seinen Bruder Rifat, den Aufstand niederzuschlagen. 27 Tage lang wurde die Stadt belagert und bombardiert.

Augenzeuge dieser Zeit war Robert Fisk, langjähriger Korrespondent des britischen *Independent,* der auch in seinem Buch über den Bürgerkrieg in Libanon, *Pity the Nation,* darüber schreibt. Er hatte in den vorherigen Wochen Familien besucht, deren Männer von der »Kämpfenden Avantgarde« ermordet worden waren. Nun war es ihm zufälligerweise gelungen nach Hama hineinzukommen, wie er dem Fernsehsender *Al Jazeera* am

2. Februar 2012 erzählte: »Ich war in einem Taxi, das von Aleppo kam. Zwei Armeeoffiziere fragten den Taxifahrer, ob er sie in die Stadt bringen könnte. Ich sagte, natürlich fahren wir Sie in die Stadt. So kam es, dass ich achtzehn Minuten lang neben ihrer Panzereinheit saß, während sie auf Moscheen in der Altstadt schossen. Dann kam der Geheimdienst, Mukhabarat, und es war Zeit, zu verschwinden.« Auf dem Weg aus der Stadt heraus nahm Fisk eine Frau und ihr Kind mit. Er habe dem Kind einen Marsriegel gegeben, aber die Frau habe ihn dem Kind aus der Hand gerissen und selber gegessen, so hungrig war sie. Er habe viele verletzte Soldaten auf den Panzern gesehen, »es war eine sehr große Schlacht«.

In seinem Buch beschreibt Fisk das Wüten der Artillerie, die im Minutentakt Bomben in die Altstadt schoss, als »von Angst getragene Grausamkeit« (»ferocity born of fear«). Die Zahl der Toten ist unbekannt, manche Quellen sprechen von 5000, andere von 25 000, wieder andere von 40 000 Toten. Menschen verschwanden, eine unbekannte Zahl wurde gefangen genommen. Alte, Frauen und Kinder waren evakuiert worden. Die Muslimbruderschaft wurde bei Todesstrafe verboten, ihre Führer und Anhänger flohen in den Libanon, nach Jordanien, Saudi-Arabien, Ägypten. Großbritannien und Deutschland nahmen eine große Zahl der Muslimbruderschaft als politische Flüchtlinge auf.

Assad beauftragte Jahre später den syrischen Botschafter in Deutschland (1987–1997), Suleyman Haddad, damit, einen Versöhnungsprozess mit der in Aachen ansässigen Gemeinde der syrischen Muslimbruderschaft einzuleiten. Ohne Erfolg. Auch unter Bashar al-Assad, der seinem Vater nach dessen Tod (2000) in das Präsidentenamt folgte, suchte Haddad als stellvertretender Außenminister und später als Vorsitzender des Auswärtigen Ausschusses im syrischen Parlament einen Ausgleich, wieder ohne Erfolg. Als Haddad 2012 aus dem Parlament ausschied, kämpfte die Muslimbruderschaft erneut gegen die syrischen Streitkräfte. Dieses Mal erhielten sie nicht nur Geld und Waffen in großen Mengen aus dem Ausland, Unterstützung kam auch von Salafisten und Jihadisten, die aus den arabischen Ländern und aller Welt nach Syrien strömten.

Machtkampf der Brüder

Nach 1982 gab es einen tiefen Riss in der syrischen Gesellschaft. Der Krieg zwischen dem politischen Islam und der säkularen Baath-Partei hatte die Lager auf den Tod verfeindet, über die tiefe Verwundung breitete sich ein großes Schweigen aus. Die Muslime in Damaskus, die den Aufstand ihrer Glaubensbrüder in Hama abgelehnt hatten, schlossen sich enger zusammen.

Assad regierte bedächtig und pragmatisch, gleichzeitig aber mit eiserner Faust. Tatsächliche oder vermutliche Unterstützer der Muslimbruderschaft wurden aus der Armee und Regierungsinstitutionen entfernt. Diejenigen, die den Aufstand niedergeschlagen hatten, erwarteten eine Belohnung dafür, dass sie die Regierung gerettet hatten. Alawiten der »Verteidigungskompanien«, die unter dem Kommando von Rifat al-Assad in Hama erbarmungslos gekämpft hatten, brachten ihre Familien nach Damaskus. Zum sichtbaren Zeichen ihrer Selbstbehauptung wurde Mezzeh 86, ein Hügel über dem modernen Stadtteil Mezzeh, wo sie ihre Häuser auf einem ehemaligen Militärgelände erbauten. Niemanden hatten sie um Genehmigung gefragt, niemand hielt sie auf.

Die »Verteidigungskompanien« waren eine starke Armee, die parallel zu den offiziellen syrischen Streitkräften aufgebaut worden war. Der Auftrag dieser Elitetruppe war ausschließlich, den Schutz der Regierung zu gewährleisten. 50 000 Männer gehörten ihr an, sie erhielten die beste Ausrüstung, wurden exzellent ausgebildet und besser bezahlt als Angehörige der offiziellen syrischen Streitkräfte. Die »Verteidigungskompanien« hatten ihre eigenen Stützpunkte, eigene schwere Waffen und auch eine eigene Hubschrauberflotte. Es gab sogar eine weibliche Fallschirmspringerinnen-Einheit, die sich auch in der Öffentlichkeit zeigte. In einem Fall zogen Frauen dieser Einheit provozierend durch Damaskus und rissen verschleierten Frauen den Schleier herunter. Rifat al-Assad als ihr Befehlshaber musste sich distanzieren, um einen weiteren Aufstand zu verhindern. Rifat al-Assad ordnete sich seinem Bruder, dem Präsidenten Assad, immer unter. Doch im Laufe der Jahre wurde er zu dessen rechter Hand. Militärisch hatte er mit den »Verteidigungskompanien« seine eigene Hausmacht, politisch übernahm er für seinen Bruder Auslandsreisen und vertrat ihn bei Konferenzen. 1975 war Rifat zum Mitglied des mächtigen Regionalkommandos der Baath-Partei befördert worden und übernahm Verantwortung für die Jugendpolitik. Er forderte mehr und bessere Ausbildungsmöglichkeiten für die junge Generation, die Syriens Zukunft aufbauen sollte. Mit Stipendienprogrammen förderte er Studenten, wobei er keinen Unterschied zwischen Jungen und Mädchen machte.

Jenseits ihrer harten, unnachgiebigen militärischen Haltung waren die beiden Assad-Brüder sehr unterschiedlich. Während Hafiz ruhig und pragmatisch und in der Landbevölkerung, nicht nur in den Alawitenbergen, verwurzelt war, favorisierte der um sieben Jahre jüngere Rifat ein modernes, westlich geprägtes Leben und war offen für liberales Gedankengut (vgl. Seale 1988). Er kritisierte die syrische Verwicklung in den libanesischen Bürgerkrieg, die das wenige vorhandene Geld in die Rüstung statt in den Aufbau des Landes lenkte. Kritisch sah er auch die Haltung seines Bruders gegenüber Israel, die große Nähe zur Sowjetunion und vor allem die Allianz mit dem Iran, die Hafiz 1979 aus strategischen Gründen eingegangen war. Die einen warfen Rifat vor, zu »links« zu sein, die anderen hielten ihn für zu »rechts«, vor allem, was seine wirtschaftsliberalen Vorstellungen betraf. Seine Ablehnung des sozialistischen Gesellschaftsmodells, das den Menschen seiner Meinung nach Armut, nicht aber Fortschritt und Wohlstand gebracht habe, wie es der Westen vorzeigen konnte, sorgte für Misstrauen. Er sei ein »Agent Amerikas« oder ein »Spion Israels« – den Gerüchten waren keine Grenzen gesetzt.

Hafiz al-Assad gab nichts darauf und verfolgte mit stoischer Gelassenheit seinen eigenen politischen Kurs. Die Familienbande und -regeln, die seine Position gegenüber dem jüngeren Bruder eindeutig als die stärkere definierten, waren ihm Sicherheit genug. Ende 1983 erlitt Hafiz al-Assad einen Schwächeanfall und verschwand für Wochen von der Bildfläche. Nach einem zweiwöchigen Krankenhausaufenthalt zog er sich für einen Monat zurück, die Ärzte hatten ihm Ruhe, Schlaf und wenig Aufregung verordnet. Dem Arbeitstier Assad fiel es schwer, aber er hielt sich weitgehend daran. Die nationale und internationale Gerüchteküche brodelte. Assad wies seinen Bruder an, ein geschäftsführendes Gremium aus Außenminister, Vertretern der Baath-Partei und der Sicherheitsdienste zu bilden. Doch die

Generäle respektierten das Gremium nicht und drängten Rifat, die Kontrolle zu übernehmen. Sie fürchteten offenbar, dass im Falle von Präsident Assads Tod ohne eine klare Führungsperson die Sicherheit nicht gewährleistet werden könne. Rifat al-Assad begann, die eigene Nachfolge des Bruders vorzubereiten.

Doch Hafiz al-Assad ging es langsam besser, und er war keineswegs einverstanden mit dem Handeln seines Bruders Rifat. Er ordnete die Verhaftung einiger Militärs an und behandelte die Angelegenheit ansonsten wie einen Familienstreit. Der jüngere Bruder Jamil überbrachte Rifat al-Assad einen Brief seines Präsidentenbruders Hafiz. »Ich bin dein älterer Bruder, dem du zu Gehorsam verpflichtet bist. Vergiss nicht, dass ich der Mann bin, der dich aufgebaut hat« (nach Patrick Seale). Dann ernannte er Rifat zu seinem Stellvertreter und zum Vizepräsidenten, ohne ihm aber politische Vollmachten zu überlassen. Das Kommando der »Verteidigungskompanien« wurde einem anderen Offizier übertragen. Rifat wehrte sich. Trotz seiner Entmachtung als Militär waren ihm die Truppen der »Verteidigungskompanien« noch immer ergeben und gehorchten seinem Befehl. Im März 1984 ließ er sie in Damaskus aufmarschieren. Sie besetzten strategische Institutionen und Straßen, verminten Parks und umstellten die internationalen Hotels. Die Sondereinsatzkräfte, Luftwaffe und Präsidentengarde, die dem Präsidenten ergeben waren, stellten sich den Truppen entgegen. »Hätte ein Krieg zwischen den beiden Parteien begonnen, wäre Damaskus völlig zerstört worden, und das Ansehen des Regimes wäre unwiderruflich geschädigt gewesen«, schreibt Patrick Seale. In seine Uniform gekleidet, fuhr Hafiz al-Assad in Begleitung seines Sohnes Basil und des Kommandanten der Präsidentengarde, eines angeheirateten Verwandten, zum Haus des Bruders. In Anwesenheit der Mutter Naissa habe er zu seinem Bruder gesagt: »Du willst das Regime stürzen? Hier bin ich, ich bin das Regime.« Ein heftiger Streit sei entbrannt, doch als der ältere Bruder setzte Hafiz sich durch, Rifat ordnete sich unter. Anschließend fuhren beide zu den aufmarschierten Truppen, und Rifat gab den Befehl zum Abzug. Nach zwei Tagen war der Spuk in Damaskus vorbei.

Erneut hatte Hafiz al-Assad sich als politischer Führer Syriens behauptet, eine Reihe hochrangiger Militärs wurde entlassen. Das Vertrauen zwischen den Brüdern aber war zerstört. Rifat al-Assad wurde – unter Beibehaltung seiner Bezüge als Offizier und Vizepräsident – zunächst nach Moskau geschickt; eine Rückkehr nach Syrien wurde ihm untersagt. Nach einem Aufenthalt in der Schweiz ging er nach Spanien und kehrte erst 1992 wieder nach Syrien zurück, als die Mutter im Sterben lag und ihn sehen wollte. 1997, als Anhänger von ihm bewaffnete Aktionen in der Provinz Lattakia starteten, gründete er in London einen Fernsehsender (*Arab News Network,* ANN) und eine Partei, die den Aufstand unterstützen sollte. Als Hafiz al-Assad im Juni 2000 starb, erklärte er sich über ANN zum rechtmäßigen Nachfolger seines Bruders. Der amtierende Vizepräsident Abdul Halim Khaddam verweigerte ihm die Einreise nach Syrien und die Teilnahme an der Beerdigung.

Fortschritte und Rückschläge

Die Bevölkerung wuchs, und mit ihr wuchsen die Anforderungen an den Ausbau von Infrastruktur, Bildung, Ausbildung und Arbeit. Eine Volkszählung 1981 ergab 9 Millionen Einwohner, 2004 wurden fast doppelt so viele, 17,9 Millionen, gezählt, und 2011 hatte sich die Einwohnerzahl auf 21,37 Millionen weiter erhöht (*The Yearbook of the United Nations,* 2011; Zentrale Statistikbehörde Syrien).

Die größte Last trug Damaskus, wo Regierung und Militär, Universitäten und Fabriken waren und die meisten Menschen lebten. Nicht zu vergessen die vielen Flüchtlinge, die über die Jahre mit jedem neuen Konflikt in Syrien Zuflucht suchten und fanden. Allen voran die Palästinenser, die in immer neuen Wellen kamen, in den 1990er-Jahren waren es bereits mehr als 250 000. Dann kamen die Libanesen, die der Bürgerkrieg 1975 und die israelische Invasion 1982 nach Syrien trieben. Außer der Flucht nach Europa blieb den Libanesen kein anderer Ausweg.

Für das Militär wurde rund um Damaskus Land konfisziert, was bei betroffenen Bauern nachhaltigen Groll auslöste. Auch wenn sie entschädigt wurden, konnte das Geld nicht über den Verlust ihrer Höfe und Felder hinwegtrösten. Kasernen und Flughäfen entstanden, Wohnungen für die Familien der Soldaten und Offiziere wurden gebaut. Die Nähe zu Israel, das auf dem Berg Hermon (Golanhöhen) Radaranlagen installiert hatte und immer wieder mit der Luftwaffe nach Syrien vorstieß, führte zu einem engen Verteidigungsring rund um die Hauptstadt. Das Stadtzentrum dehnte sich immer weiter in die umliegenden Dörfer, Felder und Obstplantagen aus. Landwirtschaftliche Flächen verschwanden, Straßen und Satellitenstädte entstanden. Die grüne Ghouta wich fast vollständig den Universitäts- und Forschungsinstituten, Fabrikgelände und Industriegebiete wurden erschlossen.

Ungebremst war die Landflucht, die durch wiederholte Trockenheit und Wassernot ausgelöst wurde. Wer keine Wohnung fand, baute sich am Rande von Damaskus eine Hütte oder ein eigenes kleines Haus und begann, nach Wasser zu bohren, was das unterirdische Wassersystem schwer belastete. Weil zu viele Menschen auf diese Weise um Damaskus herum siedelten, verzichteten die Behörden schließlich auf die Räumung der illegalen Siedlungen und versorgten die Menschen stattdessen mit Straßen, Wasser und Strom, mit Schulen und Krankenhäusern. Das geschah manches Mal eher schlecht als recht, doch die Menschen hatten ein Dach über dem Kopf. Die Satellitenstädte wurden von der jungen Bevölkerung bevorzugt, die Preise für Wohnungen waren bedeutend niedriger als im Zentrum. Ärzte, Apotheken siedelten sich an, Werkstätten, Lebensmittelgeschäfte entstanden, jede Satellitenstadt erhielt eine eigene Behörde, sodass sich die Menschen die weiten Wege in die Innenstadt sparen konnten. Ein dichtes Netz aus Kleinbussen (Service) pendelte rund um die Uhr zwischen den Vorstädten und dem Zentrum, das Leben pulsierte.

Als auch in Aleppo, Lattakia, Hama, Homs und anderen Provinzstädten Universitäten eröffnet wurden, ließ der Druck auf die Hauptstadt etwas nach. 1970 wurden für Damaskus-Stadt rund 836 000 Menschen gezählt, 1998 waren es knapp 1,5 Millionen Einwohner. 2010 wurden in Damaskus-Stadt offiziell 1,75 Millionen Menschen gezählt, in den Satellitenstädten waren es offiziell 2,83 Millionen (*The Yearbook of the United Nations*, 2011; Zentrale Statistikbehörde Syrien).

Assad hatte die ländliche Entwicklung zu einem Schwerpunkt seiner Politik gemacht. Auch wenn der Plan nicht aufging, die östlichen, trockenen Gebiete mithilfe des Assad-Stausees zu bewässern, half das Wasser des Euphrat schließlich doch, die meisten umliegenden Dörfer mit Strom zu versorgen. Ländliche Gebiete um Aleppo wurden durch Bewässerung landwirtschaftlich nutzbar gemacht. Am Stausee entstanden zwei neue Städte, Tabqa und al-Thawra. Hier lebten zugewanderte Arbeiter, die den Staudamm bauten und ihre Familien nachholten, 1995 hatten die Städte zusammen mehr als 100 000 Einwohner. Darunter waren vermutlich auch solche, die dem Stausee bei dessen Bau hatten weichen müssen. Die Stadt Rakka, etwa fünfzig Kilometer östlich vom Stausee entfernt, erlebte einen ähnlichen Boom. 1960 lebten hier etwa 13 000 Menschen, Mitte der 1980er-Jahre zählte die Stadt 150 000 Einwohner. Rakka war mit Wasser- und Stromleitungen, neuen Häusern, Krankenhäusern, Schulen und sogar einem Kulturzentrum ein Vorzeigeprojekt. Die Stadt wurde – mit Unterstützung und im Interesse von Geschäftsleuten aus Aleppo – ein Zentrum der Baumwollindustrie. Ende der 1980er-Jahre hatte die Mehrheit der ländlichen Bevölkerung Radio- und Fernsehempfang, Kühlschränke und Waschmaschinen waren im Kommen.

Doch gab es auch eine lange Reihe von Rückschlägen in der technischen Entwicklung. Schlechte Planung, Vergeudung von Geld, Umweltverschmutzung und immer wieder Vetternwirtschaft hatten zur Folge, dass die staatliche Wirtschaft nicht vorankam. Die Zusammenarbeit zwischen Staat und Privatwirtschaft klappte schlecht. Projektaufträge wurden angenommen, um Kontakt zu einer ausländischen Firma zu bekommen, um Geld zu erhalten, von dem man andere bezahlte, um sie so von sich abhängig zu machen. Ob die Fabrik oder deren Produktion später funktionierte, schien zweitrangig. Viele Menschen blieben weiter in ihrer traditionellen Denk- und Lebensweise verhaftet und unterstützten die Veränderung nicht aktiv, die der Staat auf den Weg brachte. Nomaden wollten nicht sesshaft werden und ihre Kinder nicht in die Schulen schicken. Bauern wollten keine Beamten werden, die staatlichen Projekte waren gut gemeint, aber funktionierten oft nicht.

Erfolgreicher lief es mit dem Ölsektor im Osten des Landes, an der Grenze zum Irak. Die größten Ölfelder waren schon Anfang der 1970er-Jahre im Nordosten des Landes gefunden worden, doch Mitte der 1980er-Jahre fand man qualitativ gutes Leichtrohöl, das sich für den Export eignete. Syrien hatte nun die Aussicht, mit dem Verkauf des Öls eine gewisse finanzielle Unabhängigkeit zu erreichen. Zwischen Homs und der östlichen Grenzstadt Deir ez-Zor wurde eine Straße gebaut, die Ölfelder wurden durch weitere Straßen miteinander verbunden und ausgebaut. Nahe der Ölfelder entstanden Siedlungen für die Arbeiter und Ingenieure, Schulen und Krankenhäuser wurden gebaut, Familien siedelten sich an. In den Wüstengebieten um Palmyra wurde Gas gefunden und industriell nutzbar gemacht. Die Phosphorproduktion – Phosphor ist wichtig als Dünger in der Landwirtschaft – wuchs beträchtlich.

Es gab große wirtschaftliche und politische Probleme, doch die Weichen für ein modernes Syrien waren gestellt. Die Bevölkerung reagierte sehr unterschiedlich. Am eifrigsten nutzten die Minderheiten die Veränderungen. Vor allem in den Alawitenbergen und in der Küstenregion ergriffen die Menschen ihre Chance. Jungen und Mädchen drängten in die Schulen und in die Universitäten, die für ihre Großeltern noch unerreichbar waren. In der 1971 gebauten Universität in Lattakia waren zehn Jahre später 15 000 Studierende eingeschrieben. Die – vom Staat subventionierte – Tabakproduktion wurde industrialisiert und schaffte Tausende von Arbeitsplätzen, der Hafen von Lattakia wurde ausgebaut, was wiederum neue Arbeitsplätze mit sich brachte. Die Ismailiten verließen ihre Heimatstadt Salamiyya und zogen nach Damaskus, wo sie sozial und wirtschaftlich aufsteigen konnten. Die Drusen, die eher ein distanziertes Verhältnis zur Baath-Partei einhielten, unternahmen viel, um Sweida und Umgebung zu entwickeln. Große Industriebetriebe wurden in der Provinz nicht geplant, dafür wurden zwei große Militärflughäfen gebaut, was vermutlich an der Nähe der jordanischen Grenze lag. Als erste Provinz konnte Sweida von sich behaupten, das Analphabetentum überwunden zu haben, was bis heute stolz am Eingang der Stadt Sweida auf einem großen Banner kundgetan wird.

Angesichts der Bevölkerungsexplosion wäre Familienplanung dringend erforderlich gewesen, doch niemand wagte, die traditionelle Großfamilie infrage zu stellen, was sicherlich zu Konflikten mit den Beduinenstämmen und vermutlich auch mit der sunnitisch-muslimischen Geistlichkeit geführt hätte. Während auf dem Land die Familien weiterhin acht oder mehr Kinder hatten, veränderte sich die Familienplanung bei den Minderheiten und vor allem mit dem Zugang von Frauen zur Bildung.

Der aus Aleppo stammende Soziologe Youssef Courbage beschrieb seine Beobachtungen folgendermaßen: »Ich war beeindruckt von der sichtbaren Modernisierung in Orten wie Sweida, Lattakia, in der Gebirgsregion am Mittelmeer, wo viele Alawiten leben. Ganz anders als das Zentrum von Damaskus-Stadt, wo die Mehrheit der Frauen verschleiert ist. In den Bergen oder in den christlichen Vierteln von Damaskus sehen Sie die Mädchen mit Bluejeans, mit offenem Haar, das spiegelt sich in den demografischen Indikatoren Syriens wider. Man hatte den Eindruck, dass es in Syrien eine Gesellschaft auf zwei verschiedenen Ebenen der Modernisierung gibt. Diejenigen, die dem Machtapparat nahestehen, haben am ehesten Zugang zur Modernisierung und allem, was dazu gehört: Bildung, Gesundheitsversorgung, Straßen, Strom, Wasser. Auf der anderen Ebene gibt es einen großen Teil der Bevölkerung, der außen vor bleibt. In Syrien gibt es eine Gesellschaft, die sich unterschiedlich schnell entwickelt. Die Modernisierung hat unterschiedliche Ebenen erreicht. Die große Mehrheit der Bevölkerung lebt noch immer in einer Art altertümlichem demografischem System. Wir finden hohe Geburtsraten in den Provinzen von Aleppo oder Deir ez-Zor im Osten des Landes. Aber in den alawitischen oder in den drusischen Bergen oder bei den Christen haben wir eher eine europäische demografische Entwicklung« (Interview mit der Autorin Juni 2012).

Die ungleiche Entwicklung – die von der politischen Führung keineswegs gewollt war – verschärfte die Spannungen, während das Land im Kampf um die Vorherrschaft der Region hin- und hergeworfen wurde. Am Ende seiner Amtszeit war Hafiz al-Assad vor allem mit außenpolitischen Fragen beschäftigt, sodass es ihm an Aufmerksamkeit für das, was mit der Gesellschaft geschah, mangelte. Die Baath-Partei hatte mit ihren Kinder- und Jugendorganisationen, mit dem Curriculum für Grund- und Oberschule, mit der Kontrolle der Medien alle die beeinflusst, die der Partei – ob aus Überzeugung oder weil sie sich einen Nutzen davon versprachen – anhingen. Die anders dachten oder in Opposition waren, hatten sich abgewandt, waren in die innere Emigration entschwunden oder hatten das Land verlassen. Oder sie versammelten sich in den neu zugelassenen Islamschulen, den Medresen und Moscheen mit Gleichgesinnten.

Unabhängige Gerichte gab es nicht. Noch immer galt die Verfassung von 1973 mit dem Artikel 8, der die Baath-Partei zur »führenden Partei in der Gesellschaft und im Staat« erklärte. Und noch immer galt der Ausnahmezustand, der am 8. März 1963 verhängt worden war, als Hafiz al-Assad und Salah Jadid die Macht übernommen hatten.

Nach dem Unfalltod seines ältesten Sohnes Basil 1994, den Assad eigentlich als seinen Nachfolger vorgesehen und ausgebildet hatte, fiel seine Wahl auf den zweitältesten Sohn Bashar, der weder große politische noch militärische Ambitionen gezeigt hatte und in einem Londoner Krankenhaus eine Ausbildung zum Augenarzt machte. Wie es in den Familien traditionell üblich war, forderte der Vater den Sohn auf, die Pflichten des verstorbenen Bruders zu übernehmen. Der Sohn gehorchte.

Zwischen 1994 und 2000 führte Hafiz al-Assad eine Antikorruptionskampagne durch, mit Bashar an seiner Seite. Etliche Minister und viele höhere Angestellte verloren ihre Posten und wurden vor Gericht gestellt. Die Regierung wurde aufgelöst, und eine neue »Regierung für wirtschaftliche Reformen« wurde eingesetzt. Bashar al-Assad besuchte im Auftrag seines Vaters die Machthaber in Saudi-Arabien, Oman, Kuwait, Libanon und Jordanien. Assad übergab ihm die Verantwortung, sämtliche Beziehungen zum Libanon zu gestalten, Verhandlungen zu führen und Vereinbarungen zu treffen. In Syrien gab es für Bashar al-Assad keine Schranken. Er ging unter die Leute, besuchte Konzerte und Ausstellungen, wurde berühmt für seine Überraschungsbesuche, bei denen er mal in den drusischen Bergdörfern, mal bei Familien in der Altstadt von Damaskus an die Tür klopfte. Bashar al-Assad versprach Modernisierung und eine Öffnung des Landes. Im März 1999 wurde das Internet zugelassen, ein Jahr später folgte die Zulassung von Mobiltelefonen. Seine Nachfolge war vorbereitet, als Hafiz al-Assad am 10. Juni 2000 starb. Wenige Wochen zuvor, am 24. Mai, hatte er noch den Rückzug der israelischen Armee aus dem Libanon verfolgen können.

Die Außenpolitik in der Ära Hafiz al-Assad

Die gesamte Amtszeit von Hafiz al-Assad war begleitet von Kriegen und Konflikten in und mit den Nachbarstaaten. Der Verlust der Golanhöhen durch die Besetzung Israels im Sechs-Tage-Krieg wog besonders schwer. Seit dem Ende des Ersten Weltkrieges war Syrien durch territoriale Eingriffe verkleinert und entwürdigt worden. Der Abtrennung Palästinas durch das Sykes-Picot-Abkommen folgte die Teilung Palästinas durch die Gründung des Staates Israel (1948). Die Loslösung des Libanon (1946) war zwar offiziell anerkannt, aber gesellschaftlich und politisch in Syrien – und auch bei vielen Libanesen – nicht wirklich akzeptiert. Syrien hatte mit Sidon, Beirut und Tripoli wichtige Häfen verloren, die jahrhundertelang den Kontakt mit Europa gewährleistet hatten. Die Übergabe von Alexandrette an die Türkei (1939) war weder vor noch nach der Unabhängigkeit Syriens (1946) von einer syrischen Regierung anerkannt worden, egal, welche Ausrichtung sie hatte. Hier war ein wichtiger Hafen und fruchtbares und wasserreiches Land verloren gegangen. Religions- und ethnische Gemeinschaften wurden auseinandergerissen. Erst mit der Amtsübernahme von Bashar al-Assad (2000) wurde damit begonnen, auf syrischen Landkarten eine internationale Grenze zwischen Syrien und der nun türkischen Provinz Hatay zu ziehen.

Die Golanhöhen

Mit dem Verlust der Golanhöhen (1967) war Syrien erneut gedemütigt worden. Nicht nur 1200 Quadratkilometer Land waren gestohlen und mehr als 100 000 Menschen vertrieben worden, die Golanhöhen waren eines der wasserreichsten und fruchtbarsten Gebiete Syriens, der Brotkorb für Damaskus dazu. Dass Israel mit seinen Truppen so nah an das syrische Machtzentrum herankommen konnte, stellte zudem eine ernste Bedrohung dar.

Die Rückeroberung der Golanhöhen stand daher ganz oben auf der außenpolitischen Agenda von Hafiz al-Assad, nachdem er seine Macht im Land 1971 gefestigt hatte. Er war keineswegs bereit, den Golan aufzugeben, und er hatte das Völkerrecht auf seiner Seite. Nach dem Motto »Land für Frieden«, war Israel vom UN-Sicherheitsrat mit der Resolution 242 vom 22. November 1967 aufgefordert worden, seine Truppen aus den arabischen

Gebieten zurückzuziehen, die es im Sechs-Tage-Krieg besetzt hatte. Die Souveränität, territoriale Integrität und die politische Unabhängigkeit aller beteiligten Staaten müsse respektiert werden. Um das zu gewährleisten, sollten entmilitarisierte Zonen eingerichtet werden. Israel hatte die Resolution ignoriert und begonnen, den Golan zu besiedeln.

Am Jom-Kippur-Tag, dem höchsten jüdischen religiösen Feiertag, an dem in Israel das Leben praktisch stillsteht, um den »Tag der Sühne« zu begehen, startete der Gegenschlag. Assads Partner in dem Rückeroberungskrieg 1973 war Anwar as-Sadat, der in Ägypten nach dem Tod Nassers Präsident geworden war. Ägypten konnte einen Teil der Sinaihalbinsel zurückgewinnen. Syrien sicherte sich die Provinzhauptstadt Kuneitra und einen Teil der Golanhöhen. Auch wenn die syrischen Streitkräfte personell und materiell – dank der Unterstützung der Sowjetunion – in einer besseren Verfassung waren als 1967, wusste Assad, dass sie der israelischen Armee in einer längeren Konfrontation nicht gewachsen sein würden. Ihm war klar, dass Israel die volle Unterstützung der USA hatte, ein Krieg mit Israel also immer auch einem Krieg mit den USA gleichkam. Er setzte auf das Eingreifen der UNO, was auch geschah.

Der Krieg hatte den UN-Sicherheitsrat gezwungen, sich erneut mit der Lage auf den Golanhöhen zu befassen. Zunächst wurde ein Waffenstillstand durchgesetzt (Oktober 1973), dann wurde mit der Resolution 350 vom 31. Mai 1974 der Rückzug der israelischen Truppen und der syrischen Armee beschlossen. Eine UN-Beobachtermission wurde auf dem Golan stationiert, die den Waffenstillstand überwachen sollte. Assad stimmte der Mission zu, und im Frühjahr 1974 bezog die United Nations Disengagement Observer Force (UNDOF) ihren Posten. Vom Berg Hermon (Jabal ash-Shaikh) im Norden bis an die Grenze zu Jordanien am Yarmukfluss im Süden wurden UN-Soldaten stationiert. Alle sechs Monate wurde die Mission überprüft und verlängert.

Ägypten

Die Beziehungen zwischen Ägypten und Syrien gingen abrupt zu Ende, als Anwar as-Sadat – unter Druck der USA – Friedensgespräche mit Israel begann. 1977 nahm er eine Einladung der israelischen Regierung nach Tel Aviv an und erkannte in einer Rede vor der Knesset, dem israelischen Parlament, das Existenzrecht des Staates Israel an. Libyen und Algerien, Irak und Syrien brachen ihre Beziehungen zu Ägypten ab. In vielen arabischen Städten kam es zu wütenden Demonstrationen. Besonders aufgebracht reagierten die Menschen in Damaskus, wo der Tag des Sadat-Besuchs in Tel Aviv zum »Nationalen Trauertag« erklärt worden war. Die Fahnen wehten auf Halbmast, eine fünfminütige öffentliche Schweigepause wurde eingelegt, Kirchenglocken läuteten, und von den Minaretten riefen die Muezzins zum Gebet (Sabri Jiryis, »The Arab World at the Crossroads: The Opposition to Sadat«, Magazin des Institute for Palestine Studies, Vol. 7, Nr. 2, 1977/78).

Das größte und stärkste arabische Land ließ sich, ohne sich mit den anderen arabischen Staaten zu beraten, und ohne Vorbedingungen auf Gespräche mit der zionistischen Regierung in Israel ein, so die Kritik an Sadat. Man warf ihm Verrat vor. 1978 wurden unter Aufsicht der USA Friedensgespräche zwischen Israel und Ägypten aufgenommen. Anwar as-Sadat und der israelische Ministerpräsident Menachem Begin erhielten im Dezember des Jahres den Friedensnobelpreis. Im Frühling 1979 wurde in Camp David, dem Ferienresort der US-Präsidenten, das Friedensabkommen mit Israel unterzeichnet. Damaliger US-Präsident war der Demokrat Jimmy Carter. Die von Ägypten 1973 teilweise zurückeroberte Sinaihalbinsel wurde von Israel schrittweise an Ägypten zurückgegeben. Sadat wurde 1981 bei einer Militärparade zum Gedenken an den arabisch-israelischen Krieg von 1973 ermordet. Syrien nahm erst 1991 mit dem Nachfolger von Sadat, Hosni Mubarak, wieder politische Beziehungen auf.

Saudi-Arabien

Die Entfremdung von Ägypten in der zweiten Hälfte der 1970er-Jahre, führte zu einer größeren Annäherung Syriens an Saudi-Arabien, das andere Schwergewicht der Arabischen Liga. Der damalige König Faisal hatte bereits 1970 diplomatische Beziehungen zu Syrien aufgenommen. Er unterstützte den Krieg Syriens und Ägyptens 1973 zur Wiederherstellung ihrer Territorien, Assad und Sadat hatten das militärische Vorgehen mit dem König abgesprochen. Gegenstand ihrer Gespräche war auch die Möglichkeit eines Ölboykotts gewesen, den der König unterstützte. Die USA und Europa – Hauptabnehmer saudischen Öls und gleichzeitig Unterstützer von Israel – sollten gezwungen werden, Druck auf Israel auszuüben, damit die israelische Armee sich aus den besetzten arabischen Gebieten zurückzöge. Am 17. Oktober 1973 wurde ein Ölembargo ausgerufen, das die westlichen Partner Israels schockierte und zur »Shuttle-Diplomatie« des damaligen US-Außenministers Henry Kissinger führte. König Faisal bestand gegenüber Kissinger darauf, nicht nur Ägypten, sondern vor allem Syrien in die in Aussicht gestellten arabisch-israelischen Friedensgespräche einzubeziehen. Ende Oktober 1973 beteiligten sich neun arabische Ölförderländer an dem Boykott, der die USA und die Niederlande (wegen des wichtigsten Erdölumschlagplatzes Rotterdam) zu 100 Prozent und andere Länder zu 75 Prozent traf. Der Ölboykott löste die schwerste Wirtschaftskrise in den westlichen Industriestaaten nach dem Zweiten Weltkrieg aus. Die Verhandlungen – bei denen die USA und die UdSSR die maßgebliche Rolle spielten – führten zu einer Entscheidung im UN-Sicherheitsrat und einem Waffenstillstand. Anfang 1974 begann die UN-Blauhelmmission auf den Golanhöhen.

Auch nach dem Tod von König Faisal hielten die saudisch-syrischen Beziehungen. König Khalid, der Saudi-Arabien zwischen 1975 und 1982 regierte, und dessen Nachfolger König Fahd unterstützten Assads Politik während des Bürgerkriegs im Libanon, der – auch dank der engen saudisch-syrischen Kooperation – 1990 mit dem Taif-Abkommen endete. Die Beziehungen, die Assad mit dem Iran nach der Islamischen Revolution (1979) knüpfte, irritierten das Verhältnis zwischen Riad und Damaskus, verhinderten aber nicht die Zusammenarbeit.

Jordanien

Jordanien wurde in dieser Zeit von König Hussein regiert, einem erklärten Gegner der Baath-Regierung in Damaskus. Die Königsfamilie der Haschemiten war inzwischen nahezu vollständig von der militärischen, finanziellen und politischen Unterstützung Großbritanniens und der USA abhängig. Wiederholt mischte der König sich in die innersyrischen Angelegenheiten ein, unterstützte oder schürte Aufstände im Land. Zum offenen Konflikt kam es 1970, als Jordanien die PLO aus Amman vertrieben und die syrische Führung die PLO unterstützt hatte. 1973 verweigerte Jordanien eine Beteiligung am ägyptisch-syrischen Krieg gegen Israel zur Rückeroberung der von Israel 1967 besetzten Gebiete. Stattdessen führte der König Geheimverhandlungen mit Israel. In einem BBC-Interview gab der König Jahre später zu, dass er die damalige israelische Ministerpräsidentin Golda Meir vor dem Angriff 1973 sogar gewarnt habe.

Während der Aufstände der Muslimbruderschaft (1976–1982) warf Assad dem jordanischen König vor, diese finanziell und militärisch zu unterstützen, und tatsächlich nahm Jordanien nach der Niederschlagung des Aufstands 1982 viele Flüchtlinge der Muslimbruderschaft auf. Als Jordanien 1994 einen separaten Friedensvertrag mit Israel unterzeichnete, war das Band zwischen Assad und König Hussein zerschnitten. Ende der 1990er-Jahre erst, nach dem Tod von König Hussein, änderte Assad seine Haltung. Er suchte wieder eine Annäherung an Amman und sagte dem Sohn und Nachfolger Husseins, König Abdullah II., seine Unterstützung zu. Jordanien, das die meisten der aus Israel vertriebenen Palästinenser aufgenommen hatte, litt enorm unter Wasserknappheit. Grund dafür war einerseits ein großes Bevölkerungswachstum, die Stadt Amman platzte aus allen Nähten, obwohl die natürliche Umgebung in keiner Weise in der Lage war, so viele Menschen mit Wasser zu versorgen. Hinzu kam, dass der Jordan, die Hauptwasserquelle Jordaniens, von Israel angezapft wurde. Unmittelbar vor der Grenze zu Jordanien, auf dem Gebiet des besetzten Golan, hatte Israel eine Pumpanlage installiert und leitete das Wasser aus dem Jordan in einer neu gebauten Wasserleitung um, mit der die Siedlungen versorgt wurden. Als Zeichen des guten Willens sagte Assad dem Nachbarn Hilfe zu, und Syrien pumpte fortan täglich Trinkwasser nach Jordanien. Es wurde dem Yarmukfluss entnommen, der durch die südsyrische Stadt Deraa fließt, nur wenige Kilometer von der jordanischen Grenze entfernt.

Libanon

Ein anderer Schauplatz ständiger Unruhe wurde der Libanon, wo 1975 ein Bürgerkrieg begann. Die Lage im Zedernstaat war angespannt, seit die PLO, die aus Jordanien vertrieben worden war, im Süden des Landes und in Beirut Quartier bezogen hatte. Syrien unterstützte zunächst die PLO und stellte ihr ein militärisches Ausbildungslager in der Bekaa-Ebene zur Verfügung. Israel sah das als permanente Bedrohung an und suchte – unterstützt von den USA und westlichen Geheimdiensten – die Zusammenarbeit mit christlichen Milizen im Libanon. Die Christen wiederum sahen den Bevölkerungszuwachs der muslimischen Bevölkerung als Gefährdung ihrer eigenen Machtposition an und waren teilweise – wie die Libanesischen Kräfte (Lebanese Forces) – empfänglich für die israelischen Avancen. Der offene Krieg begann mit einem Ereignis im April 1975, als 27 zumeist palästinensische Insassen eines Busses von christlichen Milizen ermordet wurden. Die Tat wurde als Rache für einen Angriff von Unbekannten auf eine Kirche gerechtfertigt. Es war der Tropfen, der das Fass zum Überlaufen brachte. Die Haltung Assads änderte sich mehrmals während der folgenden Kriegsjahre, insbesondere für die Palästinenser waren seine Manöver oft nicht nachvollziehbar.

Zunächst bemühte er sich persönlich um einen Waffenstillstand, sein engster Mitarbeiter diesbezüglich war der damalige syrische Außenminister Abdul Halim Khaddam. Der Vorschlag war, die Zahl palästinensischer Kämpfer im Libanon zu verringern, was PLO-Führer Jassir Arafat ablehnte. 1976 befahl Assad den Einmarsch in den Libanon, um die Palästinenser zum Einlenken zu zwingen. Heftige Kämpfe zwischen den ehemaligen Verbündeten brachen aus. Neue palästinensische Milizen entstanden, die auf der Seite der syrischen Armee gegen die eigenen Leute kämpften; die syrische Armee setzte sich durch. Die Arabische Liga beschloss einen Waffenstillstand im Libanon, der von einer arabischen Beobachtermission beaufsichtigt werden sollte. Die Mehrheit dieser Truppen stellte die syrische Armee. Ihre Anwesenheit im Libanon war damit offiziell legitimiert. Assad rechtfertigte sein Vorgehen gegen die PLO im Libanon damit, dass ihre Anwesenheit das kleine Land destabilisieren und damit Israel (und den USA) einen Vorwand liefern könnte, im Libanon einzumarschieren. Ähnlich hatte er argumentiert, als er – damals noch Verteidigungsminister – die syrische militärische Unterstützung während des »Schwarzen September« in Jordanien (1970) den Palästinensern verweigerte, die von König Husseins Truppen vernichtend geschlagen wurden.

Verbündeter Assads im Libanon war die Regierung der christlichen Maroniten unter dem Phalange-Führer Pierre Gemayel gewesen, doch 1982 gingen die Phalangisten unter dem neu gewählten Präsidenten Bachir Gemayel ein offenes Bündnis mit Israel ein. Die israelische Armee marschierte im Libanon ein und rückte bis Beirut vor, wo es den Westteil der Stadt besetzte. Die syrischen Truppen und die PLO waren umzingelt, unter Vermittlung des US-Botschafters in Beirut konnte sich die syrische Armee aus Beirut zurückziehen. Der Phalange-Führer Bachir Gemayel wurde kurz darauf ermordet. Am nächsten Tag überfielen phalangistische und andere christliche Milizen die beiden palästinensischen Flüchtlingslager Sabra und Schatila in Westbeirut und ermordeten Tausende. Die israelischen Truppen unter dem Kommando von Ariel Scharon sicherten den Zugang zu den Lagern und ließen niemanden entkommen. Nachfolger des ermordeten Bachir Gemayel wurde sein Bruder Amin Gemayel. Im Mai 1983 unterzeichnete er einen Friedensvertrag mit Israel.

Assad fand im Drusenführer Walid Jumblatt und dem Führer der schiitischen Amal-Bewegung (Bewegung der Benachteiligten), Nabih Berrih, neue Verbündete. Der Krieg ging nun mit dem Ziel weiter, das Phalangisten-Abkommen mit Israel zum Scheitern zu bringen und den Rückzug der israelischen Truppen zu erzwingen. General Michel Aoun, ein neuer Verbündeter der Phalangisten, wurde 1988 zum Ministerpräsidenten ernannt und rief Anfang 1989 einen »Befreiungskrieg« aus, um die syrische Armee aus dem Libanon zu vertreiben. Doch Hafiz al-Assad konnte sich durchsetzen. Aoun wurde gezwungen, nach Frankreich ins Exil zu gehen, im Oktober 1989 fand in der saudischen Stadt Taif eine Friedenskonferenz statt, wo die versammelten libanesischen Führer sich auf ein Abkommen einigten, das 1990 in Kraft trat. Nach fünfzehn Jahren Krieg sah die Friedensordnung für Libanon eine konfessionelle Machtteilung vor. Die sunnitischen Muslime stellten den Ministerpräsidenten, die schiitischen Muslime den Parlamentssprecher und die (maronitischen) Christen den Präsidenten. Die israelische Armee zog sich aus Beirut in den Südlibanon zurück. Dort wurde sie von der Hisbollah bekämpft, einer neuen Partei, die aus der Amal entstanden war. Assad unterstützte die Hisbollah, die ideell, politisch und militärisch eng mit dem Iran verbündet war. Die syrischen Truppen im Libanon wurden verringert, zogen aber nicht ab.

Dass Assad 1989 an der Friedenslösung im Libanon wesentlich mitwirken konnte, war einerseits dem guten Verhältnis zu Saudi-Arabien zu verdanken, der Schutzmacht der sunnitisch-muslimischen Interessen im Libanon. Es lag aber auch an einer neuen Politik der USA im Mittleren Osten. Die wiederum war durch das Ende der Sowjetunion bestimmt, das mit der Öffnung der Berliner Mauer im November 1989 ihren Lauf nahm. Assad verlor mit der UdSSR seinen ältesten und engsten Verbündeten und musste sich neu orientieren.

Iran-Irak-Krieg 1980–1988

Nach der Islamischen Revolution im Iran (1979) nahm Assad mit den neuen Machthabern in Teheran Beziehungen auf. Taktische Überlegungen brachten ihn dazu, denn er suchte Allianzen dort, wo die israelische Position, die vom Westen (Europa und USA) unterstützt wurde, Widerstand erfuhr. Der Irak, der lange Zeit gegen die Expansionspolitik Israels Verbündeter Syriens war, wurde unter Saddam Hussein zunehmend ein Verbündeter der USA. Besonders eng wurden die Beziehungen, nachdem die Islamische Revolution den langjährigen US-Verbündeten Schah Reza Pahlavi in Teheran aus dem Amt gejagt hatte. Während Pahlavi – im Einverständnis mit den USA – auch Israel in der Region unterstützt hatte, half der neue Iran nun, die schiitisch-muslimische Hisbollah im Libanon aufzubauen. Die lehnte nicht nur die israelische Besatzungspolitik in der Region ab, sie setzte die israelische Armee im Südlibanon auch bewaffnet unter Druck.

Als irakische Truppen 1980 den Schatt al-Arab überquerten und Iran den Krieg erklärten, kritisierte Assad den Schritt als »falschen Krieg gegen den falschen Feind zum falschen Zeitpunkt« (Seale 1988). Der Krieg lenke von dem Feind Israel ab, so Assad, doch der irakische Präsident Saddam Hussein sah seinen Feind im Iran und wurde von den USA, westlichen Staaten und anderen arabischen Ländern zu dem Krieg ermutigt. Syrien stellte sich hinter den Iran, was die anderen arabischen Staaten zunehmend irritierte. Nach der Revolution war aus dem Iran ein schiitisch-muslimisch geprägter Gottesstaat geworden, die arabischen Staaten dagegen wurden – bis auf den Oman – von sunnitisch-muslimischen Machthabern geführt. Gegner Assads – allen voran die Muslimbruderschaft – stellten zunehmend seine Zugehörigkeit zu den Alawiten heraus, eine Strömung des schiitischen Islam. Doch Assad hegte für die Schiiten nicht deshalb Sympathien, weil sie eine besondere religiöse Sicht vertraten, sondern weil er sie als die Unterdrückten jahrhundertelanger Politik sah. Das machte er deutlich, als libanesische Politiker eines Tages Hilfe bei ihm suchten, weil die Schiiten des Südlibanon sich im Süden von Beirut ansiedelten. Er stamme selber aus einer Bauernfamilie, und auch er habe die städtischen Eliten politisch in ihre Grenzen gewiesen, antwortete Assad (Seale, 1988). Das Bündnis mit dem Iran war für Assad eine taktische Entscheidung im sich ständig verschiebenden Machtgefüge der Region.

Häufig wird die Allianz Assads mit dem Iran auch damit erklärt, dass er auf jeden Fall dem Irak schaden wollte, der seinen politischen Gegnern, wie dem Baath-Partei-Gründer Michel Aflaq, Zuflucht gewährt hatte. Vermutlich aber war so eine emotionale Reaktion Assad fremd. Zwar gab es tief greifende politische Differenzen zwischen den beiden Baath-Parteien, beide politischen Führer hätten in ihrer Persönlichkeit unterschiedlicher nicht sein können. Wiederholt warf Saddam Hussein Syrien vor, im Irak Aufstände zu unterstützen. Tatsächlich gewährte Syrien irakischen Gegnern von Saddam Hussein – den kurdischen Parteien und der religiösen Dawa-Partei – politisches Asyl. Sowohl der spätere irakische Präsident, der Kurde Jalal Talabani, als auch der spätere irakische Ministerpräsident, Nuri al-Maliki, hatten in Damaskus lange Jahre unbehelligt gelebt. Streit zwischen Damaskus und Bagdad gab es auch über die Verteilung des Euphrat-Wassers und über Ölpipelines, die durch beide Länder verliefen.

Als nach acht Jahren der Iran-Irak-Krieg zu Ende ging, waren beide Länder ausgeblutet. Mehr als eine Million Menschen waren getötet worden, Giftgas wurde von beiden Seiten in großen Mengen eingesetzt, weite Landstriche glichen einer Mondlandschaft. Als Saddam Hussein nur wenig später, am 2. August 1990, in Kuwait einmarschierte und das Land besetzte, begründete er das damit, dass der Irak hoch verschuldet sei und Kuwait irakische Ölquellen abpumpe. Die USA schmiedeten innerhalb kürzester Zeit eine Allianz zur Befreiung Kuwaits und gegen den Irak (»Operation Wüstensturm«). Nach wenigen Wochen war der Irak aus Kuwait vertrieben, die irakische Armee war vernichtend geschlagen. Gegen den Irak wurden die schwersten

UN-Wirtschaftssanktionen seit Bestehen der UNO verhängt, die erst dreizehn Jahre später nach der nächsten US-Invasion und Besetzung des Irak 2003 wieder aufgehoben wurden. Dass es bei dem Krieg 1991 nicht um »Freiheit und Demokratie« weder für Kuwait noch für den Irak ging, machte das US-Magazin *Times* deutlich. Am 20. August 1990 veröffentlichte es einen Artikel, in dem ein namentlich nicht genannter Berater von US-Präsident George Bush (sen.) mit folgenden Worten zitiert wurde: »Wir brauchen das Öl. Es ist ganz nett, vom Eintreten für die Freiheit zu reden, aber Kuwait und Saudi-Arabien sind nicht gerade Demokratien, und wenn ihr wichtigstes Exportprodukt Orangen wären, hätte ein Beamter aus der mittleren Etage des Außenministeriums eine Stellungnahme abgegeben und wir hätten Washington den August über dichtgemacht« (zitiert nach Launer 1991).

Über die Ziele der USA in Kuwait und Irak machte sich der pragmatische Assad sicherlich keine Illusionen, als er sich der »Operation Wüstensturm« anschloss und 17 000 Soldaten bereitstellte. Für ihn stellte sich nach der Auflösung der Sowjetunion und dem Verlust des stärksten und zuverlässigsten Verbündeten, den Syrien je hatte, die Herausforderung, das Land außenpolitisch neu zu positionieren. Da es nur noch eine Weltmacht gab, die USA, suchte Assad mit Washington einen neuen Umgang. Er wollte erreichen, dass die USA Syrien von der Liste der Staaten streichen sollten, die den Terrorismus unterstützten. Auf diese Liste war Syrien 1979 wegen seiner Beziehungen mit dem Iran gesetzt worden. Die Listung aber verhinderte den Transfer von neuen US-Technologien und Wirtschaftshilfe, was Syrien beides dringend brauchte.

Auf der Suche nach Frieden

Die Beteiligung an dem (für den Irak) zweiten Golfkrieg 1991 war für Assad die Eintrittskarte für die Madrider Friedenskonferenz im Oktober desselben Jahres. Nach dem Krieg im Irak hatten sich Washington und Moskau geeinigt, Spanien übernahm offiziell den Vorsitz der Konferenz. Erstmals saßen sich Syrien und Israel an einem Verhandlungstisch gegenüber, auch

Libanon, Jordanien und die Palästinenser waren dabei. Der seit 33 Jahren dauernde Konflikt zwischen Israel und seinen arabischen Nachbarn sollte gelöst werden, und es gab Entwicklungen in diese Richtung. Israel konnte auf der Habenseite ein Ende des arabischen Wirtschaftsboykotts verbuchen. Für die Palästinenser und Israel wurden weitere Gespräche vereinbart, die 1993 zum umstrittenen Oslo-Abkommen (Oslo I) führte. Dabei wurde eine »Prinzipienerklärung zur vorübergehenden Selbstverwaltung« der Palästinenser vereinbart, auf dem Weg zur staatlichen Souveränität. Das Oslo-II-Abkommen (1995) enthielt eine »Interimsvereinbarung« für das »Westjordanland und den Gazastreifen«. Vorherige Vereinbarungen wurden damit ungültig, die Palästinenser erhielten für das Westjordanland und den Gazastreifen eine vorläufige Autonomieregierung.

Für Syrien begann mit der Teilnahme an der Madrider Friedenskonferenz der diplomatische Kampf um die Rückgabe der Golanhöhen und eine regionale Friedensregelung. US-Präsident Bill Clinton förderte die Gespräche, ein erstes direktes Treffen fand 1992 in Washington statt. Es folgten weitere Verhandlungen 1994, die nach der Ermordung des israelischen Ministerpräsidenten Yitzhak Rabin 1995 unterbrochen wurden. Während die Palästinenser und Jordanien ihre eigenen Verträge mit Israel abschlossen, blieb Assad hart. Ohne den Rückzug Israels vom syrischen Golan war er nicht zu einer Vereinbarung bereit. Doch er zeigte sich bereit zu vermitteln, wenn es beispielsweise um das angespannte Verhältnis zwischen Israel und Libanon ging. Interessante Informationen zu Assads Verhandlungszielen und -taktiken liefert das Buch *Damascus Diary, An Inside Account of Hafez al-Assad's Peace Diplomacy* von Assads langjähriger Mitarbeiterin und Übersetzerin Bouthaina Shaaban (2013).

Unmittelbar nach der Ermordung von Rabin stand der neue israelische Ministerpräsident Schimon Peres unter dem Druck, den Kurs seines Vorgängers Rabin fortzusetzen. Doch innenpolitisch war Israel in Aufruhr, und Peres kam nicht voran. Die USA versuchten mit ihrer Shuttle-Diplomatie, Assad zu bewegen, seinen Friedenswillen gegenüber Peres zu unterstreichen, um diesen innenpolitisch zu stärken. Er erhielt sogar eine Einladung zu einer »Konferenz der Friedensstifter«, die im März 1996 im ägyptischen Badeort Sharm el-Sheikh mit Schimon Peres stattfinden sollte.

Assad blieb dem Treffen fern, schreibt Schaaban. Für einen »Fototermin« war er nicht zu haben.

Kurz darauf, im April 1996, startete die israelische Armee die Operation »Früchte des Zorns« im Libanon, eine Vergeltungsaktion für den Raketenbeschuss Nordisraels durch die Hisbollah. Der »April-Krieg«, wie er von Hisbollah, im Libanon und in Syrien genannt wird, dauerte sechzehn Tage. Brücken, Häuser, Elektrizitätswerke und viele Hisbollah-Stellungen wurden von den Israeli zerstört, die schwere Artillerie und die Luftwaffe einsetzten. 170 libanesische Zivilisten wurden getötet. Allein 118 von ihnen fanden den Tod, als die israelische Artillerie einen Posten der UN-Friedenstruppen im Südlibanon in dem Ort Qana bombardierte. Dort hatten die Leute Zuflucht gesucht, ein tödlicher Irrtum. Israel erklärte, die Hisbollah habe sich hinter den Zivilisten versteckt, Peres räumte Fehler ein und sprach von einer »bitteren Überraschung«, als sie feststellten, dass dort Zivilisten waren. Die USA drängten Assad, auf die Hisbollah einzuwirken, die Raketenangriffe auf den Norden Israels zu unterlassen. Während im Libanon weitergekämpft wurde, wurde in Damaskus verhandelt.

In vier Gesprächsrunden, an denen US-Außenminister Warren Christopher und Präsident Assad mit ihren Verhandlungsteams teilnahmen, wurde eine Vereinbarung »zwischen Israel und Libanon« formuliert. Syrien und die USA agierten als »Schutzmächte« auf Augenhöhe, die USA für Israel, Syrien für den Libanon und für die Hisbollah. Die Vereinbarung legte fest, dass zukünftig weder aus dem Libanon auf Israel geschossen werden dürfe noch aus Israel auf den Libanon. Beide Parteien mussten versichern, keine Zivilisten oder zivile Infrastruktur des anderen anzugreifen, gleichwohl habe jede Seite das Recht, sich zu verteidigen. Die »April-Vereinbarung« enthielt auch einen Absatz, in dem die USA »die Wiederaufnahme von Verhandlungen zwischen Syrien und Israel und zwischen Libanon und Israel« vorschlugen. Doch bis dahin sollte es noch dauern.

Erst im Dezember 1999 wurden die Gespräche in Washington wieder aufgenommen. Syrien wurde von Außenminister Faruk ash-Sharaa vertreten, Israel von Ehud Barak. Der hatte sich bei den Wahlen im Mai desselben Jahres gegenüber Benjamin Netanjahu durchgesetzt. Assad hielt Barak für »stark und ernsthaft bemüht« um Frieden in der Region, wie er Patrick

Seale in einem Interview für die arabische Tageszeitung *Al Hayat* (23. Juni 1999) sagte. Im Januar 2000 wurden die Gespräche in Shepherdstown, West Virginia (USA), aufgenommen, notiert Bouthaina Shaaban in ihrem Tagebuch. Erstmals trafen US-Außenministerin Madeleine Albright und ihr syrischer Amtskollege Faruk ash-Sharaa zusammen. Während die Gespräche noch liefen, veröffentlichte die israelische Tageszeitung *Haaretz* den gesamten Vertragsentwurf, den Clinton für beide Seiten als Verhandlungsgrundlage hatte ausarbeiten lassen. Die Veröffentlichung sollte offenbar die Position Baraks in Israel stärken, wo er mit starken Gegenkräften vor allem der Siedlerbewegung konfrontiert war. Angeblich habe Syrien Israel weitgehende Zugeständnisse gemacht, schrieb *Haaretz*. Die syrische Delegation zog sich zurück.

Wenige Tage später telefonierte Clinton mit Assad und drängte ihn, an den Verhandlungstisch zurückzukehren. Israel sei bereit, die Grenzen von vor dem 4. Juni 1967 zu markieren, wenn auch eine Lösung mit dem Libanon gefunden werde. Ein Rückzug aus dem syrischen Teil der Golanhöhen sei möglich, sofern der Libanon einem Frieden mit Israel zustimme. Assad machte deutlich, dass man das Vertrauen in die israelische Delegation verloren habe. Er schlage vor, dass ein (bereits früher bestimmtes) Komitee zur Festlegung der Grenzen vor dem 4. Juni 1967 sich treffen und mit der Arbeit anfangen solle, dann könne man auf dieser Basis wieder zusammenkommen (Shaaban 2013, App. 7, Auszüge aus der Mitschrift des Telefongesprächs zwischen Bill Clinton und Hafiz al-Assad, 18. Januar 2000).

Im März 2000 kam es zu einem persönlichen Treffen auf höchster Ebene, US-Präsident Bill Clinton traf Hafiz al-Assad in Genf. Clinton war von der Annahme ausgegangen, dass Syrien bereit sei, gemeinsam mit Israel den Tiberiassee zu kontrollieren. Die Reaktion Assads beschrieb Clinton in seinem Buch *Mein Leben* folgendermaßen: »Assad wollte mich nicht einmal meine Ausführungen beenden lassen. Er war aufgeregt und sagte – anders als es die Syrer in Shepherdstown gesagt hatten –, er werde nie ein Stück des Bodens aufgeben. Er wolle eines Tages am Ufer des Sees sitzen und mit seinen Füßen im Wasser planschen. Wir versuchten zwei Stunden lang, bei den Syrern irgendetwas in Bewegung zu setzen, vergeblich.«

Der britische Völkerrechtler John McHugo gab Hafiz al-Assad Recht, als er bei einer Konferenz in London 2007 Folgendes ausführte: »Syrien ist seit seiner Unabhängigkeit nach dem Zweiten Weltkrieg ein souveräner Staat. Es ist Mitglied der Vereinten Nationen, so wie Israel. Alle UN-Mitgliedsstaaten müssen die UN-Charta respektieren (Artikel 2 [4]) wonach kein Staat einen anderen Staat in seiner territorialen Integrität und politischen Unabhängigkeit bedrohen darf. Ohne Zweifel reichten die Grenzen Syriens bei seiner Unabhängigkeit bis dorthin, wo die Grenzen des französischen Mandats mit dem britischen Mandat waren. Die Golanhöhen lagen eindeutig auf der syrischen Seite. Staaten die unabhängig werden, übernehmen die Grenzen, die unantastbar sind. [...] Eine Grenze, die im Moment der Unabhängigkeit existiert, wird eingefroren. Es ist wie ein Foto, das genau in dem Moment der Unabhängigkeit gemacht wurde« (McHugo 2007).

In der britisch-französischen Vereinbarung über die Nutzung des Tiberiassees (1920 und 1923) wurde festgelegt, dass die Grenze zwischen beiden Mandatsgebieten dem Jordan mitten durch den Tiberiassee folgen sollte. Das zukünftige Syrien sollte weiterhin das Wasser des Jordan nutzen dürfen und einen Zugang zum Tiberiassee behalten. Sowohl die Syrer als auch die Libanesen sollten in dem See fischen und ihn befahren dürfen. Das hat Hafiz al-Assad nicht erreicht. Israel hatte die Golanhöhen 1981 annektiert und war nicht bereit, das fruchtbare Land seinen ursprünglichen Bewohnern wieder zurückzugeben.

Händler auf der Geraden Straße von Damaskus

Vom Bab Scharqi zum Bab al-Jabiya

Warten auf Kundschaft. Lastenträger im Midhat Pascha (2008). Wo die Gerade Straße in den überdachten Teil übergeht, ist sie nach dem Erbauer der Überdachung benannt. Ahmed Schefik Midhat Pascha war von 1878 bis 1880 osmanischer Großwesir in Damaskus.

»Dies ist die Gerade Straße. Sie ist sehr alt, sie stammt aus der Zeit der Römer. Sie geht vom Al-Jabiya-Tor im Südwesten bis zum Scharqi-Tor im Osten und ist 1500 Meter lang. Durch Kämpfe und Erdbeben wurde vieles zerstört, das alles liegt heute unter der Straße.« Mohammad Fakir al-Their ist Händler auf der Geraden Straße in Damaskus. Sein kleiner Laden liegt nahe am Bab Scharqi, dem Osttor der Altstadt. Seit 35 Jahren verkauft al-Their Schmuck und Antiquitäten, »Oriental Goods«, wie er sagt, Waren aus dem Orient. Ketten aus Korallen, Bernstein, Lapislazuli, Smaragd und Malachit hängen neben schwerem Geschmeide aus Silber. Darüber türmen sich in den Regalen kostbare Decken mit Spitzen oder Stickereien, Teppiche stehen eingerollt in den Ecken, in einer Vitrine strahlen prunkvolle Silberteller. Zwischen Messingvasen und Kerzenleuchtern sind Telefon und Computer auf der Verkaufstheke kaum zu sehen.

Als sich im 7. Jahrhundert aus dem arabischen Mekka und Medina der Islam ausbreitete, ritten an der Spitze der islamischen Armee die beiden Feldherren Khalid ibn Walid und Abu Obaid al-Jara, erzählt der Antiquitätenhändler weiter. Beide näherten sich Damaskus von verschiedenen Seiten. Mit starken Mauern, sieben Toren und einer prächtigen Zitadelle war die Stadt gut geschützt. Die Soldaten bezogen vor den Toren Stellung, und die Belagerung begann. Doch die Damaszener, damals regiert von Byzanz, übergaben ihre Stadt an die neuen Herrscher, um eine Zerstörung zu vermeiden. Um die friedliche Übergabe zu besiegeln, wurde eine Moschee gebaut, erzählt Mohammad Fakir al-Their. Die Übergabe der Stadt soll an der Marienkirche stattgefunden haben, einem römisch-orthodoxen Gotteshaus, das in der Mitte der Geraden Straße liegt, nur wenige Schritte entfernt vom Geschäft des Antiquitätenhändlers. In unmittelbarer Nähe der Kirche erbauten die neuen muslimischen Herrscher das Weiße Minarett, direkt daneben steht ein römischer Siegesbogen.

Es waren die Griechen, die das schachbrettartige Straßenraster der Altstadt von Damaskus anlegten. Später bauten die ordnungsliebenden Römer die einzige Straße, die ohne Kurven und Winkel fast schnurgerade von West nach Ost verlief, zu einer imposanten Kolonnadenstraße aus. Sie nannten ihr Bauwerk »Via Recta«, die »Gerade Straße«. 26 Meter breit lag die Straße etwa drei Meter unter dem heutigen Straßenniveau. Hier fanden Prozessionen und prachtvolle Aufmärsche statt, doch bestimmt wurde die Straße vom Handel. Sie trennte die Wohnviertel der Nabatäer im Norden vom jüdischen Viertel im Süden, wo auch der Christenverfolger und Pharisäer Saulus von Tarsus lebte. Nach seinem Erweckungserlebnis trat er zum Christentum über und nahm den Namen Paulus an.

Kulturen aus allen Himmelsrichtungen hinterließen in Tausenden von Jahren ihre Spuren in der Altstadt von Damaskus. Den Aramäern folgten die Assyrer, die Neubabylonier, die Perser und schließlich griechische und römische Herrscher. Die Götterhuldigung in Tempeln wich dem Juden- und Christentum, es entstanden Kirchen und Basiliken. Schließlich wurde Damaskus zur Hauptstadt des Islam, und unter der Herrschaft der Umayyaden-Dynastie erblühte die Oasenstadt zu einem wirtschaftlichen, politischen, spirituellen und kulturellen Zentrum. Über die Weihrauchstraße aus dem Süden Arabiens brachten fremde Stämme kostbare Gewürze und Perlen, über die Seidenstraße gelangten kunstvoll gewirkte Seidenstoffe aus dem fernöstlichen China in die Damaszener Altstadt. In den Souks, den Märkten, auf der Geraden Straße und um die Umayyaden-Moschee herum entstand eine einzigartige Vielfalt von Menschen und Waren, ein Mosaik.

»Die guten Zeiten sind vorbei«, seufzt der Antiquitätenhändler Mohammad Fakir. Die meisten der Kupfer- und Silberschmiede, Intarsien- und Möbelhändler, deren Läden und Werkstätten traditionell am östlichen Ende der Geraden Straße liegen, haben wenig zu tun. Es fehlt an Nachwuchs für die mühsame Handarbeit, Käufer bleiben aus, und ohne Geschäft gibt es kein Brot. Er habe seine Kunden im Ausland, sagt Mohammad Fakir al-Their. »Von diesem Geschäft bin ich nicht abhängig, nein, ich bin vom Ausland abhängig. Meine Kunden sind in London, in den USA, in Europa, da habe ich viele Kunden. Wenn ich auf das Geschäft im Inland angewiesen wäre, hätte ich nichts zu essen.«

Innere und regionale Machtkämpfe, Kriege und Flüchtlingsströme sorgten für politische Instabilität. Der Ost-West-Konflikt, Kalter Krieg und westliche Isolation knebelten die Wirtschaft des Landes von außen. Politische Härte von Präsident Hafiz al-Assad sorgte zwar für Ruhe und Sicherheit, sofern bestimmte »rote Linien« beachtet wurden, ließ aber wenig Raum für Fortschritt und Entfaltung. Der Glanz früherer Zeiten, in denen Damaskus als »Perle des Orients« galt, wurde unter einer dichten Staubschicht begraben.

Ein syrischer Händler gibt nicht auf

Die Kunden vertrauen uns. Mohammad Khalil »Abu Ahmad« ist Glasbläser in Damaskus. 1969 übernahm er den Betrieb von seinem Vater.

Doch ein syrischer Händler gibt nicht auf, erzählt der Glasbläser Abu Ahmad. Seine Werkstatt liegt jenseits des Bab-Scharqi-Tores. Mit anderen Händlern hat er dort einen kleinen Werkhof gebaut, wo es auch ein Café zum Verweilen gibt. In dem schlichten Verkaufsraum von Abu Ahmad sind Gläser aller Art und Größe in vielen Farben ausgestellt. An der Wand hängen Glasbilder, Ampeln und Lampen, ein breites Angebot dessen, was die Glasbläser herstellen können. Im hinteren Bereich der Werkstatt stehen die Öfen, die nie ausgehen dürfen, wie Abu Ahmad erzählt. Dahinter sind Lagerräume, wo in langen und hohen Regalen Gläser und Karaffen, Vasen und Teller stehen. Alles ist verstaubt. »Das macht nichts«, sagt Abu Ahmad, der eigentlich Mohammad Khalil heißt. Den Namen »Abu Ahmad« trägt er, weil er ein Markenzeichen sei. »Wenn Kunden etwas haben wollen, haben wir es hier auf Lager, waschen und verpacken es. So einfach ist das.«

Ein Klingelzeichen ertönt, er geht zurück in den Verkaufsraum und begrüßt eine Nachbarin, die mit einer großen Tüte voller Jasminblüten gekommen ist. Sie möchte daraus gern eine Jasminessenz herstellen, und Abu Ahmad weiß, wie das geht. Er greift eine Vase aus dem Regal, spült sie und stellt sie auf einem kleinen Tisch ab. Dann nimmt er ein besonders geformtes Gefäß mit einer langen, schnabelförmigen Röhre und einem schlanken Hals und stellt es daneben. Er füllt die Vase mit den Jasminblüten und umwickelt den Vasenhals mit einem festen Papier, stülpt das zweite Gefäß kopfüber über die Vase und dreht so lange daran, bis es fest und luftundurchlässig darauf festsitzt. Das Ganze wird auf kleiner Flamme auf den Gasofen gestellt, die Flamme wird mit einem feuerfesten Blech abgedeckt. Unterhalb der schnabelförmigen, langen Röhre wird ein Glas aufgestellt, und nun heißt es warten. Die kleine Flamme wird die Jasminblüten langsam erhitzen, die Feuchtigkeit aus den Blüten wird als Dampf aufsteigen und schließlich durch den schmalen Schnabel als Jasminessenz langsam in das Glas tropfen. »Inshallah, so es Gott gefällt«, lächelt Abu Ahmed. Er habe das von seinem Vater gelernt, wie die Glasbläserei überhaupt.

»Unsere Fabrik war erst im Shaghour, am anderen Ende der Altstadt. Dort hat unser Vater die Glasbläserei gegründet. Mit meinen zwei Brüdern habe ich das Geschäft übernommen. Sie haben dann woanders ein neues Geschäft aufgemacht. Ich bin hier geblieben. Seit 1969. Unsere Arbeit ist nicht lebensnotwendig, daher bekommen wir jede Krise zu spüren. Wenn etwas politisch oder mit der Wirtschaft nicht stimmt, gehören wir zu den Ersten, die aufhören müssen zu arbeiten, und zu den Letzten, die wieder anfangen, wenn die Krise vorbei ist. Besonders seit unsere Produkte vor allem von Touristen gekauft werden, sind wir natürlich krisenanfällig. Die breite Masse kauft billige Produkte. Glas aus China oder so. Wir haben in Frankreich zwei Abnehmer, die unsere Glasprodukte kaufen. Auch nach Holland, Schweden, in die Schweiz und nach Deutschland konnten wir verkaufen. In Frankreich arbeiten wir mit einem Glasbläser zusammen; er hat einen eigenen kleinen Laden, den er ›Das Haus von Aleppo‹ nennt. Die Leute lieben es, dort einzukaufen. Auch in Museen führt er sein Handwerk vor. Das macht unsere Produkte bekannt und zieht neue Kunden an, die größere Mengen bestellen wollen. Die Kunden lieben Syrien, und sie vertrauen uns. Sie bestellen und zahlen im Voraus. Weil sie wissen, wenn sie etwas bestellen, bekommen sie beste Qualität, alles gut verpackt, und sie bekommen genau das, was sie bestellt haben. Wir arbeiten sehr zuverlässig.«

Kopfschmerzen bereite ihm, dass die Araber diese Arbeit nicht mehr schätzten. Die meisten Kunden seien heute Ausländer. »Unsere Leute haben keinen Respekt mehr vor dieser Arbeit. Sie wollen eine Marke oder etwas, was mit echtem Gold verziert wird. Für das Handwerk haben sie kein Verständnis. Vielleicht kaufen sie unsere Produkte im Ausland, in Paris in einem schicken Geschäft mit schickem Namen, und bezahlen hundert Euro dafür. Aber hierher, in unsere Werkstatt, kommen sie nicht. Ihre Köpfe sind durcheinander.« Vielleicht sollten sie ihre Produkte in einem schickeren Laden ausstellen, schlägt die Nachbarin vor. Schickes Flair, schicke Verkäufer und höherer Preis? »Ich glaube nicht, dass das etwas ändern würde«, meint Abu Ahmad. »Die Leute verändern sich einfach, sie wollen ausländische Produkte, als seien die was Besseres.« Aber die syrischen Waren hätten ihren eigenen Wert, es sei qualitativ hochwertige Handarbeit, aber man müsse das auch erkennen. »Ein Amerikaner war hier und hat für sein Restaurant die gesamte Einrichtung und Dekoration aus Glas bei uns bestellt. Wir sind sogar hingefahren, haben Maß genommen, alles war bis ins Kleinste geplant. Als es fertig war, haben die Leute dort gestaunt. Sie dachten, das Glas komme aus Italien, das ja auch sehr bekannt für Glasbläserei ist. Aber es kam aus Syrien, sie wollten es nicht glauben.«

Abu Ahmad steht auf und kontrolliert die Jasminessenz, die langsam anfängt, in das Glas zu tropfen, und schon einen starken Duft entwickelt. »Wichtig ist, dass der Jasmin morgens früh gepflückt wird, dann duften die Blüten am stärksten.« Sein Bruder bringt starken Kaffee, und für einige Zeit dreht sich das Gespräch um allerlei andere Dinge. Dann kommt Abu Ahmad zurück auf seine Kindheit, in den 1960er-Jahren. Geboren wurde er 1959, und mit neun Jahren habe er angefangen, dem Vater in der Werkstatt zu helfen, erinnert er sich. Ein Jahr lang habe er gefegt und sauber gemacht. »Erst nach einem Jahr durfte ich Glas sortieren. Zerbrochenes Glas musste ich nach Farben sortieren und säubern. Das habe ich viele Jahre lang gemacht. Ich war ja noch klein, war aber mindestens acht Stunden täglich hier in der Werkstatt.« Natürlich sei er zur Schule gegangen, die Arbeit kam danach. Das sei für alle Kinder der Händler so gewesen. »Als ich älter wurde und die Schule mir mehr abverlangte, ließ mein Vater mich weniger arbeiten, damit ich mich mehr auf die Prüfungen konzentrieren konnte. Aber immer nach der Schule kam ich in die Werkstatt und arbeitete. Ich war sechzehn Jahre alt, als ich das erste Mal als Handlanger am Ofen helfen durfte. Ich musste die frisch geblasenen Gläser dorthin bringen, wo sie abkühlen konnten, oder ich musste den Bläsern etwas bringen, ich wartete auf ihre Anweisungen. Zwei Jahre lang.« Noch zwei Jahre war es zum Abitur, doch er bestand die Prüfung nicht. Dann fing er an, richtig in der Werkstatt zu arbeiten. »Vierzehn Stunden habe ich am Tag gearbeitet. In der Werkstatt lernte ich, Glas zu blasen. In einem speziellen Institut lernte ich zeichnen, malen und Kalligrafie. Wir blasen das Glas nicht nur, wir verzieren es auch, bemalen es und beschreiben es mit kalligrafischer Schrift, je nachdem, was die Kunden in Auftrag geben.« Auch seine beiden älteren Brüder lernten in der Werkstatt, der jüngste nicht mehr, weil der Vater dann gestorben war. »Abu Khalid ist heute verantwortlich für das Geschäftliche. Für die Post, fürs Einpacken, für Bestellungen und so weiter. Wir anderen lernten auch, den Ofen zu bauen, wie man ihn pflegt, repariert, wie man ihn anmacht und dass man ihn nie ausgehen lassen darf. Wir haben immer weiter gelernt. Immer gibt es neue Probleme. Manchmal ist das Glas schmutzig, dann muss man herausfinden, warum. Manchmal bricht es, und man muss herausfinden, warum es bricht. Der Ofen muss 24 Stunden am Tag brennen und ich, also der Chef, habe immer die Verantwortung für alles. Immer muss ich da sein, und wenn ich nachts nach Hause gehe, um zu schlafen, bleibe ich in Bereitschaft. Wenn es ein Problem mit dem Ofen gibt, werde ich angerufen und muss kommen. 24 Stunden am Tag, immer in Bereitschaft.« Sein Vater habe es von seinem Vater gelernt und der von seinem Vater. »Wir waren immer Glasbläser, solange die Familiengeschichte zurückreicht.«

Abu Ahmad heiratete, das Paar hat drei Kinder. »Zwei Mädchen, einen Sohn und sechs Enkelkinder«, strahlt er. Und, wird der Sohn wieder das Handwerk des Glasbläsers lernen? »Gott bewahre«, ruft Abu Ahmad und richtet sich auf. »Wenn jemand kommt, um das Handwerk zu lernen, herzlich willkommen. Aber es ist ein sehr anstrengendes Handwerk, und viel bringt es nicht ein. Hätte ich damals, als ich meine Arbeit gelernt habe, Gold gekauft und hätte es liegen gelassen, wäre ich heute Milliardär! Bis heute habe ich kein eigenes Haus und muss Miete bezahlen. Nein, mein Sohn soll ein besseres Leben haben. Und meine Töchter auch.«

Das alte Damaskus gibt es nicht mehr

Nicht weit vom Bab Scharqi entfernt liegt der Friseurladen von Muhip Hama. Der römisch-katholische Christ arbeitet hier seit zwanzig Jahren. Hama wirkt ruhig, fast schüchtern. Mit seinen Kunden spricht er gern über Musik, weil er selber Violine spielt. Nur selten verirrt sich ein Tourist zu ihm, seine Kunden sind Syrer, jung und alt. Den Jungen können die Haare gar nicht steil genug zu Berge stehen, lacht er: »Sie fragen nach allen möglichen Modellen und Haarschnitten, aber die Jungen wollen den Spike-Schnitt haben, oder ›Bunke‹ und wie sie alle heißen. Ja, genau, solche Modelle sind sehr gefragt.« Von 11 bis 21 Uhr arbeitet Muhip Hama in seinem Laden. Jeden Tag, außer Montag. Das ist auch in Syrien ein freier Tag für Friseure. »Es gibt zwei Gründe, warum wir am Montag frei haben. Freitag ist der Feiertag der Muslime, die Leute kommen ab Donnerstag, um frisiert zu werden. Vielleicht gehen sie zu einem Fest, einer Hochzeit oder so was. Samstag und Sonntag sind die Feiertage der Christen, wir haben also viel zu tun. Nach diesen vier Tagen brauchen wir wirklich eine Pause. Und außerdem: Wenn ich etwas zu tun habe bei der Behörde, brauche ich einen freien Tag in der Woche. Und das ist der Montag.« Viel habe sich auf der Geraden Straße nicht geändert in den zwanzig Jahren, sagt er. Jetzt sei sie neu gepflastert worden, restauriert, so, wie es früher einmal gewesen sein könnte. Das sei wirklich gut gelungen und locke auch die Touristen an. Mit keinem Platz auf der Welt wolle er tauschen. »Ich liebe diese Straße, dieses Viertel. Ich wurde hier geboren, bin hier aufgewachsen und arbeite hier. Hier ist meine Heimat.«

Auf dem Weg zum Westtor Bab al-Jabiya stehen Kirchen neben Moscheen und großen Familienhäusern, deren einstige Pracht sich noch erahnen lässt. Dort, wo die Gerade Straße unter einem hohen Dach aus Glas und Eisen verschwindet, liegt der kleine Laden von Khalid al-Fawal. »Hier beginnt der Souk Midhat Pascha, das ist die Fortsetzung der Geraden Straße. Die Türken haben diesen Markt geprägt, sie haben Gasthäuser, die Khans gebaut, Bäder und Schulen. Wir präsentieren mit unseren Geschäften sozusagen die Neuzeit. Und sehen Sie, wie schön die Gerade Straße restauriert wurde! Damit wird die alte Zeit wieder belebt, das ist ein sehr schöner Stil, ich bin wirklich stolz darauf.«

Der türkische Beamte Ahmed Schefik Midhat Pascha gab dem überdeckten Markt seinen Namen. Im 19. Jahrhundert hatte ihn Konstantinopel, das Machtzentrum des Osmanischen Reiches, als Finanzverwalter nach Syrien geschickt, das seit dem 16. Jahrhundert osmanische Provinz war. Midhat Pascha sprach Arabisch und setzte sich als westlich orientierter Reformer für den Bau von Schulen, Bibliotheken und Krankenhäusern ein. Das Osmanische Reich zerfiel mit dem Ende des Ersten Weltkrieges 1918. Es begann eine unruhige Zeit. Mit der Armee des Herrschers Faisal aus Mekka, dem späteren König von Syrien und Irak, zog der britische Geheimagent Lawrence von Arabien im Oktober 1918 in Damaskus ein. Die Geschichte ist populär in Syrien, und häufig klingt die Musik des Monumentalfilms über Lawrence von Arabien aus den Kassetten- und CD-Geschäften auf dem Markt. In seinen Erinnerungen hielt der britische Agent den Jubel fest, der ihn – nach eigener Darstellung – auch auf der Geraden Straße empfing: »Wie eine Welle hub es bei uns an, rollte über die Plätze, den Markt, die lange Straße hinunter zum Osttor, rund um die Stadtmauer, kam vom Medina-Tor wieder zurück und wuchs bei der Zitadelle wie eine Mauer von Rufen um uns empor.«

Solche Jubelfeiern hat der 65-jährige Khalid al-Fawal auf der Geraden Straße nicht erlebt. Seit vierzig Jahren verkauft er in seinem Laden Obst und Gemüse, damit kennt er sich aus: »Diese Bananen kommen aus Ecuador, im Sommer haben wir aber auch Bananen aus Lattakia. Einheimische Bananen sind natürlich besser und billiger, weil sie nicht so hohe Transportkosten haben. In Lattakia wachsen leider nur wenige Bananen, sie reichen nicht für die hiesige Nachfrage. Aber was Sie sonst hier sehen, Äpfel, Quitten, Mandarinen, Gurken, das ganze Gemüse, alles kommt aus Syrien.«

Kundschaft schlendert vorbei. Einige bleiben stehen, erkundigen sich nach Preisen, kaufen das eine oder andere in kleinen Mengen ein. Ein Bekannter grüßt, kommt herein und erkundigt sich nach dem Befinden. Der Gemüsehändler antwortet freundlich, und es beginnt ein endloser Reigen arabischer Grußworte zwischen den beiden Männern, bis der eine seine Neugierde nicht mehr zähmen kann. Wer die Ausländerin sei, will er wissen, welche Fragen sie stelle. Der Gemüsehändler erklärt bereitwillig und offenbar zur Zufriedenheit des anderen, und mit den besten Wünschen für alle verabschieden sie sich.

Khalid al-Fawal hat Freunde kommen und gehen sehen, er kennt seine Nachbarn seit Jahrzehnten. Hier auf der Geraden Straße beginnt und endet für ihn jeder Tag. Ein Leben woanders kann er sich nicht vorstellen, auch wenn vieles sich geändert hat: »Früher wohnten in diesen Häusern große Familien. Fünfzehn, zwanzig Personen lebten in einem Haus. Heute werden viele der Häuser von den alten Leuten verkauft, weil ihre Kinder die Altstadt verlassen wollen. Der Sohn, die Tochter heiraten und ziehen woanders hin, in ein neues Viertel, in ein modernes Haus. In Damaskus leben heute viel, viel mehr Menschen als früher, aber hier in der Altstadt sind es weniger geworden. Die Alten sterben, und die Jungen wollen weg.« Mit begrünten Innenhöfen und Springbrunnen, mit farbigen Fenstern in kunstvoll dekorierten Empfangsräumen, mit vielen Familien- und Gästezimmern waren die Häuser einst Mittelpunkt des Familienlebens. Heute werden sie von Reichen gekauft und renoviert. Viel Gewinn werfe der Laden nicht ab, sagt Khalid al-Fawal, das sei schon früher so gewesen. »Ich kaufe auf dem Großmarkt ein und verkaufe hier mit einem kleinen Aufschlag. Es reicht grade so zum Leben. Früher war das Leben aber einfacher als heute, es war ruhiger, gemütlicher. Es gab keine Autos, es war viel schöner damals. Heute ist es hektisch, laut, und man kann unseren Markt gar nicht mehr riechen. Früher konnte ich den Duft des Jasmins riechen, der dort drüben hinter dem Haus wächst. Heute ist der Duft fort. Das alte Damaskus gibt es nicht mehr.«

Die Luft, die wir atmen

Wenn der Abend sich über die Gerade Straße senkt und der Muezzin zum Gebet ruft, erwacht der Markt zu neuem Leben. Lastenträger drängen durch die Menge, Fahrradkuriere klingeln sich den Weg frei, und für Autofahrer, die eine besondere Genehmigung vorzuweisen haben, öffnet sich sogar der Schlagbaum, wo ein Polizist mit Trillerpfeife Wache hält. Kinder toben, Männer und Frauen betrachten die Waren in den erleuchteten Ständen. Die Händler sind zurückhaltend, warten, bis ein Kunde sie anspricht.

In einem äußerst schmalen Stand, umgeben von dicht bepackten Regalen, sitzt ein Mann und starrt auf Papiere, die vor ihm auf den Knien liegen. Bassam al-Jajar blickt auf: »Dieses kleine Geschäft gehört unserer Familie, aber es war lange geschlossen. Vor zwanzig Jahren habe ich den Laden wieder aufgemacht und verkaufe heute Bleistifte, Buntstifte, Papier, Umschläge, Kleber, alles was an Büromaterial gebraucht wird.« Das Geschäft sei sein Nebeneinkommen, sagt der Händler. Zum Leben reiche es nicht. Morgens arbeite er als Buchhalter in einer Firma, den Laden öffne er erst am Nachmittag. So gehe es der großen Mehrheit der Syrer, die wegen der enormen Teuerungsraten nach zwei oder auch drei Arbeitsstellen suchten. Selbst staatliche Angestellte und viele Pensionäre verdienten wenn möglich, ein Zubrot als Taxifahrer, Kellner, Privatlehrer oder Verkäufer.

Bassam al-Jajar rückt die Papiere auf seinen Knien zurecht und blickt verlegen lächelnd um sich. Ein Stuhl, ein schmaler Tisch, der Laden ist so eng, dass er mit dem rechten Arm an die Seitenwand stößt, an der eine Neonlampe grelles Licht spendet. Die Enge störe ihn nicht, sagt er. »Ich liebe das Leben hier, es ist immer was los. Meine Freunde sind hier, und ein bisschen Geld nehme ich auch ein.« Die Gerade Straße sei mehr als ein Handelsplatz, meint er. Sie gebe Arbeit und Brot, doch mehr noch gebe sie den Händlern und Bewohnern Identität, Halt, Freundschaft und Orientierung in Zeiten unsicheren Wandels. »Wir sind wie eine große Gemeinschaft. Auch der Nachbar dort drüben gehört zu uns, obwohl er neu ist. Er ist erst seit zehn Jahren hier. Die Familien anderer Nachbarn haben die Geschäfte hier schon seit 200 oder 300 Jahren.« Ein Standort auf der Geraden Straße ist Gold wert, heißt es. Ebenso wichtig ist den Händlern die Tradition. »Ich bin hier seit meiner Kindheit. Als ich in die Schule ging, sagte mein Vater zu mir, ich solle hier meine Aufgaben machen. Ich ging von hier zur Schule und kam nach der Schule hierher zurück. Alle meine Freunde sind von hier. Wie kann man einen alten Baum verpflanzen, wie sollte ich neue Freunde finden? Die Straße ist mein Leben, sie ist wie die Luft, die wir atmen. Sie ernährt uns, sie ist unsere Heimat.«

Der Tag geht zu Ende auf der Geraden Straße. Mit lauter Musik, Lachen und Scherzen packen die Männer ihre Sachen und machen sich auf den Nachhauseweg. Aus einer schmalen Seitengasse tritt ein gewichtiger Mann mit einem niedrigen Schemel unter dem Arm und setzt sich zu einem anderen, der unaufhörlich eine Perlenkette durch seine Finger gleiten lässt. Abu Hani, stellt der gewichtige Mann sich vor, er ist Nachtwächter im Souk Midhat Pascha. »Ich bin hier der Hausmeister, der Nachtwächter, seit zwanzig Jahren. Ich passe auf, dass nichts geschieht. Ich habe die Schlüssel für die Lager, die in den Mauern da hinten sind. Dort sind wertvolle Waren gelagert, darauf passe ich auf. Ich sorge für Sicherheit, wie die Polizei, verstehen Sie? Jede Nacht bin ich hier, von acht Uhr abends bis acht Uhr morgens.« Abu Hani, was so viel heißt wie: Vater von Hani, ist fünfzig Jahre alt und mag seine Arbeit. Er kenne die Leute, und sie vertrauten ihm. »Es kommen viele Touristen hierher, die syrischen Märkte sind weltweit bekannt für ihre Waren. Für uns sind die Ausländer, die hier vorbei schlendern, keine Touristen, sie sind unsere Gäste. Syrien ist sehr gastfreundlich, wir freuen uns über jeden, der kommt.« Es gebe keinen Unterschied zwischen den Religionen und Kulturen, sagt er. Muslime, Christen, Juden: »Syrien ist ein Mosaik.« Auch wenn die meisten Juden jetzt in Israel lebten, fügt er fast bedauernd hinzu. Einmal sei ein besonders hoher Gast zu Besuch gekommen, erinnert er sich dann. »Hier, auf der Geraden Straße war Papst Johannes Paul II. Hier ist er langgegangen, auf den Spuren des heiligen Paulus. Friede sei mit ihm.«

Nachbetrachtung

Als die Unruhen in Syrien begannen, blickten viele gespannt auf die Altstadt von Damaskus. Wie würden die Händler sich verhalten, auf welche Seite würden sie sich stellen? Als es an einem Tag fast zu einer Schlägerei zwischen Lastenträgern und einem Autofahrer kam, waren die Streithähne sofort von Polizei und Geheimdienstlern umstellt. Innerhalb weniger Minuten versammelte sich eine aufgebrachte Menge um sie, kurz darauf erschienen erste wacklige Handyaufnahmen auf den Blogs Oppositioneller. Der Autofahrer beschuldigte die Lastenträger, ihm im Weg gewesen zu sein. Die Lastenträger beschuldigten den Autofahrer, sie mit ihren schweren Lasten nicht zu respektieren. Die Menschenmenge stand eindeutig auf der Seite der Lastenträger. Die Polizei brachte alle zur nahe gelegenen Polizeiwache, die Masse ging mit und bildete eine dichte Menschenmauer um das Gebäude. Der Gouverneur von Damaskus persönlich traf kurz darauf ein, sprach mit den Männern, die sich gegenseitig entschuldigten und dann nach Hause gingen. Die Menge jubelte, als die Lastenträger die Polizeiwache verließen. Danach blieb alles ruhig.

Mit den ausbleibenden Touristen brachen die Geschäfte ein. Im ersten Jahr saßen die Männer vor den Läden und spielten Tabula, ein Spiel mit Holzsteinen, das auch Backgammon genannt wird. An manchen Tagen war es so still auf der Geraden Straße, dass man nur das Klicken der Steine und ab und zu ein paar Stimmen hörte. Dann machte ein Laden nach dem anderen zu. Ghassan Khoury, ein Galerist, gehörte aber weiter zu denen, die jeden Morgen sein Geschäft öffneten, »um die Routine zu wahren«. Er saß zwischen Bildern und Skulpturen, las die Zeitung, verfolgte die Nachrichten und trank seinen Kaffee. Wenn ein Freund vorbeikam oder einer der Maler, zündete er sich schon einmal eine Zigarre an. »Heimische Produktion, aus Lattakia«, zwinkerte er. »Havannas sind zu teuer.« Ein Jahr später machte er den Fernseher nicht mehr an. Sein Arzt habe es ihm verboten, sein Herz sei zu schwach, er würde sich zu sehr aufregen. Dann holte er ein Blatt Papier, einen Stift und erklärte mit Strichen, Punkten und Kreuzen den Frontverlauf, der sich um Damaskus herum entwickelt hatte. Seine Töchter seien aus den Vorstädten, wo sie mit ihren Familien gewohnt hat-

Routine bewahren. Ghassan Khoury stellt in seiner Galerie auf der Geraden Straße Bilder und Skulpturen von irakischen und syrischen Künstlern aus.

ten, ins Elternhaus in die Altstadt zurückgekehrt. Es sei zu gefährlich geworden, die Kinder hätten sie in einer neuen Schule eingeschult. Ab und zu staubte er die Bilder ab, rückte die Statuen von einem Platz auf einen anderen, niemand kam mehr, um die Bilder der syrischen oder der irakischen Künstler zu bewundern, geschweige denn zu kaufen, die bis hoch auf eine Empore in dem Geschäft ausgestellt waren.

Eines Tages nahm er mich mit zu seinem Schreibtisch im hinteren Teil des Ladens. »Dieses Foto wollte ich Ihnen zeigen, kennen Sie diese Leute?« Zu sehen ist der Galerist, umgeben von vier Besuchern, die alle glücklich in die Kamera lächeln. Rechts neben ihm steht Emir Hamad bin Khalifa al-Thani, der Emir von Katar, und hat vertraulich seine Hand auf Khourys Arm gelegt. Hinter ihm steht Bashar al-Assad, daneben dessen Frau Asma und schließlich Scheikha Moza, die Ehefrau des Emirs. »Eines Tages ging die Tür auf, und die vier kamen in den Laden. Sie schauten sich Bilder an, der Präsident wollte seinen Gästen ein Geschenk machen. Dann wurde dieses Foto gemacht, ein paar Jahre ist es her.« Ghassan Khoury seufzt und sagt dann: »Und jetzt sind sie verfeindet, und Katar schickt Waffen, die unseren Staat zerstören sollen. Ich kann das alles gar nicht glauben.«

Es folgte eine schwierige Zeit. Mörsergranaten und Raketen wurden in die Altstadt geschossen, willkürlich trafen sie ihre Ziele, Menschen starben. Abgeschossen wurden sie aus den Vororten von Damaskus, wo islamistische Gruppen das Kommando führten. Gerüchte machten die Runde. In den unterirdischen Tunneln und Kanälen seien Waffenlager angelegt worden, die Kampfgruppen wollten die Stadt stürmen, sie bereiteten sich vor. Geheimdienste und Milizen bauten Kontrollstellen auf, die Bewohner der Altstadt forderten, dass sie keine Waffen tragen sollten, es wurde diskutiert. Die Waffen blieben in den Händen weniger. Langsam kehrte das Leben zurück, die Straßen füllten sich mit Menschen, die aber kaum Geld hatten, um Dinge zu kaufen. Es waren Inlandsvertriebene aus allen Teilen des Landes, die in den leer stehenden Hotels wohnten, sofern sie bezahlen konnten. Die Ärmeren wurden von Hilfsorganisationen unterstützt. Die Höfe von Kirchen und Moscheen waren voll, überall standen die Menschen, um Hilfe zu bekommen.

Bei Abu Ahmad, dem Glasbläser, ging der Ofen aus, die Produktion wurde eingestellt. Den Tank mit Heizöl hatten die Brüder vom Dach der Werkstatt abtransportiert, nachdem eine Mörsergranate aus den südlichen Vororten das Haus knapp verfehlt und stattdessen ihren Lieferwagen vor der Werkstatt getroffen hatte. Die Scheiben des Fahrzeugs waren zertrümmert, die Karosserie beschädigt. »Zu gefährlich«, meinte Abu Ahmad. »Wenn so eine Granate den Öltank trifft, brennt hier alles ab.«

Jeder Mensch hat zwei Zuhause

»Gnädig zu denen, die Gnade erweisen.« Die Gebrüder Daoud gehören zu den ersten Adressen für Süßigkeiten in Damaskus.

»Gott ist der beste Hüter, und er ist der Gnädigste zu denen, die Gnade erweisen.« So steht es in dem prächtig geschmückten Geschäft für orientalische Süßigkeiten, die die Gebrüder Daoud seit den 1960er-Jahren anbieten. Die Daoud-Süßigkeiten gehören zum Besten, was Damaskus an Köstlichkeiten zu bieten hat, sagt Mohamed Sherif, als er mir die Tür zu dem Laden öffnet. Das Hauptgeschäft sei in Midan, wo sich entlang der alten Pilgerstraße nach Mekka ein Geschäft mit Süßigkeiten an das nächste reiht.

»Herzlich willkommen, bitte nehmen Sie Platz«, sagt der Manager des Ladens und weist auf eine Bank aus kunstvoll mit Perlmutt verziertem Holzmosaik. Die darauf liegenden Sitzkissen sind mit edlem Damaszener

Mohamed Sherif, Meister der orientalischen Innendekoration, hatte Auftraggeber aus aller Welt. Bis 2011 die Unruhen begannen.

Brokat bezogen. »Möchten Sie den Kaffee süß oder schwarz?« Während ein junger Mitarbeiter durch eine Tür im hinteren Teil des Raumes verschwindet, um Kaffee zu kochen, stellt der Manager ein Gefäß mit Pralinen auf den Tisch. »Herzlich willkommen«, wiederholt er und entschuldigt sich gleich darauf. Kunden sind eingetreten, das Geschäft ruft.

Kunsthandwerk und arabischer Kultur-Mix in Damaskus

Tatsächlich sind es nicht die Süßspeisen und verlockenden Schokoladen, die Mohamed Sherif mir an diesem Tag zeigen will. Der 65-Jährige ist ein Meister der orientalischen Innendekoration aus kunstvoll bemalten Holztafeln, Türen und Schnitzereien, die Salons, Empfangszimmer oder auch Geschäfte wohlhabender Händler schmücken. 1969 öffnete Sherif, dessen Vorfahren aus dem Kaukasus stammen, seine erste Werkstatt. 1977 vergrößerte er den Betrieb und stellte zwei Mitarbeiter ein. Mit Aufträgen aus aller Welt zog er zehn Jahre später mit einem Partner und fünf Mitarbeitern in einen Damaszener Vorort in eine neue Werkstatt um.

»Die Innenausstattung, die wir hier angefertigt haben, ist eine spezielle Dekoration für Konditoreien«, erklärt Sherif und lenkt den Blick mit einer ausladenden Handbewegung an die Decke des Raumes. Weil er bekannt für diese Art der Dekorationen sei, habe der Besitzer ihn angerufen. »Sie zeigten mir dieses Geschäft, das damals gerade renoviert wurde. Nichts gab es hier, nur die blanke Wand und den Estrich. Ich solle ihnen einen Entwurf für die Gestaltung des Raumes vorlegen. Also habe ich das gemacht.« Der Entwurf gefiel den Inhabern, und die Arbeit fing an. »Vier verschiedene Muster haben wir in der Holztäfelung der Decke verarbeitet. Licht und Schatten werden durch spezielle Strukturen und Farben ausgeglichen. Wir haben die Beleuchtung integriert, die Lüftung verbirgt sich hinter der geschnitzten Täfelung und ist nicht zu sehen.« Verzierte Laternen mit matt schimmerndem Glas hängen von der Decke herab und beleuchten dezent die farbigen Holzschnitzereien. Der untere Teil des Raumes ist mit Marmor verziert. Mal spannt er sich in Bögen um eine holzgeschnitzte Tür, hinter der sich ein Schrank oder ein Regal verbirgt. Dann wieder schwingt sich der Marmor wie ein Vorhang um die geschmückten Rahmen mit Bildern der Gründer des Geschäftes, der Brüder Daoud. An einer Stelle rahmt der

Marmor ein Mosaikbild ein. »Das Mosaik ist aus Natursteinen angefertigt. Es ist ein arabisches Mosaik und zeigt ein altes Gasthaus, einen Khan, in dem die Händler früher abgestiegen sind. Hier sieht man, wie sie zusammensitzen und reden, hier beladen oder entladen sie ihre Pferde, und hier sieht man die Geschäfte, wo sie die Waren verkaufen. Und über allem erhebt sich ein großer Orangenbaum, in dem sich die Vögel ihre Nester gebaut haben. Naranj, die Bitterorange, und Jasmin findet man in jedem Innenhof der alten arabischen Häuser.«

Früher habe er mit Thuja- oder Zedernholz gearbeitet, das sei aber zu teuer geworden, erklärt Mohamed Sherif. Dann habe man Holz aus der Umgebung von Damaskus verarbeitet. Neuerdings nehme man Holzfaserplatten, die erstmals aus Europa zu ihnen gekommen seien und nun in Syrien hergestellt werden könnten. Der schwarze und gelbe Marmor sei aus Aleppo, der weiße und braune Marmor werde aus Italien importiert. Etwas mehr als zehn Monate hätten er und seine Mitarbeiter an der Innendekoration gearbeitet. »Genau am 7. September 2003 haben wir die Arbeit abgeschlossen«, sagt Sherif und weist auf einen kleinen Stein, in den das Datum und die Namen von ihm und seinem Partner eingraviert sind.

Das Zentrum der Damaszener Kunsthandwerker ist neben der Altstadt der alte Handwerkermarkt in der Tekkiye-Moschee. Mohamed Sherif hat viele Kollegen dort, er besucht sie regelmäßig. Die Moschee wurde im 17. Jahrhundert von den Osmanen erbaut, um den Pilgern, die aus der Türkei kamen und nach Mekka unterwegs waren, eine Ruhestätte zu bieten. Der Platz war nahe am Baradafluss gewählt, wo die Reisenden im Schatten der Bäume lagerten und sich an den Brunnen und Wasserbecken erfrischten, die vor der Moschee und dem dazugehörigen Kloster angelegt waren. Hier sammelten die Reisenden sich, bevor sie in einer Karawane schließlich über Midan – wo sie sich noch ordentlich mit süßen Speisen eindecken konnten – auf den langen Weg nach Mekka aufbrachen. Wasser war einst die Quelle des Damaszener Reichtums. Die Fluten des Baradaflusses und von der Figeh-Quelle im nahe gelegenen Libanongebirge, machten aus Damaskus eine Oase in der syrischen Wüste und gaben der Stadt den Namen »Paradies auf Erden«.

Der französische Philosoph Constantin François de Volney schrieb Ende des 18. Jahrhunderts voller Begeisterung: »Von den Bergen strömen viele Bäche, die aus dem Gebiet von Damaskus den bestbewässerten und lieblichsten Ort Syriens machen. Die Araber sprechen nur mit Begeisterung von ihm; und sie werden nicht müde, das Grün und die Frische der Obstgärten, die Fülle und Mannigfaltigkeit der Früchte, die Zahl der Quellen wie auch die Klarheit der Springbrunnen und Gewässer zu preisen.« Doch diese Zeiten sind vorbei. Syrien und das östliche Mittelmeergebiet erleben die schlimmste Trockenheit. Flüsse, Quellen und unterirdische Wasserreservoirs gehen zur Neige. Die Trinkbrunnen in Damaskus bleiben oft trocken, in den Bassins der Tekkiye-Moschee, in denen sich einst Vögel, Fische und Enten vergnügten, verdunstet eine trübe Brühe.

Im Innenhof des alten Handwerkermarktes sind die alten Bodensteinplatten teilweise tief in der Erde versunken. Im Schatten der Mulden verbringen die Katzen gern die heißen Mittagsstunden, lieber noch verkriechen sie sich in den verwahrlosten Gärten, die um das Gebäude liegen. »Der Barada hat viele Jahre lang das Wasser für Damaskus geliefert« erklärt Mohamed Sherif. »Es wurde in die Haushalte und Geschäfte gepumpt. Doch nun führt der Barada nur noch wenig Wasser. Durch die Trockenheit sind große Sinklöcher entstanden, die die Steinplatten in die Tiefe ziehen.« Um den Innenhof herum reihen sich kleine Werkstätten aneinander. Aus manchen klingt Musik, aus anderen Lachen oder Stimmengewirr, manchmal ist auch einfach nur Hämmern in verschiedenen Tonlagen zu hören.

Gehämmert und gefeilt wird vor einer Werkstatt am hinteren Ende des Platzes. Dort sitzt Bader Dajani, ein schmaler, kleiner Mann, auf einem Hocker und bearbeitet Tonplatten. Aus der Werkstatt hinter ihm tönt klassische Musik. »Die Musik kommt von *Radio Swiss Classic*«, sagt Dajani, als er sich aufrichtet. »Über Satelliten wird sie ausgestrahlt, 24 Stunden am Tag. Ich mag klassische Musik.« Er steht auf und geht in das dunkle Innere der Werkstatt, die über und über mit Reliefs, Amuletten und Figuren unterschiedlicher Größe angefüllt ist. Nachdem er die Musik leiser gestellt hat, greift er zu einem Relief und hält es mir entgegen: »Das hier ist das erste Alphabet. Es wurde in Ugarit, nördlich von Lattakia gefunden und stammt aus dem 14. Jahrhundert vor Christus.« Dann nimmt er eine kleine Tonfigur und dreht sie gegen das Licht. »Und das hier hat man auch in Ugarit gefunden. Die Muttergöttin Isis. Diese Figur hat einen ägyptischen Ein-

Rückkehr in die Heimat verboten. Bader Dajani stammt aus Jerusalem. Im Kunsthandwerkmarkt imitiert er historische Reliefs.

schlag, aber gefunden wurde sie in Ugarit.« Noch während er spricht, greift er zu einer anderen Figur, die der ersten sehr ähnlich sieht: »Das hier ist eine Rollsiegeldarstellung von Isis. Ziemlich aufgedonnert sieht sie da aus.« Auf die Frage, wo er die Reliefdarstellung gelernt habe, lacht er: »Ich imitiere doch nur. Ich habe ein Foto, sehe es mir an, und dann imitiere ich es. Ich bin kein Musiker, aber ich liebe Musik.«

Radio Swiss Classic kündigt im Hintergrund ein neues Musikstück an. Dajani führt mich entlang der Regale und zeigt ein Stück nach dem anderen: »Hier haben wir die Figuren, die den Eingang des Museums in Aleppo schmücken. Eigentlich stammen sie aus Tell Halaf und wurden 1914 von Max von Oppenheim gefunden, dem deutschen Archäologen. Er brachte sie in ein Museum in Berlin, aber dort wurden sie im Zweiten Weltkrieg zerstört. Die Figuren in Aleppo sind Nachbildungen – wie diese hier, die habe ich gemacht. Und hier! Sehen Sie, hier haben wir die Darstellung einer Familie, etwa 4000 Jahre vor Christus ist das Original entstanden. Hier ist der Vater, hier die Mutter, die ein Kind erwartet. Selbst für das ungeborene Kind sind schon die Augen eingefügt. Damals waren die Augen das Maß der persönlichen Identität. Heute benutzt man ein Foto und einen Pass. Die Methode mit den Augen ist viel älter, aber grundlegend hat sich nichts geändert. Nur die Technologie.«

Bader Dajani lacht und hält schon wieder ein neues Reliefbild ins Licht. »Hier haben wir einen Vers aus dem Koran, den ich in Kufi-Schrift imitiert habe. Es ist ein sehr geometrisches Muster, dieses hier nennt man auch Quadrat-Kufi. Es ist eine Schrift die sich seit dem 14. Jahrhundert bis heute erhalten hat. Und hier haben wir ein Relief, das die 99 Namen von Gott darstellt, wir nennen es ›Ayatul Kursi‹. Der Schriftstil ist Persisch, aber die Sprache ist Arabisch.« Mohamed Sherif, der bisher schweigend zugehört hat, meldet sich zu Wort: »Es gibt so viele verschiedene Kalligrafieschriften, diese hier nennt man Diwan Jali.« Der Bildhauer nickt und übersetzt: »Gott ist das Licht des ganzen Universums. Das ist die Bedeutung von Gott, er ist das Licht überall.«

Auf dem Tisch liegt ein Relief mit zierlichen Blumen und Früchten. »Das ist Marmor«, sagt Dajani. »Das Vorbild stammt aus der Zeit der Mameluken.« Wie lange er daran gearbeitet habe, frage ich ihn. »Sehen Sie, wir Menschen haben nur ein Leben, mit dem muss man haushalten. Ich liebe meine Arbeit, also spielt die Zeit für mich keine Rolle.« Vom Entwurf bis zum Ende einer Arbeit mache er alles selber. Sein Vater sei sein großes Vorbild gewesen. Wenn er einen Lehrer gehabt habe, dann ihn. »Man kann diese Arbeit nicht an einer Schule oder Universität lernen. Sie müssen in dieser Atmosphäre aufgewachsen sein.«

Auf die Frage, ob er aus Damaskus sei, kommt die Antwort wie aus der Pistole geschossen: »Nein. Ich bin Palästinenser. Hier auf dem Bild sehen Sie meine Heimatstadt, Jerusalem. 1948 wurde ich dort geboren, aber Jerusalem ist für mich eine verbotene Stadt. Ich kann nicht nach Hause zurückkehren. Derjenige, der mein Haus genommen hat, ist das Opfer, und ich bin ein Terrorist, wie finden Sie das? Ich verstehe das nicht. Sie?« Er sei aus der Dajani-Familie aus Jerusalem, fährt er fort. »Uns gehörte ein ganzes Viertel. Aber die, die heute in meiner Heimat das Sagen haben, wollen es komplett niederreißen und einen jüdischen Tempel errichten!« Bader Dajani seufzt. Aus dem Radio im Hintergrund klingt leise ein Violinkonzert. »Dazu habe ich nichts zu sagen, tut mir leid. Kein Kommentar«.

»Wir kommen von überallher, und Syrien ist unser Zuhause geworden«, sagt Mohamed Sherif und führt mich zu einer anderen Werkstatt. »Ich bin Tscherkesse aus dem Kaukasus, er ist Palästinenser aus Jerusalem, und hier arbeitet ein Kupferschmied aus Algerien.« Verschmitzt lächelnd, steht Radwan al-Taween vor seiner Werkstatt, aus der es verführerisch leuchtet, blitzt und blinkt. »Bitte fragen Sie, was wollen Sie wissen«, begrüßt mich der Kupferschmied und geht voran in den kleinen Verkaufsraum. Teller und Kannen, Vasen und Becher in vielen Formen und Größen füllen die Regale. Im hinteren Teil des Raumes steht eine Verkaufsvitrine, dahinter schließt sich ein weiterer, kleiner Raum mit einem Fenster an. Hier steht die Werkbank.

»Vom Entwurf bis zum fertigen Produkt mache ich alles selber«, sagt Radwan al-Taween. Kupfer und Messing würden in Blättern geliefert, sie müssten importiert werden. »Das Kupfer kommt aus Jugoslawien, Spanien oder aus dem Iran, je nachdem, welche Qualität ich brauche. Messing wird aus Kupfer und Zink hergestellt, das Rohmaterial ist Kupfer. Je mehr Zink eingemischt wird, desto heller wird das Messing.« In besseren Zeiten – vor dem Krieg – habe ein Kilogramm Kupfer etwa 450 syrische Pfund gekostet, rechnete Al-Taween vor. Umgerechnet waren das rund zehn US-Dollar. »Heute ist alles viel, viel teurer geworden. Das Kilo Kupfer kostet heute mehr als das Fünffache.«

Die Metallblätter würden zunächst geschnitten und mit leichten Häm-

Radwan al-Taween, Kupferschmied aus Algerien, stammt von den Sherfawi ab, den Leuten aus Sherfa Baloul, einem Ort in der algerischen Kabylei.

mern bearbeitet und geformt, erklärt der Handwerker. Rundungen zeichne er mit einem Zirkel vor, dann werde geschnitten. Das eingravierte Muster hänge von der Größe und Art des Produkts ab. »Geometrische Muster oder Figuren, Szenen aus der Geschichte oder Blumen. Ich denke mir ein Muster aus oder nehme ein Vorbild. Manche Stücke werden mit Silber oder Blattgold verziert.« Al-Taween greift sich ein rundes Messinggefäß und hält es in die Höhe. Das Gefäß ist mit einem Rankenmuster durchbrochen und wird oben mit einer Schale überdeckt. »Dieses Gefäß wird an der Wand oder an der Decke befestigt. Darin leuchtet eine Öllampe. Das Licht wird durch das Rankenmuster gebrochen, dessen Schatten an den Wänden oder auf dem Boden erscheint.« An manchen Stücken arbeite er einen Tag, an anderen nur vier, fünf Stunden. Für Einlegearbeiten, beispielsweise einen Kupferteller mit Silber, brauche er bis zu einer Woche: »Ich fertige erst den Teller, dann graviere ich das Muster ein. Dann wird das Silber in Fäden in die Gravur eingearbeitet. Das mache ich mit einem ganz feinen Hammer.«

Als Junge habe er bei einem Nachbarn in dessen Werkstatt zugesehen. Erst sei es ein Hobby gewesen, dann sei es sein Beruf geworden. »Ich war einige Male auf Messen, um diese Arbeit zu zeigen«, erinnert er sich. »Einmal war ich auf der Internationalen Tourismusbörse in Berlin. Die Besucher konnten sehen, wie wir in Syrien arbeiten.« Ja, er sei Syrer, aber seine erste Nationalität sei Algerien, fügt Radwan al-Taween dann hinzu. »Mein Urgroßvater kam mit Abd el-Kader, dem großen Führer des algerischen Volkes, nach Syrien. Das war Mitte des 19. Jahrhunderts.«

Der legendäre Abd el-Kader hatte sich in Algerien im Widerstand gegen die französische Kolonialmacht einen Namen gemacht. Als Vertreter des muslimischen Qadiriya-Ordens, der im 12. Jahrhundert in Bagdad entstanden war, verfügte Abd el-Kader über großen Einfluss. 1847 geriet er in französische Gefangenschaft und wurde 1852 von Napoleon III. begnadigt. Abd del-Kader unterwarf sich und ging in die Türkei ins Exil, reiste dann aber weiter nach Damaskus. Dort soll er 1860 Tausende von Christen vor einem drohenden Massaker gerettet haben. 1883 starb der Algerier und wurde in Damaskus beerdigt. »Mein Urgroßvater ist hier geblieben, hat geheiratet, und heute sind wir Syrer. Aber zuerst sind wir Algerier. Wir sind aus Sherfa Baloul, einem Ort in der Kabylei. Wir gehören zu einem Stamm, der in Sherfa gesiedelt hat. Darum sind wir auch Sherfawi, die Leute aus Sherfa.« In Damaskus lebe seine Familie seit der Zeit des Urgroßvaters im marokkanischen Viertel, in der Altstadt, kurz vor Midan. »Ein christliches Viertel ist es, mit einer Kirche. Wir leben alle zusammen.«

In der Zwischenzeit ist ein anderer Handwerker hereingekommen und hat den Erzählungen von Radwan al-Taween zugehört. »Kommen Sie herüber, wenn Sie den bekanntesten Kalligrafen Syriens treffen wollen«, sagt der Mann auf Deutsch und wechselt mit dem Kupferschmied einige Sätze. Lachend verabschieden sie sich, und wir gehen hinüber in die Nachbarwerkstatt. »Wir kennen uns alle hier seit mehr als zwanzig Jahren«, erklärt Mohamed Sherif. Herzlich wird er von den Männern begrüßt, rasch wird Kaffee gebracht. Holztafeln und Bilder stehen an den Wänden. Farben, Pinsel und Tuben stehen in Regalen, in der Mitte des Raumes liegen auf Tischen zwei große Bilder, die kunstvoll bemalt werden. Während das eine Bild mit Blumen und Girlanden und einer Kalligrafie in der Mitte fast fer-

Faraj al-Arashi, der bekannteste Kalligraf Syriens, kalligrafiert Verse aus dem Koran für die traditionelle Innendekoration. Seine Vorfahren sind Kurden aus der Türkei.

tig ist, zeichnet der Kalligraf Faraj al-Arashi mit konzentrierten Pinselstrichen Verse aus dem Koran auf ein anderes Bild. »Ich mache das jetzt seit 35, 36 Jahren«, antwortet er langsam und richtet sich auf. »Diese Verse habe ich gestern geschrieben. Einer preist den Propheten, der andere preist die vier islamischen Kalifen Abu Bakr, Omar, Othman und Ali. Hier steht: »Im Namen des barmherzigen und gnädigen Gottes«, und hier ist ein anderer Vers aus dem Koran: »Unser Gott hat dem Propheten Mohammad gesagt, dass er ihn zu den Menschen geschickt hat, um sie zu lehren, dass es einen Gott gibt.« Vier, fünf Stunden brauche er für ein Bild, sagt der Künstler. »Vor Ihnen steht eine syrische Maschine.« Alle lachen über den Ausdruck, der in Syrien oft für Leute gebraucht wird, die ihre Arbeit nicht nur exzellent, sondern auch zuverlässig ausführen. Die beschrifteten Bilder seien nur für die Wandtäfelung, für die Decke würden keine Schriften verwendet, erklärt Mohamed Sherif und weist auf weitere Holztafeln und

Deckenkassetten, die in einer Ecke des Raumes an die Wand gelehnt stehen. »Es ist übrigens die Dekoration für diesen Raum. In zwei Wochen sind wir fertig.«

Er habe das Handwerk von seinem Vater Ahmad gelernt, erzählt der Kalligraf Faraj al-Arashi weiter. Der sei Lehrer für Arabisch in einer Grundschule gewesen und habe schon früh seine schöne Handschrift entdeckt. »Er hat mich als Schüler ermuntert, die Kalligrafie zu lernen, als Hobby zuerst. Dann wurde ich auf die Kalligrafieschule geschickt.« Jeder Kalligrafielehrer konzentriere sich auf eine Schrift, erklärt al-Arashi weiter. »Einer lehrt Farsi, einer Thuluth, Diwan, Diwan Jali, Kufi, Reqa, Nash und so weiter.« Sein Vater sei heute 84 und gesund, sagt der Künstler und strahlt. «Vierzig Jahre hat er unterrichtet, und unsere ganze Familie besteht aus gelehrten und studierten Leuten.« Seine Familie sei übrigens vor 200 Jahren aus Diyarbakır nach Damaskus gekommen. »Ursprünglich sind wir Kurden aus der Türkei! Aber unsere Familie hat sich hier in Damaskus niedergelassen. Also sind wir heute Kurden und Syrer.«

Kimê Az – Wer sind wir?

Mindestens zwei Millionen Kurden leben in Syrien. Etwa ein Viertel von ihnen lebt in Damaskus. Der berühmteste Kurde der syrischen Geschichte war Saladin Ayyubi, der große Sultan von Syrien und Befreier Jerusalems im 12. Jahrhundert. Wie jeder syrische Herrscher brachte auch Saladin sein Gefolge mit nach Damaskus, Soldaten und Lehrer, Ärzte und Händler, viele Kurden folgten ihm und ließen sich in der Oasenstadt nieder. Über die Jahrhunderte zerfielen große Reiche, immer wieder wurde die Macht in Damaskus neu geordnet. Die Kurden in Damaskus blieben und arrangierten sich. Die meisten leben am Qassioun, dem Damaszener Hausberg.

Nach dem Zerfall des Osmanischen Reiches und der Neuordnung durch Frankreich und Großbritannien fanden die Kurden sich in ihren traditionellen Siedlungsgebieten zwischen dem Osmanischen und Persischen Reich gevierteilt. Die neuen Grenzen rissen Stämme und Familien auseinander, der Weg zwischen den großen Kultur- und Handelszentren Diyarbakır, Mossul, Bagdad, Damaskus, Jerusalem, Beirut und Aleppo war gekappt. Die Siegermächte des Ersten Weltkrieges versprachen den Kurden einen eigenen Staat, doch es kam nicht dazu. Kurdische Aufstände in der Türkei und im Norden des Irak folgten. In Syrien versuchte sich die französische Mandatsmacht bei den Kurden einzuschmeicheln, um sie als Gegengewicht zur arabisch-syrischen Nationalbewegung zu nutzen. Teilweise kooperierten die Franzosen mit der 1927 im Libanon gegründeten kurdischen Befreiungsorganisation Hoybun, die sich 1946 wieder auflöste.

Während in den ländlichen Gebieten der Jazira (nordöstliches Grenzgebiet Syriens zur Türkei) und Hasakeh kurdische mit arabischen Beduinenstämmen in angespannter Nachbarschaft lebten, integrierte sich die städtische kurdische Bevölkerung in Aleppo und Damaskus leichter. Immer wieder entstanden kurdische Parteien, die sich untereinander rasch zerstritten. Landesweit orientierten sich viele Kurden an der Kommunistischen Partei oder traten dieser bei. Die stand dem arabischen Nationalismus distanziert gegenüber, ohne den syrischen Nationalismus aufzugeben.

Nach dem Zweiten Weltkrieg und der Unabhängigkeit Syriens nahmen die Spannungen zwischen kurdischen Nationalisten und der (1947 gegründeten) Baath-Partei zu. Diese verfolgte die Idee des Panarabismus, in dem kurdische Nationalisten sich nicht wiederfanden. Kurdische Aufstände im Nordirak in den 1950er-Jahren strahlten auf die syrischen Kurden aus, die Zentralregierung in Damaskus wurde misstrauisch. Es folgten Umsiedlungsprogramme und Enteignungen kurdischer Stammesführer, 120 000 Kurden wurden zu »Staatenlosen« erklärt. Das heizte den kurdischen Nationalgedanken an, dauerhafte Konflikte mit der Zentralmacht waren die Folge.

Während kurdisch-syrische Parteien nach der Machtübernahme der Baath-Partei verfolgt wurden, konnten syrische Kurden durchaus hohe Posten in Politik, Militär und Kultur einnehmen. Der 1912 in Damaskus geborene Khalid Bagdash wurde Führer der Kommunistischen Partei. Der 1915 ebenfalls in Damaskus geborene Ahmad Kuftaru wurde als Großmufti Syriens einer der einflussreichsten Geistlichen nach der syrischen Unabhängigkeit. General Husni al-Za'im, 1894 als Kind kurdischer Eltern in Aleppo geboren, putschte sich 1949 (mithilfe der CIA) an die Macht. In seiner nur 137 Tage währenden Amtszeit verbot er Parteien und löste das Parlament auf. Al-Za'im endete, wie er an die Macht gekommen war, durch einen Putsch. Er wurde hingerichtet.

Weniger bekannt in Syrien wie auch außerhalb bei der kurdischen Diaspora ist heute der Dichter Cigerxwin, der 1903 unter dem Namen Sheikhmous Hasan von einer jesidisch-kurdischen Mutter im Dorf Hesar, unweit von Batman (heute Türkei) geboren wurde. Mit Beginn des Ersten Weltkrieges (1914) musste die Familie fliehen und fand in Amude Zuflucht, einem Ort in der Jazira nahe bei Qamishli, im Nordosten Syriens. Er schloss sich Hoybun an, der kurdischen Nationalbewegung. In den 1930er-Jahren begann er, für die Zeitschrift *Hawar* (kurdisch: Hilfeschrei) zu schreiben. Nach dem Zweiten Weltkrieg und der Unabhängigkeit Syriens wurde Cigerxwin 1946 in der Kurdischen Freiheits- und Einheitsfront aktiv. 1948 schloss er sich der Kommunistischen Partei an und kandidierte 1954 vergeblich für das syrische Parlament. Er verließ die Kommunistische Partei und gründete 1957 die Organisation Azadi (kurdisch: Freiheit), die sich später mit der Kurdischen Demokratischen Partei Syriens zusammenschloss. Wegen seiner kurdisch-nationalistischen Aktivitäten wurde er 1963 verhaftet und in Sweida unter Hausarrest gestellt. Dann ging er in den Irak, wo er an der Universität von Bagdad die Abteilung für kurdische Sprache aufbaute. In dieser Zeit arbeitete er auch als Journalist für das kurdische Programm von *Radio Bagdad*. 1969 schloss er sich im Nordirak dem kurdischen Aufstand unter Führung von Mullah Mustafa Barzani an. Einige Zeit lebte Cigerxwin im Libanon, wo die Gedichtsammlung *Kimê Az* (Wer sind wir?) erschien. Die Texte sind Ausdruck der fortwährenden Suche nach kurdischer Identität in der damaligen Zeit.

»Wer sind wir
Bauern und Arbeiter
Dörfler und Proletarier
Kurdisches Volk. Revolution und Vulkan
Dynamit. Wir sind der Osten
im Sternzeichen
auf der Burg

in jeder Stadt
in jedem Dorf
auf dem Gleitflug, auf der Klippe
in der Hand des Feindes.«

Mitte der 1970er-Jahre kehrte Cigerxwin noch einmal nach Syrien zurück, um schließlich doch ins schwedische Exil zu fliehen, wo er 1984 starb.

Unter Hafiz al-Assad fanden syrische Kurden, die sich zum kurdischen Nationalismus bekannten, kein Gehör. Verfolgte Kurden aus dem benachbarten Irak oder aus der Türkei dagegen konnten mit einem sicheren Hafen in Syrien rechnen, sofern sie sich an die vorgegebene rote Linie hielten. Die lautete, dass sie mit Bewegungsfreiheit und einer gewissen Unterstützung der syrischen Regierung rechnen konnten, sofern sie sich in Syrien nicht politisch betätigten, vor allem nicht im Sinne des kurdischen Nationalismus. So konnten die bekannten irakischen Kurdenführer Masud Barzani (Demokratische Partei Kurdistans, Irak) und Jalal Talabani (Patriotische Union Kurdistans, Irak) Büros in Damaskus eröffnen, als sie von der irakischen Zentralregierung von Saddam Hussein verfolgt wurden. Auch die Arbeiterpartei Kurdistans (PKK) aus der Türkei und ihr Vorsitzender Abdullah Öcalan waren viele Jahre in Syrien. Mitte der 1980er-Jahre konnte die PKK ein ehemaliges palästinensisches Ausbildungslager in der libanesischen Bekaa-Ebene beziehen, die sich unter der Kontrolle der syrischen Regierung befand. In der Mahsum-Korkmaz-Akademie – benannt nach dem ersten Kommandanten einer bewaffneten PKK-Einheit – bildete die PKK politische Kader und Kämpfer für den bewaffneten Kampf in der Türkei aus. Weil viele zunächst aus der Türkei kamen und oft kein Kurdisch sprachen, wurde die Sprache in den Lehrplan aufgenommen.

Die Herzen vieler syrischer Kurden flogen Abdullah Öcalan zu, vermutlich weil ihre Familienwurzeln in den kurdischen Gebieten der Türkei waren. Die Familien ließen ihre Kinder – Mädchen inklusive – ziehen, die sich in Scharen der Organisation anschlossen. Die soziale und finanzielle Unterstützung war groß. Die PKK bewegte sich wie ein Fisch im Wasser, Kader und Aktive waren in den Häusern der syrischen Kurden zu Hause. Ziel des Kampfes war, die Anerkennung und Selbstbestimmung in der Türkei zu erlangen, wo die kurdische Sprache unter Strafe stand. Aus der ursprünglichen Forderung nach einem kurdischen Staat wurde Anfang der 1990er-Jahre die Forderung nach einem föderalen System in der Türkei, mit kulturellen Rechten.

Viel haben die Kurden seitdem erreicht. Nirgends kann ihre Existenz als Nation geleugnet werden, doch Respekt und politische Anerkennung ist bis heute nur unzureichend umgesetzt. Nach dem Ende der Sowjetunion, dem starken Partner von Hafiz al-Assad, verfügte der syrische Präsident 1998 unter westlichem Druck die Ausweisung von Abdullah Öcalan. Unter anderem hatte die Türkei mit Krieg gegen Syrien gedroht, falls die PKK in Syrien nicht gestoppt würde. Vergeblich ersuchte Öcalan um politisches Asyl in europäischen Staaten. Nach monatelanger Odyssee wurde er im Februar 1999 von türkischen und israelischen Spezialkräften in Kenia entführt und ist seitdem in der Türkei auf der Insel Imralı inhaftiert.

Als Kurde zu Hause in Syrien

»Natürlich gehe ich wählen«, sagt der kurdische Arbeiter Hanan im April 2014, als drei Kandidaten zur Wahl des Präsidentenamtes in Syrien ausgeschrieben sind. »Ich lebe hier in Damaskus und habe einen syrischen Ausweis, also gehe ich wählen. Aber mein wirklicher Präsident ist Abdullah Öcalan, keine Frage.« Hanan stammt aus Afrin, einem Ort im Nordwesten Syriens im fruchtbaren Afrintal. Der Afrin fließt dem Orontes zu, der von Süden her kommt. Westlich von Afrin erhebt sich der »Berg der Kurden« (türkisch: Kurd Dagh, arabisch: Jabal al-Akrad, kurdisch: Çiyayê Kurdmenc), der heute aber von der syrisch-türkischen Grenze zerteilt wird. Das Land um Afrin wird seit 3000 Jahren kultiviert. Die Römer waren hier, Griechen, Aramäer, und die späthethitische Tempelanlage Ain Dara, die am Ufer des Afrin gefunden wurde, soll aus dem 10. Jahrhundert vor unserer Zeit datieren. Um Afrin erstrecken sich weite Olivenhaine, es gedeihen Granatäpfel, Feigen, Trauben und andere Obstsorten. Auch Getreide, Gemüse und Baumwolle wird angebaut.

Einer bleibt, einer ging. Hanan (hinten) und Mohammad sind Kurden aus Afrin. In Damaskus arbeiten sie in Nähstuben, in der Gastronomie und verkaufen auf Straßenständen Dinge des täglichen Lebens.

Als junger Mann war Hanan in den 1980er-Jahren nach Damaskus gekommen. Er war Lastenträger, arbeitete in Nähstuben und fand schließlich Anstellung in einem kleinen Hotel. In den Jahren vor dem Krieg eröffnete er zusätzlich einen Straßenverkauf. Von einem Zwischenhändler kaufte er Strümpfe, Wäsche, Pullover und bot sie auf dem Weg zum Baramke an, einem Busbahnhof, von dem täglich Tausende in die dicht besiedelten Vororte und Satellitenstädte von Damaskus fuhren. Das Geschäft ging gut. Eine erschwingliche Gebühr musste er an einen Mann zahlen, den er nie fragte, wer ihn geschickt hatte. Polizei, Geheimdienst? Egal, der Straßenverkauf war gesetzlich nicht erlaubt, wurde aber geduldet. Obst der Saison, Schuhe, Uhren, Sonnenbrillen, Parfüm, Bücher, Briefumschläge, Kugelschreiber – dicht an dicht präsentierten die Straßenverkäufer ihre Waren entlang den Gehwegen. Wegen ihrer günstigen Preise waren sie von Kunden stets umlagert. Hanan und seine Kollegen Aziz und Mohammad – die wie Hanan aus Afrin stammen – verdienten gut mit dem Straßenverkauf. Sie konnten sparen, und Aziz, der wie schon sein Vater in einem Hotel arbeitete, nahm mit seinem Sohn einen Kredit auf und kaufte einen kleinen Lieferwagen. »Der Krieg hat alles verändert«, sagt Hanan. »Unser Leben war gut und sicher. Heute wissen wir nicht, was morgen sein wird.«

Hanan lebt mit seiner Familie in Rukn el-Din, einem historisch seit Jahrhunderten von Kurden bewohnten Viertel am Qassioun. Wie die meisten kurdischen Arbeiter, die in Damaskus als Lastenträger, in Restaurants und Hotels, in Nähereien oder als Straßenverkäufer ihr Geld verdienen, lebt auch Hanan im oberen Teil des Viertels, am steilen Berghang. Die alteingesessenen kurdischen Familien, Händler, Politiker, Geistliche, die seit Jahrhunderten in Damaskus zu Hause sind, haben ihre Häuser im unteren Teil des Viertels.

Einer der bekanntesten kurdischen Söhne aus Rukn el-Dins war Ahmad Kuftaru, der ehemalige Großmufti von Syrien. 1915 wurde er als Sohn kurdischer Eltern geboren. Nach seinem Theologiestudium übernahm er von seinem Vater die Leitung des Naqshbandi-Ordens in Damaskus, der dem Sufismus folgte, einer mystischen Strömung des Islam. 1946 gehörte Kuftaru zu den Mitbegründeten der Gesellschaft der Muslimgelehrten, 1951 wurde er Mufti und 1958 Erster Mufti in Damaskus. 1964 wurde er Großmufti der Syrischen Arabischen Republik. Er galt als Fürsprecher des interreligiösen Dialogs, der wohl nirgends auf der Welt so weit entwickelt war, wie in Syrien. Kuftaru war Wegbereiter ökologischen Denkens und förderte die Frauen. Der britische Journalist Ian Williams erinnerte sich einmal daran, wie Kuftaru ihm stolz erzählte, dass in seiner Fakultät für Islamisches Recht auch die Frauen studieren würden. Sie sollten Predigerinnen bei den Gebeten der Frauen werden, die in den Moscheen getrennt von den Männern saßen oder auch beteten. Das war Anfang der 1970er-Jahre, und die konservativen Geistlichen hätten protestiert. Doch Kuftaru sagte, es sei »normal, dass Veränderungen auf Opposition stoßen«. Seine Antwort auf die Frage, wie viele Christen in Syrien lebten, wurde unter Syrern zu einem geflügelten Wort: »Hundert Prozent der Syrer sind Christen«, so Kuftaru.

»Auch ich bin ein Christ, es gibt keinen Unterschied zwischen uns. Das ist die Botschaft des Koran, dass jeder Muslim erst an die Botschaft von Jesus Christus glauben muss – also bin ich zuerst ein Christ.«

Der kurdische Arbeiter Hanan ist ein ruhiger, nachdenklicher Mann, tiefgläubig und dabei, wie Kuftaru, fortschrittlich. Seine drei Töchter gehen in die Schule, alle sollen das Abitur machen und möglichst studieren, haben er und seine Frau sich vorgenommen. Die Kinder wachsen zweisprachig auf. Zu Hause und mit den Verwandten sprechen sie den kurdischen Kurmanci-Dialekt, in der Schule und in der Stadt sprechen sie Arabisch. Hanan hat durch seine Arbeit etwas Englisch gelernt, die Töchter lernen Englisch in der Schule. Mittags geht er in die nahe gelegene Moschee, und jeden Freitag geht er zum Gebet, wie es für gläubige Muslime vorgeschrieben ist. Früher kaufte er zum Opferfest mit einem Verwandten ein Schaf, ließ es schlachten und verteilte das Fleisch in seiner Familie und in der Nachbarschaft. Das kann er sich nicht mehr leisten, seit der Krieg begonnen hat. »Wir essen zu Hause kein Fleisch mehr, es ist zu teuer geworden. Seit 25 Jahren arbeite ich in dem Hotel und bekomme jeden Monat 100 US-Dollar«, rechnet er vor. Früher sei das genug gewesen, »doch jetzt ist alles fünfmal so teuer wie früher. Das Geld reicht vielleicht drei Wochen, dann ist Schluss.« Der Straßenverkauf wurde verboten, ihm fehle das Einkommen. Immer wieder frage er sich, wie das Leben nur weitergehen soll. Im Fernsehen habe er eine Dokumentation über Menschen in asiatischen Ländern gesehen, die einen Kredit aufnehmen würden, um einen Arbeitsplatz zu bekommen. »Wenn ich auf diese Weise eine Arbeit finden würde, bei der ich 400 US-Dollar verdiene, kann ich jeden Monat 100 Dollar Schulden abbezahlen«, sagt Hanan. »Dennoch bliebe mir dreimal so viel zum Leben wie jetzt.« Doch jahrelang wäre er dann von seiner Familie getrennt und müsste in einem fremden Land leben, fügt er nachdenklich hinzu. Die Familie sei wichtig. Seine Familie habe ihre eigene Wohnung und müsse keine Miete bezahlen, und das Leben in Damaskus sei immer gut gewesen. »Wenn wir nur wüssten, wann dieser Krieg vorbei ist«, seufzt er. »Haram, das ist eine Schande!«

Viele kurdische Kollegen von Hanan haben das Land verlassen. Einer lebt als Tagelöhner im Libanon, einer fand Arbeit als Erntehelfer in der

Türkei. Sein Freund Mohammad hat alle Zelte in Syrien abgebrochen und lebt mit der Familie in Istanbul. »Er arbeitet in einem Hotel, aber seine ganze Familie arbeitet in der Textilindustrie, die Kinder gehen nicht mehr zur Schule«, erzählt Hanan. Manchmal telefonierten sie noch miteinander. Einmal habe er eine SMS aus Istanbul erhalten: »Wie geht es denn so?«, habe Mohammad gefragt. Hanan stellte ihm die Gegenfrage, ob er Sham – so lautet der traditionelle Name für Damaskus – nicht vermisse. »Jeden Abend!«, antwortete der Kollege aus Istanbul. »Nirgends schmeckt das Wasser so gut wie in Sham.«

Als es im Frühherbst 2015 plötzlich hieß, dass Europa die Menschen aus Syrien aufnehmen würde, machten sich Tausende auf den Weg. »Die ganze Familie meiner Schwester war dabei. Sie, ihr Mann und die drei Kinder gingen in die Türkei und fuhren dann mit dem Bus Richtung Izmir, weil sie gehört hatten, dass es leicht sei, nach Griechenland zu kommen. Und von dort sei es nicht weit nach Deutschland.« Doch der Bus verunglückte, viele Menschen starben bei dem Unfall. »Auch meine Schwester und ihr Mann kamen ums Leben, die Kinder waren ganz allein übrig geblieben.« Er habe sie auf dem Handy angerufen und ihnen gesagt, sie sollten nach Afrin zurückkehren, niemand aus der Familie solle sich mehr auf den Weg nach Europa machen. »Wenn wir sterben, ist es besser, wir sterben in unserer Heimat.«

Hanan ist nicht nur gläubig, er ist auch ein sehr politischer Mensch. Religion habe für ihn nichts mit Politik zu tun, sagt er. »Die Muslimbruderschaft kämpft im Auftrag der türkischen Regierung«, ist er überzeugt. »Die wollen wir hier nicht haben.« Hanan verfolgt alle arabischsprachigen Nachrichtensendungen, die er über Satellit empfangen kann. Er will sich ein eigenes Bild machen. *Al Jazeera* und *Al Arabiya,* die Sender der Golfstaaten, *Russia al Youm* (Russland heute), das über die Regierung und die Kurden berichtet. *Al Manar,* der Sender der libanesischen Hisbollah, *Al Mayadeen,* der von ehemaligen *Al-Jazeera*-Mitarbeitern gegründet wurde und sehr ausführlich über Geschichte und den aktuellen Konflikt berichtet. *BBC Arabic* und manchmal die *Deutsche Welle,* die mit ihrem arabischen Programm präsent ist. Natürlich sieht Hanan regelmäßig die kurdischen Sender *Ronahi* oder früher auch *Roj TV,* die in kurdischer Sprache senden. 2012 wurde *Roj TV,* das aus Dänemark gesendet hatte, verboten. Den Antrag auf

Verbot stellte die Türkei, die dem Sender vorwarf, den Terrorismus zu unterstützen. Gemeint war die ausführliche Berichterstattung des Senders über die Arbeiterpartei Kurdistans, PKK, die auch in Europa verboten ist. Die Türkei bekam recht. »Ich dachte, in Europa gelten die Menschenrechte«, meint Hanan enttäuscht.

Früher fuhr Hanan regelmäßig nach Afrin, wo die Eltern und Geschwister leben. In jedem November blieb er zwei Wochen dort, zur Olivenernte. »Ich habe zwanzig Olivenbäume«, sagt Hanan stolz. »Wir ernten die Oliven, bringen sie zur Presse und bekommen je nach Ernte pro Baum bis zu zehn Liter Öl.« Für die Kurden aus Afrin sind die Olivenbäume wie ein Sparbuch. Das mit den Oliven erwirtschaftete Geld wird für die Kinder, für Krankheiten oder besondere Anschaffungen zurückgelegt.

Seit Beginn des Krieges sei die Fahrt nach Afrin lebensgefährlich geworden, sagt Hanan. Islamistische Kampfverbände haben das Umland von Aleppo besetzt und nutzen die nahe gelegene Grenze zur Türkei als Nachschubweg. Die Kurden wollten sich an dem Krieg nicht beteiligen, seufzt Hanan. »Probleme mit der Regierung müssen wir politisch lösen, und die Islamisten werden von der Türkei unterstützt. Die verfolgt uns Kurden schlimmer als die syrische Regierung. Diesen Krieg wollen wir nicht.«

Das letzte Mal, als Hanan nach Afrin gefahren ist, war im November 2015. Dieses Mal aber kam er nicht nach zwei, sondern erst nach sechs Wochen zurück. Stadt und Umgebung von Afrin werden zwar von den kurdischen Volksverteidigungskräften Yekîneyên Parastina Gel (YPG) und deren weiblichen Kolleginnen Yekîneyên Parastina Jin (YPJ) geschützt, doch auf den vierzig Kilomtern zwischen Afrin und Aleppo hatten unzählige Kampfgruppen Straßenblockaden errichtet. Der Bus mit den kurdischen Arbeitern, die nach Damaskus zurückkehren wollten, wurde von den Kampfgruppen nicht durchgelassen. Nach wochenlangen Verhandlungen ließ man die Reisenden schließlich passieren. Die Fahrt von Afrin nach Damaskus dauerte mehr als einen Tag, erzählt Hanan. »An jeder Sperre mussten wir anhalten und Gebühren bezahlen. So ist das heute in Syrien«, meint er und fügt sarkastisch hinzu: »Was für eine Revolution!«

ANAT – Ein Frauenprojekt

»Alle arabischen Länder sind meine Heimat«

Heike Weber (zweite von rechts) mit Stickerinnen aus Khil Khila, einem drusischen Dorf zwischen Damaskus und Sweida.

»Das sind praktisch acht Dreiecke, die zu einer Kuppel zusammenkommen. In vier der Dreiecke sind Frauen. Die eine webt, die andere stickt, eine spinnt, und die vierte macht Körbe aus Stroh. In den vier anderen Feldern stehen Strophen eines Volksliedes, in dem sich ältere Frauen an ihre Jugend erinnern und sagen: O wie war es schön, als wir an der Quelle gesessen und gestickt haben. O wie war es schön, als wir zusammen im Garten vor dem Haus gesessen und unsere Kleider bestickt haben, verschiedene Strophen, die einmal ihre Verbundenheit mit der Handarbeit zeigen und anderseits auch ihre Verbundenheit mit dem Land.«

Heike Weber steht in ihrem Laden und beschreibt die farbenfrohe Kuppel, die sich über dem kleinen, in der Mitte des Raumes liegenden Brunnen wölbt. Das Geschäft ist im Stil eines alten Damaszener Hauses renoviert und liegt nahe am Bab Scharqi, dem Osttor der Damaszener Altstadt. Stickereien, Wandbehänge, Decken, Kissenbezüge, Schals, Kleidung und Textilhandwerk allerlei Art wird in dem Laden angeboten, der als Verkaufszentrum für das Projekt ANAT entstanden ist und Kunden aus aller Welt anlockte. ANAT ist der Name der syrischen Fruchtbarkeitsgöttin. In der Mythologie gilt sie als Mutter der Götter und streitbare Amazone. Das Projekt ANAT entstand 1988 und gab mehr als tausend Frauen in verschiedenen Teilen Syriens ein festes Einkommen. In Dörfern in Idlib und Aleppo und in Sweida, dem südsyrischen Drusengebiet, stickten und strickten, webten und häkelten Frauen die Waren, die in Damaskus verkauft wurden. Die Bewahrung der traditionellen Handarbeitskultur war das eine Ziel von ANAT, erläutert Heike Weber, die seit dreißig Jahren in Syrien lebt. Die andere Seite war, »dass es für die Frauen hier, besonders in den ländlichen Gebieten, nicht viele Möglichkeiten gibt, zu arbeiten. Ohne Arbeit haben sie auch keine Möglichkeit, sich weiterzuentwickeln, ihren Horizont zu erweitern oder auch eine stärkere Position in der Gesellschaft zu bekommen. Die Handarbeit ist in den ländlichen Gebieten Syriens akzeptiert, nicht nur von der Gesellschaft, sondern die Frauen selber sehen sie für sich als angemessen an.«

Zwischen dem Leben der Frauen in den ländlichen Gebieten und dem Leben der Frauen in den Städten lagen Welten, sagt Heike Weber. Auf dem Land seien die Frauen sehr viel mehr reglementiert: »Die Frauen sind aufgeschlossen, wollen ihr Leben gern verändern, doch die traditionelle Umgebung lässt ihnen nur geringe Spielräume dafür. Die Handarbeit war etwas, was sie machen konnten. Sie konnten im eigenen Rhythmus zu Hause arbeiten, ohne die Familie zu vernachlässigen. Wenn sie wollten, konnten sie auch Schritt für Schritt in eine feste Halb- oder Ganztagsstellung einsteigen. Diese vielen Variationsmöglichkeiten haben unser Projekt so erfolgreich gemacht.«

1982 war Heike Weber aus Deutschland nach Syrien gekommen. »Eigentlich habe ich die Entscheidung, so ein Projekt aufzubauen, gar nicht getroffen. Sondern das Projekt hat sich entschieden, mich zu vereinnahmen. Ich habe angefangen damit und dachte, dass ich den Frauen ein bisschen auf die Sprünge helfe und mich dann wieder zurückziehe, und irgendwie bin ich da hängen geblieben. Und es ist immer größer und größer geworden und – tja, zum Schluss hatten wir eben tausend Arbeiterinnen, die in Heimarbeit gearbeitet haben, und bis zu 25 Festangestellte, die in der Arbeitsvorbereitung, in der Fertigstellung oder im Verkauf gearbeitet haben, Marketing und so weiter. Ich habe das nie so geplant, sondern es hat sich irgendwie von alleine entwickelt.«

Nadelkunst

Heike Weber ist selber eine begnadete Handarbeiterin, was sie von ihrer Großmutter als Kind gelernt hatte, bevor sie sich der Studentenbewegung in Berlin anschloss. Gerade arbeitet sie an einer Stickerei, die die Wiege ihres Enkelkindes schmücken soll, dessen Geburt bald erwartet wird. Eine Tochter lebt in Kanada, der Sohn in der Nähe des palästinensischen Vaters, der mittlerweile in Deutschland ist. Die jüngste Tochter ist in Damaskus geblieben, hat geheiratet und einen Teil der Arbeit in ANAT übernommen, sie leitet den Verkaufsladen. Ob sie dabeibleiben wird, ist allerdings offen.

Die Arbeit mit den syrischen Frauen basiere auf ihrem kulturellen Interesse, erzählt Heike Weber: »Ich finde es einfach wichtig, dass so etwas erhalten bleibt. Diese Handarbeiten, die die Frauen heute noch machen können und auch gerne machen wollen, sind erhaltenswert und müssen gepflegt werden.« Die andere Seite ist ihr Engagement für die Gleichberechtigung von Frauen, etwas, was sie sich selber in ihrem Leben hart erkämpft hat. Auch wenn Frauen in Syrien offiziell gleichberechtigt sind, unterliegen sie doch im Alltag den jeweiligen Regeln der Religionsgemeinschaften. Familienrecht, Heiraten, Erziehung der Kinder und das Erbrecht werden für sunnitisch-muslimische Frauen nach der Scharia und für schiitisch-muslimische Frauen nach dem jeweiligen schiitischen Geistlichen, dem eine Familie folgt, bestimmt. Für christliche Frauen gibt es gleich acht verschiedene Kodexe, je

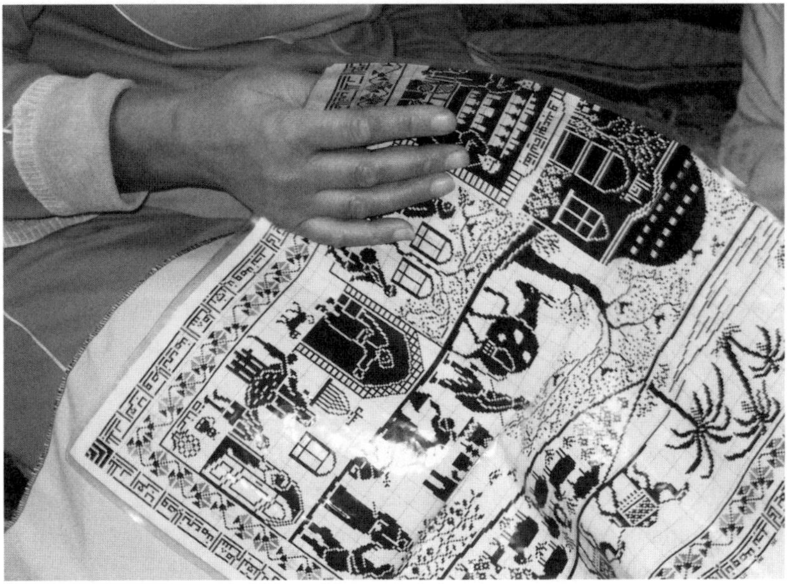

Syrien im Kreuzstich. Traditionelles Leben in der Wüste, im Dorf und in der Stadt.

nachdem, welcher Gemeinschaft sie angehören. Drusinnen dürfen nur innerhalb der drusischen Gemeinschaft heiraten, finden sie keinen Partner, müssen sie im Haus des Vaters oder eines Bruders leben, und wenn Frauen reisen wollen, dürfen sie das nur in Begleitung des Ehemannes, ihres Sohnes oder eines männlichen Angehörigen tun. Zwar haben sich die Regeln im modernen Syrien sehr gelockert, doch in den ländlichen Gebieten und in tiefreligiösen muslimischen Familien sind sie Gesetz. Eine Tätigkeit wie bei ANAT bietet den Frauen einen Freiraum, den sie dringend brauchen; der große Zulauf zeigt, wie wichtig solche Projekte sind.

Was Heike Weber an Syrien fasziniert hat, ist das Land als »Schmelzpunkt der Kulturen«. »Karawanenwege gingen hier durch, es gab Einflüsse aus China – deshalb wurde hier auch sehr früh Seide produziert. Aus Zentralasien kamen Ideen hierher, und auch aus dem Mittelmeerraum, hauptsächlich aus Italien, über die Händler. Dadurch gibt es hier eine sehr reiche Kultur und eine sehr vielfältige, handwerkliche Tätigkeit, die auch sehr professionalisiert, sehr hoch entwickelt ist. Für mich war das immer ein Reichtum dieses Landes, diese Fähigkeiten, die da sind und auf denen Syrien eine gute Zukunft aufbauen könnte. Das wollte ich fördern und am Leben erhalten. Wobei ich mich hauptsächlich auf die Frauentätigkeiten beschränkt habe, alles Textile, also Sticken, Fransen machen, Häkeln, Stricken, das, was eben von Frauen gemacht wird. Während Weben, Arbeiten mit Holz, also das Mosaik, oder Bronzearbeiten eher Männersache ist.«

Bei ihren Recherchen und Arbeiten entdeckte Heike Weber, dass jede Region Syriens einen eigenen Charakter hat, das gilt auch für die Stickerei. »Idlib ist bekannt für den Kreuzstich, Aleppo für eine ganz andere Art der Stickerei. Im ganzen Norden Syriens gibt es eine Art von Stickerei – fast könnte man sagen Nadelmalerei. Da wird der ganze Stoff voll bestickt, und dadurch entstehen Flächen in einer bestimmten Farbe. Die Frauen entwerfen die Bilder selber, sie wählen die Farben selber aus. Unheimlich krasse Farben, unheimlich mutig, wie sie an die Farbzusammenstellung der Bilder rangehen. Dadurch haben sie so ein bisschen naiven Charakter, aber man kann schon sagen, dass einige Frauen wirklich Künstlerinnen sind. Mit der Nadel.«

Lesen und Schreiben können die Stickerinnen in den ländlichen Gebieten oft nicht und auch nicht mit einem Stift malen. Doch mit der Nadel lassen sie in Grün und Rot, Lila und Gelb, Orange und Blau wie im Traum ihre Heimatdörfer entstehen, die in Wirklichkeit kahl und karg südöstlich von Aleppo am Rande der Wüste liegen. »Bäume und Sträucher können dort nicht mehr wachsen, das Land ist mit Steppe überzogen. Wenn man bewässern kann, kann man auch anpflanzen, aber Wasser ist dort immer knapp. Die Motive ihrer Stickerei sind oft ihre eigenen Dörfer und Häuser. Sie wohnen in diesen Kuppelbauten, in Lehmhäusern, die die Farbe der Steine, des Sandes haben. Aber ihre Bilder sind knallbunt. Diese Stickerei gibt es im ganzen Norden Syriens, in Aleppo und weiter in Richtung Rakka, in Ostsyrien. Man kann auch sehen, dass jede Familie ihren eigenen Stil hat. Meist hat eine Familie eine Zeichnerin, die mit Bleistift die Motive auf Stoff vormalt. Und die Frauen, also die ganze Familie, stickt das dann aus. Da kann man immer wieder einen Stil erkennen, den Stil einer Familie. Manche machen großflächige Sachen, manche haben naive Motive, auch mit kleinen Figuren drauf. Es gibt aber auch einige Frauen, die überhaupt nicht vorzeichnen, sondern ganz ohne das auf den Stoff kleine Figuren, Blumen, ihre Bilder sticken. Und die sind wunderbar, wie sie sogar einzelne Bewegungen darstellen. Nur gestickt.« Die Menschen in diesen Gegenden seien ziemlich arm, sagt Heike Weber, alle seien froh um das Geld, das sie mit den Stickereien verdienen können. Doch einige Frauen hätten ihr auch gesagt, sie habe ihnen eine Tür zu einem neuen Leben geöffnet. Hätten sie eine Arbeit abgegeben, machten sie sich schon Gedanken darüber, was sie als Nächstes sticken könnten. Und es sei ein Wettbewerb unter den Frauen entstanden, das habe ihrem Alltag einen neuen Impuls gegeben.

Ein anderes Beispiel ist die Verarbeitung der Kalligrafie, der arabischen Schrift, in den Handarbeiten, erzählt Heike Weber und hält eine Tasche hoch, auf der kalligrafische Schriftzüge aufgestickt sind. Für die Frauen, die nicht lesen und schreiben können, sei es ein Muster, mehr nicht. »Diese Schrift ist sehr hübsch anzusehen, und bei dieser Tasche wurde eine Ausspartechnik eingesetzt. Da werden zwei Stoffe aufeinandergelegt, der obere Stoff wird eingeschnitten und dann ausgespart, und so kommt ein Schriftbild zustande.« Der Schriftzug auf der Tasche ist ein Sinnspruch, erläutert sie: »Eigentlich basiert es auf einem Vers aus Goethes *Faust,* der lautet: ›Was du ererbt von deinen Vätern hast, erwirb es, um es zu besitzen.‹ Und ich habe das frei übersetzt, sodass hier jetzt steht: Wenn wir das, was wir von unseren Eltern geerbt haben, erlernen, beherrschen und weiter benutzen, bleibt es unser. Und das wurde der Slogan unseres Workshops, unseres Projekts. Wir müssen unsere Traditionen pflegen, damit sie uns erhalten bleiben und unser Leben bereichern können.«

Heike Weber zeigt ein Bild in Kreuzstichstickerei: »Die Entwürfe für die Kreuzsticharbeiten werden meistens von mir gemacht. Anders als bei der Nadelmalerei werden die Muster den Frauen auf Karopapier vorgegeben, auch die Farben. Die Frauen in den Gegenden, wo hauptsächlich Kreuzstich gestickt wird – in Idlib und im Süden, in Sweida –, diese Frauen haben nicht mehr diesen natürlichen Sinn für Farben. Woran es liegt, kann ich nicht sagen. Aber hier, bei diesem Bild beispielsweise, kann man es gut sehen. Es handelt von Palästina, und es zeigt einen Baum, in dem die Friedenstaube lebt. Sie trägt im Schnabel die palästinensische Fahne, und auf jeder Seite des Baums steht eine Frau. Und diese Frau hat auf dem Kopf einen großen Teller, auf dem liegen Steine. Und sie reicht diese Steine ihrem Sohn, der neben ihr steht und den Baum verteidigt. Darunter ist ein Gedicht von Abu Selma eingestickt, einem palästinensischen Dichter, und das geht so: ›O Palästina, es gibt nichts Schöneres und Reineres als dich. Je mehr ich dich verteidige, desto mehr liebe ich dich.‹«

Idlib sei bekannt für den Kreuzstich, fährt Heike Weber fort. »Die Frauen tragen Kleider, die praktisch voll bestickt sind. Schwarzer Stoff mit roter Stickerei. Das sind alte Muster, wenn man den ideologischen Hintergrund dieser Muster betrachtet, müssen die mindestens 4000 Jahre alt sein. Die sind immer erhalten geblieben und wurden traditionell immer so gestickt. Und die Muster haben natürlich eine Bedeutung. Die Frauen besticken ihre Kleider, um ihre Seele zu schützen. Früher ging man davon aus, dass man nicht nur den Körper schützen muss, sondern auch seine Seele. Gegen das böse Auge, damit ist eigentlich der Neid anderer gemeint. Neider, die versuchen, einem zu schaden, und dagegen will man sich schützen. Und das hat sich traditionell in der Stickerei erhalten. Stickerei als Schutz also in bestimmten gesellschaftlichen Situationen. Die Stickmuster waren aber auch den Naturgewalten gewidmet. Der Göttin, der Mutter Natur, da gab es verschiedene Muster, von denen man meinte, dass die positiven Einfluss haben. Auf mich selbst als Trägerin des Kleides, auf diejenige, die dieses Muster stickt, und auf die Umgebung, alle, die das Kleid und das Muster sehen. Die Trägerin des Kleides war verankert und geschützt in der Natur.«

In Idlib hatte sich diese Tradition besonders stark erhalten, erzählt Heike Weber weiter. »Diese Kreuzstichtradition, auch in Palästina übrigens, in der Westbank und im Gazastreifen, ist sie stark erhalten. In anderen Gegenden ist diese Tradition frühzeitig aus der Mode gekommen, weil dort gesellschaftliche Änderungen vom Kleinbauern hin zum Großgrundbesitzer stattgefunden hatten. Da kamen Landarbeiter, und die Traditionen haben sich aufgeweicht. Die Stickerei ist eng mit dem traditionellen gesellschaftlichen Kontext verbunden, und überall dort, wo die Landwirtschaft industrialisiert wurde, wie in Galiläa oder im Hauran, wo Großgrundbesitzer das ganze Land aufkauften und die Menschen nur noch Landarbeiter waren, ist dieses Wissen verloren gegangen. Anders in Idlib, wo es noch mehr einzelne Bauern gab. Dort haben wir mit den Frauen erstaunliche

Erfahrungen gemacht. Zum Beispiel gab es dort einige ältere Frauen, die es gar nicht nötig hatten, für Geld zu sticken. Sie hatten Besitz wie Pistazienhaine, Mandeln, davon konnten sie gut leben. Aber diese Frauen waren der Ansicht, dass sie unbedingt sticken mussten, es gehörte zu ihrem Selbstverständnis. Und so stickten sie für die Kinder und Enkelkinder. Mussten allerdings feststellen, dass die die Sachen altmodisch fanden und sie gar nicht haben wollten. Und dann waren sie froh, dass sie für uns sticken konnten und dafür sogar noch etwas Geld bekamen. Damit konnten sie dann ihren Enkeln irgendwas anderes Gutes tun.«

Aus einer Schublade zieht sie kostbare Decken und Servietten, auch kleine Taschen liegen darin. »Das ist Schnurstickerei. Da werden ganz dünne Schnüre mit einem Zier- oder Heftstich aufgenäht. Das ist eine Art der Stickerei, die im ganzen Orient verbreitet ist. Von Indien bis nach Marokko findet man sie. Aber jedes Land hat so seine Eigenart in den Mustern entwickelt. Diese Art ist typisch syrisch. Die kleine Tasche, die daneben liegt, ist eine mit der Hand gearbeitete Spitze. Eine Art von Bändchenspitze ist das eigentlich. Wobei wir etwas größere Schnüre genommen haben, um diese Spitze herzustellen. Diese Art von Stickerei kommt aus Europa, aus Italien, und darum nennen die Frauen diese Spitze hier auch ›Milan‹, aus Mailand. Aber diese Spitze war schon im Mittelalter hier bekannt, wenn nicht noch früher. Es gab ja einen regen Kulturaustausch. Heute wird diese Art von Handarbeit hauptsächlich von Armenierinnen praktiziert. Syrien ist ja ein Vielvölkerstaat mit einer großen armenischen Minderheit, die für diese Stickereien berühmt ist. Aber wir haben auch andere Frauen in dieser Methode geschult.« Für die Tasche, die vor uns liegt, braucht »eine gute Stickerin eine Woche«, fügt Heike Weber hinzu. »Der Preis beträgt umgerechnet 25 Euro.« Das Geld sei nicht nur für die eine Woche Stickarbeit: »Die Tasche muss auch genäht werden, der Henkel muss angefertigt werden, der ist auch Handarbeit.«

Dann bleibt Heike Weber vor einem großen Bild stehen, das in prächtigen Farben leuchtet. Eine Kreuzsticharbeit: »Hier sehen wir die verschiedenen syrischen Trachten der Frauen. Aus Qalamoun, das sind die Berge nordwestlich von Damaskus. Dann haben wir hier Deraa, aus dem Süden Syriens. Diese Tracht ist aus Sweida, südöstliches Syrien. Aus Khan Sheikhun in Idlib. Aus Aleppo, aus Hama, vom Golan, wo wir die Nähe zu den Trachten von Galiläa sehen, also Nordpalästina, die sind sehr ähnlich. Hier ist noch eine andere Tracht aus Idlib und aus Deir ez-Zor, ganz im Osten Syriens. Und aus Damaskus.« Eine gute Stickerin brauche für jedes Bild etwa eine Woche, und dann würden die Bilder mit feinen Sticklinien aneinandergefügt, eine sehr komplizierte Arbeit.

ANAT – ein Erfolgsprojekt

Die Vielfalt der Stickereien nimmt kein Ende. Eine weitere sehr komplizierte Art ist die Hardanger-Technik: »Das ist eine Durchbruchstickerei, bei der an bestimmten Stellen Fäden aus dem Stoff herausgezogen werden; die so entstehenden Löcher werden mit diesen Fäden umstickt.

Die Schönheit der Stickerei liegt auch an ihrer Feinheit, daher haben wir sehr feine Stoffe, mit denen sehr genau gearbeitet werden muss.« An einer solchen Stickerei arbeiten die Frauen schon mal einen Monat. In diesem Fall ist die feine Arbeit einem originalen alten Tuch nachgestickt und in ein Tablett eingearbeitet worden, das mit einem Glas darüber geschützt wird. »Sonst werden diese Decken auch für die kleinen Tische gebraucht, die in den arabischen Ländern einem Gast hingestellt werden und auf dem er seinen Kaffee oder Süßigkeiten abstellen kann.« Eine andere Decke ist sehr viel größer und in vollen Farben gehalten. Heike Weber verweist bei einem Muster auf den vermutlich bulgarischen Einfluss, an anderer Stelle sind die Motive eher turkmenischen Ursprungs.

»Syrien hat alle diese Kulturen in sich aufgenommen und weitergegeben, und zwar auf Augenhöhe. Man hat genommen und gegeben. Nicht wie heute, wo Syrien von einer Kultur, der westlichen Kultur, überfahren wird, die für das Land oft unverständlich ist. Das geschieht alles so massiv und schnell, dass die Syrer sie gar nicht ein- und verarbeiten können. Dadurch wird ihre eigene Kultur zerstört, ohne dass sie die fremde Kultur aufnehmen und verarbeiten können, wie es in früheren Jahrhunderten möglich war. Damit werden sie eigentlich der Kulturlosigkeit überlassen.« Viele

Frauen aus den Städten, die schon mehr mit der westlichen Kultur in Kontakt gekommen seien, hätten beispielsweise ihren Sinn für Farben und Formen verloren. »Sie sind einfach durcheinander.«

ANAT möchte mit seinem Angebot auch die Frauen animieren, wieder die herkömmliche, traditionelle bestickte Kleidung zu tragen. »Es ist doch etwas Besonderes. Früher haben die Frauen ihre Kleider bestickt, um sich gegen die bösen Geister zu schützen, um sich eine Art von Make-up zu geben, um sich in Würde darzustellen. Das kann auch heute noch gelten, und da versuchen wir, die Kleider der modernen Lebensweise anzupassen.« Es gebe eine Linie von Traditionalisten, die alles so erhalten wollten, wie es war und ist und immer sein sollte. Heike Weber ist da anderer Meinung: »Traditionen haben sich immer geändert, und wenn sich der Lebensstil und die ökonomischen und politischen Bedingungen ändern, hat das alles Einfluss auf die Kultur. Und wir leben heute anders, dem muss sich die Kleidung auch anpassen. Wenn man alles so erhalten will wie vor hundert oder zweihundert Jahren, dann verbannt man die Tradition ins Museum oder in eine Ecke, wo man nur an Fest- und Feiertagen einmal Licht hinwirft. Wir wollen diese Tradition aber zu einem Teil unseres Lebens machen.«

ANAT wurde ein Erfolgsprojekt. »Hier müssen Sie unbedingt hineingehen«, spricht mich eine Touristin mit breitem amerikanischem Englisch eines Abends an, als ich vor dem Laden stehe und mir die Auslage ansehe, während ich auf jemanden warte. »Hier finden Sie fantastische Stickereien und Handarbeiten, einfach prachtvoll!« Mit Bekanntwerden von ANAT und steigenden Verkaufszahlen konnten die Stickerinnen sparen. Einige kauften sich eine Ziege oder eine Kuh oder ließen sich die Küche in ihren bescheidenen Häusern erneuern. Dann halfen sie der Gemeinschaft und finanzierten mit ihren Ersparnissen, die aufgestockt wurden mit Zahlungen von ANAT und aus Spenden von Kunden, drei Schulbusse, mit denen die Kinder zur Schule in den nächsten größeren Ort gefahren werden konnten. Manche Frauen zogen auch nach Damaskus, um im Verkauf oder in der zentralen Werkstatt von ANAT zu arbeiten. Geräumig und modern eingerichtet, war diese neue Werkstatt 2011 eröffnet worden, um die vielen Aufträge zu bewältigen. »Wir haben gesagt, okay, wir ziehen hier im April ein, dann fängt gerade die Saison an, normalerweise April, Mai bis in den

Juni, dann verkaufen wir sehr gut, entweder haben wir schon unsere ganzen Schulden zurückgezahlt mit den Einnahmen, oder dann kommt wieder die Herbstsaison, und wir werden genug einnehmen, um die Schulden zu bezahlen. Wir hatten es groß geplant, für die Zukunft, und wir wollten unsere Arbeit in den Dörfern erweitern.« Mit regionalen Vertriebszentren, neuen Einstellungen – doch alles kam anders.

Der Krieg hat den Kontakt zu den Arbeiterinnen in Idlib und Aleppo abgebrochen. Anfangs konnte Heike Weber die Frauen noch telefonisch erreichen, doch längst funktionieren die Nummern nicht mehr. In dem neuen Workshop außerhalb der Altstadtmauern stehen Näh- und Bügelmaschinen still. Die bunt bezogenen Sitzbänke und großen Tische sind verwaist, unzählige Schubladen mit Zubehör bleiben geschlossen. Schachteln mit Stickgarn aus Baumwolle und Seide in allen Farben des Regenbogens stapeln sich ungenutzt in den Regalen. Staub lagert auf Hunderten Gläsern, in denen Ziermaterial aufbewahrt wird: Perlen, Plättchen und Paletten, Borten und Applikationen in vielen Formen und Farben. Die Kunden bleiben aus, Touristen kommen nicht mehr nach Syrien, internationale Organisationen, Firmen und westliche Botschaften haben ihr Personal abgezogen. Diejenigen, die mit humanitären Organisationen noch in Syrien arbeiten, haben strenge Anweisungen, wo und in welchem Umkreis von ihren Büros und Unterkünften sie sich bewegen dürfen. Sanktionen verhindern den Export, und syrische Kunden halten ihr Geld beisammen, um in der Not nicht mittellos zu werden. In die obere Etage der Werkstatt zog eine der Stickerinnen mit Eltern und Schwestern ein, weil sie aus ihrer Wohnung in einer südlichen Vorstadt von Damaskus vor den Kämpfen fliehen mussten.

Kunsthandwerk im Flüchtlingslager?

Anders ist es in Khil Khila, einem Dorf in der Provinz Sweida. Khil Khila liegt etwa fünfzig Kilometer südlich von Damaskus, unweit einer großen Militärbasis. Die Häuser sind aus schwarzem Basaltstein gebaut, den die Menschen aus der nahe gelegenen Leija, der Basaltwüste, holen. Hier leben

Drusen und Christen seit Jahrhunderten in guter Nachbarschaft. Maha und ihre Schwester Suheila gehören zu den wenigen Stickerinnen von ANAT, die noch Arbeit haben. Überschwänglich begrüßen sie Heike Weber, als sie, mit Taschen voll Stoffen, Stickmustern und Garnen beladen, vor ihrer Türe steht. Wie viele Drusinnen, die nach ihren religiösen Regeln nur innerhalb der Gemeinschaft der Drusen heiraten können, sind Maha und Suheila unverheiratet und leben im Haus des Bruders. Die Schwägerin kommt mit den Kindern herein, alle machen es sich auf dem Boden bequem. In dem einfachen Wohnzimmer – wo die Feuchtigkeit schwarze Flecken an der Decke hinterlassen hat – werden die neuen Stickarbeiten auf dem Boden ausgebreitet und von allen Seiten begutachtet. Stolz zeigen die Schwestern die Arbeiten, die sie kürzlich fertiggestellt haben: eine Brautpuppe und gehäkelte Wandbehälter für Kamm und Bürste, die sie mit dem farbigen Drusenstern verziert haben: grün, rot, gelb, blau, weiß.

Heike Weber rechnet mit den beiden Stickerinnen ihre bisherige Arbeit ab und gibt ein Extra dazu, weil alles durch den Krieg so viel teurer geworden ist. Dann wird die neue Arbeit verteilt. Konzentriert betrachtet Maha die kunstvollen Kreuzstichmuster mit Vögeln und Zypressen, die ein Kleid zieren sollen, eine private Bestellung. Die Fertigstellung wird Wochen dauern. Zum Abschied führt Maha uns in den Salon, wo normalerweise Gäste begrüßt werden. An der Wand zwischen den beiden Fenstern hängen Bilder des Vaters: als Junge, als junger Mann, als Soldat und als Beamter. Und die Bilder der Söhne sind auch aufgehängt. Auf einer Seite dieses männlichen Familienensembles hängt ein Bild des Heiligen Georg, der den Drachen tötet. Auf der anderen Seite eine Kalligrafie mit einer Sure aus dem Koran. Bevor wir weiterfahren, wird noch das alte Holz eines gekappten Orangenbaumes entladen, das Heike Weber den Frauen zum Heizen mitgebracht hat. Früher seien sie im Winter zum Holzsammeln immer in die Leija gegangen, in die Basaltwüste, wo sie Reisig und kleine Äste finden konnten. Seit aber bewaffnete Gruppen sich von Jordanien her Richtung Hauptstadt durch die Leija schleichen, sei es zu gefährlich geworden, sagt Maha. »Bitte komm bald wieder«, rufen sie Heike Weber hinterher und winken, bis der Wagen hinter einer Kurve verschwunden ist.

Nachdenklich steuert Heike Weber den Wagen durch die engen Gassen des Dorfes Richtung Autobahn. Wird das jahrtausendealte Kunsthandwerk der Stickerei den Krieg überleben und den Frauen weiter Arbeit geben? »Stickerei ist immer verwurzelt in dem Land, wo die Frauen leben, wo ihre Heimat ist. Und sie ist auch nur sinnvoll in ihrer traditionellen Umgebung. In so einer Situation, in der wir uns jetzt befinden, ist das schwierig. Menschen fliehen aus Angst aus ihren Häusern, weil die Nachbarn, die sich früher gegenseitig das Essen gebracht haben und die sich gegenseitig zum Fest besuchten, sich nun gegenseitig ausrauben. Wir können zusehen, wie die existenzielle Angst zu einer Situation führt, wo die Menschen nicht mehr sie selbst sind. Und es ist nicht so leicht, wiedergutzumachen, was da verloren geht.«

Hilfsorganisationen legen Handwerks- und Handarbeitsprojekte für Menschen in den Flüchtlingslagern auf, die rund um Syrien in den Nachbarländern aus dem Boden geschossen sind. Kann das Kunsthandwerk so überleben? Heike Weber sieht mich entgeistert an. Die Frauen hätten aus ihrer gewohnten Umgebung fliehen müssen, wo sie in Sicherheit waren. Egal, wo sie seien, ihre Lage sei schlecht. »Sie haben bestimmt keinen Kopf, um zu sticken. Sie müssen vielleicht stundenlang anstehen für irgendwas. In den jordanischen Flüchtlingslagern, wo die Zelte in den Wüstensand gestellt wurden, müssen sich die Frauen überlegen, wie sie die sauber halten können, wie sie die warm halten und wie sie die Kinder sauber und warm halten können! Sticken ist eine künstlerische Betätigung, dazu braucht man Zeit, Ruhe und Sicherheit, das ist auch eine spirituelle Sache. Die Produkte nur zu verkaufen und nicht mehr selber zu benutzen, stellt diese Spiritualität ein Stück weit infrage, was schlimm genug ist. Aber wenn man jetzt die Frauen zu Stickmaschinen in den Flüchtlingslagern machen will, das finde ich wirklich menschenverachtend! Natürlich will jeder Mensch sich seinen Lebensunterhalt selbst verdienen. Aber dann muss man erst einmal Lebensbedingungen schaffen, unter denen die Menschen auch in der Lage sind, zu arbeiten.«

Heike Weber hat ihre Erfahrungen in palästinensischen Flüchtlingslagern im Libanon gemacht, wo sie für internationale Organisationen gearbeitet hat. Wo die Frauen in solchen Stickprojekten arbeiteten, wo viel Geld erwirtschaftet wurde, wo sich aber die Lebenssituation für die Frauen nie grundlegend verbessert hat.

Das Kunsthandwerk – nicht nur in Syrien – sei schon durch die Globalisierung, durch das Fernsehen in Gefahr. Auf diesem Weg sei vieles in die Gesellschaften eingedrungen, was nicht verarbeitet worden sei. Diese neue Kultur sei eigentlich gar keine Kultur, sondern habe die alte Kultur, wie beispielsweise die traditionelle Handarbeit, zerstört. »Nichts wurde an ihre Stelle gesetzt. Das führt natürlich auch zum gesellschaftlichen Verfall.« Europäer hätten diese alte Kultur und das Handwerk oft als »primitiv« bezeichnet, eine »eurozentristische Denkweise«, ist Heike Weber überzeugt. »Es hat die Gesellschaft zusammengehalten und Normen gesetzt, die respektiert wurden.« Als sie Anfang der 1980er-Jahre nach Syrien gekommen sei, sei das Land isoliert gewesen. »Aber ich habe das als positiv empfunden. Man wurde nicht von Werbung und ständig Neuem belästigt. Man hatte mehr Zeit, man hatte eine andere Lebensweise. Das änderte sich mit der Öffnung des Landes nach 2000 langsam, und die Menschen konnten noch einigermaßen damit umgehen. Aber diese Krise jetzt zerstört nur noch. Nichts Neues kommt daraus hervor. Stattdessen gilt jetzt: Stell dich gut mit den Reichen, achte die Korruption, wer die Macht hat, kann bestimmen. Dabei geht die Masse der Bevölkerung natürlich unter.«

Zurück in dem Laden von ANAT am Bab Scharqi in Damaskus. Verwaist liegt das Geschäft da, ein Mitarbeiter ist noch geblieben. Über einem der Türbogen hat Heike Weber ein großes gesticktes Bild in einem roten Rahmen aufgehängt. »Das soll Syrien darstellen. Es ist in drei Teile geteilt. Unten sehen wir die Altstadt von Damaskus oder Aleppo mit einem Händler, der Simit verkauft, die Sesamkringel. Die Jungen kommen und legen ihm eine Münze hin und nehmen sich einen Kringel. Die Mutter geht mit dem Kind in die Schule, Katzen und Hunde strolchen herum, Jasmin rankt an den Mauern empor. Hier in der Mauer der Sibil, der Wasserspender, und hier die Händler in ihren Geschäften warten auf Kundschaft. Darüber haben wir das Dorf, mit einem typischen syrischen Kuppelhaus, umgeben von Blumen. Über der Tür steht »Ya Hala – Herzlich willkommen«. Der Bauer kommt mit seinem beladenen Esel nach Hause, die Frau hängt die Wäsche auf, die Kinder pflanzen etwas im Garten, und die Alten stehen im Schatten des Baumes und unterhalten sich. Und in der dritten Ebene ganz oben ist die Badia, die syrische Steppe mit einer Oase, mit Karawanen, Kamelen, Schafen und einem Hirten.« Das ganze Bild ist wie ein Scherenschnitt schwarz-weiß, und rundum ist eine bunte Blumenranke gestickt und ein Gedicht, das die Liebe des Dichters zu seiner arabischen Heimat ausdrückt: »Alle arabischen Länder sind meine Heimat. Die Sprache verbindet uns …«.

Das Bild hat Heike Weber erst vor Kurzem entworfen, die Schwestern in Khil Khila haben es gestickt: »Ich wollte etwas machen, was das Syrien festhält, das ich kenne, das ich liebe. Ich hoffe nicht, dass es verloren ist.« Ich frage sie nach einem Lieblingsstück in der großen Modekollektion. Sie schiebt die Bügel auseinander und nimmt eine Bluse aus durchsichtigem Material heraus, eine Überbluse. Oben am Bruststück und auf dem Rücken ist eine Kalligrafie sichtbar, durch die Ausspartechnik, bei der zwei Stoffe übereinandergelegt werden. »Hier steht etwas aus einem Gedicht von Mahmud Darwish, dem berühmten palästinensischen Dichter, und es heißt: ›Doch, wir lieben das Leben, wenn wir einen Weg dahin finden‹«.

2001–2010: Bashar al-Assads Präsidentschaft und der »Islamische Staat«

Aufbruch mit Hindernissen

Als Hafiz al-Assad am 10. Juni 2000 starb, war sein Sohn Bashar zu jung, um das Amt des syrischen Präsidenten anzutreten. In Artikel 83 der syrischen Verfassung hieß es damals, dass der Präsident mindestens 40 Jahre alt sein musste. Bashar – wie ihn die Syrer nannten – war erst 35 Jahre alt. Noch am gleichen Tag trat das Parlament in Damaskus zusammen, um die Verfassung zu ändern, das Mindestalter wurde auf 34 Jahre heruntergesetzt.

Kritik kam von der Opposition, die den Tod von Hafiz al-Assad als Zäsur sah, als die Möglichkeit, grundlegende politische Veränderungen einzuleiten. Doch im alten Machtapparat, bei den Männern die teilweise schon seit 1963 Syrien mit geformt hatten, war so viel Veränderung nicht vorgesehen. Als Assads Bruder Rifat, der in London lebte und von dort aus eine Oppositionsbewegung führte, das Präsidentenamt für sich beanspruchte, wurde er von den Mächtigen in Damaskus wie Vizepräsident Abdul Halim Khaddam und Verteidigungsminister Mustafa Tlas und auch von der Führung der Baath-Partei zurückgewiesen. Diese Machtelite war nun das »Regime«, das Hafiz al-Assad seit dreißig Jahren verkörpert hatte. Sie kannten die Wege und Beziehungen im Hintergrund, und sie waren sich einig, dass Bashar das Amt übernehmen sollte.

Bashar al Assad war jung, modern und in London ausgebildet worden, er sprach fließend Englisch. Er stand für Reformen, die das Land dringend brauchte, er war beliebt bei der Jugend des Landes, und das entschiedene Vorgehen gegen die Korruption hatte ihm in der Öffentlichkeit Respekt verschafft. In den arabischen Nachbarstaaten, die er noch zu Lebzeiten seines Vaters besucht hatte, war er mit offenen Armen empfangen worden. Selbst die USA und die europäischen Hauptstädte signalisierten, in Bashar al-Assad durchaus einen zukünftigen Verhandlungspartner für die vielen anstehenden Fragen zu sehen. Da Syrien dringend auf internationale Hilfsgelder angewiesen war, brauchte man den Kontakt mit dem Westen, den der junge Assad aufbauen konnte.

Für die Männer im Machtzentrum war die Sicherung ihrer eigenen Position wichtig, und auch das schien gewährleistet. Bashar al-Assad verfügte weder in der Partei noch in der Armee oder bei den Geheimdiensten über eine Machtbasis, also konnte er den dort verankerten, altgedienten Männern nicht »gefährlich« werden. Er hatte zwar an der Seite seines Vaters erste politische Gehversuche gemacht, doch gegenüber der alten Machtelite war er unerfahren und zeigte keinerlei Ambitionen, sich machtpolitisch gegen die Alten durchzusetzen. Als sie mit seinem Vater vor dreißig Jahren die Macht übernommen hatten, spielte der kleine Bashar noch im Sandkasten. Nein, dieser Mann würde ihnen ihre erworbene Macht nicht streitig machen können. Aus ihrer Sicht boten sein junges, frisches Auftreten und natürlich seine Herkunft eine willkommene Maske, hinter der ihr alter Machtapparat weiterbestehen konnte.

Zusammenarbeiten wie ein Team

In den folgenden Tagen wurden ihm – verfassungsgemäß – weitere politische Posten übertragen. Er wurde zum Generalleutnant befördert und zum Oberkommandierenden der Streitkräfte ernannt. Kurz darauf übernahm er die Führung der Baath-Partei (Regionalkommando). Dann wurde er durch das Parlament zum Präsidenten nominiert. Seine Ernennung zum Präsidenten entspreche »den Erwartungen von Millionen Syrern, die in seiner Exzellenz die Fortführung des Erbes seines Vaters sehen, Fortschritt und Wohlstand.« Bashar sei ein Augenarzt, der sich sehr »für Informationstechnologien, Modernisierung und Verbesserungen« der Lebensumstände einsetze.

Am 10. Juli 2000, einen Monat nach dem Tod von Vater Assad, wurde Bashir al-Assad in der Volkswahl zum Präsidenten gewählt. Andere Kandidaten gab es nicht. Seine Amtszeit betrug laut Verfassung sieben Jahre. Am 17. Juli wurde er im Parlament vereidigt. In seiner Antrittsrede sagte Assad, die schwierige Lage Syriens – innen- und außenpolitisch – erfordere neue Ideen. Alte Herangehensweisen müssten überprüft und erneuert werden. Am wichtigsten sei, dass jeder Syrer selber Verantwortung trage und eine Aufgabe bei der Erneuerung übernehmen müsse: »Sie sollen sich nicht nur auf den Staat verlassen oder zulassen, dass der Staat sich ausschließlich auf Sie verlässt: Lassen Sie uns zusammenarbeiten, als ein Team.«

Assad betonte die Notwendigkeit der modernen und fortschrittlichen Bildung, nicht nur des Volkes, sondern auch der Institutionen. Neue Technologien müssten eingeführt werden, um mit der internationalen Entwicklung Schritt halten zu können. Nichts könne ohne die Frauen erreicht werden, die »aktive Teilnehmerinnen« bei der Erneuerung sein müssten, so Assad. »Sie bilden eine rechtmäßige Hälfte unserer Gesellschaft. Frauen erziehen sowohl Männer als auch Frauen, sie bereiten sie auf ihre Aufgabe in der Gesellschaft vor, und sie spielen eine wichtige Rolle für den Fortschritt und die Entwicklung, wo immer sie arbeiten.«

Außenpolitisch betonte er die enge Beziehung mit dem Libanon und wies anhaltende Drohungen Israels zurück, »die dem Frieden in der Region nicht dienen«, sondern für ständig »aufgeheizte Spannungen« sorgten. Dann kam Assad auf die Golanhöhen zu sprechen, die in den letzten Monaten und Jahren der Amtszeit seines Vaters immer wieder im Mittelpunkt gestanden hatten. »Die Befreiung unseres Landes steht ganz oben auf der Liste unserer nationalen Ziele, und sie ist genauso wichtig wie die Aufgabe, einen gerechten und umfassenden Frieden« im Mittleren Osten zu erreichen. Das sei eine strategische Aufgabe, »aber nicht zu dem Preis, dass wir unser Land verlieren oder unsere Souveränität aufgeben« müssen. Vermutlich auch um Gerüchte oder Ängste zu zerstreuen, ging Assad recht ausführlich auf die Gespräche der letzten zehn Jahre ein, die sein Vater unter Vermittlung der USA mit Israel geführt hatte. Israel habe versucht, die Grenzlinie vor dem 4. Juni 1967 zu verändern, »oder sie haben vorgeschlagen, uns 95 Prozent unseres Landes [auf den Golanhöhen, kl.] zu geben und über die restlichen fünf Prozent bräuchten wir uns keine Gedanken zu machen, sie sollten den Frieden nicht verhindern. Aber wenn die fünf Prozent kein Problem sind, warum geben sie es uns nicht zurück, die fünf Prozent unseres Landes am Westufer des Sees [Tiberias, kl.]?« Assad forderte die USA auf, als ehrlicher Vermittler in dem Friedensprozess aufzutreten. Auf Israel müsse Druck ausgeübt werden, damit »die internationalen Resolutionen, die alle legitimen Rechte der Libanesen, der Syrer und der Palästinenser festlegen, umgesetzt werden.« Syrien sei nicht bereit, mit seiner Souveränität und Würde für die »Hilflosigkeit der israelischen Regierungen« zu bezahlen.

Die Vereinten Nationen müssten entsprechend der UN-Charta aktiv werden, und zwar »objektiv und ohne sich von irgendwoher beeinflussen zu lassen«, so Assad weiter. Nur so könne eine Welt »ohne Konflikte und ohne Spannungen« geschaffen werden, »wo Frieden, Gerechtigkeit und Demokratie zwischen den Ländern besteht, wo der Dialog zwischen den Zivilisationen vertieft und erweitert wird. Die reichen Länder des Nordens müssen ihre menschliche Verantwortung gegenüber den Ländern des Südens wahrnehmen«, denn nur so könne in der Welt »mehr Sicherheit, mehr Vertrauen und mehr Stabilität erreicht werden.« Assad sprach schließlich die Bevölkerung direkt an und sagte, dass er als Präsident der gleiche Mensch bleiben wolle wie der, als den sie ihn bisher gekannt hätten. »Dieser Mann, der jetzt Präsident geworden ist, ist der gleiche Mann, der ein Arzt war, ein Offizier, aber vor allem ein Bürger« (Englische Übersetzung der Antrittsrede von Bashar al-Assad im Parlament, 17. Juli 2000, Syrische Arabische Nachrichtenagentur, SANA).

Frischer Wind

Tatsächlich ging Assad mit großen Schritten voran. Er scharte eine Gruppe Vertrauter um sich, Berater für wirtschaftliche, politische und soziale Reformen, zumeist Leute seines Alters, die im Ausland lebten oder gelebt hatten. Bürokratische Vorschriften wurden gelockert, Gehälter erhöht (2000 und 2002). Als Zeichen der Versöhnung gegenüber der Muslimbruderschaft erließ er für mehr als 600 Gefangene der Organisation eine Amnestie, manche von ihnen hatten wegen ihrer Umsturzpläne oder Angriffe gegen Hafiz al-Assad bis zu zwanzig Jahre im Gefängnis verbracht. Weitere 900 politische Gefangene – darunter vor allem Kommunisten unterschiedlicher Gruppen – wurden in den folgenden Jahren aus der Gefangenschaft entlassen. Das gefürchtete Gefängnis in Mezzeh, das von den Franzosen hoch über Damaskus gebaut worden war, wurde geschlossen. Die Franzosen hatten dort antikolonialistische Kämpfer eingesperrt, nach der Unabhängigkeit waren diejenigen dort inhaftiert, die bei vorherigen Coups aus dem Amt geputscht worden waren. Unter Hafiz al-Assad waren in Mezzeh Hunderte politische Gefangene unterschiedlicher Gruppierungen gefangen, Folter war an der Tagesordnung. Salah Jadid, den Assad 1970 aus dem Amt gedrängt hatte, starb dort nach mehr als zwanzig Jahren Gefangenschaft.

Im ersten Jahr der Präsidentschaft von Bashar al-Assad wurde das Staatsmonopol auf Medien, Schulen und Universitäten und Banken abgeschafft, neue Gesetze erlaubten die Gründung privater Zeitungen, Schulen, Universitäten und Banken. Bankautomaten wurden eingeführt, erst für die heimische Währung, doch bald konnten auch Ausländer mit ihren Bankkarten Geld abheben. Mobiltelefone, Internet und Satellitenfernsehen wurden zugelassen. Für die Syrer öffnete sich eine neue Welt. Jede Familie solle zu Hause einen Internetanschluss haben, hatte Assad angekündigt. Bis 2010 war das zumindest in den Städten und im Umland von Städten auch weitgehend umgesetzt.

2002 wurden mit der Kalamoun-Universität, der Hochschule für Betriebswirtschaftslehre (HIBA) und der Syrischen Virtuellen Universität (SVU) die ersten privaten Universitäten geöffnet. Eine Deutsch-Syrische Universität (Homs) und eine Amerikanisch-Syrische Universität (Damaskus) sowie andere private Institute folgten. Die Curricula wurden den internationalen Standards angepasst. Im Rahmen verschiedener Abkommen mit der Europäischen Union (Barcelona-Prozess 1995, EU-Assoziierungsabkommen 2003/2004 und der in Paris gegründeten Union für den Mittelmeerraum von 2008) war es für Syrer einfacher geworden, beruflich nicht nur entsprechend europäischen Standards einen Hochschulabschluss zu erreichen, sondern in Europa auch eine Aus- oder Fortbildung zu absolvieren. Ein lebendiger Austausch begann, syrische Studierende konnten in Europa und europäische Studierende umgekehrt in Syrien studieren. Begleitet von der Kritik vor allem der Kommunisten, wurden auch Religionsschulen (Medresen) offiziell wieder zugelassen, ein Umstand, der vor allem von der Muslimbruderschaft und von Salafisten genutzt wurde. Deren Organisationen blieben zwar offiziell verboten, doch ihre Prediger konnten im Land bleiben, solange sie sich nicht in die politischen Angelegenheiten einmischten.

Mit dem Besuch von Papst Johannes Paul II. in Damaskus 2001 gewann Assad international und in Syrien Anerkennung. Und er erhielt Unterstützung für das syrische Anliegen, die Golanhöhen zurückzuerhalten. Der Papst hielt zunächst eine Messe vor 50 000 Gläubigen in einem Stadion in Damaskus, zu der auch katholische und orthodoxe Würdenträger aus Libanon, Irak, Ägypten und Jerusalem angereist waren. In der Umayyaden-Moschee in der Damaszener Altstadt besuchte er das Grab von Johannes dem Täufer und wurde vom syrischen Großmufti Scheich Ahmad Kuftaru empfangen. Zu dem Empfang waren viele muslimische und christliche Führer Syriens gekommen. Der Papst erklärte, er hoffe, dass muslimische und christliche Geistliche und Lehrer zukünftig die beiden großen Religionen als Gemeinschaften im respektvollen Dialog miteinander repräsentierten und »nie mehr als Gemeinschaften im Konflikt«. Dann besuchte der Papst noch die Ruinenstadt Kuneitra auf den Golanhöhen. Es sei »Zeit, zu den Grundsätzen internationalen Rechts zurückzukehren«, mahnte der Papst. Dazu gehöre auch das Verbot, fremdes Land mit Gewalt zu erobern.

Zivilgesellschaftliches Engagement

»Zusammenarbeiten wie ein Team« hatte Assad bei seinem Amtsantritt den Syrern vorgeschlagen. Das waren sie nicht gewohnt, es gab keine Erfahrung. Wer bisher außerhalb staatlicher Strukturen aktiv war, galt als Oppositioneller und war suspekt. Lediglich in Moscheevereinen oder in Kirchenkreisen war Eigeninitiative erlaubt. Der Syrische-Arabische Rote Halbmond (SARC), der 1942 gegründet worden und Mitglied der Internationalen Förderation der Rotkreuz- und Rothalbmond-Gesellschaften war, wurde von der Bevölkerung als staatliche Struktur eingestuft.

Erneut übernahm es der Staat, eine Grundlage zu schaffen, auf der sich zivilgesellschaftliches Engagement entwickeln sollte. In Zusammenarbeit von UN-Entwicklungsprogramm (UNDP), dem Ministerium für Arbeit und Soziales sowie der Planungskommission der Regierung wurde 2007 der Syria Trust gegründet, eine »Plattform für die Entwicklung von Nichtregierungsorganisationen (NGOs) in Syrien«. Das Ziel war, die Idee und Praxis von zivilgesellschaftlichem Engagement zu stärken. Die Syrer sollten lernen, worum es dabei geht, welche rechtlichen Grundlagen es gab, wie Projekte geplant und durchgeführt werden können. Frauen waren sehr engagiert, in Kooperation mit Kirchen, Moscheen, Schulen oder Universitäten kümmerten sich die neu entstehenden NGOs vor allem um die Umwelt und um Kinder. Landesweite Kampagnen für den sparsamen Umgang mit Wasser wurden initiiert. 2009 forderte eine große Plakatkampagne Respekt für Menschen mit Downsyndrom. 2010 wurde – nach einer öffentlichen Kampagne – das Rauchen in der Öffentlichkeit und in öffentlichen Einrichtungen verboten. Für »Menschen mit besonderen Bedürfnissen« (in Europa auch »Behinderte« genannt) wurde Betreuung organisiert und Öffentlichkeitsarbeit gemacht. Unter der Schirmherrschaft des UN-Kinderhilfswerks (UNICEF) und der syrischen First Lady, Asma al-Assad, fanden im Oktober 2010 die 7. Special Olympics für die Region des Mittleren Ostens und Nordafrikas mit mehr als 2000 Teilnehmern aus 23 Ländern in Damaskus statt.

Ein weiteres Potenzial für Veränderungen sah die Regierung in der großen Zahl von Auslandssyrern. Schon im Dezember 2001 war ein Ministerium für die Angelegenheiten der Auslandssyrer eingerichtet worden, um diejenigen zu erreichen, die teilweise schon seit Generationen im Ausland lebten. Bereits während des Ersten Weltkrieges waren Syrer – und Libanesen – zu Zehntausenden ausgewandert, um einer großen Hungersnot und dem Krieg zu entfliehen. Später waren es meist politische Gründe, warum die Menschen Syrien verlassen hatten. Die meisten lebten in Lateinamerika, allein in Brasilien wurde ihre Zahl auf vier Millionen geschätzt (brasilianische Regierungsangabe). Auch in Chile, Argentinien, Uruguay und in Venezuela gab es große syrische Gemeinden, ebenso in den USA und in Kanada, in Australien und in einigen Golfstaaten. Die Regierung wollte »die Beziehungen zwischen Auslandssyrern und der Heimat festigen«, so die damalige Ministerin für die Auslandssyrer, Bouthaina Shaaban (früher persönliche Mitarbeiterin von Hafiz al-Assad) im Mai 2007 (Interview mit der Autorin). Viele Syrer hätten beruflich etwas erreicht, seien Ärzte oder Ingenieure, Professoren oder erfolgreiche Geschäftsleute geworden. Man hoffe, sie legten ihr Geld und Wissen in Projekten in Syrien an, der Staat warb um syrische Investitionen. Pass- und Einreisebestimmungen wurden gelockert, das Höchstalter für Wehrpflicht wurde von 52 auf 42 Jahre herabgesetzt, die Ablösesumme vom Wehrdienst wurde gesenkt.

Freundschaftsgesellschaften wurden in den einzelnen Staaten gegründet, die Reisen nach Syrien organisierten. Regelmäßiges Ziel dieser Delegationen wurde das Seidenstraßenfestival, das alle zwei Jahre stattfand. Reisen für Geschäftsleute und Mediziner, für Journalisten und Wissenschaftler wurden organisiert, um sie mit Syrien bekannt zu machen. Eine Konferenz »Investieren in Syrien – Gemeinsam bauen wir die Zukunft« lockte 2007 rund 700 Auslandssyrer aus allen Teilen der Welt an. Vizepräsidentin Najah al-Attar mahnte, sie alle trügen große Verantwortung, »um die Heimat vor internationalen Aggressionen zu schützen«, und warb um Investitionen in Tourismus und Kultur, Banken und Versicherungen und in Medien, um Syrien zu stärken. Die Regierung hatte vierzehn Minister verschiedener Ressorts geschickt, die in Arbeitsgruppen und Plenumsdiskussionen den Teilnehmern Rede und Antwort stehen mussten. Es ging um Sonnenenergie und Stammzellenproduktion, um Joint Ventures (Zusammenschluss von Unternehmen) und um Investitionssicherheit. Als der Moderator der Arbeitsgruppe Tourismus für Massentourismus an syrischen Stränden warb, erntete er laute Buhrufe.

Teilnehmer wie der Nierenspezialist Dr. Aboudan zeigten sich beeindruckt von der offenen Atmosphäre. Früher habe man etliche Stufen zu überwinden gehabt, um einen Minister zu sehen, meinte der Arzt, der seit Ende der 1950er-Jahre in Deutschland lebt. »Präsident Bashar al-Assad hatte kurz nach Amtsantritt die Minister aufgefordert, sie sollten zum Volk hingehen, mit dem Volk sprechen und sich die Probleme anhören.« Die Konferenz sei der beste Beweis dafür, dass es wirklich Fortschritte gebe.

Aboudan, der aus Aleppo stammte, entschied sich, eine Nierenklinik in seiner Heimatstadt aufzubauen. »Wir müssen etwas für unsere Heimat tun, das ist unsere Pflicht« (Damaskus 2007, Gespräch mit der Autorin).

Die Entwicklung hatte ursprünglich auch der Oppositionsbewegung Auftrieb verschafft. Ermutigt von der neuen Offenheit, diskutierten sie ihre Anliegen in der Öffentlichkeit. In den großen Städten Syriens organisierten sie mal privat, mal öffentlich »Salons«, Treffen, bei denen über politische Veränderungen diskutiert wurde. Oppositionelle kehrten zurück, nahmen ihre politische Arbeit wieder auf und gründeten eine neue Existenz. Politikwissenschaftler, Historiker, Menschenrechtler flogen ein, um Vorträge zu halten und mitzudiskutieren, es begann ein reger Austausch. Der Ausnahmezustand sollte aufgehoben werden, die Verfassung wollte man ändern. Mehr Parteien sollten zugelassen werden, Kurden sollten als syrische Staatsbürger akzeptiert werden und Pässe erhalten. Sie sollten ihre kurdische Sprache in den Schulen lernen können, Zeitungen und Fernsehen in Kurdisch erhalten, das und noch vieles mehr wurden bei den Treffen debattiert. Man sprach von einem »Damaszener Frühling« und hoffte auf Veränderungen.

Die Geheimdienste beobachteten die Entwicklung mit Argusaugen. Die Botschaft des Präsidenten, das Land zu verändern, stieß besonders bei der politischen Polizei auf taube Ohren. Jede außenpolitische Krise – und es gab viele – führte dazu, dass die Zügel neu angezogen wurden. Es kam zu Verhaftungen und Einschüchterungen. Doch die Opposition gab nicht auf, Assad vermittelte den Eindruck, an ihrer Seite zu stehen. Bei der »alten Garde« in den Geheimdiensten aber konnte er sich nur mühsam durchsetzen. Manche warfen ihm vor, er meine es mit den Reformen nicht ernst. Sein Vater hatte bei Differenzen hart durchgegriffen und so seine Autorität behauptet. Bashar, wie er von der Bevölkerung genannt wurde, suchte den Ausgleich, um den innenpolitischen Spielraum für die notwendigen Veränderungen zu erweitern. Schwäche wurde ihm von beiden Seiten vorgehalten, sowohl von der »alten Garde« als auch von der Opposition. Die Gesellschaft driftete auseinander.

Fortschritte und Rückschläge

Bei der ersten Konferenz der Baath-Partei seit dem Amtsantritt von Bashar al-Assad wurden im Juni 2005 die Weichen weiter auf Reformkurs gestellt. Führende Politiker traten zurück, darunter die Vizepräsidenten Abdul Halim Khaddam und Zuhayr Masharka, der ein Jahr später an einem Herzinfarkt starb. Verteidigungsminister Mustafa Tlas zog sich zurück, ebenso der stellvertretende Generalsekretär der Baath-Partei, Abdullah al-Ahmar. Manche dieser Männer waren seit 1963 im Amt gewesen. Die Konferenz beschloss, ein Mehrparteiensystem in Syrien einzuführen. Die neuen Parteien sollten unabhängig sein und nicht weiter gezwungen werden, Teil der Nationalen Fortschrittsfront im Parlament zu werden.

Wiederholt kam es zu bewaffneten Angriffen, die offiziellen Berichten zufolge von islamistischen Gruppen ausgingen, für die Geheimdienste ausreichend Grund, die Zügel kurz zu halten. 2003 starben bei einer Explosion und anschließenden Gefechten fünf Menschen vor einem ehemaligen UN-Gebäude in dem Damaszener Stadtteil Mezzeh. 2005 wurden bewaffnete Gruppen am Qassioun-Berg und an der syrisch-libanesischen Grenze gestellt. Ein Anschlag auf den Justizpalast im Herzen von Damaskus wurde im gleichen Jahr vereitelt. 2006 wurden bei Protesten gegen die »Mohammad-Karikaturen«, die in einer dänischen Zeitung veröffentlicht worden waren, die dänische und norwegische Botschaft attackiert. Ende des Jahres konnte ein Autobombenanschlag auf die US-Botschaft verhindert werden. 2008 starb ein hochrangiger Hisbollah-Kommandant in Damaskus durch eine Autobombe, und im Herbst des Jahres explodierte eine Bombe in einem Damaszener Außenbezirk und riss siebzehn Menschen in den Tod.

Internationale Schlagzeilen machten Verhaftungen im Mai 2006, nachdem rund 300 Syrer und Libanesen eine »Damaskus-Beirut-Erklärung« veröffentlicht hatten. Die Unterzeichner appellierten an die syrische Regierung, die Beziehungen zum Libanon zu verbessern. Zehn Oppositionelle wurden festgenommen, darunter international bekannte Personen wie der Anwalt Anwar al-Bunni, der Journalist Michel Kilo und Mahmoud Issa. Alle hatten schon früher in Haft gesessen. Amnesty International startete eine Kampagne zu ihrer Freilassung. Der Vertreter der EU-Kommission in Damaskus forderte die Regierung auf, alle »Gewissensgefangenen« umgehend freizulassen. Die EU, die seit 2003 mit Syrien über ein Assoziierungsabkommen verhandelte, kritisierte, dass sich die Menschenrechtslage in Syrien seit Anfang 2006 »grundlegend verschlechtert« habe. Das Außenministerium in Damaskus reagierte gereizt auf diese »inakzeptable Einmischung in die inneren Angelegenheiten«. Wenig später – am Pfingstwochenende Anfang Juni 2006 – fand in London die Gründungskonferenz der Nationalen Rettungsfront (NSF) statt, einer Sammlung syrischer Oppositionsgruppen. An dem Treffen nahmen kurdische Organisationen, Kommunisten und die Muslimbruderschaft teil. Auch Syriens ehemaliger Vizepräsident Abdul Halim Khaddam, der inzwischen in Paris lebte, war gekommen. Khaddam hatte Syrien 2005, nach der oben erwähnten Konferenz der Baath-Partei, verlassen und begonnen, den Sturz von Präsident Assad zu fordern. Die syrische Regierung habe »jeden Existenzgrund« verloren, so Khaddam auf der Oppositionellenkonferenz in London. Es sei Zeit für einen »Regimewechsel und für Demokratie«. Syrien solle ein moderner, demokratischer und ziviler Staat werden, in dem die Bevölkerung ihren Willen durch freie und faire Wahlen zum Ausdruck bringen solle, hieß es in der Abschlusserklärung des Londoner Treffens. Die Syrer wurden aufgefordert, »die Barrieren der Angst« niederzureißen und die Regierung von Bashar al-Assad mit friedlichen Mitteln zu stürzen. Die syrischen Streitkräfte wurden aufgefordert, nationale und historische Verantwortung zu übernehmen und eine »Armee des Volkes« zu werden. In Damaskus verstand man das als einen Aufruf zum Putsch. Die innersyrische Opposition distanzierte sich von dem Londoner Treffen. Im Mai 2007 wurde Assad bei neuen Wahlen für sieben weitere Jahre im Amt bestätigt. Andere Kandidaten gab es nicht.

Flüchtlingsstrom aus dem Irak

Die innenpolitische Lage in Syrien war angespannt, doch wirtschaftlich ging es mit in- und ausländischen Investitionen und Neuerungen voran. Vor allem der Tourismussektor entwickelte sich rasant. Alte Hotels wurden renoviert, neue gebaut, Arbeitsplätze wurden geschaffen. Anziehungspunkt waren die großartigen historischen Stätten des Landes, die zu bewundern waren und die in jahrzehntelanger, mühsamer und geduldiger Arbeit von Archäologen aus aller Welt in ihrer ganzen Pracht ans Tageslicht befördert worden waren. Museen und Grabungshäuser zeigten die kostbaren Fundstücke, die vom Licht und den Schatten der langen Geschichte berichteten. Ausländische staatliche und nichtstaatliche Entwicklungsagenturen unterstützten die Arbeit. Die Altstadt von Aleppo, die zum Weltkulturerbe gehört, war samt Abwassersystem unter hohem finanziellem Aufwand restauriert worden. Die Altstadt von Damaskus wurde in Zusammenarbeit mit syrischen Fachleuten vermessen, um auch sie zu restaurieren.

Doch während viele von den Neuerungen profitierten, kämpften andere um ihre Existenz. Betroffen waren vor allem die Bauern und Viehhirten im Nordosten des Landes, wo wieder einmal eine mehrjährige Trockenheit ihre Existenzen bedrohte. Gefangen in einer ökonomischen Umbruchphase, reagierte die Regierung zu spät auf die Sorgen der Bauern. Das Land war dabei, die sozialistische Planwirtschaft in eine Marktwirtschaft umzuwandeln. Staatliche Unternehmen, selbst die Wasserversorgung, sollten privatisiert werden. Dafür sollte es internationale Unterstützung geben; das war der Preis für die Annäherung an Europa. Im Zuge dieser Veränderungen sollten Subventionen abgebaut werden, Preiserhöhungen standen an. Um Wasser zu sparen, wurden zudem neue Bewässerungssysteme eingeführt, an denen die Bauern nicht nur ausgebildet werden mussten, sondern die auch von ihnen bezahlt werden sollten. Nur wenige konnten das. Die meisten hatten Pumpen, um Wasser für ihre Felder und ihr Vieh aus dem Euphrat oder aus unterirdischen Wasserspeichern zu fördern. Dafür brauchten sie Diesel, das nicht weiter subventioniert werden sollte. Im und außerhalb des Parlaments wurden Proteste laut, viele lehnten den neuen wirtschaftlichen Kurs ab.

Tausende Bauern gaben auf, und wieder erreichte eine Welle Landflüchtiger die großen Städte. Dort aber wurde die Arbeit knapp, weil Wirtschaftsabkommen mit der Türkei die heimische Industrie in die Knie zwangen. 2004 war ein Freihandelsabkommen mit der Türkei vereinbart worden, das Anfang 2007 in Kraft trat. Türkische Unternehmen überschwemmten den syrischen Markt mit ihren Textil- und Lederprodukten, mit Lebensmitteln und mit Möbeln, die in Syrien zumeist in Familienbetrieben hergestellt worden waren. Die syrischen Produzenten konnten nicht mithalten und mussten aufgeben. Zu Tausenden bevölkerten sie die Märkte als Tagelöhner.

International weitgehend unbeachtet blieb, dass Syrien seit 2003 Hunderttausende irakischer Flüchtlinge – Christen, aber noch mehr Muslime – aufgenommen hatte. Zunächst waren sie vor der US-amerikanischen Invasion geflohen. 2005 und 2006 aber wurden sie in großen Massen von einem mörderischen Konfessionskrieg zwischen Sunniten und Schiiten aus dem Land getrieben. Lange Autoschlangen bildeten sich an den Grenzübergängen, wer Geld hatte, kam mit dem Flugzeug aus Bagdad oder Basra nach Damaskus. Im Sinne der arabischen Gastfreundschaft brauchte kein Araber, also auch kein Iraker ein Visum, um nach Syrien einzureisen. Sie waren als Gäste willkommen. Schulen nahmen die Kinder auf, die Krankenhäuser behandelten die Kranken.

Viele brachten Geld und ihre Ersparnisse mit, mieteten Wohnungen und Häuser, was die Preise in die Höhe trieb. Im palästinensischen Flüchtlingslager Yarmuk, ein südlicher Stadtteil von Damaskus, vermietete manch ein Palästinenser die eigene Wohnung für gutes Geld und zog selber zu Verwandten (aus Gesprächen der Autorin mit Bewohnern von Yarmuk 2007/2008).

Einige Iraker konnten mit einem syrischen Partner oder Verwandten Geschäfte eröffnen oder in Betriebe einsteigen. Bekannte irakische Bäckereien und Busunternehmen eröffneten eigene Filialen in Vororten wie Jaramana oder Zaida Zainab, die sehr stark von Irakern geprägt waren. Jaramana war ein Stadtteil, in dem vor allem Christen und Drusen lebten und der für seine Offenheit bekannt war. In Zaida Zainab zog die Grabmoschee der Zainab traditionell schiitische Muslime aus Irak, Iran und anderen Ländern an. Zainab war die Enkelin des Propheten Mohammad und Tochter von Ali ibn Abi Talib, dem schiitische Muslime als rechtmäßigem Nachfolger des Propheten Mohammad folgen. Der Vorort verwandelte sich zunehmend. Im Volksmund wurde eine zentrale Einkaufsstraße in »Bagdad-Straße« umbenannt, weil man dort irakische Spezialitäten bis hin zu Masgouf kaufen konnte, einem auf Holzkohle gebratenen Fisch. 2007 nahm Syrien mehr als 1,5 Millionen Iraker auf, und in der sunnitisch-muslimischen Bevölkerung machte sich konfessionell geprägter Unmut breit. Gerüchte wurden laut, dass der Iran über die schiitisch-muslimischen Iraker eine »fünfte Kolonne« nach Syrien einschleuse. Die syrischen Geheimdienste verfolgten die Entwicklung aufmerksam.

2008 wurde die Belastung für Syrien zu groß. Durch den Zustrom an Menschen war der Wasserverbrauch um zwanzig Prozent gestiegen, die Schulen mussten in zwei Schichten arbeiten, um die irakischen Kinder aufzunehmen. Krankenhäuser waren überlaufen – die Regierung zog die Reißleine. Eine Visumspflicht für Iraker wurde eingeführt, und der stellvertretende Außenminister Faisal Mekdad wandte sich mit einem Appell an die internationale Gemeinschaft und bat – für die Versorgung der irakischen Flüchtlinge – um 257 Millionen US-Dollar Hilfe. Wichtiger aber sei, die Lage im Irak zu beruhigen, damit die Menschen wieder in ihre Heimat zurückkehren könnten. Die Organisationen der Vereinten Nationen bauten ihre Präsenz in Syrien aus. Das Flüchtlingshilfswerk (UNHCR), das Kinderhilfswerk (UNICEF), das Welternährungsprogramm (WFO) und viele weitere UN-Organisationen öffneten Büros und starteten umfangreiche Hilfsprojekte. Das Internationale Komitee vom Roten Kreuz, das ursprünglich nach Syrien gekommen war, um den Vertriebenen der Golanhöhen zu helfen, weitete seine Mission ebenfalls aus. Bei diesen großen internationalen Organisationen fanden viele junge Syrer Arbeit und konnten praktische Erfahrungen in der humanitären Hilfe und im zivilgesellschaftlichen Engagement sammeln.

Aufbruch und Lähmung

2010 herrschte in Syrien Aufbruchsstimmung. Das Tourismusgeschäft boomte, für 2011 waren die Hotels ausgebucht. Während in Tunesien und Ägypten der »Arabische Frühling« begann, nutzten die Hotelunternehmer die Wintersaison, um notwendige Reparaturen und Ausbauten in ihren Häusern vorzunehmen. Neue Fenster wurden eingesetzt, Bäder erneuert, Möbel ausgetauscht. In Erwartung der neuen Saison 2011 würden sich die Investitionen schnell auszahlen. Die ausgeweitete Zusammenarbeit mit europäischen Ländern hatte das Investitionsklima verbessert. Europäische Firmen hatten Niederlassungen in Syrien eröffnet und boten Ausbildungsstellen an. Entlang der östlichen Ausfallautobahn von Damaskus nach Homs reihten sich moderne Autosalons aneinander – von Fiat bis Chrysler: – keine Marke fehlte. Internationale Ölfirmen hatten die Ölfelder im Osten des Landes modernisiert. Syrien konnte einen Teil des Öls nach Europa exportieren und verdiente genug, um das Land schuldenfrei zu halten. An den Universitäten unterrichtete internationales Lehrpersonal, Studenten aus aller Welt lebten in Damaskus, wo man bekanntlich das beste Hocharabisch lernen konnte. Ministerien kooperierten mit europäischen Stellen, um Korruption zu bekämpfen, Bürokratie abzubauen und »gute Regierungsführung« zu lernen. Ausländische Fernsehsender wie die *Deutsche Welle* und *Al Jazeera* arbeiteten mit syrischen Medien zusammen, um die Ausbildung zu modernisieren. In Freihandelszonen in Damaskus und Aleppo konnte ausländische Firmen, auch Medien, eigene Büros eröffnen. Private Zeitungen und Monatsmagazine in englischer Sprache nahmen ihre Arbeit auf und boten jungen, aufstrebenden Syrern Arbeit. Das monatliche Magazin *Syria Today* lag in Hotels aus und wurde an den Kiosken verkauft. Hier wurde über Politik und Wirtschaft, Kultur und Soziales berichtet. Aktivisten von Nichtregierungsorganisationen kamen darin auch zu Wort, die kritisierten, dass geschiedene Frauen, Waisen und unverheiratete Männer von einer staatlichen Unterstützung für Heizkosten ausgenommen bleiben sollten. Ein weiteres Magazin war das *Forward Magazine*, das auch in den westlichen Botschaften in Damaskus aufmerksam gelesen wurde. Die Welthandelsorganisation (WTO) sagte Syrien einen steilen wirtschaftlichen Aufstieg voraus. Sollte es so weitergehen, werde das Land 2015 auf Platz 5 der arabischen Ökonomien stehen, so die Prognose.

Syrien hatte sich geöffnet, wie Bashar al-Assad es bei seinem Amtsantritt versprochen hatte. Das Land war nicht mehr mit dem Syrien des Jahres 2000 zu vergleichen. Bashar galt als vertrauenswürdig, wenn auch so mancher ihm die politische Durchsetzungskraft absprach. Er habe »keinen Hunger«, hörte man auch, was hieß, dass Bashar sich nicht an Syrien bereichere. Dennoch hing über der Modernisierung eine große dunkle Wolke. Rami Makhlouf, Cousin des Präsidenten aus der Familie seiner Mutter, nutzte die wirtschaftliche Öffnung, um ordentlich abzukassieren. Er hatte sich und seinen Einfluss in zentralen Bereichen der modernen Technologien etabliert, es gab kaum ein lukratives Geschäft, bei dem Makhlouf nicht mit verdiente. Sichtbarstes Beispiel war das Mobilnetzwerk Syria Tel, eines von zwei Unternehmen in diesem Sektor. Die Korruptionskampagne, mit der der Präsident 2000 gestartet war, hatte zwar in den Ministerien und staatlichen Institutionen einiges bewirkt. Doch Makhlouf schien unantastbar.

Unangetastet blieben auch die Machtstrukturen in Armee und Geheimdiensten. Assad hatte einige Milizen aufgelöst, wie die sogenannten »Schabiha«, die »Geister«. Doch die grundlegenden Strukturen – die auch regional und international mit anderen Geheimdiensten kooperierten – waren intakt. Und damit hatten sich Machtzentren erhalten, die sich der Kontrolle des Präsidenten zwar offiziell unterordneten, de facto aber jederzeit entziehen konnten.

Die Verfassungsdiskussion war ins Stocken geraten, die Forderung, rund 120 000 Kurden im Nordosten des Landes die Bürgerrechte und syrische Pässe zu gewähren, verhallte unerfüllt. Nach wie vor war die Baath-Partei die stärkste politische Macht in Stadt und Land und kontrollierte staatliche Institutionen. Inmitten der vielen Veränderungen herrschte eine Lähmung, die viele Menschen ratlos zurückließ. »So viele Gesetze hat er erlassen, um Syrien zu verändern«, meinte der Galerist Ghassan Khoury in der Altstadt von Damaskus. »Aber was nutzt es, wenn wir Syrer ihn nicht unterstützen? Ich, Ghassan, muss mich ändern, damit Syrien sich verändert. Aber es gibt viele, die dazu nicht bereit sind« (Gespräch mit der Autorin Damaskus, 2010).

Das Land sichern, die Souveränität wahren

Unter das Motto im Kapiteltitel lässt sich die Außenpolitik von Bashar al-Assad zusammenfassen. Sicherheit für Syrien werde es geben, wenn man mit den Nachbarn friedlich kooperiere, so sein Ansatz. Dem Ziel diente die »Fünf-Meeres-Strategie«, nach der man sich außenpolitisch neu aufstellen wollte. Die Idee war, die Staaten zwischen dem Mittelmeer, dem Roten Meer, dem Schwarzen Meer, dem Kaspischen Meer und dem Golf durch Handel, Technologietransfer und Infrastruktur miteinander zu verbinden. Der syrische Journalist und Historiker Sami Moubayed sah das Vorbild dafür in der Umayyaden-Dynastie (661–750), die ihre Händler damals sogar bis zur Ostsee schickte (Moubayed 2010). Das Vorbild der jüngeren Geschichte war für die syrischen Außenpolitiker Europa, das es nach zwei großen Kriegen im 20. Jahrhundert geschafft hatte, sich durch Handel und Austausch zu versöhnen.

Erstmals hatte Bashar al-Assad darüber gesprochen, als er 1999 die Vereinigten Arabischen Emirate besuchte, noch vor seinem Amtsantritt. Die Idee war bestechend. Man wollte eine »Nahost-Union« schaffen, in der Syrien als Drehscheibe für den Transport von Öl und Gas, von Waren aller Art, von Menschen und Ideen dienen wollte. Vom Kaukasus bis zum Arabischen Golf, vom Iran bis nach Europa könnten 288 Millionen Menschen aus mehr als einem Dutzend Staaten über Syrien miteinander verbunden werden. Nach dem Motto »Wandel durch Handel« sollten das gemeinsame Potenzial und die Interessen die Staaten verbunden und ein Wirtschaftsblock geschaffen werden, der international nicht hätte ignoriert und nicht ohne Weiteres hätte angegriffen werden können. Wie Europa. Der damit verbundene Frieden würde allen nutzen.

Die Idee einer solchen »Nahost-Union« sollte andere Staaten um Syrien herum versammeln, erläuterte der stellvertretende Außenminister Faisal Mekdad (Gespräch mit der Autorin, 2010). Ohne Zusammenschluss und Integration dieser Staaten bliebe die syrische Politik in der Region erfolglos. »Diese Region ist empfindlich«, und nur die Zusammenarbeit könne Frieden beschleunigen, so Mekdad. »Wir brauchen uns gegenseitig.« Die Idee war nichts weniger, als die politischen Karten in der Levante neu zu mischen. Wichtigster Partner erschien Damaskus dabei die Türkei zu sein, die mit ihrer »Vision 2023«, nach der die Türkei am hundertsten Jahrestag ihres Bestehens zu den zehn stärksten Volkswirtschaften der Welt gehören soll, großes Interesse an dem Plan signalisierte. In der Türkei gebe es »eine demokratische Regierung, die nicht die Region oder ihre Nachbarn kontrollieren, sondern mit ihnen wirtschaftlich zusammenarbeiten will«, zeigte sich Mekdad überzeugt. Ankara strebe Kooperation und Integration an, »uns verbinden gute, nachbarschaftliche Beziehungen von strategischer Bedeutung«.

Für Bashar al Assad war die »Nahost-Union« eine »Win-win«-Strategie. Alle Beteiligten und vor allem Syrien würden davon profitieren. Syrien ging auf die Nachbarn zu, baute Beziehungen auf und aus, für Staatschefs vom Golf wurde in Damaskus der rote Teppich ausgerollt.

Mit der Türkei wurde gleich 2000 eine türkisch-syrische Handelskammer gegründet. 2004 folgte ein Freihandelsabkommen, das 2007 in Kraft trat. Zwei neue Grenzübergänge wurden geöffnet, die Visumspflicht für die Bürger beider Länder abgeschafft. In Planung waren eine syrisch-türkische Handelsbank sowie der Bau einer Hochgeschwindigkeitsstrecke für Züge, die Aleppo mit Gaziantep verbinden sollte. Türkische Laster, die ihre Güter auf die Arabische Halbinsel, nach Jordanien und von dort nach Israel transportierten, hatten durch Syrien freie Fahrt. Mehr als fünfzig Abkommen wurden unterzeichnet, und das Ehepaar Assad, erklärte Säkularisten, besuchte das Ehepaar Erdoğan, erklärte Anhänger der Muslimbruderschaft, mehrmals.

Mit Jordanien, Libanon und der Türkei wurde über eine Freihandelszone verhandelt. Eine Autobahn mit etlichen Nebenstrecken sollte die Länder miteinander verbinden. Mit den Golfstaaten, wo bereits ein ehrgeiziges Schienennetz in Angriff genommen worden war, wollte Syrien das eigene Schienennetz – das vor dem Ersten Weltkrieg von Deutschen, Franzosen und Briten gebaut worden war – verbinden. »Was kann besser sein«, so Faisal Mekdad optimistisch. »Eines Tages werden Leute aus Kuwait, Bahrain, Katar, den Emiraten, Oman, Saudi-Arabien und Jemen bis London mit der Eisenbahn fahren. Durch ganz Europa!« (Gespräch mit der Autorin 2010).

Assad reiste in die Ukraine, nach Weißrussland und nach Aserbeidschan, um über den Ausbau von Straßen, Häfen, Flughäfen und Eisenbahnlinien zu verhandeln. Syrien setzte für den eigenen Fünf-Jahres-Plan (2010–2015) mehr als siebzig Milliarden US-Dollar ein, um entsprechende Infrastrukturmaßnahmen voranzutreiben. International suchte er den Kontakt zu den BRICS-Staaten (Brasilien, Russland, Indien, China, Südafrika), die ein Gegengewicht zu den USA und ihrem Anspruch, alleinige Weltmacht zu sein, schaffen wollen.

Das Emirat Katar zeigte sich an Syrien besonders interessiert und investierte in verschiedene Projekte. Eine Bank wurde geöffnet, Damaskus stellte dem Emir Hamad bin Khalifa al-Thani unweit der Hauptstadt einen Hügel zur Verfügung, wo er sich einen Palast baute. Der wahre Grund für das große Interesse wurde spät bekannt: Katar wollte Teile der 1948 gebauten Transarabischen Pipeline nutzen und für zehn Milliarden US-Dollar eine Gaspipeline durch Saudi-Arabien, Jordanien, Syrien in die Türkei bauen, um von dort aus das Gas auf dem europäischen Markt zu verkaufen. So konnte es sich den teuren Seeweg sparen, die Transferländer hätten reichlich Gebühren kassiert, und Europa wäre erfreut gewesen, das Gas aus Katar zu kaufen, um die Abhängigkeit von Russland zu reduzieren, das siebzig Prozent seines Gases nach Europa exportiert. Russland, Verbündeter Syriens seit der Zeit der Unabhängigkeit, war alarmiert. Die Katar-Pipeline hätte den Einfluss der Golfstaaten, Europas und der USA in der Region gestärkt. Russland steuerte dagegen. 2009 erklärte Assad, er werde dem Pipelineprojekt nicht zustimmen, »um die Interessen unseres Verbündeten Russland zu schützen« (Kennedy 2016).

Stattdessen unterstützte Assad eine »Islamische Pipeline«, die der Iran mit Russland abgestimmt hatte. Durch diese sollte iranisches Gas durch den Irak und Syrien in den Libanon gepumpt und von dort nach Europa transportiert werden. Damit wäre die Achse Teheran–Bagdad–Damaskus–Beirut gestärkt worden, vor der der jordanische König Abdullah schon 2004 gewarnt hatte, als er den Begriff des »schiitischen Machtbogens« ins Spiel brachte (*Washington Post*, 8.12.2004).

Wikileaks veröffentlichte Geheimkorrespondenzen verschiedener US-amerikanischer Stellen, aus denen hervorgeht, dass seit 2006 über Wege nachgedacht wurde, wie man den syrischen Präsidenten aus dem Weg räumen könnte. 2006 war es die große Beliebtheit, die Bashar al-Assad auf der »arabischen Straße« (wie man die Öffentlichkeit in den arabischen Ländern auch nennt), genoss, die seine politischen Gegenspieler irritierte. Er hatte sich nicht nur dem Irakkrieg 2003 vehement widersetzt, auch seine klare Position gegen den israelischen Angriff auf den Libanon (2006) hatte ihn sehr populär gemacht. Nun, da er sich erneut gegenüber westlichen Interessen in der Region unkooperativ gezeigt hatte, begann die CIA damit, oppositionelle Gruppen in Syrien zu unterstützen (Kennedy, 2016).

In den bereits 2006 veröffentlichten Korrespondenzen wurden verschiedene Themen aufgezählt, mit denen der syrische Präsident unter Druck gesetzt werden sollte: Sondertribunal zur Ermordung von Rafik Hariri (in Den Haag), Lage der Kurden, politische Gefangene, Folter, die Beziehung mit dem Iran und die Angst syrischer Sunniten vor wachsendem iranischem Einfluss, Spaltung in der Armee und mehr wurden genannt (https://wikileaks.org/plusd/cables/06DAMASCUS5399_a.html).

Der »Islamische Staat« entsteht

Die außenpolitischen Entwicklungen in der Region brachten die Reformpolitik Syriens ins Stocken. Noch vor seiner Wahl zum Präsidenten Syriens im Jahr 2000 hatte Assad in Damaskus Besuch von UN-Generalsekretär Kofi Annan erhalten. Der wollte und sollte sicherstellen, dass Syrien an den unter dem Vater begonnenen Gesprächen mit Israel festhalten würde. Syrien sei »bereit, mit der UNO zusammenzuarbeiten, um einen gerechten und umfassenden Frieden im Mittleren Osten zu erreichen«, sagte Assad. Friede sei eine strategische Aufgabe. Aber Syrien werde dafür nicht den Preis bezahlen, dass es Land verlieren oder die Souveränität aufgeben werde.

Der Angriff auf das Welthandelszentrum in New York (September 2001) lenkte die Politik in eine andere Richtung. US-Präsident George W. Bush rief den »internationalen Kampf gegen den Terror« aus und kündigte einen Kreuzzug gegen den islamischen Terror an. Afghanistan, Iran und Irak wurden zur Zielscheibe und auf die »Achse des Bösen« verfrachtet. Syrien, das eine Partnerschaft mit dem Iran hatte, geriet ebenfalls ins Visier. Assad erklärte, den Kampf gegen den Terror zu unterstützen, und sollte in den folgenden Jahren die geheimen Programme der USA so weit mittragen, dass in syrischen Gefängnissen tatsächliche oder vermeintliche »Terroristen«, die andernorts von US-Sondereinheiten verschleppt worden waren, unter Folter Geständnisse ablegten.

Der Druck der USA erhöhte sich, als Syrien sich weigerte, die Invasion im Irak (2003) zu unterstützen. Wirtschaftssanktionen wurden verhängt, und es wurde offen damit gedroht, dass Syrien nach dem Irak das nächste

Ziel sein könne. Assad ließ sich nicht einschüchtern und ließ vielmehr zu, dass islamistische Gruppen, die in Syrien inhaftiert oder verfolgt wurden, in den Irak einsickern konnten, um dort die US-Truppen anzugreifen. Die USA verhängten neue Sanktionen und legten Damaskus klare Forderungen vor. Die syrische Armee müsse sich aus dem Libanon zurückziehen, die Unterstützung für die Hisbollah und palästinensische Gruppen müsse eingestellt und die Kontakte zum Iran müssten gekappt werden. Als am Valentinstag 2005 der ehemalige libanesische Ministerpräsident Rafik Hariri Opfer eines Attentats wurde, bei dem mit ihm weitere 22 Menschen in den Tod gerissen wurden, brachen die USA die diplomatischen Beziehungen zu Syrien ab. Frankreich unterstützte die USA im UN-Sicherheitsrat, eine Resolution (1559) gegen Syrien zu verabschieden. Große Demonstrationen in Beirut machten Assad klar, dass die syrische Armee im Zedernstaat nicht mehr erwünscht war. Er ordnete den Abzug an, der rasch vollzogen wurde. 2008 nahmen Libanon und Syrien diplomatische Beziehungen auf.

Trotz massiven Militäraufgebots der US-Streitkräfte beruhigte sich die Lage im Irak nicht. Islamistische Gruppen, die von verschiedenen Seiten unterstützt wurden, sahen sich Milizen gegenüber, die vom Iran unterstützt wurden. Die Religion, der bisher eher auf Gelehrtenebene stattfindende sunnitisch-schiitische Streit über die Rechtmäßigkeit der Nachfolge des Propheten Mohammad, wurde zum Vorwand für einen regionalen Machtkampf zwischen Iran und Saudi-Arabien. Syrien begann mit den USA zu kooperieren und ging gegen die islamistischen Kämpfer vor, die durch sein Territorium ungehindert in den Irak gelangt waren. Der zunehmende Druck auf die Islamisten führte in Syrien zu Anschlägen. Im Irak führte der Druck zu einem Richtungsstreit. Von al-Qaida im Irak trennte sich eine Gruppe ab, die sich Islamischer Staat im Irak (ISI) nannte und schreckliche Anschläge gegen Minderheiten und Frauen, aber auch gegen irakische Polizeikräfte verübte. Sie wollte ein Kalifat im Irak errichten und wurde unterstützt von sunnitisch-muslimischen Stämmen, die im Grenzgebiet zwischen Irak und Syrien lebten. Einige der Mitglieder hatten Jahre in US- oder britischer Militärhaft verbracht, andere hatten schon in Afghanistan Kampferfahrungen gesammelt.

Kämpfe im Irak, Kämpfe zwischen der Hisbollah und Israel, Kämpfe zwischen Israel und der Hamas im Gazastreifen – die Region kam nicht zur Ruhe. Verhandlungen zwischen Syrien und Israel lagen auf Eis, zumal die israelische Luftwaffe wiederholt Ziele in Syrien bombardiert hatte. In einem Fall wurde ein Palästinenserlager bei Damaskus zerstört, ein anderes Mal eine angebliche Nuklearanlage im Bau (»Operation Obstplantage«). Syrien protestierte gegen die Luftangriffe als Missachtung seiner staatlichen Souveränität, der Protest blieb ohne Folgen.

2008 startete zunächst Großbritannien einen neuen Vermittlungsversuch und schickte Außenminister David Miliband nach Damaskus. Wenige Monate später traf der langjährige US-Botschafter im Libanon, Jeffrey Feltman, ein, damals im US-Außenministerium für den Nahen Osten zuständig. Kurz darauf folgte George Mitchell, US-Beauftragter für den Mittleren Osten. Die Türkei hatte angeboten, eine neue Gesprächsrunde zwischen Israel und Syrien in der Türkei auszurichten. Allerdings trafen beide Seiten nicht persönlich zusammen, die Türkei trug Botschaften von einem Raum zum anderen. Die Treffen wurden geheim gehalten. Erneut ging es um die Golanhöhen, deren Rückgabe Syrien nach wie vor forderte. Israel schlug eine gemeinsame Kontrolle und sogar einen für alle zugänglichen Freizeitpark vor. Syrien sollte im Gegenzug seine Unterstützung für die Hisbollah und die Hamas und seine Beziehungen zum Iran einstellen, Fortschritte gab es nicht. Als Israel am 27. Dezember 2008 einen Krieg gegen den Gazastreifen begann («Operation Gegossenes Blei«), brach Syrien die Verhandlungen ab.

Europa zugewandt

Nach dem Ende der UdSSR war Syrien sehr bereit, mit der Europäischen Union neue Kontakte aufzunehmen. 1995 hatte die EU die Euro-Mediterrane Partnerschaft (Barcelona-Prozess) ins Leben gerufen, in der die europäischen Staaten und die arabischen und nordafrikanischen Anrainerstaaten des Mittelmeeres politisch, wirtschaftlich und kulturell kooperieren sollten. Der französische Präsident Nicolas Sarkozy trieb, darauf aufbauend, die Bildung einer Mittelmeerunion voran, die im Juli 2008 in Paris gegründet wurde. Zu der Gründungsfeierlichkeit hatte Sarkozy den syrischen Präsidenten eingeladen, was in vielen europäischen Zeitungen mit scharfer Kritik kommentiert wurde. Für Bashar al-Assad, der mit seiner Frau Asma nach Paris gekommen war, wurde die Einladung ein großer Erfolg, zumal er gleich noch einen Ehrenplatz bei der Parade zum französischen Nationalfeiertag (14. Juli) einnehmen konnte.

Die Interessen der arabischen und nordafrikanischen Staaten an der Mittelmeerunion waren sicherlich andere als die Interessen, die Frankreich damit verknüpfte. Syrien suchte wirtschaftliche Unterstützung und hoffte auf westliche Investitionen, man erwartete auch politische Unterstützung bei der Rückgabe der von Israel besetzten Golanhöhen. Paris dagegen wollte seinen Einfluss im Mittelmeer ausdehnen, Deutschland stemmte sich dagegen. Kurz nach der Gründung kam der Prozess ins Stocken, als Israel im Dezember 2008 den Krieg gegen den Gazastreifen begann. Erst 2010 nahm die Union ihre Arbeit auf, doch wiederholt wurden Gipfeltreffen verschoben, wegen anhaltender Spannungen zwischen Israel und den Palästinensern. Mit Beginn des »Arabischen Frühlings« (Dezember 2010/Januar 2011) trat der eingesetzte Generalsekretär zurück. Er kritisierte die Unfähigkeit der Union, auf die Ereignisse zu reagieren.

Um die Beziehungen zu Syrien zu vertiefen, hatte die Europäische Union 2003 Verhandlungen für ein Assoziierungsabkommen aufgenommen, die 2004 abgeschlossen wurden. Doch Vorbehalte auf beiden Seiten zögerten die Unterzeichnung der Vereinbarung hinaus. Einzelne EU-Staaten äußerten unter anderem Kritik an der Menschenrechtslage in Syrien, Syrien seinerseits mangelte es vermutlich an politischem Vertrauen und Entscheidungswillen. 2009 bekräftigte die EU erneut das Abkommen, das aber bis 2010 nicht zustande kam. In Brüssel wurde gerätselt, warum Syrien einen Termin zur Unterzeichnung am 26. Oktober 2009 in Luxemburg hatte verstreichen lassen. In der privaten Tageszeitung *Al Watan* (Damaskus) hieß es, die syrische Regierung habe »keine Einladung zur Unterzeichnung des Assoziierungsabkommens mit der EU erhalten«. Als Quelle gab die Zeitung »syrische Regierungsbeamte« an (»Verwirrung um EU-Assoziierungsabkommen mit Syrien«, *EurActiv.de*, 14.10.2009). Doch auch ohne die Unterzeichnung waren EU-Projekte möglich, weil es noch aus dem Jahr 1977 ein Kooperationsabkommen mit Syrien gab. Unterstützt wurden Projekte im »Finanz-, Energie-, Telekommunikations-, Gesundheits- und Wassersektor und Dezentralisierungsbestrebungen« (Auswärtiges Amt, »Länderinformationen«, Berlin April 2010).

Für die Syrer war wichtig, dass Europa in ihrem Land vertreten war und sie beim Umbau ihres Landes unterstützte. Sie konnten reisen und lernen, der Austausch gab vielen das Gefühl, zur modernen Welt dazuzugehören. Doch die Beziehungen waren nicht von Dauer. Nach Beginn der Unruhen im März 2011 brachen die Kontakte zwischen Syrien und der EU nach und nach ab. Anfang 2012 waren die meisten europäischen Botschaften in Damaskus geschlossen, die Vertretung der EU-Kommission setzte einen Notdienst ein.

Gabriele und Schafik Hamzé aus Sweida

Friede sei mit diesem Haus

Gabriele und Schafik Hamzé nach ihrer Vertreibung aus Era 2015: Die Kalligrafie mit dem Bibelspruch »Friede sei mit diesem Haus« hängt auch im neuen Zuhause.

Era ist ein kleiner Ort im Drusengebirge, südwestlich von Sweida gelegen. Auf manchen Landkarten heißt der Ort Ura oder Areh, wie ihn auch die britische Archäologin und Spionin Gertrude Bell nennt, die vor dem Ersten Weltkrieg die Drusengebiete mehrmals zu Pferde durchquert hatte. In Era oder Areh saß Bell im Haus des Atrash-Clans, einer einflussreichen Drusenfamilie, die in Syrien Geschichte schrieb. Gertrude Bell beschreibt den Ort in ihrem Reisetagebuch aus dem Jahr 1905 (siehe Bell 2015) als »schmutzig, voller Morast und unwirtlich«. Die Jungen sind Analphabeten, die nach Meinung von Bell den modernen Zeiten, die auf die Region unweigerlich zurollen, nicht gewachsen sein würden. Dennoch beschreibt sie die Drusen als »geborene Gentlemen«, die ihr bereitwillig über alles Auskunft geben, was sie zu wissen begehrt.

Mit Sultan Atrash war in dieser Zeit ein großer Kämpfer geboren worden, der sich 1925 mit seinen Leuten der französischen Mandatsmacht widersetzte. Der Aufstand, der 1927 von den Franzosen mit massiver Feuergewalt niedergeschlagen wurde, gilt als der erste in einer langen Kette von Aufständen, die Syrien bis zum endgültigen Abzug der Franzosen 1946 erschütterten.

Sweida ist die Provinzhauptstadt des Jabal al-Druze, dem Berg der Drusen, der auf den offiziellen syrischen Landkarten als »Jabal al-Arab« bezeichnet wird, »Berg der Araber«. Die Stadt liegt rund 1100 Meter über dem Meeresspiegel und war zunächst von den Osmanen, später von den Franzosen als Garnisonsstadt genutzt worden. Schon hundert Jahre vor unserer Zeitrechnung, wird Sweida als Handelszentrum der Nabatäer beschrieben. Dieses Nomadenvolk war aus der arabischen Wüste nach Norden vorgedrungen. Ihr Herrschaftssitz war Petra, eine Felsenstadt im heutigen Jordanien. Der griechische Name der Stadt Sweida war »Dionysias«, was Forscher darauf zurückführen, dass der Weinanbau in dieser Region schon in der Antike kultiviert worden war. Sweida hatte einen Tempel und ein Theater, dessen Überreste bis heute in der Stadt besichtigt werden können. Die Gegend rund um den Jabal al-Druze ist Lavagestein. Schon vor 2000 Jahren und mehr wurden Mauern mit dem markanten, typischen schwarzen Basaltstein gebaut.

Der Kinderumweltclub

Seit Jahrhunderten durchzogen Beduinenstämme mit ihrem Vieh ungestört das Land auf ihrem Weg vom Norden des Irak bis hinunter auf die Arabische Halbinsel, bis Mitte des 17. Jahrhunderts die Drusen aus dem Libanon das Land besiedelten. Sie waren vor Kämpfen in den Chouf-Bergen geflohen, weitere Auswanderungswellen folgten Anfang des 18. Jahrhunderts. Auch die Vorfahren von Schafik Hamzé kamen aus dem Libanon und siedelten sich damals zwischen Bosra und Sweida an, in Era, dem Familiensitz der Hamzé. Schafik Hamzé wurde 1936 geboren. Erinnerungen an die Franzosen hat er kaum. Ein Bruder, der sehr viel älter war als Schafik, war Colonel (Oberst) in der französischen Mandatszeit. Das weiß er aus den Familienerzählungen. Wirklich stolz ist er darauf, dass »die Drusen die Ersten waren, die die syrische Fahne hissten«. Es sei schon richtig, dass die Drusen sehr eigensinnig seien, doch mit der syrischen Nation seien sie eng verbunden: »Die Franzosen haben Syrien ja damals in sechs Republiken aufgeteilt, aber das hat nur sechs Monate lang funktioniert. Die Drusen haben das abgelehnt, und sie werden immer Syrer bleiben, etwas anderes kommt gar nicht infrage. Auch wenn man uns hier im Jabal politisch und wirtschaftlich oft vernachlässigt hat, sind wir ehrlich und treu. Es gibt keine Fabriken, keine Arbeit, nichts wie in anderen Regionen. Aber wir sind zufrieden. Und wir werden niemals etwas gegen Syrien tun. Dass wir mit anderen Ländern gegen Syrien konspirieren, ist unmöglich. Die Drusen machen so etwas nicht.«

Schafik Hamzé hat viele historische Phasen erlebt, er ist fest in seiner Heimat verwurzelt. Nach dem Abitur 1958 ging er nach Deutschland, um Maschinenbau zu studieren. Der Plan war, nach dem Studium zurückzukehren und bei der Entwicklung des Landes zu helfen. Doch es kam zunächst anders: »In München habe ich meine Frau kennengelernt, das war mein Glück! Ich arbeitete einige Zeit bei BMW, dann fand ich Arbeit in Algerien, wo wir fünfzehn Jahre blieben. Aber jedes zweite, dritte Jahr bin ich im Urlaub nach Syrien gefahren, bis wir Anfang der 1980er-Jahre ganz hierherkamen. Ich kam zurück, weil ich mein Land geliebt habe. Ich wollte für mein Land etwas tun. Ich habe unser Haus gebaut und die Plantage angepflanzt und aufgezogen. Weil es nicht viel Industrie gab hier im Jabal, wollte ich als Selbstständiger etwas aufbauen.« Es klappte nicht wie geplant, doch die Hamzé fanden einen Weg, »und wir haben gut gelebt.« Als er pensioniert war und auch seine Frau ihre Arbeit aufgab, zog das Ehepaar Hamzé ganz nach Era und baute ein Umweltzentrum für die Kinder auf.

»Ich hatte seit unserer Rückkehr nach Syrien im Deutschen Archäologischen Institut gearbeitet«, nimmt Gabriele Hamzé den Erzählfaden auf. »Eines Tages hörte ich von unserem Referenten, dass eine Kollegin, eine tolle syrische Archäologin, bei einer Umweltgruppe aktiv sei. Ganz neu gegründet, nur von Frauen; sie seien zur Zitadelle in die Altstadt gegangen und hätten eine große Kampagne gestartet: Sie räumten den Dreck dort auf!« Gabriele Hamzé schloss sich der Gruppe an und wurde auch aktiv. Als sie aber mit ihrem Mann nach Era umzog, stellte sie fest, dass es dort die gleichen Probleme gab. »Es war Unsinn, immer nach Damaskus zu fahren, um etwas für die Umwelt zu tun. Und so fingen wir hier an.«

2004 kam es zu einem ersten Treffen mit den Verantwortlichen des Dorfes Era: »Bürgermeister, Schuldirektoren, Lehrer und Lehrerinnen und natürlich auch ein Vertreter der Baath-Partei waren gekommen. Alle waren sofort von der Idee begeistert, einen Umweltclub für die Kinder zu gründen. Vor allem bei den Frauen habe ich gemerkt, dass sie schon lange darüber nachgedacht hatten, selber etwas zu tun, aber sie brauchten diesen Schubs. Die Verantwortlichen des Dorfes boten an, uns einmal in der Woche die Sporthalle, eigentlich eher ein Saal, zur Verfügung zu stellen, wo die Kinder sich treffen konnten, um etwas über die Umwelt zu lernen. Ein schöner, großer Saal war das.«

Es sei damals eine Aufbruchstimmung in Syrien gewesen, ein neues Bewusstsein auch in Sachen Umwelt, sagt Gabriele Hamzé. Syrien beteiligte sich an Kampagnen, die von der UNO initiiert wurden, vor allem im Bereich des Wasserschutzes, dadurch kam das Thema auch in die Medien. »Und wenn man etwas für die Umwelt tun und sie erhalten will, muss man natürlich bei den Kindern anfangen«, fügt Schafik Hamzé hinzu. »Uns schwebte ein Begegnungszentrum vor«, fährt seine Frau fort. »Wo die Leute sich austauschen konnten und wo die Kinder und Jugendlichen sich treffen und lernen konnten. Wo sie eigene Projekte planen konnten und Raum genug hatten, um sie auch auszuführen.« Der neu gegründete Verein wurde »Kinderumweltclub« getauft, so fing alles an.

Durch Mund-Propaganda wurde bekannt gemacht, dass der Kinderumweltclub öffnen würde. Sie hatten so mit 30, 40 Kindern gerechnet aber es kamen 165 Kinder! Und als am Ende des ersten Jahres ein Abschlussfest gefeiert wurde, drängten sich mehr als 300 Kinder in den Saal. »Wir mussten uns etwas Neues überlegen. Schwerpunkt unserer Arbeit waren die Sommermonate, wenn die Kinder Ferien hatten. Wir überlegten uns also, etwas Eigenes aufzubauen. Und wenn schon, wollten wir nicht ein Haus aus

Beton hinklotzen, das im Winter kalt und im Sommer brütend heiß wird. Wir beschlossen mit den traditionellen Materialien zu bauen, ein Haus aus Basaltstein. Basalt ist ja hier in Sweida das ursprüngliche Baumaterial gewesen, aber es war sehr teuer geworden.«

Als die Hamzés mehr als 25 Jahre früher ihr privates Haus gebaut hatten, kostete ein Quadratmeter Beton 70 Lira und Basalt kostete 700 Lira. Die Mehrheit der Leute konnte sich das gar nicht leisten. Schafik Hamzé übernahm die Kosten und die Planung des Kinderumweltclubs. Er spendete das Grundstück, das groß genug war, um hinter dem Haus noch einen 3000 Quadratmeter großen Garten anzulegen. Daraus wurde der ökologische Garten, ein Umweltschulungsgarten und eines der Kernstücke der gesamten Anlage. Kleinere Spenden gab es von europäischen Botschaften, die den Umweltclub unterstützen wollten. Mal gab es Geld, mal Werkzeug für den Garten, mal Bücher, eine Nähmaschine oder Musikinstrumente. Das UN-Entwicklungsprogramm (UNDP) steuerte vor allem Einrichtungsgegenstände für den Club bei.

»Allein die Anlage des Gartens war nicht billig«, erinnert sich Gabriele Hamzé. »Wir brauchten eine Bewässerungsanlage, Gartengeräte, einen kleinen Traktor und so weiter. Wir haben rundherum Bänke aufgestellt. Und jede Bank hatte eine Plakette, auf der stand: ›Sponsered by …‹ Die haben uns die Beduinenkinder abgeschraubt! Es ist unglaublich. Das macht ihnen Spaß, und die Eltern lassen sie gewähren. Wir hatten mal ein Fenster offengelassen, da haben sie die Vorhänge abmontiert. Und die Mädchen haben uns die ganzen Rosen rausgerissen.«

Was Gabriele Hamzé beschreibt, macht ein jahrhundertealtes Problem zwischen den umherziehenden Beduinen und der sesshaften Bevölkerung deutlich. Die Drusen und Christen bebauen das Land, was die Beduinen als Eingriff in ihre traditionelle Lebensweise ablehnen. Sie betrachten die Drusen als »Besetzer«, die ihnen ihre freien Wanderwege genommen haben. »Es ist den Beduinen streng verboten, ihre Schafe und Kühe auf das Gelände des Gartens treiben«, sagt Gabriele Hamzé. »Aber die pfeifen darauf. Wie oft haben sie alles zertrampelt und zerstört. Aber wir geben nicht auf, wir gehen von Haus zu Haus, von Zelt zu Zelt und reden mit ihnen. Die Einheimischen, die bei uns arbeiten, sind dagegen und meinen, das habe überhaupt keinen

Sinn. Aber eine Freundin von mir hat gesagt: Doch, redet mit ihnen. Immer wieder, immer wieder. Nicht aufgeben, die Geduld nicht verlieren.« Und so wurde der Garten nach jeder Zerstörung immer wieder neu bepflanzt. »Die Kinder arbeiten unter der Anleitung eines Landschaftsgärtners und eines Biologielehrers. Sie hegen und pflegen ihre Pflanzen und können so eine Beziehung zur Umwelt entwickeln und lernen, wie wichtig Pflanzen für die Umwelt sind. Sie lernen, mit dem Wasser zu haushalten, alles. Aber es ist natürlich viel Arbeit, und mein Mann ist x-mal selber gefahren und hat gewässert. Alle unsere Lehrer arbeiten ehrenamtlich. Wir müssen für die Zukunft einen Modus finden, um diese hervorragenden Leute halten zu können. Daran arbeiten wir jetzt. Wir überlegen, wie es gehen kann.«

Al-Mai al-Hayat

Es ist November 2011, als das Ehepaar Hamzé mich erstmals mit in den Kinderumweltclub in Era nimmt. Fahrradständer vor dem Haus weisen darauf hin, dass die Kinder auch mit Fahrrädern zum Umweltclub kommen. »Vor allem die Buben kommen mit den Rädern her«, erklärt Gabriele Hamzé. »Aber Fahrradständer hatte man hier vorher nie gesehen. Ich habe dann in München Fotos gemacht, habe die Fotos dem Schmied hier gezeigt, und der hat gesagt: Gut, ich baue die.«

Beide sind in ihrem Element, als sie mich durch die Räume führen, die handwerklichen Arbeiten der Kinder zeigen, die Kampagnen erklären: »Wir machen immer wieder neue Kampagnen: für die Sauberkeit, gegen Wasserverschwendung, gegen das Rauchen, gegen Plastiktüten und für Stofftaschen. Dafür haben wir immer große Transparente gemalt, wie zum Beispiel dieses hier. Dieses Plakat gegen die Raucher hat ein Kind entworfen«, sagt Frau Hamzé und zieht ein Plakat aus einer Schublade. Ihr Mann rollt es aus und hält es in die Kamera. Zu sehen sind ein Herz und eine Zigarette wie in einem Ringkampf verwickelt. Schließlich greift aus dem Herz heraus eine Hand die Zigarettenspitze und dreht ihr den Hals herum. Das Rauchen als gesundheitliche Gefährdung wurde damals so stark thematisiert, dass – vielleicht angespornt von den Verboten in Europa – auch in Syrien ein Rauchverbot in öffentlichen Einrichtungen verhängt wurde.

»Da hinten haben wir ein anderes Plakat, das sieht aus wie eine Zigarette, die am Galgen hängt. Aber wenn man genauer hinsieht, sieht man, dass das ein Mensch ist, der sich mit der Zigarette stranguliert hat.« Immer weitere Plakate werden ausgerollt: »Achte auf die Umwelt, und die Umwelt wird auf dich achten«, ist auf einem Plakat zu lesen, auf dem eine Müllkippe abgelichtet ist. »Damit gehen wir in den Ort, machen einen Infostand. Wir wollen ja was bewegen, wir wollen wachrütteln. Die Leute sollen uns sehen und ansprechen können. Hier noch ein paar Beispiele: »Tropfen für Tropfen Verlust, macht einen großen See«, oder hier: »Al-Mai al-Hayat, Wasser ist Leben«. Die Kinder werden für die öffentlichen Auftritte in spezielle T-Shirts gekleidet. Manchmal ziehen sie auch Schürzen über, Handschuhe und fegen den Dreck auf. »Und sie setzen ihre Käppis auf, dann sind sie weithin gut sichtbar.«

Natürlich müssen sie die Aktionen vorher anmelden, erklärt Gabriele Hamzé. Doch es habe noch nie ein Problem gegeben. Der Kinderumweltclub ist wie eine Nichtregierungsorganisation (NGO) registriert, über jede Spende muss Rechenschaft abgelegt werden. »Es gibt natürlich einen Grund, warum das mit dem Geld so streng kontrolliert wird«, fügt Schafik Hamzé hinzu. »Besonders mit dem Geld, das aus dem Ausland kommt. Weil es so viele gibt, die Gelder in der eigenen Tasche verschwinden lassen oder die sich mit dem Geld korrumpieren lassen.« Als eingetragene NGO steht dem Club jährlich ein staatlicher Zuschuss von 25 000 Lira zu. 2011 waren das etwa 500 US-Dollar.

»Die 300 Kinder und Jugendliche, die zu uns kommen, waren zunächst im Alter von 6 bis 12, dann von 6 bis 15 Jahren. Die, mit denen wir damals anfingen, studieren heute. Eine ist Informatikerin, die kam mit 12 Jahren zu uns. Und heute unterrichtet sie die Kinder am Computer. Wir haben in unserem Zentrum auch einen Computerraum. Wir wollen, dass sie das Internet benutzen, selber recherchieren. Denn sie können vieles über Umwelt aus dem Internet erfahren. Es gebe auch einen Englischkurs, weil das für die Kinder sehr wichtig sei, sagt Gabriele Hamzé. »Oft findet man im Internet Informationen über die Umwelt eher auf Englisch als auf Arabisch. Und weil wir meinen, dass die musische Erziehung auch eine Sache der gesunden Umwelt ist, haben wir auch ein Musikzimmer«, fügt sie hinzu und öffnet eine weitere Tür. »Mit klassischen Instrumenten wie Oud, Flöte, Zimbeln, aber auch mit modernen Instrumenten. Einen Synthesizer habe ich zu verhindern versucht. Aber sie mögen es halt, und dann ist es auch okay.«

Weiter geht der Rundgang durch das Umweltzentrum. Als Nächstes geht es in die Küche. Dort lernen die Kinder nicht nur gesundes Kochen, sondern auch, wie man Lebensmittel richtig lagert und wie man möglichst wenig Wasser in einer Küche verbraucht. Dann geht es weiter in die Bibliothek: »Wir haben ein paar wissenschaftliche Bücher zum ökologischen Gärtnern, zum Wasserschutz, Pflanzen allgemein. Und wir haben Bücher, um die Kinder zum Lesen anzuregen. Das Lesen ist generell keine große Leidenschaft der Syrer, leider. Aber unter den Jugendlichen haben wir mit unserem Angebot viele Leser gewinnen können. Wir haben auch Harry Potter, die Geschichten sind spannend und wirklich viel gefragt. Wir setzen darauf, dass die Jugendlichen, wenn sie durch die Regale stöbern, vielleicht auch mal auf ein Buch über Wasser oder Ökologie stoßen und sich denken: Ach, da könnte ich auch mal reinsehen. Die Bücher werden betreut. Wir haben zwei Naturwissenschaftler, eine Biologielehrerin, die im Hochbegabtengymnasium in Sweida unterrichtet, in unserer Kreisstadt. Dann haben wir einen pensionierten Biologielehrer, der arbeitet mit den Kindern am Mikroskop.« Alle Bücher seien registriert, erklärt Schafik Hamzé weiter. »Wir können sie auch ausleihen, aber es wird genau aufgeschrieben. Wer es genommen hat, wann und wie lange es behalten wurde. Die Bibliothek ist klein, aber fein. Wenn die Kleinen anfangen zu lesen, lesen sie immer weiter. Wir wollen, dass sie Appetit am Lesen entwickeln.«

Das Kinderumweltzentrum von Era ist keine offizielle Schule, sondern eine private Institution, eine Fortbildungsstätte. In den Sommerferien werden Kurse von 10 bis 13 Uhr angeboten. In der heißen Mittagszeit wird Pause gemacht, dann geht es weiter von 17 bis 20 Uhr. »Im Sommer haben wir jeden Tag der Woche auf. Freitags kommen sie, um zu kochen und zu lernen, wie man ganz tolles, gesundes Essen kochen kann. Während des Schuljahres bieten wir vor allem an den Wochenenden Kurse an. Denn dann werden die Kinder jeden Tag gefordert, eine Prüfung und noch eine und noch eine, wirklich, die werden sehr gefordert. In den Ferien erreichen wir sehr viel mehr Kinder.«

Obwohl Era nicht mehr als 10 000 Einwohner hat, gibt es viele Angebote für die junge Bevölkerung. Es gibt drei Moscheen, drei Kirchen, zwei Gymnasien und eine Reihe von Grundschulen, zählt Gabriele Hamzé auf. »Wir haben viele Ärzte, sechs Apotheken, fünf Taxistände. Ein Dorf ist das schon lange nicht mehr. Und wir haben eine sehr schöne, große Sporthalle, die von den Kindern begeistert benutzt wird. Und es gibt ein Fitnesscenter! Da gehen die jungen Frauen gerne hin, die auf ihre Figur achten. Wir haben ein Schwimmbad, also die Angebote sind gut.« Anfangs wurden die Kurse kostenlos angeboten, doch nun zahlen die Kinder einen eher symbolischen Beitrag von hundert Lira im Jahr, umgerechnet waren das 2011 etwa zwei US-Dollar. »Wir machen mit den Kindern auch Ausflüge, natürlich immer auf die Umwelt bezogen. Die Biologielehrer fahren mit den Kindern in die Berge, wo sie bestimmte Pflanzen und Wasserläufe beobachten können. Oder sie besuchen ein Vogelreservat. Der Mouhafaz, der Bürgermeister ist so begeistert von unserer Arbeit, dass er uns angeboten hat, Busse für die Ausflüge zur Verfügung zu stellen. Früher mussten wir den Bus mieten. Neulich wurden wir nach Salkhat eingeladen, das ist ein großer Ort im südöstlichen Landkreis von Sweida. Unsere Kinder sollten mit zwei Theaterstücken auftreten, und wir hatten ein Puppentheater eingeübt. Der Saal war brechend voll, die Leute waren begeistert – und der Bürgermeister stellte uns den Bus zur Verfügung. Die Theaterstücke, die unsere Kinder aufführen, sind wie ein »ambulantes Theater«. Wir ziehen von Ort zu Ort, um uns und unsere Ideen bekannt zu machen.« Die neueste Idee erzählt Gabriele Hamzé zum Schluss des Rundgangs. »Wir planen jetzt einen Schüleraustausch mit Deutschland. Eine deutsche Lehrerin ist auf uns zugekommen, eine ganz tolle Frau aus Bad Aibling, die ich durch Zufall kennengelernt hatte. Sie war von der Idee begeistert. Sie unterrichtet Französisch und Englisch und ist in ihrem Gymnasium in ein Umweltprojekt eingebunden. Sie wollte unbedingt diesen Austausch und wird dabei von den Eltern der Schüler unterstützt. Ein Vater dort in Bad Aibling beispielsweise ist Musiker, und er hat angekündigt, den ganzen Ertrag seiner Konzerte für die Flugtickets der Kinder spenden zu wollen. In diesem Jahr sind sie sich nicht so ganz sicher, mit allem, was hier geschieht.

Aber im kommenden Jahr soll der Schüleraustausch starten, und dafür lernen die Kinder jetzt Englisch, weil das ihre gemeinsame Sprache sein wird.« Im Moment wisse man nicht so genau, wohin es mit Syrien gehen werde. »Die öffentliche Ordnung ist ja allgemein etwas reduziert.«

Die Entführung

Zwei Jahre später hat sich die Lage in Syrien verschlechtert. Auch die Gebiete der Drusen, vor allem aber der sich westlich anschließende Hauran sind Schauplatz von Kämpfen. Einheiten der Al-Nusra-Front operierten in den südlichen Gebieten Sweidas mindestens seit dem Frühsommer 2013, berichtet Schafik Hamzé, als ich sie im Juli 2013 wieder in Era besuche. Es ist ein lauer Sommerabend, und der Sternenhimmel spannt sich wie ein Zelt über das Land, das von seinen Bewohnern nur »Jabal«, der Berg, genannt wird. In der Ferne – Richtung jordanischer Grenze – ist Gefechtslärm zu hören, Blitze feuernder Kanonen zucken über den Nachthimmel. »Die Armee versucht, die bewaffneten Gruppen und Schmuggler zu stoppen, die aus Jordanien kommen«, erklärt Hamzé, der allabendlich die Kämpfe vom Dach seines Hauses beobachtet. Es heiße, die Al-Nusra-Front operiere mit Beduinen, die Kämpfer kämen von Deraa nach Sweida, obwohl niemand dort etwas mit ihnen zu tun haben wolle.

Vor dreißig Jahren hatte Schafik Hamzé das geräumige Landhaus aus schwarzen Basaltsteinen auf dem Land seiner Vorfahren gebaut, in dem er mit seiner deutschen Frau Gabriele lebte. Das Haus war nach ökologischen Prinzipien gebaut worden und lag versteckt inmitten von Oliven- und Obstplantagen in einem Garten, in dem unzählige Vögel zu Hause waren. Das Wasser kam aus dem eigenen Brunnen, es gab ein Wasserreservoir. Eine kostspielige Klimaanlage suchte man vergeblich. Sowohl im Sommer als auch im Winter – wenn der einzige Ofen beheizt wurde – war das Haus immer gut temperiert.

Über die Jahre wurde das Haus Hamzé für Freunde und Verwandte aus Syrien und Europa ein beliebter Treffpunkt mit stets offener Tür. Die Tür blieb auch geöffnet, als wachsende Unsicherheit sich breit machte. Trat man ein, fiel der Blick unweigerlich auf eine große Kalligrafie an der gegenüberliegenden Wand. Ein Wort aus dem Buch Lukas, Kapitel 10, Vers fünf stand dort geschrieben: »Wenn ihr in ein Haus eintretet, dann sprecht: Friede sei mit diesem Hause!« Doch die Besucher in dem friedlichen Haus wurden weniger, die aus Europa blieben fast gänzlich aus. Noch waren Schafik Hamzé und seine Frau Gabriele und die anderen Bewohner von Era – Drusen und Christen – weitgehend unbehelligt geblieben von den Kämpfen.

Es war Ende August, die Abenddämmerung senkte sich über den weiten Feldern des Jabal, als Schafik Hamzé ein Auto vorfahren hörte. Er dachte, es seien Verwandte gekommen, die Neffen vielleicht. Doch kaum war er aus der Tür getreten wurde ihm klar, dass es um etwas anderes ging. »Zwei bewaffnete Männer stiegen aus dem Wagen«, erinnert sich Hamzé bei einem Wiedersehen im November 2013. »Einer war schwer bewaffnet, der andere hielt eine Handgranate und hatte ein russisches Gewehr auf mich gerichtet.« Sie ergriffen ihn und zerrten ihn gegen seinen Widerstand ins Haus. Er musste Mobiltelefone und Autoschlüssel aushändigen. »Dann kam meine Frau und herrschte die Männer mit lauter Stimme an, mich loszulassen, doch wir konnten nichts machen.« Nachdem sie das Haus inspiziert und nichts gefunden hatten, fragten sie nach einem Kellerraum, in dem sie Waffen und Munition vermuteten. Hamzé wunderte sich, woher sie von dem Raum wissen konnten, denn er lag abseits des Hauses und wurde nur selten benutzt. Als sie auch dort nichts fanden, fesselten sie ihm die Hände auf dem Rücken. Ein erneuter Versuch seiner Frau, ihn den bewaffneten Männern zu entwinden, schlug fehl. Die Männer schubsten Gabriele Hamzé die Treppen hinunter in den Keller und verriegelten die Tür.

Die Entführer warfen ihr Opfer in ihr Auto. Hamzé sah noch, wie fünf, sechs weitere Männer Stühle, einen Wassertank, einen Kompressor und einen Pflug auf einen LKW luden. Die restlichen Gasflaschen nahmen sie ebenso mit wie den Traktor, einen Anhänger und das Auto des Ehepaars, dann wurden ihm die Augen verbunden. Nach etwa einer halben Stunde Fahrt wurde die Autotür aufgerissen, und er wurde in einen Raum gestoßen, in dem sich bereits zwei weitere Geiseln befanden. Der eine war sein Wärter, stellte Hamzé fest. Der wurde anderntags freigelassen. Die andere Geisel war ein Mann aus der Familie Atrash, der einflussreichsten Drusenfamilie des Landes. Während man Hamzé die Fesseln abnahm, wohl wegen seines hohen Alters, blieben die anderen Männer an den Füßen gefesselt.

Lange nachdem sie den Wagen der Entführer vom Hof hatte fahren hören, sei sie von der Frau des Wärters befreit worden, die wohl ihre Rufe gehört habe, erzählt Gabriele Hamzé. Verwandte aus Era, die sie telefonisch alarmierte, hätten sie noch in der gleichen Nacht zu sich nach Hause geholt. Die Prellung am Fuß, die sie durch den Sturz erlitten hatte, machte ihr auch Wochen später noch zu schaffen.

Am Tag nach seiner Verschleppung zwangen die Entführer Schafik Hamzé, mit seiner Frau zu telefonieren. Auf Arabisch und ausdrücklich nicht auf Deutsch solle er sprechen, damit man das Gesagte verstehen könne. 10 Millionen syrische Pfund (umgerechnet etwa 50 000 Euro) sollte seine Frau in spätestens drei Tagen für ihn zahlen, sonst werde er sterben. Für den Bruder des Drusenprinzen verlangte man fünfzehn Millionen. »Ich sagte den Männern, ich sei ein alter Mann, und jeder müsse einmal sterben. Darum sollten sie mich doch gleich töten.« Daraufhin habe man für die Lösegeldzahlung eine Frist von zehn Tagen eingeräumt.

Am dritten Tag kam die Chance für Schafik Hamzé. Der Wächter war eingeschlafen, er zögerte nicht lang. Er schlich zu dem Schlafenden, nahm ihm Schlüssel und Gewehr ab und fesselte ihn. Dann kettete er den Mitgefangenen los und drückte ihm das Gewehr in die Hand, weil er selber nie schießen gelernt hatte. Vorsichtig verließen sie das Haus, in dem sie dreieinhalb Tage gefangen gehalten worden waren. Nach etwa 500 Metern klopften sie an die Tür eines Hauses. Der Besitzer nahm sie auf, gab ihnen Wasser und beruhigte sie. Man habe im Dorf von zwei Entführten gewusst, konnte sie aber nicht finden, erzählte der Mann. Für den Rest des Tages wurden die beiden Entkommenen im Zimmer der Frauen versteckt, das bei einer eventuellen Durchsuchung des Hauses nicht betreten worden wäre. In der Nacht versteckte der Hausbesitzer die beiden Männer in seinem Fahrzeug – Hamzé lag im Kofferraum – und konnte mehrere Kontrollen ungehindert durchfahren. Schließlich wurden die beiden in ein anderes Fahrzeug »umgeladen«, zwei Bewaffnete schützten den weiteren Transport.

Als sie schließlich vor dem Haus Atrash ankamen, war der Jubel groß, erinnert sich Schafik Hamzé. »Das ganze Dorf hat auf uns gewartet.«

Inzwischen ist klar, dass die Entführer von der Al-Nusra-Front waren, die örtliche Beduinen angeheuert hatten. Die Namen sind bei Polizei und Geheimdienst bekannt. Einer der Entführer soll bei einer weiteren Entführung erschossen worden sein. Ihr Haus haben die Hamzé verlassen. »Erstens sind wir denen entkommen, und zweitens haben sie durch unsere Flucht 25 Millionen Syrische Pfund (125 000 Euro) verloren«, meint Hamzé in der provisorischen Unterkunft, wo er nun mit seiner Frau wohnt. »Sie werden wieder versuchen, uns zu entführen. Und dann werden sie meine Frau nicht verschonen.«

»Hier ein König, da ein Scheich und dort ein Diktator«

Aus der Küche ist das Klappern von Töpfen und Besteck zu hören, Gabriele Hamzé bereitet das Mittagessen zu. Seit sie ihr Heim bei Era verlassen mussten, haben die beiden sich in der leer stehenden Wohnung von Verwandten eingerichtet, die in den Golfstaaten arbeiten. Müde sehen die beiden aus, gezeichnet von dem, was ihnen widerfahren ist. Sie sind fassungslos über das Chaos in ihrer Heimat und ratlos, wie es beendet werden kann. Die Entführer stahlen nicht nur alle Öl- und Gasvorräte, die landwirtschaftlichen Maschinen, Werkzeug, ein Auto und fünfzig Stühle, die aus dem Kinderumweltclub ausgelagert worden waren. Sie töteten die Hunde der Familie, die gerade Junge bekommen hatten. Sie zerschlugen die Fenster und fällten Tausende Oliven-, Mandel- und Pistazienbäume, die das Haus umgaben.

Nie in seinem Leben habe er eine solche Situation erlebt, sagt Schafik Hamzé und schüttelt den Kopf. Er habe Militärputsche erlebt in Syrien, aber »das war eine Sache der Militärs untereinander«. So etwas wie »eine Revolution haben wir hier noch nie erlebt«. Er glaube schon, dass sich die Sache zum Guten wenden werde, hofft Hamzé. »Wir wissen nicht viel über das, was hier wirklich geschieht, aber das kam von außen«, ist er überzeugt. »Es gibt so viele Länder, die gegen Syrien sind. Und warum? Damit Israel sich ungestört ausbreiten kann.« Die Israeli wollten einen Staat »von Palästina bis zum Euphrat, das haben sie selber gesagt«, ruft Hamzé in Erinnerung. »Wenn sie das wollen, müssen sie durch Syrien, aber das geht nicht. Das syrische Volk akzeptiert das nicht.« Wie er dächten viele Syrer, dass die Unruhe in den arabischen Ländern von Israel angefacht werde: »Die Amerikaner, die Russen, die Europäer, alle machen mit.« Das Schlimmste sei für ihn, dass die arabischen Länder nicht zusammenarbeiteten: »Hier ein König, da ein Scheich, dort ein Diktator: Jeder will das Land für sich haben.« Das Ausland lasse Syrien nicht in Ruhe, »Israel ist das erste und das letzte Problem für die arabischen Länder«. Wenn Israel wirklich Frieden wolle, müsse es sich mit den arabischen Ländern einigen und mit den Palästinensern eine Regierung bilden.« Dann werde es Ruhe geben, sonst nicht. Politik habe ihn nie interessiert, sagt Hamzé und führt die kleine Tasse mit dem starken arabischen Kaffee an den Mund. Heute hält er das für einen »Fehler«, denn er fühle sich »verloren« in der aktuellen Situation. Er höre von hier etwas und von da etwas, aber was tatsächlich in Syrien geschehe, wisse er nicht.

Das Umweltzentrum ist geschlossen. Entführungen können jeden treffen, meint Schafik Hamzé. An der Grenze zwischen Hauran und der Provinz Sweida gebe es »keine Regierung mehr«. Bauern seien von den Feldern verschleppt worden. »Manche sind umgekommen, manche haben Geld bezahlt, aber wie lange soll das noch weitergehen? Die Menschen haben Angst und bestellen ihre Felder nicht mehr.« Als Reaktion haben die Drusen Selbstverteidigungsgruppen gebildet. Ausgerüstet mit leichten Waffen, die die Regierung ihnen zur Verfügung gestellt hat, bewachen und beschützen sie die Dorfbewohner. All die Ärzte und Ingenieure, die in Syrien reich geworden seien, hätten als Erste das Land verlassen, sagt Hamzé mit einem bitteren Unterton. »Sie haben ihr Land im Stich gelassen, das ist mir unbegreiflich!« Auch wenn er nicht politisch gewesen sei, habe er doch immer etwas für sein Land tun wollen, im Ausland bleiben, wie andere Syrer, sei für ihn nie infrage gekommen. »Das einzige Umweltzentrum für Kinder in Syrien gab es in Era.« Doch nun sei es zu gefährlich für die Kinder geworden, den Umweltclub aufzusuchen. »Wir können das nicht mehr verantworten. Es tut uns sehr leid«, sagt der 77-Jährige stockend, mit Tränen in den Augen. Schweigen erfüllt den karg eingerichteten Raum. Schafik Hamzé schaut zum Fenster hinaus.

2011–2016: Vom »Arabischen Frühling« zur Katastrophe

Die große Zerstörung

Im Februar 2011, unmittelbar nach dem Abtreten des ägyptischen Präsidenten Hosni Mubarak, war es in Syrien ruhig. Die Menschen verfolgten das Geschehen in Tunesien und in Ägypten im Fernsehen. Einige waren beunruhigt, dass in Ägypten die Muslimbruderschaft, die an den Protesten beteiligt war, die Macht übernehmen könnte. Für Syrien stellten sie sich einen anderen Weg vor, wie junge Leute in Damaskus sagten.

Bisher Issa, vom Kammerchor der Staatlichen Oper, gab sich »entspannt«. An eine Revolution denke er nicht, denn »die Regierungen dort waren doch alle ziemlich alt, Mubarak war 82! Unser Präsident ist jung, wie einer von uns. Er interessiert sich für uns. Jedes Jahr kommt er mehrmals zu unseren Konzerten. Er ist ein junger Mann und unterstützt die Jugend, darum sind die jungen Leute hier auch ganz entspannt.«

Badia, ein junger Fotograf, träumte von einem eigenen Fotostudio, während er mit seiner neuen Kamera durch die Straßen der Altstadt streifte. Er kam aus Tartus, für ihn war Damaskus ein besonderer Ort: »Die Häuser lehnen sich aneinander, es ist friedlich hier, es gibt keine Probleme. Es gibt Muslime und Christen, Moscheen und Kirchen. Du kannst tun und lassen, was du willst. Die Leute sind sehr friedlich hier, das mag ich.«

Und Fadia Affash, eine Künstlerin, die für den Lebensunterhalt im Kulturministerium arbeitete, erzählte, wie sie selber sich in den letzten Jahren verändert hatte: »Früher dachte ich, es gibt keine Hoffnung für meine Generation. Ich war verzweifelt und dachte, okay, ich werde leben wie meine Eltern. Essen, arbeiten, vielleicht heiraten und Kinder kriegen, das war's. Aber heute gibt es einen Sinn im Leben, wir haben ein Ziel und können was erreichen.« Die 32-Jährige setzte sich für die Rechte der Frauen ein, sie hatte auch an Seminaren der UNO in Genf teilgenommen: »Wir müssen uns darum kümmern, dass die Gesellschaft, dass die Frauen ihre Rechte überhaupt kennenlernen. Unser Bildungssystem muss reformiert werden, aber allein kann die Regierung das nicht schaffen. Wir in der Gesellschaft und in Nichtregierungsorganisationen müssen mit der Regierung zusammenarbeiten, als Team. Ohne das werden wir keine Veränderungen erreichen« (Interviews mit der Autorin, Damaskus, Februar 2011).

Die andere Realität

Es gab aber auch eine andere Realität in Syrien. Mitte März wurden in der südsyrischen Stadt Deraa Schüler festgenommen. Sie hatten regierungsfeindliche Parolen an die Wände ihrer Schule gemalt, Schuldirektor und Polizeichef hatten hart durchgegriffen. Es kam zu Protesten. Sicherheitskräfte der Geheimdienste eröffneten das Feuer, es gab Tote. Bei der Beerdigung am nächsten Tag waren mehr Menschen auf der Straße, wieder wurde geschossen, wieder gab es Tote. Das Gleiche wiederholte sich mehrere Tage. Demonstranten bewaffneten sich und schossen zurück. Sicherheitskräfte wurden getötet, öffentliche Einrichtungen (Gericht, Post, Radiosender) wurden in Brand gesetzt.

Präsident Assad ordnete die Freilassung der Jugendlichen an, sprach mit den Eltern. Die Verantwortlichen für die Festnahme der Jugendlichen wurden entlassen. Assad befahl, dass bei Demonstrationen keine scharfe Munition eingesetzt werden dürfe. Doch wieder gab es Tote. Internationale Journalisten fuhren nach Deraa und recherchierten. Ob er den Sturz des Regimes fordere, fragte eine Reporterin des Fernsehsenders *Al Jazeera* einen älteren Mann. Nein, nein, antwortet der. Wir wollen nur respektiert werden und in Würde leben können.

Landesweit wurden Solidaritätsdemonstrationen »Für die Menschen in Deraa« organisiert. Präsident Assad schickte eine hochrangige Regierungsdelegation nach Deraa, um mit den Menschen zu sprechen. Gleichzeitig kündigte er weitreichende Reformen an. Der Ausnahmezustand, der seit 1963 in Kraft war, wurde aufgehoben, Gefangene wurden freigelassen, die Regierung ausgetauscht und eine Kommission zur Untersuchung der Ereignisse in Deraa eingesetzt. Die Verfassung sollte reformiert werden, ein neues Mediengesetz wurde angekündigt. Sogar das erst vor wenigen Monaten angeordnete Verbot, an Schulen und Universitäten den Nikab, den Gesichtsschleier zu tragen, wurde aufgehoben. Das war eine klare Offerte an die islamistischen Kräfte, die hinter den Unruhen sichtbar waren. Auf Demonstrationen wurde der Ruf nach dem »Sturz des Regimes« laut, auf Transparenten wurde eine »ausländische Intervention wie in Libyen« gefordert. Dem Ruf »Syrien, Freiheit und Allah« wurde der Ruf »Syrien, Freiheit und Assad« entgegengeschmettert. Demonstranten, die Veränderungen wollten, aber nicht den Sturz des Präsidenten anstrebten, blieben den Versammlungen fern und oder riefen mit Transparenten zur Einheit auf. In Damaskus trafen sich junge Leute heimlich, um Aktionen vorzubereiten. Sein Onkel habe dreißig Jahre im Gefängnis gesessen, weil er Mitglied der Muslimbruderschaft gewesen sei, erzählte ein junger Mann. Sie wolle gegen die Korruption im Gesundheitswesen protestieren, sagte eine junge Medizinerin. Er wolle die arrogante Haltung der Baath-Partei anprangern, sagte ein Dritter. Sie stammten aus gutbürgerlichen Kreisen, waren in Lohn und Brot oder studierten und wollten eine Revolution machen. Einer in der Gruppe warnte vor den Folgen, fand aber kein Gehör (Gespräche mit der Autorin April 2011). Im Laufe der nächsten Monate wurden einige der jungen Leute mehrmals festgenommen, sie verließen das Land.

Noch überwogen die friedlichen Proteste, auch Anhänger der Regierung strömten auf die Straßen, doch bewaffnete Auseinandersetzungen nahmen zu. Soldaten, Offiziere und Kasernen wurden in vielen Teilen des Landes angegriffen. In Jisr as-Shughour an der nordsyrischen Grenze zur Türkei (Provinz Idlib) wurde eine Schule für Rekruten der syrischen Armee überfallen, 120 Rekruten wurden getötet. Während gezielte Angriffe auf Polizei und Armee sich entlang der Landesgrenzen zur Türkei, zu Irak, Libanon und Jordanien ausweiteten, gingen die Demonstrationen weiter. In Homs waren im Sommer 2011 Tausende auf der Straße, der Gouverneur ließ die Menschen ziehen. Vertreter der Opposition schlossen sich an. Einige wurden festgenommen, doch rasch wieder freigelassen. Die Botschaften der USA, Frankreichs und Deutschlands nahmen Kontakte zu den Oppositionellen auf, die Botschafter persönlich beobachteten Demonstrationen, nahmen an Beerdigungen von getöteten Demonstranten teil. Das syrische Außenministerium protestierte und bezeichnete das Verhalten der Diplomaten als »Einmischung in innere Angelegenheiten«. Soziale Medien, Facebook-Eintragungen, Blogs und Twitter gewannen an Bedeutung für die Berichterstattung.

Die Regierung rief zum Dialog auf, die Opposition, die versuchte, sich zu organisieren, lehnte ab. Proteste und bewaffnete Auseinandersetzungen gingen weiter. Im Sommer 2011 gründete sich eine »Freie Syrische Armee« in der Türkei, kurz darauf wurde ein »Syrischer Nationalrat« in der Türkei gegründet. Sie wählten die Fahne der ersten Syrischen Arabischen Republik aus der Zeit des französischen Mandats bis zur Unabhängigkeit als ihr Symbol: drei Querstreifen von oben nach unten in den Farben Grün, Weiß und Schwarz. Auf dem weißen Streifen drei rote Sterne. Die Niederlassung der beiden Gruppen in der Türkei deutete auf die Unterstützung durch die türkische Regierung hin, die eine Schwesterpartei der Muslimbruderschaft ist. Syrien protestierte gegen die Einmischung der Türkei in die inneren Angelegenheiten Syriens, das Verhältnis zwischen beiden Staaten verschlechterte sich rapide.

In Damaskus fand eine Konferenz mit mehr als 150 Oppositionellen statt; sie forderte eine Einstellung der Kämpfe, den Rückzug von Armee und Sicherheitskräften, die Freilassung von Gefangenen und einen nationalen Dialog. Der in der Türkei ansässige »Syrische Nationalrat« bezeichnete die Oppositionellen, die an der Konferenz teilgenommen hatten, als »Marionetten des Regimes«, die Spaltung der syrischen Opposition vertiefte sich. Vizepräsident Faruk ash-Sharaa richtete eine Konferenz für den nationalen Dialog aus, etliche Oppositionelle boykottierten wegen erneuter Festnahmen durch die Geheimdienste. In seiner Eröffnungsansprache sagte Sharaa, er hoffe, «dass die Konferenz zu einer Transformation Syriens in einen pluralistischen, demokratischen Staat führt, in dem alle Bürger gleich sind«. Die Initiative hatte keinen Erfolg.

In der Arabischen Liga machten sich Katar, das den Vorsitz hatte, und Saudi-Arabien für einen Ausschluss Syriens stark und setzten sich durch.

Wie auch die Europäische Union verhängte die Arabische Liga Wirtschaftssanktionen gegen Syrien. Der neu gegründete »Syrische Nationalrat« in Istanbul verkündete, unter seinem Kommando eine gemeinsame Front mit bewaffneten und nicht bewaffneten Gruppen in Syrien gebildet zu haben. Im September 2011 wurde das »Nationale Koordinationskomitee für demokratischen Wandel in Syrien« (NCC) gegründet, das Bündnis der »Drei Neins«: Nein zum konfessionellen Krieg, Nein zur ausländischen Intervention und Nein zur Gewalt. Diese Forderungen standen den Positionen des »Syrischen Nationalrats« in der Türkei entgegen, die syrische Oppositionsbewegung war gespalten.

Im Dezember 2011 wurden bei einem massiven Bombenanschlag in Damaskus 44 Sicherheitskräfte getötet. Die Regierung machte Al-Qaida-Gruppen verantwortlich. Ausländische Medien spekulierten, die Geheimdienste könnten den Anschlag selber verübt haben. Die USA forderten von der syrischen Regierung verstärkten Schutz für ihre Botschaft. Anfang 2012 schlossen Deutschland, Frankreich, Großbritannien und die USA ihre Botschaften in Damaskus.

Etwa zeitgleich besetzten bewaffnete Aufständische in Homs den Stadtteil Baba Amr. Nachschub für sie kam über Schmuggelpfade aus dem Libanon, dessen Grenze knapp vierzig Kilometer entfernt ist. Ein Jahr dauerten die Kämpfe, im Frühling 2013 konnte die Armee den weitgehend zerstörten Stadtteil wieder einnehmen. Die abziehenden Kämpfer zogen sich in die Umgebung zurück, einige in Richtung Damaskus und Aleppo. Andere besetzten die Altstadt von Homs, die daraufhin von der syrischen Armee belagert wurde. Kämpfe verwüsteten große Teile der Altstadt und angrenzender Viertel. Erst zwei Jahre später, im Mai 2014, zogen die Kämpfer ab. Zurück blieb eine Trümmerlandschaft. Einige Kämpfer zogen weiter in die Satellitenstadt al-Waer (Homs), die ein ähnliches Schicksal erlitt. Erst im Januar 2016 konnte eine Waffenruhe und der Abzug der bewaffneten Gruppen aus al-Waer ausgehandelt werden.

Im Juli 2012 wurde gleichzeitig zum Sturm auf Damaskus und auf Aleppo aufgerufen. Bei einem Anschlag auf ein Treffen des nationalen Sicherheitsrates in Damaskus starben vier hochrangige Offiziere und Politiker, der Innenminister wurde schwer verletzt. Wenige Tage später griffen bewaffnete Gruppen – die sich in den Satellitenstädten um Damaskus gebildet hatten – Polizeistationen und Kontrollpunkte an und trugen den Kampf bis in die Innenstadt. Armee und Geheimdienste drängten sie zurück, die Satellitenstädte wurden von der syrischen Artillerie und der Luftwaffe angegriffen, die Zivilbevölkerung floh. Damaskus konnten sie sichern, doch die Kampfverbände konnten sie nicht vertreiben. Aleppo war auch Anfang 2016 noch umkämpft.

Auch kurdische Gruppen nahmen an dem Aufstand im Juli 2012 teil, obwohl sie eine weniger konfrontative Linie gegenüber der syrischen Armee verfolgten. Umgekehrt suchte auch die syrische Armee nicht die Konfrontation mit den Kurden. Die Regierung bot ihnen Gespräche an, die Kurden lehnten ab. Sie wollten die Situation nutzen, um den eigenen Einfluss auszuweiten, was ihnen mit dem Aufbau einer autonomen Verwaltung in Gebieten Nordsyriens (Rojava) im Laufe der folgenden Jahre auch gelang. Vom »Syrischen Nationalrat« und dessen Kampfverbänden in Syrien hielten sie sich fern und kämpften nur, wenn sie angegriffen wurden. Die Dominanz der Muslimbruderschaft und anderer Islamisten und deren Ziel, einen Scharia-Staat zu errichten, lehnten sie ab.

Im Laufe des Jahres 2012 wurde der islamistische Einfluss in den aufständischen Gruppen immer deutlicher. Säkulare Kräfte zogen sich zurück und versuchten, neue Bündnisse zu schmieden. Innerhalb Syriens war das durch die zunehmend gewalttätige Atmosphäre schwierig, zumal die Sicherheitskräfte selten zwischen den Gruppen unterschieden. Dem »Nationalen Koordinationskomitee für demokratischen Wandel in Syrien« (NCC) gehörten inzwischen dreizehn Gruppen aus verschiedenen Provinzen und drei kurdische Parteien an. Im Ausland gab es offizielle NCC-Ansprechstellen in Paris und in London. Doch die Gruppe wurde von den EU-Schwergewichten Frankreich, Großbritannien und Deutschland gemieden. Der in Istanbul ansässige »Syrische Nationalrat« dagegen erhielt nicht nur aus arabischen Ländern, sondern auch aus europäischen Ländern und den USA finanzielle, politische und mediale Unterstützung, sie bestimmten den Blick auf das Geschehen. Immer mehr ausländische Kämpfer wurden nach Syrien geschleust, die für die Errichtung eines Kalifats kämpften. Haytham Manna, gebürtig aus Deraa und NCC-Sprecher in Paris, beschrieb die Lage so: »Wir haben mit zwei Worten angefangen: Freiheit und Würde. Und nun haben wir nur noch ein Wort: Takbir! Allahu akbar. Takbir bedeutet: Sprich mir nach. Sprich mir nach: Allah ist groß« (Interview mit der Autorin, Paris, 30.8.2012).

Zu den großen Verlierern im Jahr 2012 gehörten die Palästinenser in Syrien. Bis auf zwei wurden alle zwölf palästinensischen Lager bei den Kämpfen zwischen Armee und bewaffneten Gruppen zerstört. Ende des Jahres nahmen bewaffnete Gruppen das palästinensische Flüchtlingslager Yarmuk ein, im Süden von Damaskus. Mehr als 100 000 Bewohner flohen. Die Armee legte einen Belagerungsring um das Viertel, das durch die Kämpfe in den folgenden Jahren fast vollständig zerstört wurde. 500 000 palästinensische Flüchtlinge lebten 2011 in Syrien. Sie waren 1948 und 1967 aus ihrer Heimat vertrieben worden und warteten wie ihre Kinder und Kindeskinder auf die Rückkehr nach Palästina. Mehr als die Hälfte von ihnen verließ das Land. Viele ertranken bei dem Versuch, über das Mittelmeer nach Europa zu gelangen.

Die »Freunde Syriens« und die Eskalation

Schon im Frühsommer 2011 wurde von französischen Regierungskreisen die Parole ausgegeben, Präsident Assad habe in Syrien keine Zukunft mehr. Als der französische Botschafter in Damaskus dem widersprach und die Lage in Syrien als angespannt, aber stabil beschrieb, wurde er mit harschen Worten zurechtgewiesen (Malbrunot, Chesnot 2014).

Im August 2011 erklärte US-Präsident Barack Obama, sein Amtskollege in Syrien habe keine Zukunft und müsse zurücktreten. Die zu weitreichenden Reformen bereite Regierung in Damaskus verschloss sich daraufhin wie eine Auster (Jansen 2016).

Frankreich berief Anfang 2012 eine Konferenz der »Freunde Syriens« ein und versammelte um sich und die USA die Golfstaaten, NATO-Staaten und andere. Russland und China – beides Verbündete Syriens – blieben dem Treffen fern. Eine neue Ost-West-Konfrontation zeichnete sich ab. Die

Rolle des Iran, eines engen Verbündeten von Damaskus, rückte in den Vordergrund. Die Arabische Liga entsandte Ende 2011 eine Beobachtermission nach Syrien, um die eskalierende Gewalt zu stoppen. Eine Verlängerung der Mission wurde Anfang 2012 von Saudi-Arabien verhindert.

Die UNO ernannte mit Kofi Annan einen Sondervermittler für Syrien. Ihm gelang es, im April 2012 eine landesweite Waffenruhe auszuhandeln, sie wurde nach wenigen Tagen gebrochen. Im Juni 2012 gelang es Annan, eine »Genfer Vereinbarung« über Verhandlungen zur politischen Transformation Syriens zu präsentieren. Nicht nur die Außenminister der Vetomächte im UN-Sicherheitsrat, sondern auch Syrien stimmte zu. Unmittelbar nach der Unterzeichnung wandte sich die US-Außenministerin Hillary Clinton an die Presse und erklärte, die Vereinbarung könne nur umgesetzt werden, wenn der syrische Präsident Assad abtrete. Der UNO-Sondervermittler Annan trat zurück.

Die Auslandsopposition, die von den »Freunden Syriens« unterstützt wurde, erklärte sich zu politischen Verhandlungen bereit, sofern Assad zurücktrete. Die innersyrische Opposition, die nicht Assad, sondern ein Ende der Kämpfe in den Mittelpunkt ihrer Forderungen stellte, fand weiterhin kein Gehör. Mitte August 2012 rief das NCC – in Absprache mit der UNO, die in Damaskus eine spezielle Anlaufstelle eingerichtet hatte – zu einem Waffenstillstand und zu nationalem Dialog auf. Die innersyrische Resonanz war groß, doch der »Syrische Nationalrat« und mit ihm viele bewaffnete Gruppen lehnten ab (Haytham Manna, Gespräch mit der Autorin 2012).

Die Europäische Union verhängte Ende 2011 erste Wirtschaftssanktionen gegen Syrien, sie betrafen vor allem den Ölsektor, der für Syrien wichtige Einnahmen gebracht hatte. Im Mai 2013 wurden in Brüssel auf Drängen von Großbritannien und Frankreich die Ölsanktionen für die »moderaten Oppositionellen« in den »befreiten Gebieten Syriens« aufgehoben. Tatsächlich profitierten davon Kampfgruppen wie die Al-Nusra-Front (al-Qaida) und der Islamische Staat im Irak und in der Levante (ISIL), die syrische Ölfelder besetzt hatten und plünderten.

Seit Anfang 2012 lieferten Saudi-Arabien und Katar in großen Mengen Waffen an die Kampfgruppen in Syrien. Über Flughäfen in der Türkei und Jordanien wurden die Waffen in die Grenzgebiete zu Syrien transportiert.

Aus Libyen kamen Waffen per Schiff über den Libanon und die Türkei. Die Verteilung wurde von den Geheimdiensten überwacht (»Arms Lift to Syria«, *New York Times*, 24.3.2013). Tausende Männer aus arabischen und anderen Staaten schlossen sich den Kampfgruppen in Syrien an, die meisten konnten die türkisch-syrische Grenze ungehindert überqueren. Syrien dokumentierte das Geschehen und reichte Beschwerdebriefe bei den Vereinten Nationen ein, ohne Erfolg. Westliche Geheimdienste warnten davor, dass Kämpfer aus Syrien nach Europa zurückkehren und Anschläge verüben könnten.

Im Frühjahr 2013 kam es erstmals zum Einsatz von Giftgas in verschiedenen Teilen des Landes. Syrien wandte sich an die UNO und forderte eine Untersuchung. Als die UN-Mission in Damaskus Monate später eintraf, kam es am nächsten Tag in den von bewaffneten Gruppen gehaltenen Vororten zu einem weiteren schweren Giftgaseinsatz mit Hunderten Toten. Die UNO untersuchte, machte aber keine Angaben dazu, wer Urheber der Angriffe gewesen sein könnte.

Die USA und die anderen Unterstützer der Opposition um den »Syrischen Nationalrat«, aus dem inzwischen eine in Katar gegründete »Nationale Koalition der syrischen Revolutions- und Oppositionskräfte« hervorgegangen war, beschuldigten die syrische Regierung, die wies den Vorwurf zurück. US-Präsident Barack Obama kündigte im September 2013 einen Angriff auf Syrien an, weil es die »rote Linie« überschritten und Giftgas gegen die eigene Bevölkerung eingesetzt habe. Frankreich versetzte seine Kampfflugzeuge in Einsatzbereitschaft. Syrer flohen. Russland und Iran drohten mit einem Eingreifen. Im östlichen Mittelmeer lagen sich westliche und russische Kriegsschiffe gegenüber. Russland vermittelte und erreichte in letzter Minute das Zugeständnis Syriens, seinen Giftgasbestand aufzugeben und vernichten zu lassen. Der UN-Sicherheitsrat stimmte zu, verschiedene Länder beteiligten sich an den Kosten. Der Angriff auf Syrien war abgewendet, die Giftgasbestände waren ein Jahr später vernichtet.

Auf den Golanhöhen rückten seit Dezember 2012 bewaffnete Gruppen in der von UNO-Blauhelmen überwachten Pufferzone vor und vertrieben die dort lebende syrische Bevölkerung. Sie bedrohten die UN-Soldaten, nahmen einige als Geiseln und forderten deren Abzug. Mitte 2013 zogen sich die österreichischen UN-Soldaten zurück, weil die Lage zu gefährlich geworden war. Ein Jahr später, 2014, wurden UN-Blauhelme von den Kampfgruppen als Geiseln genommen. Der UN-Sicherheitsrat beschloss, die Soldaten aus der Pufferzone abzuziehen, die bewaffneten Gruppen besetzten die von der UNO verlassenen Stützpunkte. Israel hatte schon frühzeitig mit den Kämpfern eine Vereinbarung getroffen. Sie würden Israel nicht angreifen, Israel bot im Gegenzug medizinische Hilfe für Verletzte in israelischen Krankenhäusern auf dem von Israel besetzten Golan an. Ministerpräsident Benjamin Netanjahu besuchte die Verletzten vor laufender Kamera.

Im August 2012 verfasste der US-Militärgeheimdienst (DIA) einen Bericht über die Lage in Syrien, der Anfang 2015 öffentlich wurde. Darin hieß es über die allgemeine Lage: »Im Land nimmt die Entwicklung eine deutlich konfessionelle Richtung. Salafisten, die Muslimbruderschaft und AQI [Al-Qaida im Irak, kl.] sind die wichtigsten Kräfte, die den Aufstand in Syrien vorantreiben. Der Westen, die Golfstaaten und die Türkei unterstützen die Opposition, während Russland, China und Iran das Regime unterstützen …« Und weiter heißt es: »Es gibt die Möglichkeit, dass […] ein salafistisches Fürstentum im Osten Syriens (Hasakeh, Deir ez-Zor) etabliert wird. Und das ist genau das, was die Mächte wollen, die die Opposition unterstützen, um das Regime zu isolieren, das als ›strategische Tiefe‹ der schiitischen Expansion (Irak und Iran) betrachtet wird« (Judicial Watch, »DIA Paper«, 18.5.2015, Übersetzung kl.).

Was bleibt übrig von Syrien?

Anfang 2014 kam es auf Einladung des zweiten UNO-Sondervermittlers für Syrien, Lakhdar Brahimi, erstmals zu einem internationalen Treffen auf Außenministerebene in Lausanne, um über die politische Zukunft Syriens zu beraten. Der Iran, der zunächst eingeladen worden war, wurde auf Druck Saudi-Arabiens wieder ausgeladen. Protest kam von Oppositionsgruppen, die nicht zu dem Treffen eingeladen worden waren. Lediglich die von den »Freunden Syriens« unterstützte Oppositionsdelegation war als Verhandlungspartner präsent. Das Treffen endete ohne Ergebnis, die Opposition forderte weiterhin als Voraussetzung für weitere Schritte den Rücktritt von Präsident Assad.

Im September 2014 begannen die USA mit einer Allianz, Luftangriffe auf den Irak und auf Syrien zu fliegen, um gegen den inzwischen erstarkten »Islamischen Staat im Irak und in der Levante«, kurz IS, vorzugehen, der Mossul besetzt hielt. Ein Vorhaben der USA, 5000 »moderate Rebellen« in der Türkei, Jordanien und Katar auszubilden, um sie in den Kampf gegen den IS nach Syrien zu schicken, scheiterte daran, dass die Kämpfer gegen die syrische Armee kämpfen und Präsident Assad stürzen wollten. Der Kampf gegen den IS war für sie zweitrangig. Der verantwortliche US-General für das Ausbildungsprogramm trat zurück. Saudi-Arabien, Katar und die Türkei schickten nun eine neu aufgestellte »Armee der Eroberung« (Jaish al-Fatah), mit neuesten Waffen ausgerüstet, nach Syrien.

Im September 2015 begann Russland mit einer massiven Militäroperation – ausschließlich Luftwaffe – um die syrische Armee und Präsident Assad gegen die islamistischen Kampfgruppen zu unterstützen. Der Einsatz erfolgte mit modernsten Waffen und präzisen Angriffen auf Lager der Islamisten, wie selbst die US-Armee einräumte. Es war ein unmissverständliches Zeichen, dass Moskau nicht bereit war, seinen Verbündeten in Syrien aufzugeben. Dutzende Kampfjets aus vielen Ländern waren im Himmel über Syrien unterwegs, außer Russland hatte niemand die syrische Regierung um Zustimmung gebeten, wie es das Völkerrecht vorsieht. Nachdem die Türkei einen russischen Kampfjet abgeschossen hatte, erklärten die USA sich bereit, ihre Einsätze über Syrien mit Russland zu koordinieren. Die USA und Europa drängten zudem ihre regionalen Partner Türkei, Saudi-Arabien und Katar, einem Waffenstillstand, neuen Verhandlungen in Genf und einer politischen Lösung in Syrien zuzustimmen. Besonders für Europa war das wichtig geworden, weil sich Hunderttausende Flüchtlinge aus Syrien (und vielen anderen Ländern) ungehindert aus der Türkei auf den Weg nach Europa machten und über den Balkan nach Norden strömten. Bei internationalen Treffen in Wien und München wurde ein neuer Fahrplan für Syrien vereinbart.

Anfang 2016 kam es, dieses Mal auf Einladung des dritten UN-Sondervermittlers für Syrien, Staffan de Mistura, zu »Annäherungsgesprächen« in Genf. Dabei wurde nicht nur mit der syrischen Regierungsdelegation und dem in Riad mittlerweile zusammengestellten »Hohen Verhandlungskomitee« gesprochen. Erstmals waren auch Delegationen von Frauen, von der innersyrischen Opposition und Oppositionelle dabei, die von Kairo bzw. von Moskau und Astana (Kasachstan) unterstützt wurden. Die syrischen Kurden waren auf Druck der Türkei nicht eingeladen. Ein von den USA und Russland vermittelter Waffenstillstand hielt weitgehend. Al-Qaida-Gruppen und der IS waren als Terrorgruppen von dem Waffenstillstand ausgeschlossen.

Fünf Jahre nachdem die Unruhen in Syrien begannen, ist aus dem Konflikt zwischen Bevölkerung und Regierung in Deraa ein regionaler und internationaler Stellvertreterkrieg geworden. Der Krieg um die Kontrolle Syriens ist ein Krieg um die Kontrolle des Mittleren Ostens (Wakim 2013) Russland steht den USA gegenüber, der Iran steht Saudi-Arabien gegenüber, die Türkei führt wieder Krieg gegen die Kurden im eigenen Land und will sich gegen alle als regionale Großmacht behaupten. Europa soll neue Verantwortung als Ordnungsmacht im Mittleren Osten übernehmen, Israel weitet den Siedlungsbau auf palästinensischem Boden weiter aus.

Syrien ist in weiten Teilen zerstört. Millionen Menschen haben alles verloren. Mindestens 250 000 Tote sind zu beklagen, archäologische Schätze wurden ebenso zerstört wie das, was Generationen von Architekten, Ingenieuren und Wissenschaftlern nach der Unabhängigkeit aufgebaut hatten.

Mehr als vier Millionen Syrer haben ihre Heimat verlassen. Viele leben in Lagern in den Nachbarländern, ohne Perspektive. Hunderttausende haben viel Geld bezahlt, damit Schlepper sie nach Europa schleusen. In Syrien sind mehr als sechs Millionen Inlandsvertriebene in den Westen des Landes gezogen, der von der Regierung kontrolliert wird und wo die meisten Syrer leben. Entlang des Euphrat und in den Grenzgebieten zwischen Irak und Syrien hat der »Islamische Staat« das Sagen. Im Norden bauen die syrischen Kurden ihre Macht aus. Das Gebiet der Drusen im Süden ist weitgehend ruhig, in Deraa scheint man sich wieder auf die Regierung zuzubewegen. Die Grenze zum Libanon kontrollieren die syrische Armee und Hisbollah gemeinsam, an verschiedenen Fronten sind iranische Milizen und Militärberater im Einsatz. Jenseits der Frontlinie, bei den »moderaten Oppositionellen«, sind US-Sondereinsatzkräfte stationiert.

Thinktanks in aller Welt haben Programme ausgearbeitet, was »am Tag danach« in Syrien geschehen wird, am Tag nach dem Sturz des Regimes. Etwa »The Day After«, Projekt der Stiftung für Wissenschaft und Politik, Berlin, und des Amerikanischen Instituts für Frieden, Washington, 2012. Pläne für eine neue Aufteilung Syriens liegen vor, Syrien sei ein »failed state«, heißt es, ein »gescheiterter Staat«. Gleichzeitig werden in europäischen Hauptstädten Pläne für den Wiederaufbau der zerstörten Antiken gemacht, die Altstadt von Aleppo und Palmyra stehen ganz hoch im Kurs. Unter Führung der UNO wird in Beirut an einem »nationalen Wiederaufbauplan für Syrien« gearbeitet. Auf mehr als 200 Milliarden US-Dollar werden die Kosten der Zerstörungen geschätzt. Internationale Unternehmen planen den Wiederaufbau der zerstörten Städte, für den sehr viel Geld fließen wird, wenn die Waffen schweigen.

Noch ist es nicht so weit. Politik ist dem Krieg gewichen, die syrische Opposition ist in alle Winde zerstreut. Die einen suchen Hilfe bei Saudi-Arabien, Katar und bei der Türkei, die anderen bei den USA, in Deutschland, Israel oder Großbritannien. Einige suchen Hilfe in Frankreich, wieder andere in Moskau, in Peking, Kasachstan oder Kairo.

Bashar al-Assad ist weiterhin Präsident von Syrien, nicht nur die Armee steht hinter ihm. Seine Reformpolitik ist gestoppt, die »Fünf-Meeres-Strategie« ist gescheitert. Eine durch Handel verbundene Nahost-Union, die der Region Frieden, Wohlstand und Entwicklung hätte bringen können, hatte keine Chance.

Auch die Syrer hatten keine Chance, alle haben sie getäuscht. Dennoch geben sie nicht auf. Der UNO-Sondervermittler Staffan de Mistura attestiert den Syrern »Zähigkeit und Anpassungsfähigkeit« zugleich. Sie helfen sich gegenseitig, widerstehen geduldig dem Mangel, der Unsicherheit, der Teuerung, den falschen Versprechen. Sie wollen Syrien erhalten, ungeteilt, souverän, respektiert. Inmitten der großen Zerstörung halten sie stand. Hundert Jahre nach der Zerteilung durch das Sykes-Picot-Abkommen ist nicht ausgemacht, was von Syrien übrig bleibt.

Jugend heute in Syrien

Auf dem Weg in eine unsichere Zukunft

Für Dialog und Respekt. Freunde in Damaskus bei einem Treffen 2012.

Wenn ich in Syrien bin, treffe ich meist Amer und seine Freunde. Wir haben uns vor einigen Jahren in besseren Zeiten getroffen. Damals übersetzte Amer bei Konferenzen, die Deutschland in Syrien organisierte. So haben wir uns kennengelernt.

Amer ist 32 und raucht zu viel, wie er sagt. Er ist christlicher Syrer, war lange mit einer Muslimin liiert. Als sie entschied, wegen einer Stelle nach

Lateinamerika zu gehen, trennten die beiden sich. Religion spielt in seinem Leben keine Rolle, sagt er.

Jihad ist 26. Er wirkt jungenhaft. Drei Schwestern hat er und ist der einzige Sohn einer palästinensischen Familie, die ursprünglich aus Haifa stammt. Über Religion will er nicht reden, sagt er knapp, als ich ihn frage. Er sei Muslim, das sei alles.

Julia ist 27. Sie hat lange brünette Haare und lacht gern. Meist trägt sie Jeans und Bluse oder Pulli. Ihre Familie stammt aus Salamiyya, das liegt bei Hama im Nordwesten Syriens. Sie sind Ismailiten, eine für ihre liberale Haltung bekannte Gemeinschaft schiitischer Muslime. Julia wurde in Zamalka geboren, einem sehr konservativ geprägten Vorort von Damaskus, in dem mehrheitlich Sunniten leben. Bis zu den Unruhen war das kein Problem.

Salim ist 25. Er ist groß, wirkt gemütlich. Selbst wenn die Lage brenzlig wird, macht er noch Witze, die alle zum Lachen bringen. Er liebt es, zu feiern, sagt er, manchmal die ganze Nacht. Seine Familie wohnt in Qassa, einem mehrheitlich von Christen bewohnten Viertel in Damaskus. Als ich ihn frage, zu welcher Religionsgruppe er gehört, winkt er ab und sagt: »Syrer bin ich.«

Safwan ist 28. Er ist ein Intellektueller durch und durch. Er liest viel, redet und diskutiert gern, und er weiß wirklich eine Menge. Safwan ist Druse, eine Strömung des Islam. Dass er sich bis ins Detail mit allen Glaubensgemeinschaften in Syrien auskenne, liege nicht daran, dass er ein religiöser Mensch sei, sagt er. Er hat es von seinem Vater, der ein angesehener Religionsgelehrter und Drusenscheich ist. Der habe ihm alles beigebracht, auch die ausgeprägte Toleranz.

Die Freunde treffen sich mal hier, mal dort, tauschen Ideen aus, Einschätzungen, lachen, streiten. Oft sind sie ratlos. Alle wollen politische Veränderungen in Syrien, alle waren gegen Gewalt, als wir uns das erste Mal begegneten. Doch im Laufe der Jahre eskaliert die Lage, aus dem Konflikt wird ein Krieg, der auch ihr Leben grundlegend verändert.

Angefangen hat alles im März 2011. In vielen Städten gehen Menschen auf die Straße, um ihre Solidarität mit den Leuten von Deraa zu bekunden. In der südsyrischen Stadt sind Jugendliche festgenommen worden, die regierungsfeindliche Parolen an die Wände ihrer Schule gesprüht haben. Der Gouverneur und die Sicherheitskräfte antworten mit Repression. Die Bevölkerung protestiert, Schüsse fallen, Menschen sterben, öffentliche Einrichtungen werden in Brand gesteckt. Präsident Bashar al-Assad schickt eine Regierungsdelegation unter Leitung des stellvertretenden Außenministers Faisal Mekdad nach Deraa, um zu schlichten. Die Jugendlichen werden freigelassen, Gouverneur und Polizeichef entlassen. Die Regierung räumt Fehler ein und kündigt Reformen an. Ein Ausnahmezustand, der fast vierzig Jahre in Kraft war, wird aufgehoben. Doch die Gewalt geht weiter.

In Deraa, das in unmittelbarer Nähe der jordanischen Grenze liegt und in den Grenzgebieten zum Libanon, zur Türkei und zum Irak, kommt es zu bewaffneten Auseinandersetzungen. In der Türkei gründen Deserteure der syrischen Streitkräfte eine »Freie Syrische Armee«, als politischer Überbau wird wenig später ein oppositioneller »Syrischer Nationalrat« gegründet. Oppositionelle in Syrien warnen vor der eskalierenden Gewalt und der wachsenden ausländischen Einmischung in den innersyrischen Konflikt.

Assad – König der Syrer?

Im Oktober 2011 treffe ich viele Oppositionelle in Damaskus. Manche erzählen von ihren Aktionen, andere von ihrer Inhaftierung. Ein großer Kongress im Semiramis-Hotel hatte mehr als 150 von ihnen zusammengebracht, doch ihre Vorschläge gehen in der anhaltenden Gewalt unter. Die Europäische Union suspendiert alle Projekte mit Syrien. Deutschland zieht alle Mitarbeiter aus bilateralen Projekten ab. Kein Tourist kommt mehr ins Land, Tausende Syrer verlieren ihre Arbeit. Auch Amer und seine Kollegen vom Syrisch-Europäischen Dokumentationszentrum sind betroffen. Als ich ihn treffe, sitzt er bedrückt zu Hause und raucht eine Zigarette nach der anderen. »Die Europäer haben ja schon im Juni alle ihre Projekte im Land gestoppt. Wir haben jetzt noch ein paar Kunden im Ausland. Einige EU-Organisationen zum Beispiel, die im Irak arbeiten. Wir sind kurz davor, das Zentrum zu schließen. Wir haben viele Angestellte und haben nicht mehr genug Einkommen, um alle Gehälter zu zahlen, die Miete und so weiter. Ich habe normalerweise einen vollen Arbeitsplan. Jede Menge schriftlicher Übersetzungen und Aufträge als Dolmetscher in Workshops, bei Seminaren oder Konferenzen. Und jetzt, also es gibt noch ein paar schriftliche Übersetzungen und ein paar andere Aufträge. Aber die Arbeit ist auf dem Nullpunkt.«

Im November 2011 akzeptiert die syrische Regierung eine Beobachterdelegation der Arabischen Liga, kurz darauf wird Syrien auf Druck der Golfstaaten aus der Liga suspendiert. Der jordanische König fordert den Rücktritt von Assad. Wenige Tage vor Weihnachten explodieren die ersten Bomben in Damaskus, vierzig Sicherheitsbeamte sterben. Die syrische Regierung beschuldigt al-Qaida. Westliche Botschaften schließen und ziehen ihr Personal ab. Im Februar 2012 bin ich wieder in Damaskus. Die Situation ist bedrückend. Westliche Staaten verweigern alle diplomatischen Kontakte mit der syrischen Regierung. Deutschland, Frankreich und Großbritannien haben ihre Botschaften geschlossen. Sie diskutieren über Waffenlieferungen an die »Freie Syrische Armee«, während die Bevölkerung in Syrien auf eine politische Lösung hofft. Ein Treffen mit den Freunden kommt nicht zustande, doch Amer begleitet mich ins Riad-Said-Zentrum, im Herzen von Damaskus. Hunderte Menschen haben sich hier versammelt, um über einen Verfassungsentwurf zu diskutieren. Ende Februar soll darüber per Referendum abgestimmt werden. Professionell und geduldig übersetzt Amer. Als ich ihn später nach seiner persönlichen Meinung frage, macht er seinem Ärger Luft: »Sehen wir uns diesen Verfassungsentwurf an, wie lächerlich ist der denn! Es ist maßgeschneidert auf den Präsidenten. Der hat seit zwölf Jahren regiert und kann nun weitere vierzehn Jahre regieren. Und er hat alle Macht. Exekutiv, legislativ, juristisch. Er ernennt Minister und stellvertretende Minister, Angestellte, jeden. Und er ist derjenige, der Veränderungen für die Verfassung vorschlagen darf. Ich bin fest davon überzeugt, dass dieser Mann an der Macht bleiben will, solange er kann. Er hat wirklich vor, das Land für immer zu regieren und nach ihm sein Sohn. Vielleicht sollten wir dieser Farce von Verfassung noch einen abschließenden Artikel hinzufügen, in dem es heißt, dass die Syrische Arabische Republik fortan ein Syrisches Königreich ist.« Ein Drittel der Syrer beteiligt sich an der Abstimmung, die Verfassung wird angenommen. Oppositionelle haben das Referendum boykottiert. Die Amtszeit des Präsidenten ist fortan auf zweimal sieben Jahre begrenzt. Artikel 8, der die »herausragende Position der Arabischen Sozialistischen Baath-Partei« festschrieb, wird gestrichen.

Im April 2012 macht sich vorsichtig Hoffnung breit. Der UNO-Sondervermittler für Syrien Kofi Annan vermittelt einen Waffenstillstand. Der UN-Sicherheitsrat beauftragt eine Beobachtermission, Neunzig Tage lang die Lage in Syrien zu kontrollieren. Nach nur wenigen Tagen geht die Gewalt weiter. Die UNO macht beide Seiten für das Scheitern des Waffenstillstandes verantwortlich. Im Juni 2012 unterschreiben die Außenminister der Vetomächte im UN-Sicherheitsrat die Genfer Vereinbarung, die eine politische Übergangslösung für Syrien vorsieht. Im Juli 2012 bin ich wieder in Damaskus.

Eines Tages ändert sich die eher ruhige Lage von einem Tag auf den anderen. Vier hochrangige Militärs kommen bei einem Anschlag ums Leben. Für 24 Stunden ist Damaskus gespenstisch still. Nur Hubschrauber kreisen über der Stadt, alle warten, was geschehen mag. Dann werden Kampfgeräusche immer lauter. Auch vor meiner Wohnung wird geschossen, ein Querschläger durchschlägt den Wassertank auf dem Dach. Bewaffnete Gruppen rufen zu einem »Vulkan Damaskus« auf und tragen ihren Kampf ins Zentrum von Damaskus. Gleichzeitig wird Aleppo angegriffen. Armee und Sicherheitskräfte schlagen zurück. Mehrmals sage ich ein Treffen mit den Freunden ab, weil es in unmittelbarer Nähe meiner Wohnung Schießereien gibt. Erst Ende Juli sehen wir uns wieder. Es ist heiß. Wenn es Strom gibt, ist das träge Rauschen der Ventilatoren allgegenwärtig.

»Wir sind doch für die Revolution!«

Für die Freunde hat sich vieles verändert. Julia hat ihr Zuhause verloren. »Sie wohnte in Zamalka, dort musste sie weg und wohnt jetzt in Jaramana«, erzählt Amer. Julia ist IDP, eine Inlandsvertriebene. »Es fing damit an, dass wir Gerüchte darüber hörten, dass man uns nicht mehr in Zamalka haben wollte«, erzählt sie. »Wir dachten, es sei vielleicht ein Missverständnis. Über Zamalka muss man wissen, dass es ein konservatives Viertel ist. Ich

Drohung auf Englisch per SMS: »Scheint, du bist ein Dickkopf. Macht nichts, wir werden ihn dir bald abschneiden. F.S.A. [Freie Syrische Armee]« (2012).

bin ja ziemlich liberal wie auch meine Familie, aber es war für mich einigermaßen akzeptabel dort. Allerdings mussten wir bei unserem Verhalten einiges berücksichtigen. Ich trage kein Kopftuch, und wenn ich normal in Jeans und einem kurzärmligen Pullover – also ganz normal – herumgelaufen bin, war es schon so, dass einige mich ziemlich schief angesehen haben. Aber allgemein gab es keine ernsthaften Probleme. Wir unterstützten die Revolution und waren gegen das Regime. Wir waren aktiv, auch wenn ich meine, dass ich selber eigentlich nichts Besonderes für die Revolution getan habe. Meine Familie war in Salamiyya aktiv, wo wir herkommen. Nachdem die Revolution begonnen hatte, ging es noch eine Weile gut. Doch dann erhielten wir eine Art indirekte Drohung. Wir bekamen diese Nachricht: Ihr seid unsere Nachbarn, wir mögen euch, ihr seid in Ordnung, und es gibt keine Probleme. Aber wir wollen nicht, dass Fremde in unserem Viertel bleiben. Sie bezeichneten uns als »Fremde«, und es war eine indirekte Aufforderung an uns, Zamalka zu verlassen. Leider stellte sich später heraus, dass man uns aus religiösen Gründen nicht mehr in Zamalka haben wollte. Wir sind überstürzt geflohen und haben überhaupt nichts mitgenommen. Unsere Familie genauso wie auch die anderen ursprünglichen Bewohner unseres Viertels, alle flohen vor den Kämpfen.«

Nach der Flucht versuchten Julia und ihre Familie, den Kontakt zu ihren alten Nachbarn zu halten. Sie hörten, dass einige Leute die Möglichkeit hatten, Möbel, Kleidung, Hab und Gut aus ihren Häusern in Zamalka abzutransportieren und in Sicherheit zu bringen. Julia war mit Bashar verlobt, einem Meisterkoch. Das junge Paar hatte vorgehabt, bald zu heiraten. Die Wohnung in Zamalka war schon gekauft und eingerichtet, also beschlossen sie, einen Mann einzustellen, der schon für andere Familien Möbel aus Zamalka abtransportiert hatte. »Wir gaben ihm also Geld, damit er unseren Umzug machen sollte. Doch die Häuser waren versperrt, und man sagte dem Mann, dass die Schlösser bei der örtlichen Polizeistation seien. Die Polizeistation aber war unter der Kontrolle der »Freien Syrischen Armee« und der Nusra-Front. Also ging der Mann dorthin und fragte nach den Schlössern, um die Möbel aus den Häusern abzuholen. Man sagte ihm, er müsse einige Tage warten, sie wollten die Familien, deren Möbel er abholen wollte, erst überprüfen. Sie wollten klären, ob die Familien – also wir – Kontakte zur Regierung, zur Armee, zum Geheimdienst hätten. Der Mann ging zwei Tage später wieder zu der Polizeistation, und dann speiste man ihn ab mit Sätzen wie: Die kommen nicht von hier, wir können dich da nicht reinlassen, wir trauen den Leuten nicht und so weiter. Ich glaube, sie haben verhindert, dass wir unser Eigentum dort abholen konnten, weil wir aus Salamiyya stammen. Weil wir Ismailiten sind.«

Die ganze Entwicklung mache sie traurig, sie könnte verzweifeln, meint Julia leise. »Die ›Freie Syrische Armee‹ hätte wissen müssen, dass wir vom ersten Tag an auf ihrer Seite waren. Wir haben die Revolution unterstützt, und ich dachte, wir seien wie eine Hand. Wir haben ihnen gesagt, dass sie alles über uns in Erfahrung bringen könnten, sie sollten wissen, dass wir die Revolution voll und ganz unterstützt haben. Zwei, drei Leute aus unserer Familie haben sich den bewaffneten Gruppen sogar angeschlossen.

Aber es reichte offenbar nicht, um sie zu überzeugen und um unser Hab und Gut zu retten.«

Alle haben schweigend zugehört. Besonders Jihad und Safwan, aber auch Salim waren den bewaffneten Gruppen gegenüber von Anfang an skeptisch gewesen, während Julia sie als »bewaffneten Arm der Opposition« begrüßt hatte. Ihre Enttäuschung wiegt schwer, zumal die Kämpfe immer näher ans Stadtzentrum rücken. Salim erzählt von Schüssen und Explosionen, manchmal schlagen auch Mörsergranaten in der Nähe ein. Aber es sei noch nicht so schlimm wie am Abbasseyin-Platz, der nur wenige Kilometer von Zamalka und Jobar entfernt liegt. Beide Vororte sind nun fest in den Händen bewaffneter Gruppen, die immer wieder versuchen, in die Stadt einzudringen. »Am Abbasseyin-Platz hört man die Explosionen lauter, und die Schießereien sind näher dran«, sagt Salim und begleitet seine Lagebeschreibung mit rollenden Augen und gerunzelter Stirn. »Selber schuld, wir Syrer sind einfach zu freundlich. Immer sagen wir ›Herzlich Willkommen‹, und nun haben wir lauter Terroristen im Land.« Salim, der seine Freizeit als Schauspieler auf einer Bühne verbringt, hat sein Ziel erreicht, als alle in Gelächter ausbrechen. Doch rasch herrscht wieder betretenes Schweigen.

Die Freunde sind müde und nervös, das Rauchverbot, das bisher bei den Treffen galt, ist aufgehoben. Salim erzählt, wie es ihm nach dem Anschlag auf die hohen Militärs ergangen ist. »Damals begannen ja die Angriffe in den Außenbezirken von Damaskus, selbst einige Viertel in Damaskus waren betroffen. Besonders in der Nacht hören wir die Explosionen, Schießereien, Hubschrauber, Kanonendonner. Und nachts diese Leuchtraketen. Wir sitzen zu Hause, gehen kaum noch raus. Die meisten Leute aus dem Haus, wo wir wohnen, sind nach Beirut gefahren. Nach dem Anschlag auf das nationale Sicherheitszentrum in Rawda war Damaskus für drei Tage wie eine Geisterstadt. Jeder hatte Angst. Ich war bei der Arbeit, und als wir von dem Anschlag hörten, wurden wir sofort aufgefordert, nach Hause zu gehen und das Haus nicht zu verlassen. Heute sieht man um acht Uhr abends niemanden mehr auf der Straße. Die Geschäfte sind geschlossen, das Leben scheint stillzustehen.«

Auch für Jihad hat das Leben sich verändert. Er wohnt in dem palästinensischen Flüchtlingslager Yarmuk, im Süden von Damaskus. Noch vor wenigen Monaten hatte ich ihn und seine Familie dort besucht. Er zeigte mir Flüchtlinge in einer Schule und Parolen an den Hauswänden, die die »Freie Syrische Armee« priesen. Er selber lehnte das ab. Nun habe sich die Lage noch verschlimmert: »Weil die Situation so unsicher ist und wir in einem Klima von Anspannung und Angst leben, ist es ein fruchtbarer Boden für alle möglichen Gerüchte, auch in Yarmuk, wo ich wohne. Eines Nachts wurden wir von einer unglaublichen Welle von Flüchtlingen geradezu überrannt, die vor Kämpfen in Haj al-Aswat – einem Nachbarviertel – davongelaufen waren. Sie hatten Gerüchte gehört, wonach ›Schabiha‹ (von Geheimdiensten kontrollierte Schlägertrupps) einer bestimmten Religionsgruppe Zivilisten einer anderen Religionsgruppe angreifen würden. Von den Moscheen ertönte der Ruf ›Allahu akbar‹, die Leute waren außer sich vor Angst, packten zusammen, was sie greifen konnten und rannten davon. In diesem Klima wachsen Gerüchte in den Himmel.« Ich frage, ob die Leute von den Moscheen aufgefordert worden waren, zu fliehen? »Nein, nein, es war nur dieser Ruf ›Allahu akbar‹ und das hat den Menschen noch mehr Angst gemacht. Es hat die Anspannungen erhöht. Wenn man in der Moschee ›Allahu akbar‹ sagt, ist das heute wie eine Art versteckter Botschaft an die Leute – man kann das in viele Richtungen interpretieren. Es kann zum Beispiel heißen: Rettet euch. Bringt euch in Sicherheit.«

Ich frage nach der »Freien Syrischen Armee« (FSA). »Yallah, los Leute«, lacht Amer. »Ring frei für die Diskussion.« Julia verteidigt die FSA, trotz ihrer schlechten Erfahrungen. »Meine Freunde hier und viele Leute haben dazu eine andere Meinung, aber ich meine, die FSA ist der bewaffnete Flügel der Opposition. Die meisten sind Deserteure der Armee, und ihre Aufgabe ist es, Stützpunkte der Sicherheitskräfte der Regierung anzugreifen. Und sie schützen die friedlichen Demonstrationen, die landesweit stattfinden. Gut, manche Leuten sehen das vielleicht anders und sagen, es gibt eine säkulare Opposition, und die FSA repräsentiert die religiösen Fanatiker. Ich bin da völlig anderer Meinung.« Sie erzählt von zwei Verwandten, die sich der FSA angeschlossen hätten. Deren Entscheidung respektiere sie, doch habe sie auch viele Fragen. »Sie sind nicht nur Verwandte, sie sind auch Freunde. Sie haben eine gute Ausbildung, sie sind säkular in allen Dingen des täglichen Lebens. Ich würde gern wissen, ob sie Alkohol trinken dürfen, ob sie rauchen dürfen. Was ist, wenn sie im Streit aus Versehen mal fluchen würden? Ich möchte das alles gern wissen. Ob sie wirklich offen zeigen und sagen können, wer sie sind, welchen Hintergrund sie haben, oder müssen sie einfach mit der Mehrheit der bewaffneten Gruppe mitlaufen, der sie sich angeschlossen haben? Über all diese Details konnten wir natürlich am Telefon nicht sprechen, aber wie gesagt, allgemein meinten sie, es gehe ihnen gut. Warum sie sich überhaupt den bewaffneten Gruppen angeschlossen haben? Sie hatten das Gefühl, sie müssten etwas tun. Dass sie nicht einfach bei dem, was geschieht, zuschauen dürften.«

Michel, ein Freund von Salim, meint, die bewaffneten Gruppen seien zerstreut und hätten kein gemeinsames Kommando. Außerdem seien sie nicht in der Lage, die gut organisierte und ausgerüstete reguläre Streitmacht ernsthaft zu schlagen. Jihad sieht vier verschiedene Gruppen, die unter dem Namen der »Freien Syrischen Armee« agierten. Und Safwan meint, keine Regierung der Welt würde es dulden, wenn Bewaffnete staatliche Institutionen angreifen würden. Julia meint, die FSA gehöre zum »Syrischen Nationalrat«, der die gesamte Opposition vertrete. Andere widersprechen, die Opposition bestehe aus vielen sehr verschiedenen Gruppen. Jihad weist daraufhin, dass der »Syrische Nationalrat« von islamischen Kräften und der Muslimbruderschaft dominiert werde. Einigen können sich die Freunde nicht. Die Gewalt in Syrien wird von allen abgelehnt. Bei der Frage, was sie selber zur Änderung beitragen können, sind sie ratlos.

Aber Salem und Michel haben eine Idee. »Wir organisieren ein Fußballturnier mit Leuten aus vier verschiedenen Stadtvierteln, die alle verschiedene religiöse Hintergründe haben: aus Jaramana, Midan, Qaboun, Qassa. Natürlich wird nicht das Team aus Qassa gegen das Team aus Jaramana spielen, weil sie sich dann vermutlich gegenseitig umbringen werden. Nein, sie werden in gemischten Teams spielen. Wir sind dabei, das Ganze zu organisieren, heute brauchen wir sogar für ein Fußballspiel die Zustimmung der Sicherheitskräfte.« Der Vorschlag löst Gelächter und Begeisterung aus, und die Freunde sind sich einig, dass Fußball für die meisten Leute mehr bedeutet als Regierung oder Opposition.

Und als wollten sie einen Schwur ablegen, dass sie ihre syrische Heimat nicht abschreiben wollen, geben sie, einer nach dem anderen, eine Erklärung ab. »Ich werde nie Menschen nach ihrer Religionszugehörigkeit einordnen. Ich werde nie zu einer Waffe greifen, und ich werde bis zum Ende eine politische Lösung verteidigen«, sagt Jihad ernst. Er unterstütze das, was Jihad gesagt habe, vollkommen, meint Salim und fügt hinzu: »Ich werde nie jemanden provozieren und jeden akzeptieren wie er ist.« Und Julia meint: »Vielleicht werden wir in der nächsten Phase eine größere Rolle spielen. Jetzt sieht es so aus, als könnten wir nicht viel tun, aber vielleicht wird es nicht lange dauern, bis wir mehr tun können.« Später, als die anderen gegangen sind, zeigt Amer sich skeptisch. Er fürchtet einen konfessionellen Zwiespalt in seiner Heimat und einen langen Stellvertreterkrieg regionaler und internationaler Großmächte. Und er fürchtet, dass der politische Islam sich durchsetzen könnte: »Da wir in den letzten 40, 45 Jahren hier im Land keine politischen Parteien hatten, ist jetzt niemand auf der Straße vertreten, außer den Islamisten. Für sie ist es am einfachsten, die Menschen zu organisieren. Und weil 65 Prozent der Bevölkerung sunnitische Muslime sind, werden die Islamisten natürlich an die Macht kommen.«

»Es ist eine Tragödie«

Während der Konflikt im Sommer 2012 militärisch eskaliert, gehen Julia und ihre Freunde einen anderen Weg. Sie helfen Inlandsvertriebenen, wie Jihad und Amer. Sind aktiv in Versöhnungskomitees in den Vorstädten, wie Safwan, oder sie engagieren sich kulturell, wie Salim. Er macht mit bei »Nachnu«, einem neu gegründeten Kulturverein, in dem Salim das Orchester, den Chor und das Theater mit aufbaut. »Nachnu« heißt »Wir«, und der Verein bietet jungen Leuten aus allen Teilen des Landes die Möglichkeit, künstlerisch aktiv zu werden. Täglich wird hier gemalt, geschrieben und Theater gespielt. Orchester und Chor studieren klassische und populäre Lieder, aber auch eigene Kompositionen ein und geben Konzerte. Für Räume und finanzielle Unterstützung sorgt ein Geschäftsmann aus dem Libanon, der im libanesischen Bürgerkrieg gekämpft hat und hofft, dass der syrischen Jugend diese Erfahrung erspart bleiben möge.

Im November 2012 kreisen Kampfjets über Damaskus, im Osten und Süden steigen schwarze Rauchsäulen in den Himmel. Zu einem Treffen in Jaramana kann Salim nicht kommen. Auch Jihad ist nicht dabei, es gibt Spannungen mit bewaffneten Gruppen in Yarmuk, dem Palästinenserlager, in dem er wohnt. Eine Stunde brauchen wir mit dem Auto, bis wir alle Kontrollpunkte der syrischen Armee passiert haben. Sonst dauert die Fahrt nach Jaramana fünfzehn Minuten. Dann warten wir, weil einige noch kommen wollen, aber auf die eine oder andere Weise aufgehalten werden. »Hier haben sie es nicht so mit der Pünktlichkeit«, mein Amer. Ich wende ein, dass die Zeiten ja schwierig seien. »Ah, in diesen Zeiten und in dieser Kultur und in diesem Land und in dieser arabischen Welt«, lacht er. »Aber was sollen wir tun!« Er macht sich lustig über die Ausreden, die alle für ihre Unpünktlichkeit benutzen. Nie scheint er seine gute Laune zu verlieren, auch wenn sein Sarkasmus immer schneidender wird.

Julia wirkt müde. Ich frage sie, wie es ihr gehe. »Ich war so enthusiastisch am Anfang, und ich habe versucht, etwas für die Revolution zu tun. Aber je länger alles gedauert und wie es sich entwickelt hat, wurde es immer komplizierter. Unsere Familie hat viel Leid erlebt. Mein Onkel wurde entführt, zwei aus unserer Familie starben, weil sie sich für die Revolution einsetzten. Einige haben ihr Zuhause verloren und wurden zu Binnenflüchtlingen. In der letzten Zeit bin ich eigentlich ziemlich verzweifelt. Ich habe wirklich alles verfolgt, was geschah. Ob ein Oppositioneller hier etwas vorgeschlagen hat, ob es internationale Treffen, Gespräche gab, und deren Ergebnisse, alles habe ich verfolgt. Heute ist es egal, die Leute kümmern sich nicht mehr darum: Da trifft sich jemand? Na gut, lasst sie. Es wird sowieso nichts bringen.« Grundsätzlich sei sie ein optimistischer Mensch. »Andere sagen, ich könnte mich von einem emotionalen Tief schnell erholen. Ich hatte meine persönlichen Pläne zugunsten der Revolution ziemlich lange zurückgestellt, aber jetzt muss ich mich darum kümmern. Ich muss meinen Master machen, und ich werde bald heiraten. Ja. Wir werden sogar eine Party feiern, wir werden trinken, wir werden tanzen, das Leben geht weiter! Aber das heißt überhaupt nicht, dass wir über das, was hier geschieht – die vielen Toten, die Zerstörung – nicht traurig wären. Es ist eine Tragödie, ich kann mir nicht vorstellen, dass jemand über das alles trauriger sein kann, als ich es bin. Aber das Leben muss weitergehen, die Zukunft muss besser werden. Nur so kommen wir weiter.«

Es klingelt, und Julia lebt auf, als Rawa hereinkommt, ihre beste Freundin. Auch Rawa hat durch die Kämpfe ihr Zuhause verloren. Sie macht es sich zwischen großen Kissen gemütlich und zündet eine Wasserpfeife an. Beruhigend blubbert die Nargileh vor sich hin, Rawa lächelt entspannt. Was für ein Kontrast zu den Kämpfen, die nur wenige Kilometer entfernt in den anderen Vororten toben. Rawa zuckt mit den Schultern: »Das ist doch normal geworden. Erst wurden Leute erschossen, dann wurden Mörsergranaten gefeuert, dann kamen die Panzer, dann die Hubschrauber und jetzt die Kampfjets. Ich arbeite in Barzeh, und am Anfang der Kämpfe hat mich der Kampflärm irritiert. Aber wenn ich jetzt mit dem Bus durch Qaboun und Harasta zur Arbeit fahre, sind da überall diese schwarzen Rauchsäulen, so ist das halt.«

Wie Julia ist auch Rawa Ismailitin. Seit sie mit Mohammad verheiratet ist, trägt sie ein Kopftuch. Nicht er habe das gewollt, sondern sie trage es aus Respekt vor seiner Familie, sagt sie. Rawa und ihre Familie wohnten früher in Jobar, einem sehr konservativen Viertel. Sie wurden vertrieben, nachdem ihr Bruder geholfen hatte, drei junge Männer aus der Polizeihaft freizubekommen. »Also mein Bruder hat sich eingeschaltet, als diese drei jungen Männer aus der Nachbarschaft verhaftet wurden. Er hatte zu ihnen immer gesagt, sie sollten sich ein bisschen bedeckt halten. Er arbeitet nicht für den Geheimdienst oder die Sicherheitskräfte, aber er kennt ein paar Leute da und hat seine Kontakte spielen lassen. So konnte er sie wieder rausholen. Aber dann haben die Leute angefangen, darüber zu reden. Vielleicht haben sie darum unser Haus angegriffen und alles zerstört. Weil sie dachten, mein Bruder könnte was mit dem Geheimdienst zu tun haben.« Das Haus hatte leer gestanden, weil die Familie schon früher vor den Kämpfen geflohen war. Sie seien aber regelmäßig zurückgegangen, um nach dem Rechten zu sehen. Doch an einem Tag, als sie in das Haus kamen, war alles anders: »Sie hatten wirklich alles zerstört, alles. Sogar Lebensmittel, die wir gelagert hatten, haben sie geklaut. Und ich bin mir sicher, wenn sie meinen Bruder gefunden hätten, hätten sie ihn getötet. Unsere ganze Familie verließ Jobar und ging nach Tadamoun. Als die Kämpfe auch dort anfingen, sind wir wieder aufgebrochen, wir konnten nur unser Leben retten. Heute wohnen wir hier, in Jaramana. In Jobar wollten sie keine Fremden. Sie haben uns vertrieben unter dem Vorwand, dass wir verdächtig seien, mit dem Geheimdienst zusammenzuarbeiten, aber das stimmte nicht. Sie haben uns vertrieben, weil wir ursprünglich nicht aus Jobar stammen.«

Neue Freunde haben sich dem Diskussionskreis angeschlossen: Iyad, ein IT-Spezialist, Mohammad, ein Zahnarzt, und Amer aus Sehnaya. Anders als früher sind nun viele Mitglieder in Oppositionsparteien geworden. Während ein Kampfjet das Haus überfliegt, erzählt Mohammad von seinen Erlebnissen mit Oppositionellen, die ihn kontaktiert hatten. »Dieses Allgemeine Koordinationskomitee kontaktierte mich über E-Mail oder Telefon. Das war in der Zeit von Mai bis Oktober 2011, so ungefähr. Weil ich erzählt hatte, dass ich auch fotografiere, wollten sie von mir, dass ich zu bestimmten, sensiblen Orten in der Altstadt gehe, um dort Aufnahmen zu machen. Im Hamidiye-Markt zum Beispiel. Sie sagten mir, ich solle möglichst dunkle Aufnahmen von Menschenansammlungen machen. Sie wollten die später montieren und bearbeiten, dass es aussah, als habe es dort Demonstrationen gegeben. Mir kam das verdächtig vor, und ich sagte, ich werde nicht mehr mitmachen. Da hat man mir einen Computer angeboten, eine neue Kamera und schließlich auch Geld.« Aber er sei ausgestiegen, erzählt Mohammad. Er habe sich einer anderen Gruppe angeschlossen. Immer wieder an diesem Nachmittag fliegen Kampfjets über das Haus, um kurz darauf ihre tödliche Fracht abzuwerfen. Die Stimmung ist angespannt, und lange bevor es dunkel wird, machen sich alle auf den Heimweg.

Wann beginnt die gute Zukunft?

Im Juni 2013 treffe ich Jihad nach langer Zeit wieder. Er musste mit seiner Familie aus dem Lager Yarmuk fliehen, wo er seit Kindestagen zu Hause war. 150 000 Palästinenser und 700 000 Syrer hatten dort gelebt. Nun ist Yarmuk eine Kampfzone. »Es war eine Tragödie, und wir durchlebten noch einmal, was 1948 geschehen war, die Diaspora. Bis zu 800 000 Menschen hatten in Yarmuk gelebt. Und in nur einem Tag mussten achtzig Prozent dieser Menschen das Lager verlassen. Autos waren nicht erlaubt, und da war diese endlose Schlange von Leuten, die gerade das Nötigste zusammengepackt hatten und die Straße entlangliefen. Kinder, Frauen, alte Leute, es war eine Katastrophe.«

Jihads Familie hat alles verloren. Ihr gemütliches Zuhause hat die Kämpfe nicht überlebt, ihr Hab und Gut wurde geplündert. Nach mehreren Zwischenstationen lebt Jihad nun mit seinem Vater in einem Hotel. Die Mutter ist mit den beiden Schwestern zu Verwandten nach Algerien gefahren, wo sie versuchen, eine Aufenthaltserlaubnis zu bekommen. Doch Palästinenser sind auch dort nicht willkommen. Monate später kehren sie erschöpft und traurig nach Damaskus zurück. Seine Freunde sieht Jihad nur noch selten. Er wirkt angespannt, unruhig. Wenn er auf die letzten Jahre zurückblickt, fällt sein Fazit bitter aus. »Wie Julia war ich am Anfang auch richtig optimistisch. Ich glaubte, das syrische Volk würde sich von einer totalitären, tyrannischen Diktatur befreien, die alle Teile des öffentlichen Lebens bestimmte. Ich dachte, wir stehen kurz vor dem Beginn einer richtig guten Zukunft. Doch bald habe ich meine Meinung geändert. Der Grund war, dass ich an einigen Demonstrationen teilgenommen hatte, aber die Parolen, die dort gerufen wurden, waren nicht, was ich meinte. Beispielsweise forderten einige Leute eine ›Flugverbotszone‹, eine ausländische Intervention, und es kam mir so vor, als kopierten sie das, was in Libyen passiert war. Und das war etwas, was sich nicht auf die Lage in Syrien übersetzen ließ. Zu dem Zeitpunkt hatte die Regierung keine Kampfjets oder Panzer oder schwere Artillerie eingesetzt. Ich bekam immer mehr den Eindruck, dass das syrische Volk von anderen Kräften benutzt wurde. Zum Beispiel in diesem »Syrischen Nationalrat« oder in der »Nationalen Koalition«, die später daraus hervorging. Dabei ging es um den Machthunger dieser Leute, nicht um Freiheit und Demokratie für die Syrer. Das Volk wollte wirklich etwas für sich erreichen, aber die Syrer wurden benutzt und aus dem Ausland von dieser Exilopposition aufgestachelt, die den Leuten sagte: Los, geht und demonstriert, greift zu den Waffen, kämpft gegen die Regierung. Sie haben mit dem Blut der Syrer gehandelt, und dabei ging es ihnen nur um ihre Macht.« Besonders der Griff zu den Waffen hat Jihad dazu gebracht, zu der Opposition auf Distanz zu gehen: »Der Griff zu den Waffen hat die ganze Sache der Opposition im Land militärisch immer mehr eskaliert. Am Ende müssen doch alle diese Menschen in der Zukunft zusammenleben, und wenn jemand, der für die Regierung ist, jemanden tötet, der für die Opposition ist, oder er tötet seine Familie, und die Opposition macht das Gleiche – wie sollen diese Menschen in Zukunft noch zusammenleben?!«

»Risse durch die Familien«

Im September 2013 unterzeichnet Syrien das UN-Chemiewaffenprotokoll und stimmt der Vernichtung seiner Bestände zu. Die USA nehmen Abstand von einem angekündigten Angriff auf das Land. Die militärischen Auseinandersetzungen gehen weiter. Als ich die Freunde wiedersehe, ist es drückend heiß. Doch wir haben Glück an diesem Tag. Es gibt Strom, und der Ventilator weht stetig einen kühlen Luftzug durch den Raum. Die Hochzeit von Julia und Bashar habe ich verpasst. Im August haben sie alle zusammen getanzt und gelacht, obwohl Tod und Gewalt weiter den Alltag bestimmen. Salim verbringt die meiste Zeit im Kulturverein »Nachnu«, spielt Theater und ist so beschäftigt, dass er nur noch selten zu den Treffen kommt. Jihad und Julia helfen weiter Inlandsflüchtlingen. Safwan engagiert sich in einem Versöhnungskomitee und versucht, Kämpfer zur Abgabe ihrer Waffen zu bewegen. Kein ungefährlicher Job. Doch was ist aus dem Aufbruch der ersten Tage geworden, den Forderungen nach Freiheit, nach politischen Veränderungen? »Diese Frage ist wirklich schwierig zu beantworten«, meint Safwan. »So traurig es ist, die meisten Syrer schauen nur noch zu. Ja, wir wollen Freiheiten, essen und arbeiten, wir wollen, dass alles wieder gut wird, aber niemand tut etwas dafür. Die Stimmung ist vom Krieg bestimmt, entweder man nimmt eine Waffe, oder man sieht zu. Ich denke das überhaupt nicht, aber die meisten meiner Freunde sehen das so. Ich finde, es ist egal, was die Leute denken, sie sollen sich auf einen oder zwei Punkte einigen, das reicht. Wir können über Facebook diskutieren, unsere Ansichten verbreiten, Hauptsache, wir tun irgendetwas.«

Rawa meint: »Mit all diesen Waffen ist es jetzt richtig gefährlich geworden. Und der Riss geht durch die Familien. Wenn du in der Familie eine andere Meinung vertrittst, gibt es Probleme. Egal, ob du für oder gegen die Regierung bist. Stimmt, jetzt sprechen die Waffen, aber wenn wir jetzt nichts tun, werden wir nie was unternehmen.« Wie wäre es, Ideen zu sammeln und einfach mal überlegen, wie die Zukunft Syriens aussehen sollte?

Amer meint, jeder könne seine Ideen doch mal aufschreiben, und »danach können wir uns wieder alle treffen und darüber diskutieren.« Alle lachen, und Julia ruft: »Wenn wir dann noch am Leben sind.« Amer wechselt das Thema und spricht mich direkt an: »Nimm Rawa mit dir, nimmt sie mit. Sie ist schwanger.« Ich gratuliere und frage, seit wann sie es wisse. »Mir kannst du gratulieren«, feixt Mohammad, der Mann von Rawa. »Wir wissen es seit zwei Monaten.« Die Freunde lachen und freuen sich, und Amer meint, sie seien Verbrecher, weil doch in dieser Zeit niemand daran denke, ein Kind in die Welt zu setzen. »Gott hat es so gewollt«, lacht der werdende Vater. »Ach komm, ihr habt es zwei Jahre lang versucht.« »Nein, nein, es war unser erster Versuch«, grinst Mohammad, und alle reden wieder durcheinander. Mit Glückwünschen für die werdenden Eltern verabschieden sich alle an diesem Tag. Es sei doch ein gutes Zeichen, wenn ein Kind erwartet werde, »hoffen wir doch, dass bis zu seiner Geburt wieder alles in Ordnung ist und es Frieden für die Kinder gibt.« Amer macht ein ernstes Gesicht: »Ich habe da meine Zweifel.«

Im März 2014 treffe ich Amer in einem Café in der Damaszener Altstadt. Die Freunde haben sich aus den Augen verloren. »Das letzte Mal habe ich Julia vor vielleicht drei, vier Wochen gesehen. Es geschieht nicht viel, das Leben geht weiter. Du gehst zur Arbeit und kommst wieder nach Hause. Es gibt nicht viel zu tun. Wenn du Glück hast, kannst du am Wochenende was unternehmen. Freunde besuchen, was trinken oder so, das war's.«

Keine großen Diskussionen mehr über die Zukunft Syriens? »Die Zukunft ist düster, meine Liebe. Es ist immer noch die gleiche Diskussion, nichts bewegt sich. Wer für die Regierung ist, ist noch immer für sie, und zwar immer radikaler. Und das Gleiche gilt für die andere Seite.« Alle seine Freunde hätten das Land verlassen. »Russland, Niederlande, Schweden, Dubai – such dir was aus.« Er verbringe seine Zeit mit Musikhören, Lesen,

Arbeiten und Sich-Informieren. »Zum Glück habe ich noch die Arbeit, sonst hätte ich mich vermutlich auch auf so eine verrückte Reise ins Ausland gemacht. Ich habe sogar angefangen, Bücher über Psychologie zu lesen, wahrscheinlich eine Auswirkung der Krise hier. Ich lese Freud. Das ist ein großer Name, superkompliziert, aber interessant. Auf jeden Fall besser, als Sitcoms anzuschauen.« Allerdings rauche er noch immer zu viel.

Bevor ich Anfang November 2014 nach längerer Pause wieder nach Damaskus fahre, schicke ich eine E-Mail an Amer, um mein Kommen anzukündigen. Wie immer frage ich, ob ich ihm Bücher mitbringen soll. Die Antwort ist eine Überraschung: »Schön von dir zu hören, ich bin in Holland. Ich kam vor ungefähr zwei Monaten her, mit einem Touristenvisum. Dann habe ich mich entschieden, hier zu bleiben, es gab einige persönliche Drohungen in der letzten Zeit. Es ist ein Neuanfang mit großen Herausforderungen. Aber für mich gilt: Jetzt oder nie.«

In Damaskus angekommen, ist keiner der Freunde aufzufinden. Ich suche nach Neuigkeiten und habe etwas Glück. Von Salim höre ich, dass er sich weiter bei dem Kulturverein »Nachnu« engagiert, für ein Treffen fehle ihm aber die Zeit. Zu Safwan kann ich keinen Kontakt herstellen. Zuletzt war er in die lokalen Versöhnungsgespräche mit Bewaffneten involviert, die nun an vielen Orten stattfinden. Auch die Freunde haben keine Nachricht mehr von ihm. Von Jihad höre ich, dass er sich mit Mutter und Schwestern auf den gefährlichen Weg über das Mittelmeer nach Europa gemacht hat. Bis Weihnachten höre ich nichts von ihm. Dann kommt eine E-Mail. Er ist angekommen. »Meine Familie und ich senden dir viele Grüße. Wir versuchen jetzt, eine gute Universität für meine jüngeren Schwestern zu finden. Sie müssen mit ihrem Leben noch einmal von vorne anfangen. Wir sind überzeugt, dass ein guter akademischer Abschluss der Schlüssel für einen Neuanfang ist. Ich will versuchen, ob ich bei einer humanitären Organisation als Freiwilliger nützlich sein kann, bis unser Aufenthalt geregelt ist. Unsere liebe Mutter macht uns immer Mut, wenn wir nicht mehr weiterkönnen. Für sie wird sich der Traum ihres Lebens erfüllen, wenn sie uns in Sicherheit weiß und wenn sie sieht, dass wir erfolgreich sind. PS: Julia und Bashar haben ein Restaurant in der Altstadt aufgemacht. Sie erwarten dich, wenn du wieder in Damaskus bist. Bashar ist ein Superkoch …«

Die Frauen werden Syrien wieder aufbauen

Homs. Eine Seitenstraße der As-Salamiyya-Straße nach dem Waffenstillstand (November 2014).

Im Sommer 2015 treffe ich Julia wieder. Wir speisen in dem kleinen Restaurant, das ihr Mann in der Altstadt betreibt. Tagsüber arbeitet er in einer großen Fabrikkantine, abends kocht er in seinem eigenen Lokal. Julia hat ihr Studium abgeschlossen und neue Arbeit gefunden. Doch Nachwuchs lässt noch auf sich warten, bedauert Salim, der auch vorbeigekommen ist. Er ist noch immer aktiv bei »Nachnu«. Stolz erzählt er, dass sie ihre Theateraufführungen ausgeweitet haben. Einmal wöchentlich wird ein Film gezeigt, das letzte Mal war es *Der große Diktator* von Charlie Chaplin. Beide äußern ihre große Besorgnis über das Erstarken des »Islamischen Staates im Irak und in der Levante«. Gerade ist die Gruppe in Palmyra eingefallen und rückt weiter nach Westen vor.

Wenige Tage später ruft Julia an und schlägt vor, dass wir Safwan besuchen. Er arbeitet noch immer mit Inlandsvertriebenen außerhalb von Damaskus. Weil er sich weigert, den Wehrdienst anzutreten, lebe er halb illegal und könne nicht in die Stadt kommen. »Wird er an einem Kontrollpunkt gestoppt, könnten sie ihn gleich mitnehmen.« Wir verabreden uns und treffen Safwan am späten Nachmittag. Stolz nimmt er uns mit in eine Wohnung, die sie mithilfe von Spenden zu einem Begegnungszentrum ausgebaut haben. »Hier lebe und arbeite ich jetzt«, sagt Safwan und stellt uns einen seiner Mitstreiter vor. Der freundliche, schmale Mann hat vierzehn Jahre lang für seine Überzeugung im Gefängnis gesessen. Sieben Jahre im Wüstengefängnis in Tadmur, zwei Jahre beim Geheimdienst und fünf Jahre in Adra. 2001 kam er im Zuge einer großen Amnestie frei. Nun lebt er hier und hilft ebenfalls den Inlandsvertriebenen.

Er arbeite mit einer Gruppe von jungen Oppositionellen, die sehr aktiv seien, erzählt Safwan. »Wir haben für Kinder 480 Winterjacken organisiert. Wir haben 90 Schulbücher für die Kinder besorgt, die Prüfungen machen mussten. Für Leute die keinen Strom haben, haben wir 20 aufladbare Lampen besorgt. Offiziell werden wir hier alle drei Stunden mit Strom versorgt, für drei Stunden. Aber das klappt nicht immer.« Für 60 Familien hätten sie Kleidung besorgt, und »in diesem Zentrum geben wir Unterricht. Kindern helfen wir bei den Aufgaben, mit Kleinen und mit Erwachsenen machen wir Alphabetisierungskurse.« Safwan und seine Freunde haben versucht, mit syrischen Hilfsorganisationen zu kooperieren. Das sei aber schwierig gewesen, weil diese mithilfe der UNO oder anderer ausländischer Gruppen arbeiteten, die wiederum pro Ort immer nur eine Gruppe unterstützten. »Jetzt arbeiten wir mit einer Gruppe, die nennt sich ›Wir sind die Initiative‹, und das geht sehr gut. Wir sind 25 Leute und werden von einem Zusammenschluss von Geschäftsleuten gesponsert, die hier am Ort ansässig sind.« Neben dem Unterricht bieten sie auch psychologische Hilfe an, wobei sie von ausgebildeten Therapeuten unterstützt werden. »Viele der Leute, die wir hier unterstützen, haben ihr Haus, ihre Wohnung oder Angehörige verloren. Für sie ist es nicht nur schwer, sich mit diesen Verlusten abzufinden, sie müssen sich auch an eine neue Umgebung und an ein neues Leben gewöhnen. Manche sind psychisch krank oder krank geworden, viele sind depressiv. Andere haben Anpassungsschwierigkeiten; sie kommen mit der neuen Situation nicht klar. Sie haben posttraumatische Störungen. Bei den Frauen haben wir vor allem Scheidungen, Zwangsverheiratung oder Prostitution.« 160 000 Menschen sind in diesem Ort als Inlandsvertriebene angekommen. Ursprünglich lebten hier Drusen und Christen. Die Vertriebenen kämen aus dem Umland von Damaskus, erzählt Safwan. Aus Kisweh, Qaddam, Dareya, Sbeineh, Muadamiya. Die meisten seien Muslime, viele Palästinenser.

Medien im Ausland bezeichneten den Krieg in Syrien auch als »Religionskrieg«. Was Safwan aber berichtet, beschreibt ein anderes Bild. Die Mehrheit der Inlandsvertriebenen seien sunnitische Muslime, und sie gingen dorthin, wo Christen und Drusen lebten, sagt Safwan. »Diese Gebiete sind eher ruhig und sicher. Da, wo es brodelt und wo die Veränderungen stattfinden, sind die Gebiete, wo Muslime, vor allem Sunniten leben. Darum kommen die Leute, die vor den Unruhen fliehen, zu uns Drusen und Christen, wo es ruhig und sicher ist.«

Das liege nicht daran, dass die Minderheiten reich seien und es ihnen besser gehe und dass die sunnitischen Muslime die Unterdrückten seien und arm, weswegen sie aufbegehrt hätten. Deir ez-Zor, Rakka und Deraa, wo die Bevölkerung mehrheitlich sunnitische Muslime seien, seien wohlhabende Gebiete. Auch die Mehrheit der Händler in den Städten seien sunnitische Muslime. Arme gebe es bei den Minderheiten, vor allem bei den Alawiten.

»Tatsächlich ist es eine Frage des Bewusstseins, ganz unabhängig von der Religion«, meint Safwan. »Nimmt man die Waffe, um die Regierung zu schützen, oder nimmt man die Waffe, um die Regierung zu stürzen?« Und die Drusen und Christen, was für ein Bewusstsein haben sie? »Wir sind gegen den Einsatz von Waffen. Und das wird uns sowohl von der Regierung als auch von der Opposition vorgeworfen. Aber Waffen können keines unserer Probleme lösen, sondern sie spülen nur Schmutz in unser Land. Darum arbeiten wir politisch und im zivilgesellschaftlichen Bereich.«

Wird sich mit all den Problemen, die die Menschen früher so gar nicht kannten, das gesellschaftliche Zusammenleben verändern? Die Art der Probleme habe sich vielleicht verändert, meint Safwan. Menschen, die früher zu Depressionen neigten, hätten sie heute in einem größeren Ausmaß.

Gesellschaftlich versuche er mit seinen Freunden Netzwerke aufzubauen, um den Menschen zu helfen. Arbeit finden, eine Wohnung finden, medizinische Hilfe – damit die Menschen sich nicht alleingelassen fühlten in dieser Krise. »Wir wollen die schützen, die geblieben sind. Wenn der Krieg vorbei ist, müssen sie helfen, eine bessere Gesellschaft wiederaufzubauen.«

Die Krise werde lange dauern, weil sie nicht nur wirtschaftlich, politisch, ideologisch und religiös sei. Die psychologische Stabilisierung der Menschen werde dauern: »Ein Jahr Krise erfordert drei Jahre Behandlung«, sagt Safwan. »Diese Krise dauert schon fünf Jahre, das sind mindestens fünfzehn Jahre, die der psychische Genesungsprozess dauert.«

Schon lange handle es sich in Syrien nicht mehr um einen innenpolitischen Konflikt. Alle internationalen Konferenzen und Treffen sollten die Lösung nur herauszögern, ist Safwan überzeugt. »Es geht hier nicht mehr um den Präsidenten, um den Staat oder um das Recht. Hier wird ein Plan abgearbeitet. Vordergründig geht es um Sunniten und Schiiten, das heißt, es geht um Iran und Saudi-Arabien. Dahinter haben wir jeweils Europa und China, und dahinter wiederum haben wir Russland und die USA. Es gibt gegensätzliche Interessen, und die großen Gewinner sind die Waffenhändler und die, die mit dem Öl, dem Gas und den syrischen antiken Schätzen spielen.«

Und warum spielt sich das in Syrien ab? »Die geografische Lage Syriens ist wichtig, aber es geht auch um die menschlichen Ressourcen der Syrer. Sie sind gut ausgebildet, und sie sind intelligent.« Safwan ist überzeugt, dass Syrien militärisch und gesellschaftlich geschwächt und letztlich gespalten werden soll. Kann der Plan gelingen? »Syrien ist schon längst gespalten«, ist Safwan, überzeugt und Julia stimmt ihm zu. »Sie werden es machen wie in Jugoslawien, das geht ruckzuck. Die Franzosen wollten das schon früher, und sie werden nicht nachgeben.«

Und in welchem Staat werden sie zukünftig leben, was für ein Syrien wird das sein? Julia und Safwan lachen. »Die Drusen haben ja ihr Gebiet«, meint Julia. »Aber wir Ismailiten? Wo sollen wir hin?« Safwan wird nachdenklich: »Ich hoffe nicht, dass ich eines Tages gezwungen werde, die Einheit Syriens mit der Waffe in der Hand zu verteidigen. Aber in einem geteilten Land will und werde ich nicht leben.« Egal, welche Pläne im Ausland für die Zukunft Syriens entworfen werden, Julia und Safwan halten an der Einheit ihrer Heimat fest. Doch sie wissen auch, dass sie nicht wirklich Einfluss auf die Entwicklung haben, meint Julia. »Wir denken jetzt eher darüber nach, wie wir unser persönliches Leben retten und gestalten können. Sollen wir bleiben, sollen wir gehen? Nicht jeder ist so stark wie Safwan, der immer wieder neue Pläne und Projekte entwickelt.«

Safwan lacht verlegen: »Jetzt müssen wir uns um das Heute kümmern, es gibt genug zu tun. Aber eines Tages wird das Chaos vorbei sein, und dann werden es die Frauen sein, die Syrien wieder aufbauen. Die Männer sind tot, im Gefängnis, oder sie haben das Land verlassen. Aber die Frauen sind hier, sie werden Syrien wieder aufbauen.«

Hundert Jahre Syrien 1916–2016

1916–1925

1911 Arabische Nationalisten gründen die Organisation al-Fatat in Paris. Sie fordern mehr Rechte für die arabischen Provinzen des Osmanischen Reiches. In der osmanischen Provinz Syrien wird al-Fatat die bedeutendste Oppositionsgruppe. Einer der Mitbegründer, Jamil Mardam Bey, wird 1936 Ministerpräsident Syriens.

1913 (18. Juni) Al-Fatat hält den ersten Arabischen Kongress in Paris (!) ab. Die osmanischen Behörden untersagen den osmanischen Bürgern eine Teilnahme an dem Kongress, den sie als Verrat am Osmanischen Reich ansehen.

1913 (Oktober) In Istanbul wird al-Ahd (Verpflichtung) gegründet. Die Organisation versteht sich als geheimer militärischer Arm von al-Fatat.

1914 (August) Beginn des Ersten Weltkrieges in Europa.

1914 (29. Oktober) Das Osmanische Reich schließt sich der Allianz von Deutschem Reich, Österreich-Ungarn und Italien an.

1914 (Oktober) Der Archäologe Max von Oppenheim tritt in den Dienst der deutschen Botschaft in Konstantinopel. Er gründet die »Nachrichtenstelle für den Orient« und legt dem Auswärtigen Amt die »Denkschrift betreffend die Revolutionierung der islamischen Gebiete unserer Feinde« vor.

1915 (7. Juli) Schreiben des deutschen Botschafters Hans von Wangenheim (Konstantinopel) an den Reichskanzler zur Deportation der armenischen Bevölkerung. Dabei handle es sich nicht um »kriegsbedingte Vorkehrmaßnahmen«, wie die osmanische Regierung es darstellte, sondern »die Art, wie die Umsiedlung durchgeführt wird, zeigt, dass die Regierung tatsächlich den Zweck verfolgt, die armenische Rasse im türkischen Reiche zu vernichten.«

1915 (10. August) Der evangelische Theologe und Gründer des Armenien-Hilfswerks, Johannes Lepsius, trifft in Konstantinopel (heute Istanbul) den osmanischen Kriegsminister Enver Pascha. Er versucht, diesen zu bewegen, die Massaker an den Armeniern und ihre Vertreibung in die syrische Wüste zu stoppen.

1915 (15. August) Jamal Pascha, Osmanischer Gouverneur in Syrien, lässt arabische Nationalisten in Beirut öffentlich hinrichten. Die Männer wurden des Hochverrats gegen das Osmanische Reich beschuldigt, etliche waren Mitglieder der Al-Fatat-Bewegung. Der Platz, auf dem die Hinrichtung stattfand, war zu dem Zeitpunkt bekannt als der »Kanonenplatz«, weil die Franzosen (1860) dort fünf Kanonen aufgestellt hatten. Nach der öffentlichen Hinrichtung wurde der Platz in »Märtyrerplatz« umbenannt, und so heißt er noch heute.

1915 (Dezember) Erstes Treffen des britischen Diplomaten Mark Sykes und des französischen Diplomaten François Georges-Picot. Ziel des Treffens ist es, die jeweiligen Interessensphären im Mittleren Osten abzustecken. Sykes formuliert bei einer Vorbesprechung mit der Regierung in London die britischen Interessen so: »Ich würde eine Linie vom e in Acre bis zum letzten k in Kirkuk ziehen.«

1916 (6. Mai) Gouverneur Jamal Pascha lässt arabische Nationalisten öffentlich aufhängen.

1916 (Mai) Unterzeichnung des geheimen Sykes-Picot-Abkommens. Es teilt die bisherigen osmanischen Provinzen Großsyrien (Syrien-Palästina) und Mesopotamien in Mandatsgebiete für Großbritannien und Frankreich. Frankreich wird Mandatsmacht über Syrien und den Libanon, Großbritannien übernimmt das Mandat über die neu entstandenen Länder Irak und Transjordanien. Jerusalem wird unter internationale Kontrolle gestellt.

1916 (10. Juni) Sherif Hussein von Mekka startet die Arabische Revolte gegen das Osmanische Reich. Drusenführer Scheich al-Atrash schließt sich an. Unterstützt wird Hussein von dem britischen Offizier und Geheimagenten T. E. Lawrence (Lawrence von Arabien).

1917 (2. November) Die britische Regierung verspricht in der Balfour-Erklärung der Zionistischen Weltbewegung (Baron Rothschild) eine »jüdische Heimstatt in Palästina«. Zu dieser Zeit hat Palästina etwa 700 000 Einwohner, 574 000 davon sind arabische Muslime, 74 000 arabische Christen und 56 000 (mehrheitlich) arabische Juden. Die anderen Juden sind Siedler aus Europa und Russland.

1917 (Dezember) Britische Truppen marschieren in Palästina ein und besetzen Jerusalem. Mit von der Partie ist Sherif Hussein und die arabische Nationalbewegung. Die osmanischen Truppen ergeben sich dem britischen General Edmund Allenby. Die Entwicklung stärkt die arabische Nationalbewegung, der sich Hunderte Freiwillige aus Syrien anschließen.

1918 (8. Januar) US-Präsident Woodrow Wilson formuliert bei einer Rede vor dem amerikanischen Kongress einen 14-Punkte-Plan für eine Nachkriegsordnung in Europa und im Mittleren Osten.

1918 (26. September) Die letzten osmanischen Truppen ziehen sich aus Syrien zurück. In Damaskus wird der algerische Prinz Said al-Jazairi als Vorsitzender einer Interimsregierung eingesetzt.

1918 (Oktober) Die arabische Armee unter dem Kommando von Prinz Faisal, dem Sohn von Sherif Hussein von Mekka, marschiert in Damaskus ein. Prinz Faisal war – wie viele Revolutionäre der damaligen Zeit – Mitglied der Al-Fatat-Bewegung. Die erste syrische Regierung wird ernannt. Geführt wird sie von Prinz Faisal und Rida Pascha al-Rikabi, dem ersten syrischen Ministerpräsidenten. Nacheinander werden Beirut und Aleppo von der arabischen Armee eingenommen.

1918 (11. November) Offizielles Ende des Ersten Weltkrieges.

1919 (1. Januar) Prinz Faisal fährt nach Paris, um an der Friedenskonferenz teilzunehmen. Seine Forderung lautet: Anerkennung der Unabhängigkeit Syriens.

1919 (5. Februar) Gründung der Al-Istiqlal-Partei (Unabhängigkeit) in Damaskus. Als Vorsitzende werden Shukri al-Quwatli, Riad as-Solh, Saadallah al-Jabiri und Adil Arslan ernannt.

1919 (25. März) US-Präsident Woodrow Wilson schlägt den Siegermächten vor, eine Untersuchungskommission nach Syrien und Palästina zu entsenden, um den Willen der arabischen Bevölkerung zu erkunden. Der Vorschlag wird angenommen. Die Kommission wird nach ihren Leitern Henry C. King und Charles R. Crane als King-Crane-Kommission benannt. Großbritannien und Frankreich verweigern ihre Teilnahme.

1919 (Mai) Aufstand der Alawiten gegen die Landung der französischen Mandatstruppen in Syrien.

1919 (Juni) Erste Parlamentswahlen in Syrien.

1919 (28. August) Im Abschlussbericht der King-Crane-Kommission wird u. a. empfohlen, die »Einheit Syriens zu erhalten, Libanon nicht von Syrien zu trennen und keine Gründung eines jüdischen Staates in Palästina zuzulassen«. Der Bericht wird mit der Erkrankung von Präsident Wilson ad acta gelegt. Wilsons zweite Amtszeit endet 1921.

1920 (8. März) Prinz Faisal wird im syrischen Parlament (Nationalkongress) zum König von Syrien gekrönt. Das Parlament bekräftigt die in der King-Crane-Kommission benannten Forderungen und erklärt die »Unabhängigkeit Syriens in seinen natürlichen Grenzen« (Großsyrien).

1920 (9. März) Großbritannien weist die Krönung von Prinz Faisal als Verfassungsbruch zurück, weil sie den Interessen Frankreichs im Mittleren Osten widerspreche.

1920 (14. Juli) Der französische Hochkommissar in Syrien, General Henri Gouraud, stellt König Faisal ein Ultimatum: Das arabische Königreich muss aufgelöst werden, ebenso die syrische Armee, Syrien soll das französische Mandat anerkennen. König Faisal lehnt ab.

1920 (24. Juli) Die syrische Armee verliert die Unabhängigkeitsschlacht bei Maysalun gegen die französischen Mandatstruppen.

1920 (Juli) In Aleppo erhebt sich unter der Führung von Ibrahim Hananu eine Revolte gegen die französische Mandatsmacht. Die Revolte wird ein Jahr später (August 1921) von den Franzosen niedergeschlagen. Hananu wird gefangen genommen, von einem französischen Militärgericht aber freigesprochen.

1920 (August) König Faisal wird vom französischen Hochkommissar Gouraud gezwungen, Syrien zu verlassen. Gouraud löst die syrische Armee und das syrische Königreich auf. Der damalige Ministerpräsident Ala ad-Din Droubi und der Vorsitzende des Schura-Rates, Abdul Rahman Pasha al-Yusuf werden – vermutlich – von Anhängern von König Faisal ermordet. Die beiden werden der Kollaboration mit der Mandatsmacht beschuldigt.

1920 (August) Frankreich trennt den Libanon von Syrien ab und schafft einen neuen Staat, was im Widerspruch zum Mandatsauftrag steht.

1920 (1. September) Frankreich schafft einen Staat Aleppo, dem auch der Sanjak von Alexandrette einverleibt wird. Es folgt die Bildung eines Staates Damaskus (3. September 1920), eines Drusenstaates sowie eines Alawitenstaates. Dieser wird von der französischen Mandatsmacht selber kontrolliert.

1921 Die französische Mandatsmacht einigt sich mit den jungtürkischen Machthabern in der Türkei über den Grenzverlauf zwischen Syrien und der Türkei.

1921 (Juni) Syrische Nationalisten im Exil gründen in Genf den Syrisch-Palästinensischen Kongress mit dem Ziel, Syrien und Palästina vom europäischen Kolonialismus zu befreien.

1921 (23. August) Der abgesetzte König Faisal von Syrien wird von der britischen Mandatsmacht zum König von Irak ernannt.

1922 (22. Juni) Die französische Mandatsmacht gründet den Syrischen Föderationsrat, um die Staaten von Damaskus, Aleppo und der Alawiten gemeinsam zu regieren.

1922 (24. Juni) Der Völkerbund erkennt das französische Mandat über Syrien und Libanon an.

1923 (Juli) Gründung der ersten syrischen Universität in Damaskus.

1924 (28. Oktober) Gründung der Kommunistischen Partei in Beirut.

1925 (April) Der britische Außenminister Lord Balfour wird in Damaskus mit feindseligen und gewaltsamen Demonstrationen »begrüßt«. Grund der Ablehnung ist der tief sitzende Zorn der Syrer über die Zusage Großbritanniens (1917), dass die zionistische Weltbewegung in Palästina eine jüdische Heimstätte gründen darf.

1925 (Juni) Gründung der syrischen Volkspartei in Damaskus. Ziel der Partei ist die Befreiung Syriens von fremder Herrschaft und die Errichtung einer konstitutionellen Monarchie nach britischem Vorbild. Die Monarchie soll vom haschemitischen Königshaus geführt werden. Vorsitzender der Partei ist Abdul Rahman Shahbandar.

1925 (21. Juli) Der Drusenführer Sultan al-Atrash ruft zum bewaffneten Aufstand gegen die französische Mandatsmacht auf. Mit dabei Abdul Rahman Shahbandar und die syrische Volkspartei.

1925 (18. Oktober) Die französische Luftwaffe bombardiert 48 Stunden lang das Zentrum von Damaskus, um den Aufstand niederzuschlagen.

1926–1946

1926 (Mai) Neue Luftangriffe der französischen Luftwaffe treffen den Damaszener Stadtteil Midan, 200 Tote werden gezählt. Die Revolte wird am 25. Oktober 1927 von den Franzosen endgültig niedergeschlagen.

1927 (25. Oktober) Gründung des Nationalen Blocks in Beirut. Ziel der Organisation ist es, die Unabhängigkeit Syriens politisch und diplomatisch zu erreichen. Gründungsmitglieder sind u. a. Hashim al-Atassi, Ibrahim Hananu, Shukri al-Quwatli.

1928 (Februar) Die französische Mandatsbehörde ernennt Taj ad-Din al-Hasani zum ersten Ministerpräsidenten Syriens, was von der syrischen Nationalbewegung abgelehnt wird.

1928 (April) Unter großer Beteiligung von Mitgliedern des Nationalen Blocks findet eine verfassunggebende Versammlung statt, die von dem Anwalt Fawzi al-Ghazi und Hashim al-Atassi geleitet wird. Auftrag der Versammlung ist es, die erste republikanische Verfassung für Syrien zu entwerfen.

1930 Frankreich akzeptiert die ausgearbeitete Verfassung unter dem Vorbehalt, dass übergeordnete Autorität die französische Mandatsmacht bleibt.

1932 (11. Juli) Gründung der Syrischen Republik, erster Präsident wird Mohammad Ali al-Abid. Der ernennt den Damaszener Haqqi al-Azm zum ersten Ministerpräsidenten.

1932 (4. November) Erste offizielle Versammlung des Nationalen Blocks in Homs. Hashim al-Atassi wird zum Vorsitzenden (Präsidenten) eines Rates gewählt, der die politischen Angelegenheiten des Blocks leiten soll. Dem Rat gehören Sadallah al-Jabiri, Shukri al-Quwatli, Jamil Mardam Bey, Faris al-Khoury und Ibrahim Hananu an.

1932 (16. November) Fast zeitgleich wird in Beirut die Syrische Sozial-Nationalistische Partei (SSNP) gegründet, die für die Wiedervereinigung von Großsyrien (Alexandrette, Syrien, Libanon, Palästina) eintritt. Parteigründer ist Antoun Saadeh. Die Partei tritt für die nationale Selbstbestimmung der gesamten Region als laizistischer Staat ein, in dem alle Bürger, ungeachtet ihrer ethnischen oder religiösen Zugehörigkeit, gleichberechtigt leben. Damit wendet sich die SSNP direkt gegen die Interessen Frankreichs, Großbritanniens und aller westlichen Staaten, wie sie im Sykes-Picot-Abkommen (1916), in der Balfour-Erklärung (1917) und der Pariser Friedenskonferenz (1919/20) bestätigt worden sind.

1933 (20. August) Gründung der Nationalen Aktionsliga (League of National Action) im Libanon (Qarna'il). Ziel der Liga ist es, den Mittleren Osten vom Einfluss der (westlichen) Großmächte zu befreien. Zu den Gründungspersonen gehören u. a. Constantine Zurayk, Zaki al-Arsuzi und Sabri al-Asali.

1933 (7. September) Der irakische König Faisal I. stirbt im Alter von 45 Jahren in der Schweiz. Sein Nachfolger wird König Ghazzi I. Anders als König Faisal ist Ghazzi I. kein arabischer Nationalist und erhebt keinen Anspruch mehr auf Syrien.

1933 (25. November) Das syrische Parlament soll über einen syrisch-französischen Freundschaftsvertrag abstimmen. Der Nationale Block erscheint nicht und boykottiert die Abstimmung. Die französische Mandatsbehörde löst daraufhin das erste syrische Parlament auf und setzt die Verfassung außer Kraft.

1935 Offizieller Gründungskongress der Syrischen Sozial-Nationalistischen Partei (SSNP) in Beirut.

1935 (18. November) Ibrahim Hananu, der Anführer der Aleppo-Revolution (1920) und Führungsmitglied im Nationalen Block, stirbt im Alter von 66 Jahren.

1935 (10. Dezember) Antoun Saadeh, Gründer der SSNP, wird in Beirut festgenommen.

1936 (Februar) Aus Protest gegen die Außerkraftsetzung (Annullierung) der syrischen Verfassung durch die französische Mandatsbehörde ruft der Nationale Block zu einem Streik auf, der sechzig Tage andauert. Der Protest wird gewaltsam niedergeschlagen, es gibt Tote. Die syrische Wirtschaft erleidet schweren Schaden. Die französische Mandatsmacht wird für ihr Vorgehen kritisiert und sieht sich gezwungen, eine Delegation des Nationalen Blocks zu Verhandlungen über die Unabhängigkeit Syriens zu empfangen. Das Treffen findet im März 1936 in Paris statt. Die Delegation wird von Hashim al-Atassi geführt.

1936 (April) In Palästina kommt es zu Aufständen gegen die große Zahl von jüdischen Einwanderern aus Europa. Zu den Unterstützern der Proteste gehört der Politiker des Nationalen Blocks, Shukri al-Quwatli. Kämpfer aus syrischen Aufständen (1920, 1935) gegen die französische Mandatsmacht schließen sich den palästinensischen Aufständischen an.

1936 (16. Juli) Der Leiter des Komitees für arabische Angelegenheiten der Jüdischen Nationalen Agentur (Jewish National Agency), Eliahu Epstein, fährt nach Damaskus. Mit dem Vorsitzenden des Nationalen Blocks, Fakhri al-Barudi, will er über eine jüdisch-syrische Zusammenarbeit verhandeln und macht einen Vorschlag: Die Zionisten unterstützen das Streben der Syrer nach Unabhängigkeit (gegenüber den Franzosen), dafür unterstützen die Syrer die Gründung eines jüdischen Staates in Palästina. Al-Barudi lehnt ab.

1936 (9. September) Der Nationale Block unterzeichnet eine Vereinbarung mit der französischen Mandatsmacht, die dem Land nach 25 Jahren die Unabhängigkeit garantiert. Damit stimmen die syrischen Unterzeichner zu, dass Frankreich, im Falle eines Krieges, den syrischen Luftraum nutzen kann. Außerdem kann Frankreich seine Militärbasen in Syrien behalten.

1936 (21. Dezember) Hashim al-Atassi wird zum zweiten Präsidenten Syriens gewählt. Der Nationale Block übernimmt die Regierungsgeschäfte.

1937 (April, Juni) Machtkampf zwischen den syrischen Politikern Abdul Rahman Shahbandar und Jamil Mardam Bey.

1939 (23. Juni) Nach einer Vereinbarung mit der französischen Mandatsmacht annektiert die Türkei den Sanjak (Regierungsbezirk) Alexandrette. Die Vereinbarung widerspricht dem Mandatsauftrag Frankreichs. Die Türkei nennt das Gebiet in »Provinz Hatay« um.

1939 (7. Juli) Präsident Hashim al-Atassi tritt aus Protest über die Annexion zurück. Damit endet auch die Regierung des Nationalen Blocks.

1939 (1. September) Die deutsche Wehrmacht marschiert in Polen ein. Frankreich und Großbritannien erklären Deutschland den Krieg (3. September). Die französische Mandatsmacht verhängt über Syrien das Kriegsrecht, die Verfassung wird außer Kraft gesetzt.

1940 (14. Juni) Die deutsche Wehrmacht marschiert in Paris ein, ohne auf Widerstand zu treffen. Das französische Kollaborationsregime unter Marschall Pétain (Vichy) ernennt General Henri Dentz zum neuen Hochkommissar für Syrien und den Libanon.

1940 (6. Juli) Abdul Rahman Shahbandar wird in Damaskus ermordet. Kräfte der Freien Französischen Streitkräfte (Charles de Gaulle) bekämpfen die Vertreter des Vichy-Regimes in Syrien.

1941 (21. Juni) Das französische Mandatsregime der Vichy-Regierung wird von den Freien Französischen Streitkräften abgelöst. Sie übernehmen die Kontrolle Syriens bis zu dessen Unabhängigkeit 1946.

1941 (Oktober) General Charles de Gaulle bittet Hashim al-Atassi, in das Amt des Präsidenten zurückzukehren, das er 1939 aus Protest über die Annexion der Provinz Alexandrette durch die Türkei verlassen hatte. Al-Atassi lehnt ab.

1941 De Gaulle ernennt Taj ad-Din al-Hasani zum Präsidenten Syriens, der ohne Parlament regiert.

1941 (27. September) De Gaulle erklärt die Unabhängigkeit Syriens, weigert sich aber, seine Truppen aus dem Land abzuziehen. Die von der französischen Mandatsmacht 1920 zu autonomen Provinzen erklärten Gebiete der Alawiten und Drusen sollen Syrien wieder eingegliedert werden.

1943 (17. Januar) Präsident Taj ad-Din al-Hasani stirbt. Als Interimspräsident übernimmt Jamil al-Ulshi das Amt.

1943 (Juli) Bei den Parlamentswahlen gewinnt der Nationale Block eine überragende Mehrheit. Michel Aflaq, Saladin al-Bitar (Baath-Partei) und Khalid Bagdash (Kommunistische Partei) unterliegen.

1943 (7. August) Shukri al-Quwatli wird vom Nationalen Block als Präsidentschaftskandidat aufgestellt und gewinnt die Wahl. Das Parlament wählt ihn zum Präsidenten.

1943 (21. September) Im Libanon wird Béchara al-Khoury zum Präsidenten gewählt. Unterstützt von Ministerpräsident Riad as-Solh stimmt al-Khoury die Politik gegenüber der französischen Mandatsmacht mit Syrien ab.

1943 (8. November) Béchara al-Khoury und Riad al-Solh werden vom französischen Mandatsregime verhaftet. Auch die Festnahme des syrischen Präsidenten al-Quwatli ist geplant. Angesichts starker antifranzösischer Demonstrationen in Syrien erfolgt keine Festnahme von al-Quwatli. Die beiden libanesischen Politiker werden am 22. November wieder freigelassen.

1944 (Juli) Der Vorsitzende des sowjetischen Ministerrates, Josef Stalin, erkennt die syrische Regierung unter Präsident Shukri al-Quwatli an, ebenso die Unabhängigkeit Syriens von Frankreich. Wenige Monate später (im September) unternimmt US-Präsident Franklin D. Roosevelt den gleichen Schritt und erkennt sowohl die Unabhängigkeit Syriens als auch die Rechtmäßigkeit der Präsidentschaft von al-Quwatli an.

1944 (Dezember) Die syrische Regierung streicht Französisch vom syrischen Lehrplan.

1945 (1. Januar) Jabal al-Druze (der Berg der Drusen, Sweida) wird Syrien offiziell wieder eingegliedert.

1945 (13. Februar) In Ägypten trifft Shukri al-Quwatli mit dem britischen Premierminister Winston Churchill zusammen, der ihm zusagt, die Unabhängigkeit Syriens zu unterstützen.

1945 (26. Februar) Präsident al-Quwatli erklärt Deutschland und Japan den Krieg, Syrien tritt in den Zweiten Weltkrieg ein.

1945 (22. März) Gründung der Arabischen Liga in Kairo. Syrien ist Gründungsmitglied.

1945 (25. April) Ministerpräsident Faris al-Khoury nimmt an der Gründungsversammlung der Vereinten Nationen in San Francisco teil. Die Teilnahme Syriens war von US-Präsident Roosevelt, der am 12. April verstorben war, gefördert worden. In Syrien wurde das als Beweis dafür verstanden, dass die Weltgemeinschaft die Unabhängigkeit Syriens (vom französischen Mandat) unterstützte.

1945 (29. Mai) In Damaskus kommt es zu Demonstrationen gegen die französische Mandatsmacht. Frankreich reagiert mit Luftangriffen auf die Zitadelle von Damaskus und auf das syrische Parlament. Der Versuch, Präsident al-Quwatli und andere Regierungsmitglieder festzunehmen, misslingt. Erst das Eingreifen des britischen Premierministers Churchill stoppt den französischen Angriff. Hunderte Menschen werden getötet.

1945 (1. August) Frankreich verzichtet auf die Kontrolle der syrischen Streitkräfte, Präsident al-Quwatli gründet die Syrische Arabische Armee.

1946 (17. April) Die letzten französischen Truppen verlassen Syrien. Shukri al-Quwatli erklärt die Unabhängigkeit Syriens.

1946 (18. Mai) Im Luftkurort Bludan findet auf Einladung von al-Quwatli eine panarabische Konferenz statt, die sich mit der Situation in Palästina befasst.

1946 (16. Dezember) Sulayman al-Murshed wird in Damaskus hingerichtet. Der Alawitische Stammesführer, der von sich behauptete, »göttliche Kräfte« zu haben, hatte mit französischer Unterstützung versucht, Präsident al-Quwatli zu stürzen.

1947–1963

1947 (3. Februar) Der syrische Rundfunk nimmt seine Arbeit auf und meldete sich mit der Ankündigung: »Hier ist Damaskus.«

1947 (3. März) Antoun Saadeh (SSNP) kehrt nach Beirut zurück.

1947 (29. März) Shukri al-Quwatli gründet in Damaskus die Nationale Partei. Sie vertritt vorrangig die Interessen der Damaszener Oberschicht.

1947 (7. April) Gründung der Baath-Partei in Damaskus durch Michel Aflaq und Saladin al-Bitar. Die Partei tritt für die Interessen der Landbevölkerung ein und propagiert den arabischen Nationalismus und Sozialismus.

1947 (Mai, Juni) In den Gebieten der Drusen starten einige einflussreiche Familien einen Aufstand gegen die Atrash-Familie, die seit Mitte des 19. Jahrhunderts unter den syrischen Drusen den Ton angibt. Geld für den Aufstand kommt u. a. über Shukri al-Quwatli und damit sehr wahrscheinlich auch aus Saudi-Arabien.

1947 (Juni) In Aleppo stirbt Saadallah al-Jabiri, Gründungsmitglied des Nationalen Blocks und zweimaliger Ministerpräsident während des französischen Mandats. Der Tod löst einen internen Machtkampf zwischen den Mitgliedern des Nationalen Blocks in Aleppo und Damaskus aus.

1947 (November) Ministerpräsident Jamil Mardam Bey legt dem Parlament ein Gesetz über die Amtszeit des Präsidenten vor. Danach kann er zweimal für jeweils fünf Jahre (wieder-)gewählt werden.

1947 (29. November) Die Vereinten Nationen verabschieden den Teilungsplan für Palästina. Gewaltsame Demonstrationen brechen in der gesamten Region und besonders in Syrien aus.

1948 (9. April) Unter der Führung von Menachem Begin ermorden zionistische Milizen 245 Einwohner des Dorfes Deir Yassin bei Jerusalem. In den arabischen Ländern beginnen wütende Demonstrationen. In Damaskus wird die Regierung aufgefordert, gegen die Zionisten in Palästina in den Krieg zu ziehen. Begin wird zweimal, 1977 und 1981, zum israelischen Ministerpräsidenten gewählt.

1948 (18. April) Shukri al-Quwatli wird für weitere fünf Jahre im Amt des Präsidenten bestätigt.

1948 (14. Mai) David Ben Gurion erklärt die Gründung des Staates Israel.

1948 (15. Mai) Die syrische Armee greift in Palästina militärisch ein, wird aber zurückgedrängt.

1948 (25. Mai) Verteidigungsminister Ahmad ash-Sharabati übernimmt die Verantwortung für die Niederlage und tritt zurück. Auch Generalstabschef Abdullah Atfeh tritt zurück. Neuer Armeechef wird General Husni al-Za'im.

1948 (10. Juni) Unter Druck der Vereinten Nationen stimmt Quwatli einem Waffenstillstand in Palästina zu.

1948 (August) In Aleppo wird die Volkspartei gegründet. Die Gründer Nazim al-Qudsi und Rushdi ash-Kikhiya wollen ein politisches Gegengewicht zu Quwatli und der bei ihm zentralisierten Macht aufbauen.

1949 (29. März) General Husni al-Za'im putscht sich an die Macht und lässt Präsident Shukri al-Quwatli und Ministerpräsident Khalid al-Azm festnehmen. Er macht sie für die Niederlage in Palästina verantwortlich.

1949 (1. April) General Za'im löst das Parlament auf.

1949 (Juni) Za'im bietet Antoun Saadeh, dem in Libanon verfolgten SSNP-Führer, Exil in Syrien an. Saadeh geht nach Damaskus.

1949 (4. Juli) Antoun Saadeh ruft zu einer Revolution im Libanon auf, Za'im sagt ihm Unterstützung zu.

1949 (7./8. Juli) Za'im liefert Antoun Saadeh an die libanesische Regierung aus. In Beirut ordnet Ministerpräsident Riad as-Solh die Exekution von Saadeh wegen Hochverrats an. Nach einem Schnellprozess ohne Verteidigung wird Saadeh erschossen.

1949 (12. Juli) Syrien unterzeichnet das Waffenstillstandsabkommen mit Israel. Za'im verhandelt geheim über einen Friedensvertrag, ohne Erfolg.

1949 (25. Juli) Bei einem Referendum wird General Za'im mit 99,9 Prozent zum Präsidenten gewählt.

1949 (14. August) Präsident Za'im wird von Militärs von der Macht geputscht und mit seinem Ministerpräsidenten Muhsen al-Barazi ermordet. Hinter dem Putsch stehen General Sami al-Hinnawi und Offiziere der SSNP. Hisham al-Atassi wird neuer Ministerpräsident, die Militärs ziehen sich wieder zurück.

1949 (5. Oktober) Prinz Abdullah von Irak kommt nach Damaskus, um mit der syrischen Regierung über eine syrisch-irakische Union zu verhandeln. Atassi stimmt einer ersten Vereinbarung zu.

1949 (15. November) Eine neue verfassunggebende Versammlung mit 114 Abgeordneten wird gewählt. Die meisten Stimmen erhält die Volkspartei (Aleppo). Die Baath-Partei erfährt eine Niederlage.

1949 (14. Dezember) Hashim al-Atassi wird zum syrischen Präsidenten gewählt.

1949 (19. Dezember) Ein dritter Putsch findet unter Führung von General Adib ash-Shishakli statt. General Sami al-Hinnawi wird verhaftet und geht später in den Libanon ins Exil. Atassi bleibt Präsident.

1949 (29. Dezember) Michel Aflaq erklärt drei Prinzipien zum Leitmotto der Baath-Partei: »Einheit, Freiheit und Sozialismus«.

1950 (29. Januar) Im Parlament wird über einen Zusatzparagrafen für die Verfassung diskutiert. In der Verfassung heißt es: Der Präsident Syriens muss ein Muslim sein. Der Zusatzparagraf sollte gewährleisten, dass auch Personen anderer Religionszugehörigkeit, zum Beispiel Christen, Präsident Syriens werden könnten. Der Zusatzparagraf wird abgelehnt.

1950 (14. März) Ministerpräsident Khalid al-Azm ordnet die Schließung der syrisch-libanesischen Grenze für libanesische Produkte an, um den Absatz syrischer Produkte zu stärken.

1950 (31. Juli) Infolge eines Machtkampfes innerhalb der Armee wird der Oberkommandierende der Luftwaffe, General Mohammad Nasser ermordet. Nasser hatte mit Shishakli um die Macht in der Armee konkurriert.

1950 (7. September) Hashim al-Atassi wird zum Präsidenten gewählt.

1950 (31. Oktober) Infolge einer Familienblutrache wird General Sami al-Hinnawi in Beirut ermordet. Der Mörder stammt aus Hama, er rächte sich für den Tod eines Verwandten, des ehemaligen Ministerpräsidenten Muhsen al-Barazi, der 1949 bei dem Putsch gegen General Za'im getötet worden war.

1951 (16. Juli) Der ehemalige libanesische Ministerpräsident Riad as-Solh wird in Amman erschossen. Die SSNP bekennt sich zu dem Mord als Rache für die Hinrichtung ihres Parteiführers Antoun Saadeh.

1951 (20. Juli) Der Haschemitenkönig Abdullah von Jordanien wird in Jerusalem erschossen. Er hatte immer König von Syrien werden wollen. Sein Sohn Talal folgt ihm auf dem Thron.

1951 (29. November) General Adib ash-Shishakli stürzt die Regierung und zwingt Präsident Hashim al-Atassi zum Rücktritt. Das Parlament wird aufgelöst, Parteien werden verboten.

1952 (Januar) Shishakli erlässt Gesetz Nr. 96 und verteilt staatliches Land an die Bauern.

1952 (Januar) Michel Aflaq von der Baath-Partei kritisiert Shishakli, woraufhin der die Zeitung der Partei, *Al Baath*, schließen lässt. Aflaq und Bitar setzen sich in den Libanon ab, um einer Verhaftung zu entgehen.

1952 (März) Shishakli reist zu Gesprächen mit König Talal nach Amman und beendet eine politische Eiszeit zwischen Syrien und dem jordanischen Königshaus.

1952 (23. Juli) In Kairo übernehmen freie Offiziere die Macht und stürzen König Faruk I. Anführer waren die Generäle Mohammad Naguib und Oberst Gamal Abdel Nasser. Syrien begrüßt den Putsch, Shishakli reist Ende des Jahres nach Kairo.

1952 (11. August) Der jordanische König Talal tritt zugunsten seines Sohnes Hussein zurück. Anders als sein Vater unterstützt Hussein an der Seite der Drusen einen Aufstand gegen Shishakli in Syrien. Solche Einmischungen in Syrien sollten bis zu König Husseins Tod (1999) nicht aufhören.

1952 (25. August) Shishakli gründet die Partei der arabischen Befreiungsbewegung (ALM) und übernimmt deren Vorsitz. Diese Partei tritt progressiv auf: für den arabischen Nationalismus, Sozialismus, arabische Einheit, Rechte der Frauen und Demokratisierung des Mittleren Ostens.

1952 (Dezember) Die Baath-Partei schließt sich mit der Arabischen Sozialistischen Partei von Akram al-Haurani zur Arabischen Sozialistischen Baath-Partei zusammen.

1953 (Januar) Akram al-Haurani ruft aus dem Exil zum Sturz der Shishakli-Regierung auf. Shishakli fordert die Auslieferung von Haurani, Aflaq und Bitar. Alle drei fliehen nach Italien.

1953 (Juli) Hashim al-Atassi beruft ein Oppositionstreffen in Homs ein und ruft zur Bildung einer breiten politischen Front auf, die Shishakli stürzen soll.

1953 (Juli) Shishakli löst die von ihm selbst 1951 eingesetzte Regierung auf und wird Präsident. Das lässt er sich per Referendum bestätigen. Zustimmung: 99,9 Prozent.

1953 (Oktober) Shishakli entwirft eine neue Verfassung und setzt ein Parlament mit 83 Abgeordneten ein.

1954 (Januar) Erneut erheben sich die Drusen gegen Shishakli. Sie werden vom jordanischen König Hussein unterstützt. Shishakli befiehlt der Luftwaffe, die Drusengebiete anzugreifen. Sultan al-Atrash und Hashim al-Atassi – die zu den Anführern des Aufstandes gehören – werden unter Hausarrest gestellt. Mindestens 600 Menschen werden getötet.

1954 (Februar) Der Irak fordert die Arabische Liga auf, das blutige Vorgehen Shishaklis in Syrien zu verurteilen. Shishakli weist den irakischen Militärattaché aus und schließt die Grenze zum Libanon.

1954 (24. Februar) Um einen Bürgerkrieg zu vermeiden, wie er sagt, tritt Shishakli als Präsident zurück. Er flieht in den Libanon, dann nach Saudi-Arabien und schließlich nach Brasilien, wo er 1964 ermordet wird.

1954 (1. März) Hashim al-Atassi wird wieder Präsident. Er ist inzwischen 81 Jahre und reaktiviert die vorherige Verfassung, das vorherige Parlament und setzt die vorherige Regierung wieder ein.

1954 (9. April) Vertreter der Oberschicht fahren nach Ägypten und fordern den ehemaligen Präsidenten Shukri al-Quwatli, der dort seit 1949 im Exil lebt auf, nach Syrien zurückzukehren. Quwatli kommt im darauffolgenden August zurück.

1954 (24./25. September) Aus den ersten Parlamentswahlen nach dem Rücktritt von Shishakli geht die Baath-Partei als Siegerin hervor. Auch die Kommunistische Partei zieht ins Parlament ein, zum ersten Mal in arabischen Parlamentswahlen.

1955 (Februar) Irak, die Türkei, Pakistan und der Iran unterzeichnen mit Großbritannien den Bagdad-Pakt. Ziel des Pakts ist es, den Einfluss der Sowjetunion in der Region einzudämmen. Syrien weigert sich, den Pakt zu unterzeichnen, ebenso Gamal Abdel Nasser in Ägypten.

1955 (22. April) Während eines Fußballspiels wird Adnan al-Malki, der stellvertretende Generalstabschef der syrischen Armee, in Damaskus ermordet. Die SSNP wird der Tat beschuldigt und von Ministerpräsident Sabri al-Asali verboten.

1955 (5. September) Shukri al-Quwatli wird zum dritten Mal zum Präsidenten gewählt.

1955 (11. Dezember) Israelische Truppen greifen syrische Soldaten am Tiberiassee (See Genezareth) an.

1956 (26. Juli) Gamal Abdel Nasser verstaatlicht den (1869 eröffneten) Suezkanal, der seit 1888 unter britischer Kontrolle gestanden hatte. Die arabischen Staaten reagieren geschockt, in Syrien wird die Entscheidung bejubelt. Präsident Quwatli verweist den britischen und den französischen Botschafter des Landes. Im November zerstören Einsatzkräfte des syrischen Geheimdienstes die britischen Ölpipelines, die durch die syrische Wüste verlaufen. In Moskau wirbt Quwatli um Unterstützung für Nasser und Ägypten.

1956 (Oktober) Großbritannien, Frankreich und Israel erklären Ägypten den Krieg und greifen das Land an. Die USA und die Sowjetunion einigen sich im UNO-Sicherheitsrat darauf, den Krieg zu beenden. Die britischen, französischen und israelischen Truppen ziehen bereits Ende Dezember wieder ab.

1956 (23. November) Abdul Hamid Sarraj, der Chef des syrischen Geheimdienstes, deckt eine »irakische Verschwörung« in Syrien auf. Ziel sei es gewesen, die Regierung, die sowohl gegenüber der Sowjetunion als auch gegenüber Ägypten positiv eingestellt war, zu stürzen und Politiker mit einer entsprechenden Orientierung zu verhaften. Zwei Personen werden als Drahtzieher verhaftet. Gegen andere Personen, u. a. Mitglieder der SSNP und den früheren Präsidenten Shishakli, werden Haftbefehle ausgestellt. Man beschuldigt sie des Verrats, weil sie angeblich Geld vom Irak angenommen haben. Die zunächst ausgesprochenen Todesstrafen wurden in lebenslange Haft umgewandelt. Erst nach dem Ende der syrisch-ägyptischen Allianz (1961) kommen die Verurteilten wieder frei. Einer der Beschuldigten, Ghassan Jadid von der SSNP, wird im Februar 1957 in Beirut ermordet. Täter soll ein Agent des syrischen Geheimdienstes gewesen sein.

1957 (März) Präsident Quwatli versucht, den Chef des Geheimdienstes Sarraj zu entlassen. Offiziere der Baath-Partei drohen daraufhin mit einem Putsch, Quwatli nimmt von seinem Vorhaben Abstand.

1957 (18. August) Der syrische Geheimdienst deckt einen neuen Plan auf, um Syrien zu destabilisieren. Der CIA habe geplant, mithilfe von »Damaszener Offizieren« innerhalb der Armee zu putschen. Drei US-Diplomaten, darunter auch der US-Botschafter Moose, werden des Landes verwiesen. Syrien ruft seinen Botschafter in Washington, Farid Zain ad-Din, zurück.

1957 (Oktober) Der Sozialist Akram al-Haurani (Baath-Partei) wird Parlamentssprecher. Afif al-Bizreh, ein Kommunist, wird Generalstabschef der Syrischen Streitkräfte.

1958 (12. Januar) 14 Offiziere unter Führung von Generalstabschef Afif al-Bizreh fahren heimlich nach Kairo, um von Gamal Abdel Nasser die politische Vereinigung von Syrien und Ägypten zu fordern. Das geschieht ohne Zustimmung von Präsident Shukri al-Quwatli.

1958 (22. Februar, andere Quellen nennen den 1. Februar) Syrien und Ägypten vereinigen sich zur Vereinigten Arabischen Republik (VAR). Shukri al-Quwatli gibt seinen Posten als syrischer Präsident zugunsten von Nasser auf, der Präsident der neu gebildeten VAR wird.

1958 Die Baath-Partei wird (von Nasser) suspendiert, die Kommunistische und andere Parteien werden unterdrückt. Auch die erst 1957 gegründete Demokratische Partei Kurdistan-Syrien (PDKS) gerät unter Druck.

1958 (14. Juli) Bei einem blutigen Militärputsch im Irak wird die haschemitische Monarchie gestürzt. König Faisal II. und Ministerpräsident Nuri as-Sa'id werden getötet. Neuer irakischer Präsident wird General Abdul Karim Qasim, der sich zum Verbündeten der VAR erklärt.

1958 (15. Juli) Präsident Kamil Sham'un bittet die US-Armee um militärischen Beistand, weil er einen ähnlichen Staatsstreich fürchtet wie im Irak. Mit Unterstützung Syriens kämpfen Saeb Salam und Rashid Karameh, zwei muslimische Führer, im Libanon um den Anschluss des Landes an Syrien und Ägypten. Die Kämpfe lösen den ersten libanesischen Bürgerkrieg aus.

1958 (September) Nasser erlässt eine Landreform für Syrien. Privatbesitz darf nicht mehr als 80 Hektar bewässertes und 300 Hektar unbewässertes Land umfassen. Landbesitzer verlieren ihre Rechte.

1959 (23. Februar) Als Zeichen der sozialistischen Revolution wird Land an die Bauern verteilt.

1960 Die Führung der kurdischen PDKS wird verhaftet, die Partei spaltet sich in verschiedene Strömungen. Ein Flügel vertritt eine pankurdische Lösung (Zusammenschluss mit den Kurden in Irak, Iran und der Türkei), ein anderer Teil setzt sich für nationale und kulturelle Rechte der Kurden in Syrien ein.

1960 Eine Gruppe von syrischen Offizieren in Kairo gründet den Militärrat der Baath-Partei mit dem Ziel, den Erhalt der VAR zu sichern. Unter den Gründern sind die Offiziere Hafiz al-Assad, Salah Jadid, Mohammad Umran, Ahmad al-Meer und Abdelkarim al-Jundi.

1960 (23. Juli) In Damaskus wird das syrische Fernsehen in Betrieb genommen.

1960 (6. Dezember) In Homs stirbt der langjährige ehemalige Präsident Hashim al-Atassi im Alter von 87 Jahren.

1961 (Juli) Nasser weitet sein sozialistisches Programm in Syrien aus. Der Bankensektor und private Industrieunternehmen werden verstaatlicht.

1961 (28. September) Ein Staatsstreich unter Führung von Oberst Abdelkarim al-Nehlawi stürzt die Führung der Vereinigten Arabischen Republik in Damaskus. Finanziell wird der Staatsstreich von der Händlerklasse in Damaskus und in Aleppo unterstützt. Hilfe kommt auch von König Hussein von Jordanien und dem saudischen König Saud, die beide den Sturz von Nasser wollen. Syrien bekommt unter Nazim al-Qudsi eine neue zivile Regierung.

1961 (September, Oktober) In den nordirakischen Kurdengebieten fordern die Kurden unter Mullah Mustafa Barzani mehr Rechte und proben den Aufstand gegen die Zentralregierung von Abdul Karim Qasim in Bagdad. Der reagiert mit dem Einsatz der Luftwaffe auf kurdische Dörfer. Der kurdische Aufstand findet Rückhalt bei den Kurden in Syrien, was bei der syrischen Führung in Damaskus die Alarmglocken auslöst.

1961 (10. Oktober) US-Präsident John F. Kennedy erkennt die neue Regierung in Syrien an. Anfang Dezember finden Parlamentswahlen statt.

1962 (16. Januar) Der neue Ministerpräsident Syriens ist Maruf al-Dawalibi. Er richtet als Erstes ein Komitee zur Umkehrung aller von Nasser erlassenen, sozialistischen Gesetze ein, die zwischen 1958 und 1961 in Kraft traten. Besonders wichtig ist ihm dabei die Rückgabe von Land an ihre ursprünglichen Besitzer (Großgrundbesitzer). Am 28. Februar wird die Verstaatlichung von 32 Fabriken rückgängig gemacht. Er fordert Nasser auf, alle Waffen, Panzer und Ausrüstung an Syrien zurückzugeben, ohne Erfolg.

1962 (28. März) In einem zweiten Staatsstreich verhaftet Oberst Abdelkerim ad-Nehlawi sowohl Präsident Al-Qudsi als auch Ministerpräsiden al-Dawalibi.

1962 (2. April) Die Verhaftung wird rückgängig gemacht, als General Abdelkerim Uahr ad-Din, der Oberbefehlshaber der Streitkräfte, sich der Anordnung al-Nehlawis widersetzt und beide Politiker aus der Haft entlässt. Al-Nehlawi wird aus der Armee verwiesen.

1962 (5. Mai) Der ehemalige Geheimdienstchef Abdul Hamid Sarraj flieht aus dem Gefängnis in Mezzeh und flüchtet nach Ägypten. So entgeht er einer Bestrafung als

Kriegsverbrecher. Sarraj wird für die Festnahme, Folter und Ermordung von Oppositionellen zur Zeit der VAR verantwortlich gemacht. Ein Militärtribunal wirft ihm 240 Fälle von Kriegsverbrechen vor.

1962 (23. August) In der Jazira in der Provinz Hasakeh (nordöstliches Grenzgebiet Syrien-Türkei) wird eine außerordentliche Volkszählung durchgeführt (Dekret Nr. 93). 120 000 Kurden werden zu »Ausländern« erklärt.

1962 (22. Oktober) Die Kubakrise führt zur Auflösung eines Raketenstützpunktes der UdSSR auf Kuba. Im Gegenzug lösen die USA ihre Raketenstellungen in der Türkei auf.

1963 (8. Februar) Im Irak übernehmen Offiziere der Baath-Partei die Macht. General Abdul Karim Qasim wird getötet. Der neue Präsident heißt Abdulsalam Arif.

1963 (8. März) In Syrien übernimmt der Militärrat der Baath-Partei die Macht. Der Ausnahmezustand wird verhängt. Präsident al-Qudsi wird festgenommen, Ministerpräsident Khalid al-Azm wird des Landes verwiesen. Das Parlament wird aufgelöst, 17 Zeitungen werden verboten. Die Banken werden verstaatlicht, und die Absicht wird verkündet, die VAR (mit Ägypten) wieder herzustellen. Etlichen Politikern der Ära zwischen 1961 und 1963 werden die Bürgerrechte entzogen. Am 23. März wird General Luay al-Atassi Präsident des Revolutionären Kommandorates (RCC).

1963 (April) Führungskonflikt zwischen dem Militärkomitee der Baath-Partei und Pro-Nasser-Offizieren in der Armee. Letztere werden entlassen, darunter auch Verteidigungsminister Mohammad as-Sufi.

1963 (3. Mai) Der Bankensektor in Syrien wird wieder verstaatlicht.

1963 (8. Juli) Weitere »Säuberungen« von Pro-Nasser-Militärs durch die Baath-Partei. Der neue Verteidigungsminister Ziyad al-Hariri, der am Staatsstreich am 8. März beteiligt war, wird während eines Auslandsbesuchs in Algerien entlassen und durch Amin al-Hafiz ersetzt.

1963 (18. Juli) Endgültiger Bruch zwischen Nasser und der syrischen Baath-Partei, nachdem achtzehn Pro-Nasser-Offiziere unter Führung von Oberst Jassem Alwan versucht haben, in Damaskus die Macht zu übernehmen. Der Putschversuch scheitert, Alwan kann sich nach Ägypten absetzen. Seine restlichen Männer werden wegen »Verrats« hingerichtet. Nasser erklärt die Führer Syriens (Baath-Partei) daraufhin zu Faschisten und bricht mit ihnen.

1963 (24. Juli) Präsident Luay al-Atassi tritt als Staatsoberhaupt zurück und wird durch Amin al-Hafiz ersetzt.

1963 (3. November) Al-Hafiz führt einen neuen Eid für Offiziere ein. Sie müssen vor ihrer Ernennung auf die drei Prinzipien der Baath-Partei »Einheit, Freiheit und Sozialismus« schwören.

1963 (12. November) Salah Jadid wird neuer Befehlshaber der Streitkräfte.

1964–1973

1964 (15. April) Die Muslimbruderschaft ruft in Hama zum Krieg gegen Präsident Amin al-Hafiz auf. Der schickt die Luftwaffe, die eine Moschee zerstört, die als Treffpunkt der Gruppe galt. Hunderte Menschen werden getötet.

1964 (27. September) In Brasilien wird der ehemalige Präsident Adib ash-Shishakli von Nawaf Ghazaleh, einem syrischen Drusen, getötet. Ghazaleh nimmt Rache für den Tod seiner Eltern, die bei den von Shishakli angeordneten Luftangriffen 1954 ums Leben kamen.

1965 (1. Januar) Unter Führung von Jassir Arafat beginnt die Fatah-Bewegung die erste »Palästinensische Revolution« zur Befreiung Palästinas. Unterstützt werden sie von Hafiz al-Assad, dem damaligen Leiter der syrischen Luftwaffe, und Salah Jadid, dem Generalstabschef. Den Palästinensern wird ein Ausbildungs- und Trainingslager zur Verfügung gestellt.

1965 (Januar) 111 Firmen mit rund 12 000 Mitarbeitern werden von Präsident Amin al-Hafiz verstaatlicht. Ebenfalls verstaatlicht wird die Elektrizitätswirtschaft.

1965 (8. Januar) Für Verfahren gegen politische Oppositionelle werden auf Anordnung von al-Hafiz Militärgerichtshöfe eingeführt. Am 24. Januar treten die Händler von Damaskus daraufhin in den Streik und schließen alle ihre Geschäfte.

1965 (18. Februar) Der ehemalige Ministerpräsident Khalid al-Azm stirbt im Exil in Beirut.

1965 (März) Alle Ölgesellschaften in Syrien werden verstaatlicht, ebenso (im Mai) die Baumwoll- und Wollindustrie.

1965 (8. Mai) Der israelische Spion Eli Cohen wird öffentlich hingerichtet. Cohen war ein enger Freund von Präsident Amin al-Hafiz, der durch den Spion politisch schwer beschädigt wird.

1965 (13. Mai) Die Bundesrepublik Deutschland (BRD) nimmt mit Israel diplomatische Kontakte auf. Daraufhin brechen die arabischen Staaten ihre diplomatischen Beziehungen mit der BRD ab. Ausnahmen: Libyen, Tunesien, Marokko).

1965 (24. Juni) Gründung der Syrischen Arabischen Nachrichtenagentur SANA.

1965 (29. Juni) Syrien tauscht mit Kuba Botschafter aus. Die USA reagieren verärgert.

1965 (9. August) Die Freimaurer werden in Syrien offiziell verboten.

1966 (23. Februar) Hafiz al-Assad und Salah Jadid ergreifen die Macht in Syrien und stürzen die erste von der Baath-Partei installierte Regierung. Präsident Amin al-Hafiz wird verhaftet. Die Mitbegründer der Baath-Partei, Saladin al-Bitar und Michel Aflaq werden des Landes verwiesen und gehen in den Irak, wohin Amin al-Hafiz ihnen später folgt. Neuer Präsident wird Nureddin al-Atassi, der auch zum Generalsekretär der Baath-Partei ernannt wird.

1966 (13. April) Der seit 1958 im Exil in Moskau lebende Khalid Bagdash, Vorsitzender der Kommunistischen Partei Syriens, erhält die Erlaubnis, nach Syrien zurückzukehren.

1967 (7. April und 12. April) Israel führt mit der Luftwaffe zwei Scheinangriffe auf Syrien aus, um das Land zur militärischen Reaktion zu provozieren.

1967 (5. Juni) Als Reaktion auf die kurz zuvor erfolgte Sperrung der Straße von Tiran (Rotes Meer) für israelische Schiffe beginnt Israel den Sechs-Tage-Krieg. Die arabischen Armeen werden vernichtend geschlagen. Israel besetzt die Sinaihalbinsel, das Westjordanland, den Gazastreifen und die Golanhöhen. Die UN-Sicherheitsratsresolution 242 fordert die Beendigung der Besatzung und Rückgabe des Landes. Ohne Erfolg. Mehr als 250 000 Palästinenser und 130 000 Golan-Bewohner verlieren ihre Heimat. Sie werden in Syrien, Jordanien und Libanon aufgenommen. Der ägyptische Präsident Gamal Abdel Nasser übernimmt die Verantwortung für die Niederlage und tritt am 9. Juni zurück.

1967 (18. Juni) Der syrische Präsident Nureddin al-Atassi spricht vor der UN-Vollversammlung über die Besetzung des Golan durch Israel.

1967 (30. Juni) Der ehemalige syrische Präsident Shukri al-Quwatli stirbt im Exil in Beirut.

1967 (31. Juli) Die BRD erklärt ihre Bereitschaft, sich an »konstruktiven und koordinierten Maßnahmen [...] für den Nahen Osten und [...] wirkungsvolle Hilfe in Nahost« zu beteiligen.

1969 (14. Februar) In London beraten die Vertreter der Westeuropäischen Union (WEU) über die Lage in Nahost. Frankreich bleibt aus Protest fern.

1969 (25.–28. Februar) Machtkampf innerhalb der Baath-Partei. Hafiz al-Assad lässt Anhänger von Salah Jadid festnehmen, darunter auch Mitarbeiter der Parteizeitungen *Al Thawra* und *Al Baath*. Geheimdienstchef Abdelkerim al-Jundi nimmt sich am 2. März das Leben.

1969 (9. September) Privatschulen in Syrien – auch die von religiösen Einrichtungen – werden verboten und verstaatlicht.

1970 (September) In Jordanien beginnen gewaltsame Unruhen zwischen den Palästinensern und Sicherheitskräften.

1970 (28. September) Im Alter von 52 Jahren stirbt Gamal Abdel Nasser in Kairo und wird unter großer Anteilnahme der »arabischen Straße« zu Grabe getragen.

1970 (16. November) Hafiz al-Assad übernimmt mit seiner »Korrektur-Bewegung« die Macht in Syrien. Salah Jadid und Präsident Nureddin al-Atassi werden verhaftet. Assad ernennt sich selber zum Ministerpräsidenten und Ahmad al-Khatib zum Präsidenten. Er richtet wieder ein Parlament ein.

1971 (13. März) Syrien erhält eine neue Verfassung, für die Hafiz al-Assad verantwortlich zeichnet. In Paragraf 8 wird die Baath-Partei als »führende Partei in Staat und Gesellschaft« bezeichnet.

1972 (4. März) In Tripoli (Libanon) wird der ehemalige Verteidigungsminister Mohammad Umran in seinem Haus ermordet. Umran gehörte zu den Gründungsmitgliedern des Militärrates der Baath-Partei, überwarf sich aber mit Salah Jadid 1966.

1972 (11. März) Die Arabische Liga beschließt in Kairo, den Mitgliedsstaaten die Gestaltung ihrer Beziehungen zur BRD selber zu überlassen.

1973 (7.–11. Juni) Der deutsche Bundeskanzler Willi Brandt reist als erster westdeutscher Regierungschef nach Israel.

1973 (6. Oktober) Hafiz al-Assad und der neue ägyptische Präsident Anwar as-Sadat starten gemeinsam eine militärische Offensive gegen Israel, um die besetzten Gebiete von 1967 zurückzuerobern. Militärische Unterstützung kommt aus der Sowjetunion. Ägypten erobert die Sinaihalbinsel zurück, Syrien gelingt die Rückeroberung der Provinzstadt Kuneitra auf dem Golan. Im Mai 1974 wird – unter Vermittlung der Vereinten Nationen – ein Waffenstillstand zwischen Israel und Syrien beschlossen. Auf dem Golan wird eine entmilitarisierte Pufferzone unter Kontrolle von UN-Blauhelmen eingerichtet.

1974–2000

1974 (Mai) Syrien unterzeichnet ein Abkommen zum Rückzug der Truppen von den Golanhöhen mit Israel. Die Vereinten Nationen stationieren in einer Pufferzone die UN-Friedensmission (United Nations Disengagement Observer Force, UNDOF)

1975 (13. April) Im Libanon bricht ein Bürgerkrieg aus. Auslöser ist der Angriff Unbekannter auf eine Kirche. Christliche Milizen töten aus Rache 27 Insassen eines Busses, die meisten sind Palästinenser.

1976 (31. Mai) Die Maroniten bitten Syrien um Hilfe. Kamil Sham'un (ehemaliger libanesischer Präsident) und Phalange-Chef Pierre Gemayel treffen in Damaskus Präsident Hafiz al-Assad, der nach langen Überlegungen entscheidet, die Armee in den Libanon zu schicken. Hauptziel für die syrischen Soldaten ist die Palästinensische Befreiungsorganisation (PLO), die Damaskus lange unterstützt hat. PLO-Führer Jassir Arafat wird vorgeworfen, den Bürgerkrieg im Libanon entzündet zu haben.

1977 (November) Auf Einladung des israelischen Ministerpräsidenten Menachem Begin reist der ägyptische Präsident Anwar as-Sadat nach Israel, wo er bei einer Ansprache in der Knesset (israelisches Parlament) das Existenzrecht Israels anerkennt. Aus Protest brechen Syrien, Irak, Libyen und Algerien ihre diplomatischen Beziehungen mit Ägypten ab. Ein Jahr später, im September 1978, unterzeichnet Sadat in Camp David, dem Feriensitz des US-Präsidenten, im Beisein von US-Präsident Jimmy Carter einen Friedensvertrag mit Menachem Begin.

1979 (Februar) Die Islamische Revolution unter Führung von Ayatollah Ruhollah Chomeini stürzt Schah Reza Pahlavi im Iran. Syrien nimmt Beziehungen mit dem Iran auf.

1979 (16. Juli) Im Irak kommt Saddam Hussein von der Baath-Partei an die Macht.

1980 (21. Juli) Der Mitbegründer der syrischen Baath-Partei, Saladin al-Bitar, wird in Paris erschossen, wo er im Exil lebt.

1980 (22. September) Irakische Truppen überqueren den Schatt al-Arab und marschieren im Iran ein. Der Iran-Irak-Krieg beginnt. Der syrische Präsident Hafiz al-Assad verurteilt den Einmarsch. Er wirft Saddam Hussein vor, die Aufmerksamkeit der arabischen Länder von der ungelösten Palästinafrage und einem möglichen Krieg mit Israel abzulenken.

1981 (6. Oktober) Bei einer Militärparade zur Erinnerung an den arabisch-israelischen Krieg 1973 wird der ägyptische Präsident Anwar as-Sadat in Kairo ermordet.

1982 (Februar) Die syrische Armee schlägt mit Luftangriffen und Spezialeinheiten einen Aufstand der Muslimbruderschaft in

Hama nieder. Der Angriff steht unter dem Kommando von Rifat al-Assad, dem Bruder des Präsidenten. Zehntausende Menschen werden getötet und verhaftet. Die Organisation wird bei Todesstrafe verboten und zieht sich ins Exil nach Jordanien, Ägypten, Saudi-Arabien und Europa zurück. Ganze Stadtteile von Hama werden zerstört.

1982 (6. Juni) Die israelische Armee marschiert im Libanon ein und rückt bis Beirut vor. Unter dem Kommando von Ariel Scharon bekämpft sie sowohl die PLO als auch die syrische Armee.

1982 (14. September) Der frisch gewählte libanesische Präsident Bachir Gemayel, Sohn von Pierre Gemayel, wird in Beirut ermordet. Er hatte – mit den Libanesischen Kräften (nicht zu verwechseln mit der libanesischen Armee) – den Einmarsch der israelischen Armee und die Besetzung von Beirut unterstützt, um sowohl die PLO als auch die syrische Armee zu vertreiben.

1982 (16. September) Als Rache für die Ermordung Gemayels überfallen maronitisch-christliche Milizen die beiden palästinensischen Flüchtlingslager Sabra und Schatila in Beirut. Tausende der Bewohner werden ermordet, während die israelischen Truppen von Ariel Scharon den Zugang zum Lager sichern.

1983 (17. Mai) Der neue libanesische Präsident Amin Gemayel (Bruder des ermordeten Bachir Gemayel) handelt mit Israel einen Friedensvertrag aus. Hafiz al-Assad gibt den Befehl, dass die syrischen Streitkräfte im Libanon mit rivalisierenden Milizen zusammenarbeiten sollen, um den Vertrag zum Scheitern zu bringen. Es gelingt.

1983 (November) Hafiz al-Assad erleidet einen Schwächeanfall. Sein Bruder Rifat al-Assad macht seine Ambitionen auf das Führungsamt deutlich.

1984 (30. März) In der Absicht, die Macht zu ergreifen, lässt Rifat al-Assad die Truppenteile der Armee, die ihm gegenüber loyal sind, in Damaskus einmarschieren. Verteidigungsminister Mustafa Tlas, Generalstabschef Hikmat Shihabi und andere stellen sich ihm entgegen. Hafiz al-Assad greift persönlich ein und verhandelt mit seinem Bruder, der am 28. Mai 1984 aus Syrien verbannt wird.

1985 (August) Israel entwickelt die »Politik der Eisernen Faust« gegenüber den Palästinensern in den von Israel besetzten Gebieten. Verteidigungsminister Yitzhak Rabin befiehlt den israelischen Truppen, Häuser von Palästinensern zu zerstören, die Leute festzunehmen und zu deportieren. Wer sich Israel widersetzt, dem werden die »Knochen gebrochen«, so Rabin.

1985 (28. Dezember) Der syrische Vizepräsident Abdul Halim Khaddam vermittelt unter den drei stärksten und miteinander verfeindeten libanesischen Milizen das »Drei-Seiten-Abkommen«, in dem die syrische Armee als Schlichter anerkannt wird. Ziel ist, den Bürgerkrieg im Libanon zu beenden, die Position Syriens zu stärken.

1986 (4. Februar) Israel zwingt ein syrisches Flugzeug zur Landung und nimmt den darin reisenden stellvertretenden Generalsekretär der Baath-Partei fest, Abdullah al-Ahmar. Nach einer Intervention der Vereinten Nationen wird er freigelassen.

1986 (April) In London wird ein geplanter Anschlag auf ein israelisches Flugzeug am Flughafen Heathrow verhindert. Als Drahtzieher stellt sich der Chef des syrischen Luftwaffengeheimdienstes heraus, Mohammad al-Khuly. Die Affäre stellt die syrische Regierung bloß, Großbritannien bricht seine diplomatischen Beziehungen mit Syrien ab.

1987 (7. Dezember) Als Antwort auf die israelische Politik der »Eisernen Faust« bricht in den besetzten palästinensischen Gebieten ein Aufstand aus, die Intifada. Der Aufstand der jungen Leute mit Steinschleudern wird in Syrien gefeiert.

1988 (22. August) Nach acht Jahren endet der Iran-Irak-Krieg.

1989 (März) Der libanesische General Michel Aoun organisiert im Libanon Angriffe auf die syrische Armee.

1989 (4. Juni) Der Mitbegründer der Baath-Partei, Michel Aflaq, stirbt 88-jährig im Exil in Bagdad.

1989 (Oktober) Syrien vermittelt das Taif-Abkommen, benannt nach dem Ort Taif in Saudi-Arabien. Das Abkommen regelt das Ende des libanesischen Bürgerkrieges.

1989 (9. November) In Berlin wird nach 28 Jahren die Berliner Mauer geöffnet. Das gilt als symbolisches Ende der Ost-West-Konfrontation und des Kalten Krieges.

1990 (2. August) Der irakische Präsident Saddam Hussein befiehlt den Einmarsch nach Kuwait. Als Grund nennt er, Kuwait pumpe irakisches Öl ab. Außerdem gehöre das Land rechtmäßig zum Irak.

1990 (Oktober) Die syrische Armee gewinnt im Libanon die Auseinandersetzung mit General Michel Aoun, der nach Frankreich ins Exil geschickt wird.

1991 (Januar) Syrien beteiligt sich an der von den USA geführten »Operation Wüstensturm«, mit der die irakischen Truppen aus Kuwait vertrieben werden.

1991 Großbritannien nimmt mit Syrien wieder diplomatische Beziehungen auf. Grund dafür ist, dass Syrien sich an dem US-geführten Angriff auf den Irak beteiligt.

1991 (Oktober) Syrien schickt eine Delegation zur Madrider Friedenskonferenz, erstmals sitzen Syrien und Israel gemeinsam an einem Verhandlungstisch.

1991 (25. Dezember) Die Sowjetunion löst sich auf. Syrien verliert seinen langjährigen Verbündeten (seit 1956). Assad ändert seine Außenpolitik und sucht den Gesprächsfaden mit den USA.

1992 (August) Unter der Schirmherrschaft des US-Außenministeriums beginnen direkte Friedensgespräche zwischen Syrien und Israel. Syrien wird durch Botschafter Muwafaq al-Allaf repräsentiert, Israel durch Botschafter Itamar Rabinovich.

1993 (13. September) Im Weißen Haus unterzeichnet PLO-Führer Jassir Arafat einen Friedensvertrag mit Israel, das sogenannte Oslo-Abkommen. Syrien kritisiert Arafat dafür, dass er ein getrenntes Abkommen unterzeichnet hat. Es wirft ihm vor, die arabische Welt zu spalten.

1994 (21. Januar) Basil al-Assad, der älteste Sohn der Assad-Familie, stirbt bei einem Autounfall in Damaskus.

1994 (Oktober) Der jordanische König Hussein unterzeichnet einen Friedensvertrag mit Israel. Syrien kritisiert das einseitige Vorgehen scharf und wirft Jordanien die Spaltung der arabischen Staaten vor.

1994 (Dezember) Unter Vermittlung der USA werden die Verhandlungen zwischen Israel und Syrien fortgesetzt. Syrien wird von Generalstabschef Hikmat Shihabi vertreten. Israel durch Generalstabschef Ehud Barak.

1995 (4. November) Der israelische Ministerpräsident Yitzhak Rabin wird nach einer großen Friedenskundgebung in Tel Aviv von einem jüdischen Rechtsextremisten ermordet.

1999 (9. Februar) In Amman stirbt der jordanische König Hussein. Er hat das jordanische Königreich (Haschemiten) 47 Jahre lang regiert. Während seiner ganzen Amtszeit war er Syrien gegenüber feindlich eingestellt. Als Zeichen der Versöhnung gegenüber dem neuen König Abdullah II. nimmt Assad an der Beerdigung teil.

1999 (Dezember) In Washington finden erneut Verhandlungen zwischen Israel und Syrien statt. Den Vorsitz hat US-Präsident Bill Clinton. Für Syrien nimmt Außenminister Faruk ash-Sharaa teil, für Israel Ministerpräsident Ehud Barak. Nach der Formel »Land für Frieden« besteht Syrien auf der Rückgabe der von Israel besetzten Golanhöhen und die Rückkehr Israels auf das Gebiet innerhalb der Grenzen vom 4. Juni 1967. Israel weigert sich, die Gespräche scheitern.

2000 (März) Hafiz al-Assad trifft mit US-Präsident Bill Clinton in Genf zusammen. Erneut geht es um eine Lösung zwischen Israel und Syrien. Assad rückt von der syrischen Position nicht ab, und das Treffen geht ohne Ergebnis zu Ende.

2000 (24. Mai) Die israelische Armee zieht sich aus dem besetzten Südlibanon zurück. Israel war 22 Jahre lang im Libanon, 1985 hatte es im Süden des Landes eine »Sicherheitszone« installiert.

2000 (10. Juni) Hafiz al-Assad stirbt in Damaskus im Alter von siebzig Jahren.

2001–2010

2000 (10. Juni) Das Parlament ändert Artikel 83 der Verfassung, das Mindestalter eines Präsidenten wird von 40 auf 34 Jahre herabgesetzt.

2000 (17. Juli) Bashar al-Assad wird als Präsident vereidigt. Er ist 35 alt und damit der jüngste Präsident in der Geschichte Syriens. In seiner Antrittsrede fordert er die Syrer auf, mit ihm und der Regierung »als Team« zusammenzuarbeiten, um die notwendigen Reformen umzusetzen. Er betont die Einbeziehung der Frauen, die die »Hälfte« der Gesellschaft seien.

2000 (August) Assad erlässt ein Präsidialdekret, wonach private Schulen und Universitäten zugelassen werden. Damit endet das staatliche Bildungsmonopol, das seit 1963 in Kraft war.

2000 (28. September) General Ariel Scharon besucht die Al-Aqsa-Moschee auf dem Tempelberg (arabisch heißt der Ort Haram ash-Sharif) in Jerusalem, der als einer der heiligsten Orte des Islam gilt. Für die Muslime ist der Besuch eine Provokation, in den besetzten palästinensischen Gebieten bricht ein Aufstand aus, die zweite Intifada.

2000 (16. November) Zum dreißigsten Jahrestag der Revolution von Hafiz al-Assad (1970) amnestiert Bashar al-Assad 600 Gefangene, Mitglieder verschiedener politischer Gruppen.

2000 (Dezember) Assad genehmigt die Einrichtung privater Banken. Damit endet das staatliche Bankenmonopol, das seit 1963 in Kraft war.

2001 (1. Februar) Ariel Scharon wird Premierminister in Israel.

2001 (1. Mai) Papst Johannes Paul II. besucht Syrien. Es ist das erste Mal, dass ein Papst Syrien besucht.

2001 (11. September) Assad genehmigt die Öffnung privater Zeitungen. Damit endet das staatliche Monopol über die (politische) Berichterstattung, das seit 1963 in Kraft war.

2001 (11. September) Angriff auf das Welthandelszentrum in New York, für das al-Qaida die Verantwortung übernimmt. US-Präsident George W. Bush erklärt den Krieg gegen den Terror. Syrien erklärt sich bereit, am Kampf gegen den Terror teilzunehmen.

2001 (Dezember) Assad richtet ein neues Ministerium ein für die Angelegenheiten der Auslandssyrer. Ziel ist, die im Ausland lebenden Syrer zu erreichen und ihnen den Kontakt und die Zusammenarbeit oder Rückkehr in ihre Heimat zu erleichtern.

2003 (März) George W. Bush erklärt, dass ein Regimewechsel im Irak die Voraussetzung für die Demokratisierung Nordafrikas und des Mittleren Ostens sei. Die USA beginnen den Krieg gegen den Irak, der von Saddam Hussein regiert wird. Als Begründung wird angegeben, der Irak verfüge über Massenvernichtungswaffen. Der UN-Sicherheitsrat verweigert seine Zustimmung zu dem Krieg. Syrien spricht sich in der UNO gegen den Krieg aus.

2003 (9. April) US-Truppen marschieren in Bagdad ein, die irakische Regierung ist gestürzt.

2003 (6. Oktober) Die israelische Luftwaffe bombardiert ein palästinensisches Flüchtlingslager in Syrien. Als Grund gibt sie an, dass der Islamische Jihad dort Angriffe auf Israel vorbereite. Damaskus reicht bei der UNO Beschwerde ein.

2003 (12. Dezember) George W. Bush unterzeichnet ein Gesetz über die »Verantwortung Syriens zur Wiederherstellung der libanesischen Souveränität« (Accountability Act). Syrien soll seine Truppen aus dem Libanon abziehen, sein angebliches Programm zur Herstellung von Massenvernichtungswaffen einstellen, die Unterstützung der Hisbollah im Südlibanon stoppen, die Unterstützung der Anti-US-Kräfte im Irak einstellen, die Unterstützung der palästinensischen Organisationen Hamas und Islamischer Jihad einstellen.

2003 Syrien weist den Vorwurf, Massenvernichtungswaffen herzustellen, zurück.

2003 (13. Dezember) Saddam Hussein wird im Irak festgenommen.

2004 (März/April) Im Norden Syriens (Qamishli) kommt es bei einem Fußballspiel zu Unruhen. Erst zwischen verfeindeten Fanclubs, dann zwischen der Bevölkerung und Sicherheitskräften. Mindestens vierzehn Personen werden getötet. Die Unruhen halten an, Hunderte Kurden werden festgenommen. Internationaler Protest setzt Syrien unter Druck.

2004 (Mai) Das US-Gesetz über die Verantwortung Syriens (Accountability Act) tritt in Kraft.

2004 (September/Oktober) Konflikt zwischen Syrien und Frankreich über den Präsidenten im Libanon. Syrien will, dass die Amtszeit des amtierenden Präsidenten Emile Lahoud verlängert wird, und setzt es durch. Ministerpräsident Rafik Hariri tritt aus Protest zurück. Nachfolger Hariris wird Omar Karameh, der Syrien gegenüber freundlich eingestellt ist. Ein Teil der öffentlichen Meinung im Libanon wendet sich gegen Syrien, Frankreich bricht seine Kontakte zu Syrien ab und unterstützt die USA im UN-Sicherheitsrat. Das US-Gesetz über die Verantwortung Syriens (Accountability Act) wird vom UN-Sicherheitsrat als Resolution 1559 angenommen. Syrien soll seine Truppen aus dem Libanon abziehen, die Hisbollah entwaffnet werden.

2004 (Damaskus) Die USA erhöhen den Druck auf die syrische Regierung und beschuldigen sie, den bewaffneten Aufstand im Irak gegen die US-Truppen zu unterstützen. Die neue irakische Regierung bekräftigt die Anschuldigungen gegen Damaskus. Die USA verhängen Wirtschaftssanktionen gegen Syrien.

2004 (November) Der langjährige PLO-Führer Jassir Arafat stirbt in einem Militärkrankenhaus in Paris. Bashar al-Assad nimmt an der für Staatschefs ausgerichteten Feier in Kairo teil, bevor Arafat in Ramallah beerdigt wird. Damit beendet Assad den langjährigen Zwist seines Vaters mit Arafat. Als Zeichen der neuen Beziehungen trifft er sich mit Mahmud Abbas, dem neuen Präsidenten der palästinensischen Autonomiebehörde.

2005 (15. Februar) Der ehemalige libanesische Ministerpräsident Rafik Hariri stirbt in Beirut bei einem Attentat auf seinen Konvoi. Mit ihm sterben 22 weitere Personen. Libanesische Oppositionelle, Frankreich und die USA machen die Führung in Damaskus, namentlich Bashar al-Assad, verantwortlich. Syrien habe – als Schutzmacht Libanons – die Verantwortung für die Sicherheit im Land. Massive Demonstrationen in Beirut fordern den Abzug der syrischen Armee. Syrien zieht seine Truppen in die Bekaa-Ebene zurück. Das entspricht der Vereinbarung im Taif-Abkommen von 1990. Die USA ziehen ihre Botschafterin aus Damaskus ab.

2005 (5. März) Bei einer Rede vor dem syrischen Parlament kündigt Assad den vollständigen Abzug der syrischen Armee aus dem Libanon an.

2005 (26. April) Abzug der syrischen Truppen aus dem Libanon, wo sie seit 1976 stationiert waren. Der Anlass ihrer Entsendung war der libanesische Bürgerkrieg (1975–1990). Syrien erfüllt damit seinen Teil der UN-Sicherheitsratsresolution 1559. Assad vertritt die Meinung, die Entwaffnung der Hisbollah (Artikel 3) sei nicht eine syrische, sondern eine libanesische Angelegenheit.

2005 (7. Mai) Der ehemalige libanesische Ministerpräsident und General Michel Aoun kehrt aus dem französischen Exil in den Libanon zurück. Er ändert seine frühere ablehnende Haltung gegenüber Syrien. Libanon sei selber für seine Politik verantwortlich.

2005 (6./9. Juni) Die erste Konferenz der Baath-Partei seit dem Amtsantritt von Bashar al-Assad findet statt. Langjährige führende Politiker treten zurück, darunter die Vizepräsidenten Abdul Halim Khaddam, Zuhayr Masharka, Verteidigungsminister Mustafa Tlas und der stellvertretende Generalsekretär der Baath-Partei, Abdullah al-Ahmar. Manche waren seit 1963 im Amt. Es wird beschlossen, ein Mehrparteiensystem in Syrien einzuführen. Die neuen Parteien müssen nicht Teil der Nationalen Fortschrittsfront werden, die es seit 1970 gibt, sie können selbstständig agieren.

2005 (Juli) Eine Gruppe bewaffneter Männer wird auf dem Qassioun-Berg bei Damaskus festgenommen. Dabei kommt es zu einer heftigen Schießerei, etliche werden verletzt. Einige Wochen später wird eine zweite Gruppe an der syrisch-libanesischen Grenze festgenommen. Eine dritte Gruppe wird festgenommen, bevor sie einen geplanten Anschlag auf den Justizpalast im Zentrum von Damaskus ausführen kann.

2006 (Mai) Die Damaskus-Beirut-Erklärung wird veröffentlicht. Sie fordert die Herstellung normaler Beziehungen zwischen Libanon und Syrien. Zehn der unterzeichnenden Syrer werden verhaftet.

2006 (4. Juni) In London findet die Gründungskonferenz der Nationalen Rettungsfront statt. Zu den Teilnehmern gehören kurdische Gruppen, Kommunisten und die Muslimbruderschaft. Sie fordern einen »Regimewechsel und Demokratie« in Syrien. Die syrische Armee wird aufgefordert, eine »Armee des Volkes« zu werden.

2006 Bei Demonstrationen gegen die Mohammad-Karikaturen in einer dänischen Zeitung werden die Botschaften von Norwegen und Dänemark in Damaskus angegriffen. Feuer bricht aus.

2006 (Juli) Nach einer Geiselnahme der Hisbollah im Norden Israels beginnt die israelische Armee als Vergeltung einen massiven Angriff auf den Libanon. Der Krieg dauert einen Monat, Hunderttausende Libanesen fliehen nach Syrien.

2006 (12. September) Ein Autobombenanschlag auf die US-Botschaft in Damaskus wird verhindert. Bei einem anschließenden Feuergefecht sterben drei der islamistischen Angreifer und ein syrischer Wachsoldat.

2006 (21. November) Nach 25 Jahren Eiszeit nehmen Syrien und Irak wieder diplomatische Beziehungen auf. Der amtierende irakische Präsident Nuri al-Maliki hatte viele Jahre in Damaskus als politischer Flüchtling gelebt.

2007 (28. Mai) Bashar al-Assad wird erneut zum Präsidenten gewählt. Eine Amtszeit dauert sieben Jahre. Er ist, wie schon 2000, der einzige Kandidat.

2007 (6. September) Israelische Kampfjets zerstören im Osten Syriens, nahe Deir ez-Zor, ein im Bau befindliches Gebäude, das Israel als »Nuklearanlage« bezeichnet. Der Angriff findet nachts statt, acht Kampfjets sind beteiligt. Der Angriff verstößt gegen das Völkerrecht. Syrien protestiert. Angeblich soll Nordkorea Syrien geholfen haben, einen Reaktor zu bauen. Am 18. September erklärt der israelische Ministerpräsident Ehud Olmert gegenüber russischen Reportern, er sei »bereit, Frieden mit Syrien zu schließen – ohne Vorbedingungen.«

2007 (November) In Tel Aviv demonstrieren Anhänger der Bewegung Peace Now mit Spruchbändern, auf denen die Regierung aufgefordert wird: »Talk with Syria« (Redet mit Syrien).

2007 (Oktober) Nachdem seit 2005 mehr als 1,5 Millionen irakische Flüchtlinge nach Syrien gekommen sind, wird die Visumspflicht für Iraker eingeführt. Die Regierung bittet um internationale finanzielle Unterstützung.

2008 (12. Februar) In Damaskus stirbt der Hisbollah-Kommandant Imad Mughniyeh durch eine Autobombe. Im Januar 2015 wird bekannt, dass das Attentat eine gemeinsame Operation von CIA und Mossad (israelischer Geheimdienst) war.

2008 (29./30. März) Arabisches Gipfeltreffen in Damaskus.

2008 (5. Mai) Die Gehälter für Angestellte und Pensionäre werden um 25 Prozent erhöht, um die Preissteigerungen bei Nahrungsmitteln und Heizöl auszugleichen.

2008 (13. Juli) In Paris wird die Union für den Mittelmeerraum gegründet, der europäische Staaten und außereuropäische Mittelmeeranrainerstaaten angehören.

2008 (14. Oktober) Syrien und Libanon nehmen diplomatische Beziehungen auf.

2008 (27. Oktober) Ein Sonderkommando der US-Streitkräfte und ein Kommando der CIA greifen mit Hubschraubern den syrischen Ort Abu Kamal an der Grenze zu Irak an und töten acht Menschen. Es heißt, die Personen seien »Terroristen« gewesen. Die syrische Regierung protestiert und schließt die amerikanische Schule und ein amerikanisches Kulturzentrum in Damaskus.

2008 (16. November) Der britische Außenminister David Miliband reist zu Gesprächen mit Assad nach Damaskus.

2009 (März) Jeffrey Feltman, stellvertretender US-Außenminister (Naher Osten), trifft den syrischen Außenminister Walid Mouallem in Damaskus. Seit vier Jahren ist das die erste hochrangige Begegnung zwischen den zwei Staaten.

2009 (Mai) Der syrische Schriftsteller und Kommunist Michel Kilo wird nach drei Jahren Haft aus dem Gefängnis entlassen.

2009 (Juni) Die Internationale Atomenergiebehörde (IAEA) untersucht angebliche Nuklearanlagen in Syrien auf Spuren von Uran. In einem im Juni 2011 veröffentlichten Bericht erklärt die Behörde, dass Syrien nicht kooperiere. Am Ort des 2007 zerstörten, sich im Bau befindenden angeblichen Reaktorgebäudes sei nukleares Material gefunden worden. Syrien erklärte, es habe kein Nuklearprogramm, keine diesbezügliche Kooperation mit Nordkorea. Angeblich gefundenes nukleares Material stamme vermutlich von eingesetzten Raketen, die das Gebäude zerstört hatten.

2009 (Juli) Der US-Sonderbeauftragte George Mitchell trifft Bashar al-Assad in Damaskus. Thema ist der Frieden im Mittleren Osten.

2009 (August) Irak macht Syrien verantwortlich für eine Reihe von Anschlägen in Bagdad, beide Staaten rufen ihre Botschafter zurück.

2010 (Februar) Nach fünf Jahren Eiszeit wird mit Robert Ford wieder ein US-Botschafter nach Damaskus geschickt.

2010 (Mai) Die US-Administration erneuert Wirtschaftssanktionen gegen Syrien. Als Begründung heißt es, Syrien unterstütze »terroristische Organisationen« und strebe den Besitz von Massenvernichtungswaffen an. Außerdem soll Syrien Scud-Raketen an die Hisbollah geliefert haben.

2010 (19. Juli) Das Tragen des Nikab (Gesichtsschleier) wird an den Universitäten und in den Schulen verboten.

2011–2016

2011 (11. Februar) In Kairo tritt der ägyptische Präsident Hosni Mubarak unter dem Druck von Protesten, der Armeeführung und ehemaliger Verbündeter zurück. Er war dreißig Jahre im Amt.

2011 (Februar) Der Blog »Syrian Revolution 2011« ruft zu Demonstrationen auf.

2011 (März) In Deraa werden Schüler festgenommen. Sie haben regierungsfeindliche Parolen an die Wände ihrer Schule gemalt. Es kommt zu Protesten. Sicherheitskräfte (Geheimdienst) eröffnen das Feuer, es gibt Tote. Bei der Beerdigung am nächsten Tag sind noch mehr Menschen auf der Straße, wieder wird geschossen, wieder gibt es Tote. Das Gleiche wiederholt sich mehrere Tage. Demonstranten bewaffnen sich und schießen zurück. Sicherheitskräfte werden getötet, öffentliche Einrichtungen in Brand gesetzt.

2011 (März/April) Präsident Assad kündigt Reformen an. 600 politische Gefangene werden freigelassen, die Regierung wird entlassen, der Ausnahmezustand, seit 1963 in Kraft, wird aufgehoben. Das Verbot, an den Universitäten Gesichtsschleier zu tragen, wird aufgehoben. Eine neue Verfassung soll ausgearbeitet werden.

2011 (10. April) Bewaffnete Gruppen greifen einen Militärkonvoi bei Baniyas (Mittelmeerküste) an. Zwei Offiziere und neun Soldaten werden getötet. Medien der Opposition verbreiten, dass neun Soldaten von der Armee erschossen worden seien, weil sie sich geweigert hätten, auf Demonstranten zu schießen. Überlebende Augenzeugen des Angriffs bestätigen den Angriff.

2011 (9. Mai) Die EU verhängt Sanktionen gegen Syrien.

2011 (23. Mai) Die EU verschärft die Sanktionen gegen Syrien und benennt Politiker, Militärs und Geschäftsleute, darunter auch den syrischen Präsidenten Bashar al-Assad und seinen Bruder Maher, Oberbefehlshaber der 4. Division.

2011 (Juni) In Jisr as-Shughour im Nordwesten Syriens werden 120 Armeerekruten von bewaffneten Gruppen in ihrer Kaserne angegriffen und getötet. Einwohner fliehen in die nahe gelegene Türkei. Die Armee sichert den Ort. Präsident Assad ruft erneut zu einem nationalen Dialog über Reformen auf.

2011 (26. Juni) Im Semiramis-Hotel in Damaskus findet eine Konferenz der syrischen Opposition statt. Es nehmen 150 Vertreter und Vertreterinnen verschiedenster Gruppen teil.

2011 (7. Juli) US-Botschafter Robert Ford und der französische Botschafter Éric Chevallier besuchen eine Massendemonstration in Hama, der Konvoi wird mit Rosen beworfen.

2011 (Juli) Massendemonstration in Homs.

2011 (29. Juli) In der Türkei wird von sieben ehemaligen syrischen Offizieren die »Freie Syrische Armee« gegründet. Die entsprechende Erklärung wird per Youtube-Video verbreitet.

2011 (29. Juli) In Kairo hat die Muslimbruderschaft einen Massenprotest auf dem Tahrir-Platz organisiert. Die Masse ruft in Sprechchören: »Islamisch, Islamisch. Weder liberal noch säkular.«

2011 (August) Demonstration vor der US-Botschaft in Damaskus gegen die US-Einmischung in Syrien.

2011 (23. August) In der Türkei wird der »Syrische Nationalrat« gegründet. Hauptquartier wird Istanbul.

2011 (24. August) Die EU verhängt weitere Sanktionen gegen Syrien.

2011 (28. September) US-Botschafter Robert Ford besucht den Oppositionellen Hassan Abdul Azim (Nasserist) in seinem Büro in Damaskus. Demonstranten bewerfen das Auto von Ford mit Kartoffeln und Tomaten.

2011 (2. Oktober) Der »Syrische Nationalrat« erklärt eine gemeinsame Front mit internen politischen und bewaffneten Oppositionsgruppen. Der erste Kongress des »Syrischen Nationalrates« findet am 19. November in Tunis statt.

2011 (12. November) Die Arabische Liga suspendiert die Mitgliedschaft Syriens und verhängt Sanktionen gegen das Land. Als Begründung wird die gewaltsame Unterdrückung eines friedlichen Aufstandes in Syrien genannt.

2011 (25. November) Die »Freie Syrische Armee« übernimmt die Verantwortung für die Ermordung von sechs Piloten der syrischen Luftwaffe und vier weiteren Armeeangehörigen in Homs.

2011 (Dezember) Die »Freie Syrische Armee« erklärt die Übernahme von Baba Amr, einem südlichen Stadtteil von Homs. Die Armee stationiert mehr als 4000 Soldaten und belagert den Stadtteil.

2011 (23. Dezember) In Damaskus explodieren kurz hintereinander zwei Bomben, 44 Sicherheitskräfte werden getötet. Die Regierung macht Al-Qaida-Gruppen verantwortlich.

2012 (11. Januar) Während Recherchen in Homs wird ein französischer Journalist durch Mörsergranatenbeschuss von der »Freien Syrischen Armee« getötet. Mit ihm sterben acht weitere Personen.

2012 (Januar/Februar) Kämpfe zwischen der syrischen Armee und bewaffneten Gruppen in Baba Amr nehmen zu.

2012 (Februar) Eine von den USA und westlichen Staaten vorgelegte Resolution im UN-Sicherheitsrat schließt eine militärische Intervention in Syrien – nach dem Vorbild Libyens – nicht aus. Ein Gegenvorschlag von Russland und China wird abgelehnt. Russland und China legen ihr Veto ein.

2012 (7. Februar) Der russische Außenminister Sergei Lawrow trifft sich in Damaskus mit Präsident Assad. Danach erklärt er, Assad sei zu Verfassungsänderungen und Neuwahlen bereit. Syrien sei ein souveräner Staat, der für die Zukunft der Syrer verantwortlich sei. Eine ausländische (militärische) Intervention lehnt Russland ab.

2012 (24. Februar) In Tunis treffen sich auf Einladung des französischen Präsidenten Nicolas Sarkozy zum ersten Mal die »Freunde Syriens«. Der eingeladene »Syrische Nationalrat« fordert u. a. militärische Ausbildung und Ausrüstung.

2012 (März) Der UN-Sicherheitsrat stimmt einer Forderung für einen Waffenstillstand zu. Der UN-Sonderberater Kofi Annan legt einen Friedensplan für Syrien vor.

2012 (12. April) In Syrien tritt ein landesweiter Waffenstillstand in Kraft, der von der UNO überwacht wird. Am 1. Juni 2012 nimmt die »Freie Syrische Armee« offiziell ihre »Verteidigungsoperationen« gegen die syrische Armee wieder auf.

2012 (25. Mai) In dem kleinen Ort Houla (Provinz Homs) werden 108 Menschen getötet, die meisten Frauen und Kinder. Die Opposition beschuldigt die Regierung, die Regierung weist die Anschuldigung zurück. Eine unabhängige Untersuchung gibt es nicht.

2012 (29. Mai) Frankreich, Großbritannien, Deutschland, Italien, Spanien, Kanada und Australien weisen jeweils die syrischen Botschafter aus. Die Maßnahme wird mit der angeblichen Verantwortung der syrischen Regierung für das Houla-Massaker begründet.

2012 (Juni) Die syrische Luftabwehr schießt bei Lattakia ein türkisches Kampfflugzeug ab, das sich vom Mittelmeer her dem syrischen Festland nähert. Die Türkei erklärt daraufhin, wenn sich syrische Truppen der Grenze zur Türkei nähern sollten, werde das als militärischer Angriff auf die Türkei gewertet.

2012 (18. Juli) Im Zentrum von Damaskus explodiert bei einem Treffen des Nationalen Sicherheitsrates eine Bombe. Vier hochrangige Militärs und Geheimdienstkräfte werden getötet, der Innenminister schwer verletzt. Die »Freie Syrische Armee« ruft zum Sturm auf Damaskus auf. Gleichzeitig wird Aleppo angegriffen.

2012 (6. August) Der kurz zuvor von Präsident Assad zum Ministerpräsidenten ernannte Riad Hijab setzt sich nach Jordanien, später nach Katar ab. Er schließt sich der syrischen Opposition an.

2012 (30. September) Bei Kämpfen in Aleppo wird der historische Bazar, der zum Weltkulturerbe gehört, in Brand gesetzt und weitgehend zerstört.

2012 (November) Zusätzlich zu dem »Syrischen Nationalrat« wird in Doha (Katar) eine »Nationale Koalition der syrischen Revolutions- und Oppositionskräfte« gebildet. Am 12. November wird die neue Gruppe vom Golf-Kooperationsrat als »legitime Vertretung des syrischen Volkes« anerkannt. Bis zum 12. Dezember folgt die Anerkennung durch Frankreich, die Türkei, Großbritannien, die USA und die Gruppe der »Freunde Syriens« (u.a. auch Deutschland und Österreich). Die »Koalition« eröffnet Verbindungsbüros in europäischen Hauptstädten und in den USA.

2012 (11. November) Israel beschießt zum ersten Mal seit 1973 den syrischen Teil der Golanhöhen. Als Begründung wird anhaltender Beschuss durch syrische Artillerie genannt. Die syrische Armee bekämpft in dem Gebiet u.a. die Al-Nusra-Front, die durch die UN-Pufferzone nach Norden vordringt.

2013 (Januar) Israelische Kampfjets bombardieren bei einem nächtlichen Angriff ein militärisches Forschungszentrum bei Damaskus.

2013 (30. Januar) Bei einer ersten »Geberkonferenz Syrien«, zu der die UNO eingeladen hat, werden 1,5 Milliarden US-Dollar bereitgestellt, um Syrern zu helfen, die vom Krieg betroffen sind. Die zugesagte Summe wird nur zum Teil eingezahlt.

2013 (März) Islamistische Kampfgruppen erobern die Stadt Rakka im Nordosten des Landes am Euphrat. Die syrische Armee fliegt Luftangriffe. Die USA und Großbritannien kündigen an, den »Rebellen nicht tödliche Hilfe« zu leisten.

2013 (5. Mai) Israel greift in der Nacht ein militärisches Forschungszentrum der syrischen Streitkräfte bei Damaskus mit Raketen an. Anwohner berichten von Erschütterungen wie bei einem Erdbeben. Hinter dem Qassioun-Berg ist ein riesiger Feuerball zu sehen. Syrien legt Beschwerde bei der UNO ein. »Quellen« in Israel sagen, der Angriff habe einem Waffentransport für die Hisbollah gegolten.

2013 (Juni) Die syrische Armee nimmt mit Unterstützung der libanesischen Hisbollah die strategisch wichtige Stadt Qusair ein, die unmittelbar an der syrisch-libanesischen Grenze liegt. Durch diese Stadt verlief die Schmuggelroute für Waffen und Kämpfer aus dem Libanon nach Homs.

2013 (21. August) Im Umland von Damaskus kommt es zu Giftgasangriffen mit Hunderten Toten. Ein UN-Team, das bereits drei frühere Giftgasangriffe untersuchen soll, beginnt am 26. August mit Untersuchungen der betroffenen Vororte von Damaskus. Am 16. September legt die UN-Mission einen Bericht vor, wonach Sarin verschossen wurde. Der Bericht nennt keinen möglichen Urheber. Die Opposition und westliche Staaten beschuldigen die syrische Regierung. Die weist den Vorwurf zurück.

2013 (31. August) US-Präsident Barack Obama kündigt als Reaktion auf den Einsatz von Giftgas (»rote Linie«) einen Militärschlag gegen Syrien an. Obama macht Präsident Assad verantwortlich. Russland fordert die USA auf, Beweise für die Anschuldigung vorzulegen. Das britische Unterhaus lehnt eine britische Beteiligung an einem US-Militärschlag gegen Syrien ab.

2013 (6. September) Die »Freie Syrische Armee«, die Al-Nusra-Front und Ahrar ash-Sham (Islamische Bewegung der Freien Männer der Levante) greifen die christlich-aramäische Stadt Maalula an. Klöster werden gebrandschatzt, Ikonen vernichtet, die historische Altstadt zerstört. Im April 2014 wird Maalula von der syrischen Armee mit Unterstützung der Hisbollah befreit.

2013 (12. September) Nach Vermittlung Russlands stimmt Präsident Assad der Übergabe der syrischen Chemiewaffenbestände an die Vereinten Nationen zu, die für deren Vernichtung internationale Unterstützung bekommt. Am 23. Juni 2014 werden die letzten Chemiewaffenbestände aus Syrien abtransportiert.

2013 (Dezember) Ein Waffenlager der »Freien Syrischen Armee« in Azaz, nördlich von Aleppo, wird von islamistischen Kampfgruppen der Al-Nusra-Front und des »Islamischen Staats im Irak und in der Levante« (ISIL) eingenommen. Die USA und Großbritannien stellen ihre »nicht tödliche« Hilfe für die »Freie Syrische Armee« ein.

2014 (15. Januar) Bei einer zweiten »Geberkonferenz Syrien«, zu der die UNO nach Kuwait eingeladen hat, werden Hilfeleistungen in der Höhe von 2,3 Milliarden US-Dollar beschlossen. Das zugesagte Geld wird nur zum Teil einbezahlt.

2014 (Januar, Februar) In Lausanne und Genf finden die ersten zwei Runden der Genfer Syrien-Gespräche statt, die von der UNO vermittelt werden. Ohne Ergebnis.

2014 (Mai) Mit der Unterstützung der UN-Mission in Syrien wird für die Altstadt von Homs ein Abzug der bewaffneten Kräfte ausgehandelt. Rund tausend Kämpfer werden evakuiert, die Altstadt von Homs war zwei Jahre belagert und umkämpft.

2014 (3. Juni) Bashar al-Assad wird bei den Präsidentschaftswahlen für weitere sieben Jahre im Amt bestätigt. Erstmals werden weitere Kandidaten zugelassen, die jeweils die Unterstützung von 35 Parlamentsabgeordneten vorweisen müssen. 24 Personen bewerben sich, darunter zwei Frauen und ein christlicher Politiker. Die Verfassung schließt Frauen und Christen für das Präsidentenamt aus. Nur zwei Kandidaten außer Assad werden zugelassen. Die Opposition boykottiert die Wahlen.

2014 (4.–10. Juni) Der ISIL erobert die nordirakische Metropole Mossul und erklärt die Gründung eines »Islamischen Staates« (IS).

2014 (30. Juni) Der IS ruft von Aleppo bis in die irakische Provinz Diyala (nördlich von Bagdad, Grenzgebiet zum Iran) ein »Kalifat« aus. Das führt zu Konflikten mit der Al-Nusra-Front, die Aleppo beansprucht.

2014 (August) Der IS nimmt den syrischen Luftwaffenstützpunkt Tabqa und die Stadt Rakka ein.

2014 (September) Die USA und fünf arabische Staaten beginnen mit Luftangriffen und Raketenangriffen (von Kriegsschiffen im Golf) auf IS-Stützpunkte bei Aleppo, Rakka und entlang der syrisch-irakischen Grenze.

2015 (Januar) Nach vier Monaten schwerer Kämpfe gelingt es kurdischen Kräften, den IS aus Kobane (arabisch Ain al-Arab) zu vertreiben, einer nordsyrischen Grenzstadt zur Türkei.

2015 (März) Saudi-Arabien, Katar und die Türkei finanzieren und bewaffnen die »Armee der Eroberung« (Jaish al-Fatah), die in Idlib einmarschiert. Die syrische Armee weicht zurück.

2015 (Mai) IS-Kämpfer erobern die Ruinenstadt Palmyra (arabisch Tadmur), ein Weltkulturerbe. Die syrische Armee zieht sich zurück. Der IS marschiert weiter gen Westen, nimmt die Stadt Qaryatayn ein und zerstört das nahe gelegene Kloster des Heiligen Elian aus dem 4. Jahrhundert. In Palmyra werden wertvolle antike Gebäude zerstört. Der pensionierte 82-jährige Leiter der Palmyra-Antikenbehörde wird geköpft, sein Körper wird aufgehängt.

2015 (September) Russland stationiert starke Kräfte der Luftwaffe in Syrien und unterstützt die syrische Armee und Präsident Assad.

2015 (13. November) In Paris werden bei koordinierten Anschlägen 129 Menschen ermordet. Der IS übernimmt die Verantwortung. Großbritannien und Deutschland schließen sich militärisch der Anti-IS-Koalition der USA in Irak und Syrien an. Eine Koordination mit der syrischen Armee wird verweigert. Syrien protestiert bei der UNO gegen die Missachtung seiner Souveränität.

2015 (18. Dezember) Der UN-Sicherheitsrat verabschiedet einstimmig die Resolution 2254, die – auf der Basis der Genfer Vereinbarung von 2012, die u.a. einen Waffenstillstand und die Bildung einer Übergangsregierung vorsah – einen Weg für den politischen Wandel in Syrien festlegt.

2016 (Januar) In Genf beginnt auf Einladung der UNO eine neue Runde der innersyrischen »Annäherungsgespräche«. Grundlage ist die Sicherheitsrats-Resolution 2254. Anders als bei den vorherigen Gesprächen werden dieses Mal weitere Oppositionsgruppen als »Berater« hinzugezogen. Die Beteiligung der syrischen Kurden wird aufgrund türkischer Intervention abgelehnt.

2016 (4. Februar) Auf Einladung von Großbritannien, Deutschland, Norwegen, Kuwait und den Vereinten Nationen findet in London eine Konferenz »Syrien unterstützen« statt. Es gibt Zusagen über elf Milliarden US-Dollar. Mit dem Geld sollen zwischen 2016 und 2020 humanitäre Projekte finanziert werden.

2016 (Februar) Russland und die USA handeln einen Waffenstillstand für Syrien aus. Die Waffenruhe wird weitgehend eingehalten. Sie gilt nicht für die Al-Nusra-Front und den IS.

2016 (14. März) Die Gespräche in Genf werden fortgesetzt.

2016 (15. März) Russland kündigt an, einen Teil seiner Luftwaffe aus Syrien wieder abzuziehen.

2016 (17. März) Eine Versammlung von kurdischen, assyrischen, arabischen und turkmenischen Delegierten ruft die autonome Föderation Nordsyrien (Rojava, Westkurdistan) aus, bestehend aus den drei Kantonen Qamishli, Kobane und Afrin.

2016 (27. März) Die syrischen Streitkräfte können dank der Unterstützung der russischen Luftwaffe Palmyra von den IS-Kämpfern befreien. Auch andere Orte können zurückgewonnen werden. Syrien betrachtet Gruppen, die mit der Al-Nusra-Front und dem IS zusammenarbeiten, weiterhin als legitime Ziele und von der Waffenruhe ausgeschlossen. Neue Kämpfe im Umland von Aleppo. Am 20. April bricht der »Hohe Verhandlungsrat« aus Protest die Gespräche in Genf ab.

2016 (13. April) Verfassungsgemäß finden in Syrien die Parlamentswahlen (Volksrat) statt. Die letzten Wahlen waren 2012. Die Opposition boykottiert den Urnengang. 250 Abgeordnete aus 15 Provinzen werden gewählt.

2016 (4. Mai) Russland und die USA einigen sich erneut auf eine Verlängerung der Waffenruhe in Aleppo. In Genf richten beide mit Unterstützung der UNO ein gemeinsames militärisches Zentrum ein, um den Waffenstillstand (und die militärische Lage) in Syrien zu kontrollieren.

Literaturverzeichnis

James Barr, *A Line in the Sand: Britain, France and the Struggle that Shaped the Middle East,* Simon & Schuster, New York 2011.

Hanna Batatu, *Syria's Peasantry. The Descendants of its lesser rural Notables and their Politics,* Princeton 1999.

Gertrude Bell, *Am Ende des Lavastromes. Durch die Wüsten und Kulturstätten Syriens,* Promedia, Wien 2015. (Originalausgabe *The Desert and the Sown,* 1905)

Robert Fisk, *Pity the Nation: Lebanon at War,* Oxford University Press, 2001.

David Fromkin, *A peace to end all peace: The Fall of the Ottoman Empire and the Creation of the Modern Middle East,* Holt Paperbacks Edition, New York 2009.

Heinz Halm, *Der Islam: Geschichte und Gegenwart,* C. H. Beck, München 2015.

Heinz Halm, *Der schiitische Islam: Von der Religion zur Revolution,* C. H. Beck, München 1994.

Albert Hourani, *Die Geschichte der arabischen Völker,* Fischer, Frankfurt am Main 2001. (Neuausgabe 2014)

Harry N. Howard, *The King-Crane Commission: An American Inquiry in the Middle East,* Khayats, Beirut 1963.

Ulfat Idilbi, *Sabriya. Damascus Bitter Sweet,* Interlink World Fiction, Northampton 1995.

Peter Jacob, *Der Aufstand der Steine. Yasser Arafat, die PLO und Palästina,* Verlag Neues Leben, Dortmund, 1985.

Michael Jansen, »It's time to reconstruct Syria«, *Gulf Today,* 11.4.2016.

Robert F. Kennedy, »Why the Arabs don't want us in Syria«, *Politico,* 23.2.2016.

Ekkehard Launer, *Zum Beispiel Erdöl,* Lamuv Verlag Süd-Nord, Göttingen 1991.

Raphael Lefèvre, *Ashes of Hama, The Muslim Brotherhood in Syria,* Oxford University Presse, 2013.

George Malbrunot, Christian Chesnot, *Les chemins de Damas,* Robert Laffont, Paris 2014.

Karl Marx/Friedrich Engels, *Werke,* Band 8: *Der achtzehnte Brumaire des Louis Bonaparte,* Dietz Verlag, Berlin/DDR 1972, Vorrede zur dritten Auflage, 1885.

John McHugo, »International Law and the Israeli Claim to the Golan«, *London International Conference on the Golan, Konferenzreader,* 2007.

John McHugo, *Syria. A Recent History,* Saqi, London 2015.

Sami Moubayed, *»Steel and Silk«. Men and Women who shaped Syria 1900–2000,* Cune Press, Seattle 2005.

Sami Moubayed, »Syria sets sail on six seas«, *Asia Times*, 18.12.2010.

Sami Moubayed, *Syria and the USA: Washington's Relations with Damascus from Wilson to Eisenhower*, I. B. Tauris, London, 2013.

Daniel Neep, *Occupying Syria under The French Mandate*, Cambridge University Press, 2012.

Alison Pargeter, *The Muslim Brotherhood. From Opposition to Power*, Saqi Books, London 2013.

Andrew Rathmell, »Syria's Intelligence Services: Origins and Development«, in: *The Journal of Conflict Studies*, hrsg. vom Gregg Centre For the Study of War and Society, Vol. 16, No. 2 (1996)

Andrew Rathmell, *Secret War in the Middle East*, I. B. Tauris, London 2014.

Sofia Saadeh, *Antun Saadeh and Democracy in Geographic Syria*, Folios, London 2000.

Rosemary Sayigh, *Yusif Sayigh: Arab Economist, Palestinian Patriot: A Fractured Life Story*, American University Cairo Press, 2015.

Reinhard Schulze, *Geschichte der Islamischen Welt. Von 1900 bis zur Gegenwart*, C. H. Beck, München 2016.

Patrick Seale, *Asad, The Struggle for the Middle East*, University of California Press, 1988.

Bouthaina Shaaban, *Damascus Diary, An Inside Account of Hafez al-Assad's Peace Diplomacy 1990–2000*, Lynne Riener Publishers, Boulder 2013.

Marion Farouk-Sluglett, Peter Sluglett, *Der Irak seit 1958*, Suhrkamp, Frankfurt am Main 1991.

Martin Strohmeier, Lale Yalcin-Heckmann, *Die Kurden: Geschichte, Politik, Kultur*, C. H. Beck, München 2010.

Philip Shukry Khoury, *Syria and the French Mandate: The Politics of Arab Nationalism, 1920–1945*, Princeton University Press, 1987.

Nicolas van Dam, *The Struggle for Power in Syria: Politics and Society under Asad and the Ba'th Party*, I.B. Tauris, London 2011.

Jamal Wakim, *The Struggle of Major Powers over Syria*, Ithaca Press, Reading 2013.

Armin T. Wegner, *Rufe in die Welt. Manifeste und Offene Briefe*, Wallstein, Göttingen 2015.

Armin T. Wegner, *Die Austreibung des armenischen Volkes in die Wüste*, Wallstein, Göttingen 2015.

Tim Weiner, *CIA – Die ganze Geschichte*, S. Fischer, Frankfurt am Main 2008.

Carsten Wieland, *Syrien nach dem Irak-Krieg*, Klaus Schwarz, Berlin, 2004.

Franz Werfel, *Die vierzig Tage des Musa Dagh*, Fischer, Frankfurt am Main 1997.

Begriffserklärungen

Adnani Die »arabisierten Araber«, benannt nach ihrem Gründungsvater Adnan, lebten im Norden, Westen und im Zentrum der Arabischen Halbinsel. Sie unterscheiden sich von den »puren Arabern«, den Kahtani, die im Süden der arabischen Halbinsel lebten.

Al-Azhar-Universität »Die Leuchtende Moschee« in Kairo wurde im Jahr 972 gegründet. Sie gilt heute als die einflussreichste Universität des sunnitischen Islam.

al-Fatat Die »Junge Arabische Gesellschaft« war eine geheime Organisation und wurde etwa 1910 von arabischen Studenten in Paris gegründet. Ziel war die Unabhängigkeit der arabischen Provinzen vom Osmanischen Reich.

Al-Nusra-Front Die »Front zur Unterstützung des syrischen Volkes« entstand mit Beginn der Unruhen in Syrien 2011. Es ist eine islamistische Kampfgruppe, die sich al-Qaida zurechnet und aus deren irakischem Zweig hervorging. Ihre Ideologie entspringt dem sunnitisch-salafistischen Islam, der den Jihad, den Heiligen Krieg, propagiert.

al-Qaida s. Al-Nusra-Front.

Alawiten Religionsgruppe in Syrien, Strömung des schiitischen Islam. Nach ihrem Gründer Muhammad ibn Nusair an-Namiri auch Nusairier genannt. Mitte des 9. Jahrhunderts vermutlich in der Umgebung von Basra entstanden.

Aleviten Religionsgruppe im Südosten der heutigen Türkei. Anhänger von Ali ibn Abi Talib, Schwiegersohn des Propheten Mohammad. Etwa im 15. Jahrhundert aus einer mystischen islamischen Bruderschaft (Sufi) entstanden.

Alpha-Linie (Golan) Westliche Grenze der von der UNO kontrollierten entmilitarisierten Pufferzone zwischen Syrien und Israel (seit 1974).

Amal »Bewegung der Benachteiligten«. Politische Partei im Libanon, 1974 aus Massenprotesten hervorgegangen, die von dem schiitischen Geistlichen Musa as-Sadr angeführt wurden. Die Amal ist heute im libanesischen Parlament vertreten.

Amerikanische Universität Beirut (AUB) Gegründet 1862 als Missionsschule von amerikanischen Missionaren. 1863 umbenannt in Syrische Protestantische Hochschule, die 1866 mit sechzehn Studenten den Lehrbetrieb aufnahm.

Amerikanische Universität Kairo (AUC) Gegründet 1919 von der amerikanischen Presbyter-Mission in Kairo.

Arabische Liga Als »Liga der arabischen Staaten« im März 1945 in Kairo gegründet. Gründungsstaaten waren das Königreich Ägypten, das Königreich Irak, die Libanesische Republik, das Königreich Saudi-Arabien, die Arabische Republik Syrien, das Emirat Transjordanien, das Königreich Jemen. Heute hat die Arabische Liga 22 Mitgliedsstaaten.

Arabische Revolution Aufstand der Araber gegen das Osmanische Reich 1916 bis 1918. Der Aufstand ging von den Stämmen des Hejaz aus, eines Gebiets im Westen der Arabischen Halbinsel, und wurde von Großbritannien militärisch und finanziell unterstützt.

Arabische Straße Begriff für die öffentliche Meinung in arabischen Ländern.

Aramco 1933 als California-Arabian Standard Oil gegründet. 1944 Einstieg einer weiteren amerikanischen Ölgesellschaft, Umbenennung in Arabian-American Oil Company. Seit 1988 unter Kontrolle des saudischen Königshauses und als Saudi Aramco die größte Ölfördergesellschaft weltweit.

Baath-Partei, -Bewegung Baath bedeutet »Erneuerung, Wiedererweckung«. Gegründet 1947 von Michel Aflaq und Salahaddin al-Bitar in Damaskus. Slogan: »Einheit, Freiheit, Sozialismus«. Die Ideologie verbindet die Ideen des panarabischen Nationalismus, des Säkularismus und des arabischen Sozialismus. Die Partei entstand in mehreren arabischen Ländern. Sie hatte ein panarabisches Nationalkommando und in den Ländern Regionalkommandos. Mehrere Strömungen um verschiedene Personen. 1966 spaltete sich die Partei in einen syrischen und einen irakischen Flügel. Seit 2003 im Irak verboten. Eine neue Baath-Partei Irak arbeitet im Untergrund.

Bagdad-Pakt Die Central Treaty Organization (CENTO) wurde 1955 in Bagdad auf Initiative Großbritanniens und der USA gegründet. 1959 wurde das Bündnis in Middle East Treaty Organization umbenannt (METO). Dem Militärbündnis gehörten Großbritannien, Irak, Iran, Pakistan und die Türkei an. Die USA hatte Beobachterstatus. Das Bündnis sollte den Einfluss der UdSSR im Mittleren Osten eindämmen. Der Pakt wurde 1979 aufgelöst.

Balfour-Erklärung s. S. 20 ff.

Berlin-Bagdad-Bahn Ein überregionales Eisenbahnprojekt zwischen dem Osmanischen und dem Deutschen Reich. Erste Planungen ab 1880, Baubeginn 1903. Die Bahn verbindet Berlin und Konstantinopel über eine neue Strecke via Konya, Adana, Aleppo und Mossul mit Bagdad. Etliche Nebenstrecken entstanden im Lauf der Jahre. Die Bahnlinie diente dem Transport von Militär und dem Handel. Beim Bau in der Türkei wurden vor und während des Ersten Weltkrieges Strafbataillone (Amele Taburu) eingesetzt. Diese bestanden vorwiegend aus ehemals zwangsrekrutierten Griechen und Armeniern, die der Sympathie mit dem Feind verdächtigt wurden.

Bilad ash-Sham Wörtlich übersetzt: »Das Land links«, will heißen: das Land, das zur Linken liegt, wenn man in der Mitte Arabiens steht und nach Norden sieht. Es erstreckt sich vom Norden, wo als natürliche Grenze das Taurusgebirge liegt, entlang der östlichen Mittelmeerküste bis zur Südspitze der Sinaihalbinsel. Es umfasst zudem die Gebiete, die heute als Syrien, Libanon, Israel, Palästina und Jordanien bekannt sind. Die Bezeichnung »Bilad ash-Sham« entstand, lange bevor die Region im Ersten Weltkrieg geteilt wurde.

Bravo-Linie (Golan) Östliche Grenze der von der UNO kontrollierten entmilitarisierten Pufferzone zwischen Syrien und Israel (seit 1974).

Deutsch-Armenische Gesellschaft s. S. 14f.

Deutsch-Ottomanische Sanitätsmission Während des Ersten Weltkrieges offiziell von Berlin und Konstantinopel eingerichtet, um die Truppen medizinisch zu versorgen. Freiwillige konnten sich dort über das Rote Kreuz zur Mitarbeit in Krankenhäuern, Lazaretten und an der Front melden. Sitz war Konstantinopel.

Drusen Religionsgruppe die im 11. Jahrhundert als Strömung der Ismailiten entstanden ist. Benannt nach ihrem Gründer Mohammad ibn Ismail ad-Darazi. Die Drusen leben heute im Gebiet zwischen dem südlichen Syrien (Sweida) und dem Mittelmeer, auf dem Golan und im Libanon.

Ghassaniden Nordsyrischer Stamm, der bereits im 3. Jahrhundert in Syrien mit dem Oströmischen Reich von Byzanz verbündet war. Der Name leitet sich ab von dem Stamm Ghassan, der aus Südarabien eingewandert war.

Große Syrische Revolution s. S. 45 ff.

Haganah »Die Verteidigung«. Paramilitärische zionistische Organisation, die 1921 im britischen Mandatsgebiet Palästina entstanden war. Sie kämpfte gegen die Palästinenser, im Zweiten Weltkrieg an der Seite der Briten und nach dem Krieg, 1946–1948, gegen die Briten in Palästina. Nach der Gründung des Staates Israel bildete sie den Kern der Israelischen Verteidigungskräfte (IDF).

Hamas Arabisch für Eifer. Kürzel für »Harakat al-muqāwama al-islāmiyya« (»Islamische Widerstandsbewegung«). Sunnitisch-muslimische Organisation des palästinensischen Widerstands. Gegründet 1987, Mitglied der Muslimbruderschaft.

Haschemiten Arabischer Stamm, dessen Wurzeln auf die Familie des Propheten Mohammad zurückgehen. Er siedelte ursprünglich im Hejaz, im Westen der Arabischen Halbinsel, am Roten Meer. Seit dem 10. Jahrhundert waren sie die Sherifen, die Aufseher von Mekka. Nach dem Ersten Weltkrieg wurden sie von der saudischen Königsfamilie entmachtet und aus dem Hejaz vertrieben. Heute herrscht die Königsfamilie nur noch in Jordanien.

Hisbollah »Partei Gottes«, politische Partei mit einem militärischen Flügel im Libanon. Entstanden 1981 aus der Amal-Bewegung, begann die Hisbollah 1982 den Kampf gegen die israelische Invasion im Libanon. Die Ideologie entspricht derjenigen der Islamischen Revolution im Iran, einer »Regierung der Experten«. Im Libanon verfolgt die Partei einen säkularen Kurs und ist im Parlament vertreten. Die Hisbollah zählt sich zur »Achse des Widerstandes« im Mittleren Osten. Gemeint ist der Widerstand gegen die westliche, auch durch Israel verkörperte Invasionsstrategie, die Achse besteht aus Iran, Irak, Syrien und Libanon (Hisbollah).

Hoher Verhandlungsrat (HNC) Gegründet im Dezember 2015 bei einer Konferenz syrischer Oppositioneller in Riad (Saudi-Arabien). 34 Oppositionsgruppen stimmten der Gründung zu. Dem Rat gehören auch islamistische Gruppen wie die »Islamische Armee« und »Ahrar ash-Sham« an. Von anderen Oppositionsgruppen wird der HNC als nicht repräsentativ angesehen. Die USA und ihre Verbündeten, namentlich Deutschland, unterstützen den HNC bei den Verhandlungen in Genf politisch und finanziell.

Irgun »Nationale Militärorganisation«, eine zionistische Untergrundorganisation, die von 1931 bis 1948 terroristische Anschläge gegen Palästinenser und die britische Mandatsmacht verübte. Verantwortlich für das Massaker von Deir Yasin im April 1948, bei dem mehr als hundert Palästinenser, darunter viele Frauen und Kinder, ermordet wurden.

Ismailiten Religionsgruppe, Strömung des schiitischen Islam.

Jihad »Heiliger Krieg«. Als religiöse muslimische Ideologie entstanden in den 1960er-Jahren in Ägypten (Sayyid Qutb). Die ursprüngliche Bedeutung ist »Anstrengung« (Ijtihad), die religiösen Pflichten gut zu erfüllen.

Kahtani Die ursprünglichen, reinen Araber, die lange vor der islamischen Religionsgründung von der südarabischen Halbinsel (Jemen) in den Norden wanderten. Benannt sind sie nach dem Gründungsvater Kahtan.

Kataeb »Partei der libanesischen Brigaden«. Sie wird auch Phalange genannt und wurde 1936 von Pierre Gemayel, einem maronitischen Christen, im Libanon gegründet.

Kilikien Ein historisches Gebiet im Südosten der heutigen Türkei. Im 5. und 6. Jahrhundert (v. u. Z.) eigenständiges Königreich, das zu Persien gehörte. Im 12./13. Jahrhundert war es ein armenisches Königreich, vor dem Ersten Weltkrieg eine Provinz des Osmanischen Reiches, wo vor allem Armenier lebten.

King-Crane-Kommission s. S. 23 ff.

Kommunistische Partei Syriens Als Syrisch-Libanesische Kommunistische Partei 1926 gegründet. Neugründung als Syrische Kommunistische Partei 1944. Trennung von der Libanesischen Kommunistischen Partei 1986. Viele Abspaltungen aus ideologischen und personellen Gründen. Die KP Syrien ist seit 1972 in der Nationalen Progressiven Front und im Parlament vertreten.

Kurmanci Kurdischer Dialekt, der von den Kurden in der Türkei und in Syrien gesprochen wird.

Lebanese Forces Die »Libanesischen Truppen« wurden 1976 als christliche Miliz während des Bürgerkriegs von Bachir Gemayel gegründet. Beteiligt am Massaker in den Palästinenserlagern Sabra und Schatila im September 1982. Bündnis mit Israel. Heute eine politische Partei im Libanon.

Muslimbruderschaft Muslimische Partei, die 1928 in Ägypten gegründet wurde und sich rasch in der arabisch-muslimischen Welt ausbreitete. Ziel war ursprünglich, den säkularen Einflüssen der britischen Mandatsmacht muslimisch-islamische Moralvorstellungen entgegenzustellen. In Syrien seit 1982 unter Todesstrafe verboten. Große Exilgemeinden der Muslimbruderschaft in Deutschland und Großbritannien.

Nationale Progressive Front Bündnis von politischen Parteien im syrischen Parlament, die die in der Verfassung festgeschriebene »führende Rolle« der Baath-Partei akzeptierten. Die »führende Rolle« der Baath-Partei in Politik und Gesellschaft in Syrien wurde 2012 mit einer neuen Verfassung abgeschafft.

Nationaler Block Gegründet 1928 als politischer Zusammenschluss gegen die französische Mandatsherrschaft in Syrien. Die Gründung war die Konsequenz aus der Niederlage des Aufstands 1925–1927.

Nur al-Fayha Eine 1920 in Damaskus gegründete Zeitschrift und Gesellschaft für die Rechte der Frauen und das Recht Syriens auf nationale Unabhängigkeit.

Pariser Friedenskonferenz Von 1919 bis 1920 wurde in Paris von den Siegermächten des Ersten Weltkrieges über die Neuordnung sowohl Europas als auch des ehemaligen Osmanischen Reiches (Türkei, Mittlerer Osten, Nordafrika) verhandelt. Kritiker bezeichneten das Ergebnis der Konferenz als »Peace to end all peace«.

Phalange (Libanon) s. Kataeb.Plan D (Dalet) Militäroperation zionistischer Milizen zwischen Dezember 1947 und Mai 1948. Ziel war, das im UNO-Teilungsplan für Palästina für Israel vorgeschlagene Gebiet zu erweitern. Dabei wurden in strategisch wichtigen Gebieten palästinensische Orte überfallen, die Einwohner vertrieben oder ermordet. Diese Operation führte zu einem massenhaften Exodus der Palästinenser.

Salafismus Arabisch »Salafiya«. Eine Strömung des sunnitischen Islam, in der die ersten Anhänger des Propheten Mohammed, die frommen Vorfahren, zum Modell einer neuen muslimischen Gesellschaft gemacht werden. Ursprünglich wurde die Bewegung als »Reformbewegung« gegen die mit dem Westen kooperierenden arabischen Königshäuser gesehen. Heute eine dogmatische Bewegung, die den Jihad islamistischer Gruppen in Syrien und Irak aktiv unterstützt.

Schabiha »Geister«. Paramilitärische Organisation der syrischen Geheimdienste, die gegen politische Gegner eingesetzt wird. Entstanden in den 1980er-Jahren unter Hafiz al-Assad und seinem Bruder Rifat, weitgehend aufgelöst nach dem Amtsantritt von Bashar al-Assad. Seit Beginn der Unruhen 2011 traten die Milizen erneut und verstärkt gegen Demonstranten auf.

Schiiten Muslime, auch Schia, arabisch: Schi'at Ali, Partei von Ali. Muslime, Anhänger von Ali ibn Abi Talib, den sie als rechtmäßigen Nachfolger des Propheten Mohammad anerkennen. Mehrere Strömungen. Als oberste Rechtsinstanz gilt die »Marja«, eine Versammlung von Rechtsgelehrten, die aber nicht unfehlbar sind. Sitz in Najaf, Irak. Etwa 15 Prozent der Muslime weltweit folgen dieser Lehre.

Schurarat Beratende Versammlung in arabischen Monarchien und Emiraten. Es handelt sich um eine parlamentsähnliche Versammlung ohne Entscheidungsbefugnis.

Sherif »Hüter« der heiligen muslimischen Stätten in Mekka und Medina. Gibt es auch für die Al-Aqsa-Moschee in Jerusalem.

SSNP Syrische Sozial-Nationalistische Partei. Gegründet 1932 in Beirut von Antoun Saadeh. Parteiziel ist die Wiederherstellung von Großsyrien, in dem Syrien, Libanon und Palästina vereint sind (s. S. 62 ff.). Heute gibt es eine libanesische und eine syrische Partei dieses Namens, die nicht kooperieren. Innerhalb der SSNP Syrien gibt es mehrere Strömungen. Seit 2012 im syrischen Parlament vertreten. Der SSNP-Vorsitzende Ali Haidar leitet das neu gegründete Ministerium für Nationale Versöhnung.

Sufi, Sufismus Eine Form der islamischen Mystik, die im 9. Jahrhundert entstand. Ihre Vertreter suchten jenseits der Scharia, des weltlichen Gesetzes, die Nähe zu Gott und die innere Wahrheit. Sufis leben asketisch, bescheiden, ihr Name leitet sich aus dem Begriff »suf«, Wolle, ab, weil sie nicht in Prunk, sondern in Wolle und einfach gekleidet waren.

Sunniten Muslime, Anhänger der vier islamischen Rechtsschulen (Hanafiten, Malikiten, Schafi'iten, Hanbaliten), die sich bis zum 9. Jahrhundert aus der Anerkennung der vier »Rechtgeleiteten Khalifen« entwickelt haben, den rechtmäßigen Nachfolgern des Propheten Mohammad. Der Name leitet sich ab aus dem Begriff »Sunna«, arabisch für »gewohnte Handlung, akzeptierter Brauch«. Mehr als 80 Prozent der Muslime weltweit folgen dieser Lehre.

Sykes-Picot-Abkommen s. S. 17 ff

Tscherkessen Volk aus dem Kaukasus. Nach Auseinandersetzungen mit dem russischen Zaren Mitte des 19. Jahrhunderts (Russisch-Kaukasischer Krieg 1839–1864) wanderten Tscherkessen über den Osten der Türkei nach Syrien und Palästina aus.

Umayyaden Arabische Herrscherdynastie in Damaskus von 660–750. Herkunft der Dynastie war der Quraish-Stamm aus Mekka, dem auch der Prophet Mohammad angehörte.

UNO-Resolutionen zu Palästina Mit der UN-Resolution 181 (II) wurde 1947 der Teilungsplan für Palästina beschlossen. Nach dem Sechs-Tage-Krieg wurde mit der Resolution 242 das Rückkehrrecht der aus den von Israel besetzten Gebieten vertriebenen Palästinenser bekräftigt. Seit 1947 wurden in der UNO viele Resolutionen zum Israel-Palästina-Konflikt und den Rechten der Palästinenser verabschiedet, die in den meisten Fällen von Israel ignoriert werden.

VAR, Vereinigte Arabische Republik s. S. 88 ff.

Vertrag von Lausanne Das Abkommen wurde als Ergebnis der Pariser Friedenskonferenz 1923 von der Türkei (Nachfolgestaat des Osmanischen Reiches) und europäischen Staaten unterzeichnet. Es regelt die Grenzen auf dem Balkan und erkennt die neuen Grenzen der Türkischen Republik an. Die auf der Pariser Friedenskonferenz ursprünglich erhobene Forderung nach zwei autonomen Staaten Kurdistan und Armenien auf dem Gebiet der Türkei wurde fallen gelassen.

Vertrag von Sèvres Das Abkommen (10. August 1920) beschließt die Auflösung des Osmanischen Reiches. Das Abkommen wurde vom letzten Sultan des Osmanischen Reiches, Sultan Mehmed VI. Vahideddin, in Istanbul unterzeichnet, von der Türkischen Nationalbewegung unter Kemal Atatürk in Ankara aber zurückgewiesen. Es folgte der »Unabhängigkeitskrieg« gegen Griechenland, der erst 1923 mit dem Vertrag von Lausanne beendet wurde.

Wahhabismus Strömung des sunnitischen Islam. Entstanden im 19. Jahrhundert auf der Arabischen Halbinsel, richtete sich gegen die angeblich verdorbenen muslimischen Praktiken. Benannt nach dem Gründer Muhammad ibn Abdul Wahhab, der später ein Bündnis mit dem saudischen Königshaus Fahd einging. Dieses Machtbündnis zwischen dem Königshaus und den Wahhabiten besteht bis heute.

Zionismus Politische Nationalideologie, die das Judentum zur Begründung und Grundlage eines Staates in Palästina macht. Der Name ist abgeleitet von Zion, dem hebräischen Namen des Tempelberges. Die zionistische Bewegung entstand im 18. Jahrhundert als Reaktion auf Verfolgungen in Europa. Der erste zionistische Weltkongress 1897 in Basel, einberufen von Theodor Herzl, erhob erstmals die Forderung nach einer »öffentlich-rechtlich gesicherten Heimstätte in Palästina«. In verschiedenen Auswanderungswellen seit Ende des 19. Jahrhunderts wanderten europäische Juden, organisiert durch die Zionistische Weltbewegung, nach Palästina aus.